Florinda Donner wurde in Venezuela geboren und ist deutscher Abstammung. Sie studierte Anthropologie und schrieb ihre Doktorarbeit über Heilpraktiken der Schamanen in Venezuela.

Florinda Donner

Shabono

Eine Frau bei den
Schamanen Südamerikas

Aus dem Englischen
von Werner Richter

Knaur

Dieses Buch wurde auf chlor- und säurefreiem Papier gedruckt.

Vollständige Neuausgabe Mai 1996
Droemersche Verlagsanstalt Th. Knaur Nachf., München
Dieses Buch erschien bereits 1985 im Knaur Taschenbuch Verlag.
Lizenzausgabe mit freundlicher Genehmigung
des Paul Zsolnay Verlages, Wien

Titel der Originalausgabe »Shabono«

Umschlaggestaltung Andrea Schmidt, München
Satz Ventura Publisher im Verlag
Druck und Bindung Clausen & Bosse, Leck
Printed in Germany
ISBN 3-426-01279-0

5 4 3 2 1

Für die fünfbeinige Spinne,
die mich auf ihrem Rücken trägt

Vorbemerkung der Autorin

Die Yanomama-Indianer, in der ethnologischen Literatur auch unter den Namen Waika, Shamatari, Barafiri, Shirishana und Guaharibo bekannt, leben in den entlegensten Regionen des Grenzgebiets von Südvenezuela und Nordbrasilien. Nach ungefähren Schätzungen gibt es etwa zehn- bis zwanzigtausend von ihnen. Ihr Siedlungsgebiet erstreckt sich über eine Fläche von etwa achtzehntausend Quadratkilometern. Hier befinden sich die Oberläufe der venezolanischen Flüsse Orinoco, Macava, Siapo, Ocamo, Padamo und Ventuari sowie die Quellgebiete des Uraricoera, des Catrimani, des Dimini und des Araça, die nach Brasilien fließen.

Die Yanomama leben in Siedlungen aus palmgedeckten Hütten, die sie *Shabonos* nennen und die verstreut im Urwald angelegt sind. Die Anzahl von Personen, die in jeder dieser weit voneinander entfernten Siedlungen wohnen, liegt zwischen sechzig und hundert Einwohnern. Manche *Shabonos* befinden sich in der Nähe von katholischen oder protestantischen Missionsstationen oder in anderen, den Weißen zugänglichen Gegenden; andere wieder tiefer im Urwald. In entlegenen Teilen des Urwalds gibt es immer noch Siedlungen, die niemals Kontakt mit Fremden gehabt haben.

Dieses Buch handelt von meinen Erlebnissen mit den *Iticoteri,* den Einwohnern eines dieser unerforschten *Shabonos.* Es ist ein subjektiv gefärbter Bericht über die sozusagen überschüssigen Ergebnisse der ethnologischen Feldstudien, die ich über die Heilmethoden der Indianerstämme Venezuelas angestellt habe.

Während meiner Ausbildung zur Ethnologin wurde ich ständig darauf hingewiesen, daß erst Objektivität der ethnologischen Arbeit Gültigkeit verleiht. Doch während der ganzen Zeit, die ich mit diesem Stamm der Yanomama verbrachte, hielt ich nicht die Distanz und den inneren Abstand ein, die man von objektiver Forschung verlangt. Besondere Bindungen der Dankbarkeit und der Freundschaft machten es mir unmöglich, Tatsachen zu interpretieren oder Schlüsse aus dem zu ziehen, was ich bei diesen Menschen gesehen und gelernt habe. Weil ich eine Frau bin, und wegen meiner körperlichen Erscheinung sowie gewisser charakterlicher Eigentümlichkeiten, empfanden mich die Indianer nicht als Bedrohung. Sie akzeptierten mich als eine interessante Kuriosität, und so konnte ich mich, wenn auch nur für einen kurzen Augenblick in der Zeit, in den eigentümlichen Rhythmus ihres Lebens einfügen.
Ich habe für diesen Bericht zwei Änderungen an meinen ursprünglichen Aufzeichnungen vorgenommen. Die erste hat mit den Eigennamen zu tun: alle Namen der beschriebenen Personen wie auch der Stammesname Iticoteri sind frei erfunden. Die zweite Änderung bezieht sich auf den Stil. Zur Erzielung von Spannungseffekten habe ich meine Erlebnisse in eine andere Reihenfolge gebracht, und aus erzählerischen Gründen habe ich Dialoge in korrekter englischer Syntax und Grammatik wiedergegeben. Hätte ich die Sprache der Indianer wörtlich übersetzen wollen, so wäre es mir unmöglich gewesen, ihrer Komplexität und Flexibilität, ihrer metaphorischen und in hohem Maße poetischen Ausdrucksfähigkeit gerecht zu werden. Durch die Vielzahl der Abwandlungsmöglichkeiten mit Vor- und Nachsilben erzielt die Sprache der Yanomama sehr feine Bedeutungsunterschiede, die keine wirkliche Entsprechung im Englischen haben.

Obwohl meine Lehrer sehr geduldig waren und so lange mit mir übten, bis ich die meisten Wörter ihrer Sprache erkennen und auch selbst wiedergeben konnte, lernte ich sie doch niemals fließend sprechen. Meine Unfähigkeit, ihre Sprache vollkommen zu beherrschen, war jedoch nie ein Hindernis bei der Verständigung mit ihnen. Schon lange bevor mein Wortschatz einigermaßen groß war, lernte ich, mich mit ihnen zu »unterhalten«. Dabei war die Unterhaltung eher eine körperliche Empfindung als ein Wortwechsel im eigentlichen Sinn. Wie genau unsere Verständigung war, das ist eine andere Frage. Sie erfüllte jedenfalls sowohl für sie als auch für mich ihren Zweck. Die Iticoteri waren nachsichtig mit mir, wenn ich mich nicht richtig ausdrücken konnte oder wenn ich nicht verstand, was sie mir erklärten; letzten Endes erwarteten sie ja auch nicht, daß ich mit den Schwierigkeiten und den feinen Bedeutungsunterschieden ihrer Sprache zurechtkommen würde. Die Yanomama haben, genau wie wir, ganz bestimmte Vorurteile; sie sind der Meinung, daß die Weißen alle kindisch und deshalb weniger intelligent sind.

Die wichtigsten Personen bei den Iticoteri

Angelica	Eine alte Indianerin in der katholischen Missions station, die meine Reise zum Stamm der Iticoteri organisiert hat
Milagros	Angelicas Sohn, ein Mann, der in beiden Welten zu Hause ist, in der Welt der Indianer und in der des weißen Mannes
Puriwariwe	Angelicas Bruder, ein alter Schamane in der Siedlung der Iticoteri
Kamosiwe	Angelicas Vater
Arasuwe	Milagros' Schwager, Häuptling der Iticoteri
Hayama	Angelicas älteste noch lebende Schwester, Arasuwes Schwiegermutter und Ritimis Großmutter
Etewa	Arasuwes Schwiegersohn
Ritimi	Arasuwes Tochter
Tutemi	Etewas junge, zweite Frau
Texoma	Ritimis und Etewas vierjährige Tochter
Sisiwe	Ritimis und Etewas sechsjähriger Sohn
Hoaxiwe	Tutemis und Etewas neugeborener Sohn
Iramamowe	Arasuwes Bruder, ein Schamane in der Siedlung der Iticoteri
Xorowe	Iramamowes Sohn
Matuwe	Hayamas jüngster Sohn
Xotomi	Arasuwes Tochter, eine Halbschwester Ritimis
Mocototeri	Die Bewohner eines in der Nähe gelegenen *Shabono*

Erster Teil

1

Ich war noch gar nicht richtig aufgewacht, doch spürte ich die Bewegungen um mich herum. Wie aus großer Ferne hörte ich das leise Rascheln von nackten Füßen auf dem festgestampften Lehmboden der Hütte, das Husten und Räuspern, die gedämpften Stimmen der Frauen. Langsam öffnete ich die Augen. Es war kurz vor der Morgendämmerung. Im Halbdunkel konnte ich Ritimi und Tutemi erkennen, ihre nackten Körper über den Feuerstellen, in denen noch die Asche des nächtlichen Feuers glühte. Tabakblätter, wassergefüllte Kalebassen, Köcher mit vergifteten Pfeilspitzen, Schädel von Tieren und Bündel aus Bananenblättern hingen von der Decke aus Palmwedeln herab; sie schienen in der Luft zu schweben, unter dem aufsteigenden Rauch.

Tutemi gähnte und stand auf. Sie streckte sich, dann beugte sie sich über die Hängematte, um Hoaxiwe in die Arme zu nehmen. Leise kichernd rieb sie ihr Gesicht am Bauch des Säuglings. Sie murmelte etwas Unverständliches und schob dem kleinen Jungen ihre Brust in den Mund. Mit einem Seufzer machte sie es sich wieder in der Hängematte bequem.

Ritimi zog einige getrocknete Tabakblätter aus einem Bündel und weichte sie in einer Kürbisschale voller Wasser ein. Dann nahm sie eines der nassen Blätter, bestreute es mit Asche und rollte es zusammen. Nachdem sie den Tabakklumpen zwischen Zahnfleisch und Unterlippe geschoben hatte, lutschte sie geräuschvoll daran, während sie zwei weitere Portionen zurechtmachte. Eine gab sie Tutemi, dann kam sie zu mir herüber. Ich schloß die Augen und hoffte, den Eindruck zu erwecken, als schliefe ich noch. Ritimi hockte sich am Kopfende meiner Hängematte hin und steckte mir einen Finger, der ganz naß von ihrem Speichel und dem Tabaksaft war, in den Mund, um mir Zahnfleisch und Unterlippe damit zu bestreichen, ließ aber keinen Tabak in meinem Mund zurück. Mit einem Lachen rutschte sie zu Etewa hinüber, der von seiner Hängematte aus zugesehen hatte. Sie spuckte das Stück Kautabak in ihre hohle Hand und reichte es ihm. Sie stöhnte leise, als sie die dritte Portion in den Mund steckte und sich dann an ihren Mann schmiegte.

Das Feuer füllte die Hütte mit Rauch, und allmählich erwärmte sich die frostige, feuchte Luft. Tag und Nacht brannten die Feuer; die Feuerstellen waren deshalb der Mittelpunkt jeder Behausung. An den Rauchflecken, die sie auf der Decke aus Palmblättern hinterließen, konnte man erkennen, wo der eine Haushalt aufhörte und der nächste anfing, denn es gab keine trennenden Wände zwischen den einzelnen Hütten. Diese standen so dicht nebeneinander, daß ihre Dächer sich gegenseitig überlappten, und bildeten so etwas wie einen einzigen großen, ringförmigen Wohnraum. Es gab einen großen Haupteingang für die ganze Siedlung und einige schmale Öffnungen zwischen den Hütten. Jede Hütte wurde von zwei langen und zwei kürzeren Stangen gestützt. Die höhere Seite jeder Hütte war offen zu einem freien Platz in der Mitte der ringförmigen Struktur aus Dächern hin, während die niedrigere, nach außen zeigende Rückseite durch eine Wand aus kurzen Stangen verschlossen wurde, die zwischen Boden und Dach geklemmt waren.

Dichter Nebel umhüllte die Bäume rund um das Dorf. Die Palmwedel, die vom Dach herunter über den Rand der

Hütte hingen, hoben sich scharf gegen den grauen Himmel ab. Etewas Jagdhund streckte den Kopf unter dem zusammengerollten Körper hervor und öffnete seine Schnauze zu einem breiten Gähnen, ohne jedoch ganz wach zu werden. Ich schloß die Augen und döste wieder ein, wobei mir der Geruch von grünen Bananen um die Nase strich, die auf dem Feuer geröstet wurden. Mein Rücken war noch ganz steif, und meine Beine schmerzten von dem stundenlangen Hocken am vorigen Tag, als ich in den nahe gelegenen Gärten Unkraut gejätet hatte.

Ich öffnete die Augen sofort wieder, als meine Hängematte heftig hin und her geschaukelt wurde, und stieß ein Keuchen aus, weil sich ein kleines Knie in meinen Magen bohrte. Instinktiv zog ich die Seitenteile der Hängematte über mir zusammen, um mich vor den unvermeidlichen Schaben und Spinnen zu schützen, die jedesmal aus dem dicken palmgedeckten Dach herabfielen, wenn an den Haltestangen der Hütte gerüttelt wurde.

Kichernd krabbelten die Kinder auf mir herum. Ihre braunen, nackten Körper strichen weich und warm über meine Haut. Wie beinahe jeden Morgen, seitdem ich angekommen war, legten sie mir die tapsigen Hände nacheinander auf Gesicht, Brüste, Magen und Beine, und wollten mich dazu überreden, ihnen die Namen der einzelnen Körperteile aufzusagen. Ich stellte mich schlafend und schnarchte geräuschvoll.

Als ich damals in ihre Siedlung mitten im Urwald zwischen Venezuela und Brasilien gekommen war, hatte ich kein Wort ihrer Sprache gekannt. Das war jedoch für die ungefähr achtzig Menschen, die den *Shabono* bewohnten, keinerlei Hindernis gewesen, mich bei sich aufzunehmen. Daß ich ihre Sprache nicht verstehen konnte, machte mich in den Augen der Indianer einfach nur zum *aka boreki* – zum Dummkopf. Und als solchen ließ man mich mitessen, hatte mich gern und war nachsichtig mit mir; man entschuldigte oder übersah meine Fehler, als sei ich ein kleines Kind. Wenn ich irgendeinen Schnitzer machte, dann wurde dies meistens mit ausgelassenem Gelächter quittiert; die Indianer zuckten am ganzen Körper, bis sie auf der Erde herumrollten und Tränen in den Augen hatten.

Der sanfte Druck einer winzigen Hand auf meiner Wange riß mich aus meinen Gedanken. Texoma, Ritimis und Etewas vier Jahre alte Tochter, hatte sich auf mich gelegt und öffnete jetzt die Augen. Sie schmiegte ihr Gesicht ganz dicht an meines und fing an, mich mit ihren kurzen Wimpern zu kitzeln. »Willst du denn nicht aufstehen?« fragte das kleine Mädchen und fuhr mir dabei mit den Fingern durchs Haar. »Die Bananen sind fertig.«

Ich hatte gar kein Verlangen danach, meine warme Hängematte schon zu verlassen. »Ich überlege gerade ... wie viele Monate bin ich wohl schon hier?« fragte ich.

»Viele«, gaben drei Stimmen im Chor zurück.

Ich konnte mir ein Lächeln nicht verkneifen. Jede Zahl über drei hieß bei ihnen »viel« oder »mehr als drei«. »Ja, viele Monate«, sagte ich leise.

»Das Baby hat ja noch in Tutemis Bauch geschlafen, als du zu uns gekommen bist«, murmelte Texoma und kuschelte sich an mich.

Ich hatte zwar nicht direkt meinen Zeitsinn verloren, aber die scharfen Abgrenzungen zwischen den Tagen, Wochen und Monaten waren inzwischen für mich verschwommen. Für diese Menschen zählte nur das, was sich am heutigen Tag unter den weiten grünen Schatten des Urwalds ereignete. Das Gestern und das Morgen, meinten sie, seien so unbestimmt wie ein dunkler Traum, so vergänglich wie

ein Spinnennetz, das man ja nur sehen konnte, wenn ein Sonnenstrahl sich seinen Weg durch das Blattwerk bahnte.
Das Messen der Zeit war in den ersten Wochen eine fixe Idee von mir gewesen. Ich hatte meine Automatic-Uhr Tag und Nacht am Handgelenk getragen und jeden Sonnenaufgang in meinem Tagebuch festgehalten, als hinge mein Leben davon ab. Heute kann ich gar nicht genau sagen, wann mir das erste Mal zum Bewußtsein kam, daß eine grundlegende Veränderung in mir vorgegangen war. Ich glaube, es hatte sogar schon angefangen, bevor ich in die Siedlung der Iticoteri kam, in einem kleinen Ort im Osten von Venezuela, wo ich Forschungen über indianische Heilmethoden angestellt hatte.

Nachdem ich alle Tonbänder und die vielen hundert Seiten mit Notizen, die ich nach drei Monaten Feldstudien bei drei Naturheilern in der Gegend um Barlovento zusammengetragen hatte, abgeschrieben, übersetzt und analysiert hatte, begann ich ernsthaft am Sinn und Wert meiner Forschungsarbeiten zu zweifeln. Alle meine Anstrengungen, das gesammelte Material in einen weiterführenden theoretischen Rahmen zu bringen, erwiesen sich als völlig nutzlos, denn es fanden sich darin lauter unlogische und einander widersprechende Informationen.
Der Schwerpunkt meiner Arbeiten hatte für mich in der Frage nach der Bedeutung gelegen, die solche Heilpraktiken sowohl für den Medizinmann wie für seine Patienten im Alltagsleben besaßen. Ich hatte mich bemüht, herauszuarbeiten, wie eine gesellschaftliche Wirklichkeit – hier jene von Gesundheit und Krankheit – aus dem Zusammenspiel dieser Faktoren geschaffen wird. Meine Theorie war, daß es mir gelingen mußte, die Einstellung zu begreifen, mit der

ein Heiler seinen Kollegen und ihrem Wissen gegenüberstand, denn erst dann würde ich mich in ihrem eigenen sozialen Zusammenhang und auf dem Boden ihres eigenen Interpretationssystems bewegen können. Folglich würde dann auch die Aufarbeitung meines Materials von dem Begriffssystem bestimmt werden, in dem ich es gesammelt hatte, und ich würde nicht mein persönliches kulturelles Milieu darüberstülpen.

Während meiner Forschungen wohnte ich bei Doña Mercedes, einer der drei Naturheiler, deren Arbeit ich untersuchte. Ich machte nicht nur Tonbandaufnahmen, Interviews und Notizen meiner Beobachtungen an den Heilern und ihren zahlreichen Patienten, sondern ich nahm auch an den Heilzeremonien selbst teil und ging völlig in dieser für mich neuen Situation auf.

Dennoch wurde ich jeden Tag mit krassen Widersprüchen konfrontiert, sowohl in den Methoden, die die verschiedenen Heiler anwendeten, als auch in den Erklärungen, die sie mir darüber gaben. Doña Mercedes lachte über meine Verwirrung und über das, was sie für meine mangelnde geistige Beweglichkeit beim Begreifen von Veränderungen und Neuerungen hielt.

»Was, ich soll das gesagt haben?« fragte sie einmal, als ich sie dazu zwang, eines meiner Tonbandprotokolle anzuhören.

»Meine Stimme ist es jedenfalls nicht«, gab ich verärgert zurück und fing an, ihr aus meinen maschinegeschriebenen Aufzeichnungen vorzulesen, weil ich hoffte, daß sie daraufhin einsehen würde, was für widersprüchliche Informationen sie mir gegeben hatte.

»Das klingt ja wunderbar«, sagte Doña Mercedes und unterbrach mich beim Lesen. »Hast du wirklich mich gemeint, als du das geschrieben hast? Du machst mich ja zu einem richtigen Genie. Lies mir vor, was du über die Sitzungen mit Rafael und Serafino geschrieben hast.«

Das waren die beiden anderen Naturheiler, bei denen ich meine Untersuchungen anstellte.

Ich erfüllte ihren Wunsch, aber dann schaltete ich das Tonbandgerät noch einmal ein, weil ich hoffte, sie würde mir beim Verstehen der einander widersprechenden Informationen helfen. Doña Mercedes war jedoch nicht im geringsten daran interessiert, was sie zwei Monate vorher gesagt hatte. Für sie gehörte das der Vergangenheit an und besaß daher keine Gültigkeit. Ziemlich unverschämt bemerkte sie, das Tonbandgerät irre sich, weil es etwas aufgenommen hatte, woran sie sich gar nicht mehr erinnern könne. »Und wenn ich diese Sachen wirklich gesagt habe, dann bist du daran schuld. Jedesmal, wenn du mir Fragen über das Heilen stellst, fange ich an zu reden, ohne daß ich eigentlich weiß, was ich da sage. Du legst mir immer Worte in den Mund. Wenn du wüßtest, wie man jemanden heilt, dann würdest du dich nicht damit abgeben, darüber zu reden oder zu schreiben. Dann würdest du es ganz einfach tun.«

Ich war nicht bereit, mir einzugestehen, daß meine Arbeiten nutzlos waren. Ich besuchte die zwei anderen Heiler. Zu meinem Leidwesen waren sie mir aber auch keine große Hilfe. Sie bestätigten die Widersprüchlichkeiten und erklärten sie mir nicht viel anders, als Doña Mercedes es getan hatte.

Im Rückblick scheint dieses Scheitern meiner Bemühungen einer gewissen Komik nicht zu entbehren. In einem Wutanfall forderte ich Doña Mercedes auf, sie solle meine Notizen doch alle verbrennen. Sie hatte nichts dagegen, und so hielt sie Seite um Seite in die Flamme einer der Kerzen, die die Statue der Jungfrau Maria auf dem Altar in dem Raum beleuchtete, wo sie ihre Patienten heilte. »Ich begreife wirklich nicht, warum du dich sosehr darüber aufregst, was deine Maschine sagt und was ich sage«, bemerkte Doña Mercedes, während sie eine neue Kerze auf dem Altar anzündete. »Was gibt es denn schon für einen Unterschied zwischen dem, was ich jetzt mache, und dem, was ich vor ein paar Monaten gemacht habe? Die Hauptsache ist doch, daß die Patienten wieder gesund werden. Vor Jahren sind einmal ein Psychologe und ein Soziologe hergekommen, die haben alles, was ich sagte, auf so einer Maschine wie deiner aufgenommen. Ich glaube, es war eine bessere Maschine; sie war nämlich viel größer. Die beiden sind nur eine Woche lang hiergewesen. Und aus den Informationen haben sie dann ein Buch über Naturheilmethoden geschrieben.«

»Ja, das Buch kenne ich«, fuhr ich sie an. »Ich finde nicht, daß es eine genaue Untersuchung ist. Es ist ein oberflächliches, vereinfachendes Machwerk von Leuten, die gar nichts verstanden haben.«

Doña Mercedes warf mir einen eigenartigen Blick zu, halb mitleidig, halb tadelnd. Schweigend sah ich zu, wie die letzte Seite meiner Notizen zu Asche wurde. Was sie da getan hatte, machte mir nicht viel aus; ich besaß ja immer noch die englische Übersetzung meiner Tonbänder und Aufzeichnungen. Sie erhob sich von ihrem Stuhl und setzte sich auf die Holzbank neben mich. »Du wirst bald das Gefühl haben, daß dir eine schwere Last von den Schultern genommen worden ist«, tröstete sie mich.

Ich fühlte mich genötigt, ihr weitschweifig die Notwendigkeit von Untersuchungen über nichtabendländische Heilmethoden zu erklären. Doña Mercedes hörte aufmerksam zu, ein spöttisches Lächeln auf den Lippen.

»Wenn ich du wäre«, schlug sie mir vor, »dann würde ich die Einladung deines Bekannten annehmen, zum Jagen den

Orinoco hinaufzufahren. Die Abwechslung würde dir sicher guttun.«

Obwohl ich eigentlich so bald wie möglich nach Los Angeles zurückkehren wollte, um dort meine Arbeit abzuschließen, hatte ich doch ernsthaft überlegt, ob ich die Einladung eines Bekannten zu einer zweiwöchigen Erkundungsfahrt in den Urwald annehmen sollte. An der Jagd hatte ich zwar keinerlei Interesse, aber ich glaubte, daß ich dabei vielleicht die Möglichkeit erhalten würde, durch die Vermittlung eines der indianischen Führer, die mein Bekannter in einer katholischen Missionsstation, dem letzten Außenposten der Zivilisation, anwerben wollte, einen Schamanen kennenzulernen oder bei einer Heilzeremonie dabeizusein.

»Ja, ich glaube auch, daß ich mitfahren sollte«, sagte ich zu Doña Mercedes. »Vielleicht lerne ich einen Medizinmann mit großen Zauberkräften kennen, und der wird mir dann Dinge über das Heilen erzählen, die nicht einmal du weißt.«

»Ganz bestimmt wirst du alle möglichen interessanten Sachen erzählt bekommen«, lachte Doña Mercedes. »Aber mach dir gar nicht erst die Mühe, sie aufzuschreiben – diesmal wirst du keine Forschung betreiben.«

»Ach wirklich? Und woher willst du das so genau wissen?«

»Denk daran, ich bin eine *bruja,* eine Zauberin«, antwortete sie und strich mir über die Wange. Ein Ausdruck von unbeschreiblicher Sanftheit lag in ihren Augen. »Und mach dir auch keine Sorgen um deine englischen Notizen, die du sicher in deinem Schreibtisch verstaut hast. Wenn du wiederkommst, wirst du keine Verwendung mehr für deine Aufzeichnungen haben.«

2

Eine Woche später saß ich mit meinem Bekannten in einem kleinen Flugzeug, das uns zu einer der katholischen Missionsstationen am Oberlauf des Orinoco brachte. Dort sollten wir dann die anderen Mitglieder der Jagdgesellschaft treffen, die schon einige Tage vor uns mit dem Boot aufgebrochen waren, um Ausrüstung und Proviant für den zweiwöchigen Aufenthalt im Urwald hinzubringen.

Mein Bekannter wollte mir unbedingt die majestätische Schönheit des schlammigen, reißenden Orinoco zeigen. Er steuerte die kleine Maschine sehr gekonnt, aber ein bißchen verwegen.

Eben flogen wir noch so dicht über die Wasseroberfläche hinweg, daß wir die Alligatoren aufscheuchten, die auf dem sandigen Ufer vor sich hindösten, und im nächsten Moment waren wir schon wieder hoch oben in der Luft, unter uns der scheinbar endlose, undurchdringliche Urwald. Kaum hatte ich mich ein wenig entspannt, setzte er schon wieder zu einem Sturzflug an – und ging so tief hinunter, daß wir genau sehen konnten, wie sich die Schildkröten auf angeschwemmten Baumstämmen in der Hitze sonnten.

Ich zitterte am ganzen Körper vor Schwindelgefühl und Übelkeit, als wir endlich auf der kleinen Lichtung neben den Feldern der Missionsstation landeten. Das Empfangskomitee bestand aus Pater Coriolano, dem Priester, der die kleine Siedlung leitete, den übrigen Mitgliedern unserer Jagdgesellschaft, die einen Tag vor uns angekommen waren, und einer Schar von Indianern, die sich in das kleine Flug-

zeug hineindrängten und dabei aufgeregte Schreie ausstießen.
Pater Coriolano führte uns an den schmalen Feldern entlang, auf denen Mais, Maniok, Bananen und Zuckerrohr angebaut wurde. Er war ein dünner Mann mit langen Armen und kurzen Beinen. Die tiefliegenden Augen waren unter den buschigen Brauen kaum zu erkennen, und ein wilder Bart verbarg den Rest des Gesichts. In scharfem Gegensatz zu der schwarzen Soutane stand der alte Strohhut, den er auf dem Kopf trug und den er sich ständig aus dem Gesicht schob, damit der Wind die schweißnasse Stirn kühlen konnte.
Meine Kleider waren feucht und klebten mir am Körper, als wir am Flußufer entlanggingen, das behelfsmäßig mit in den Schlamm getriebenen Pfählen eingedämmt war, bis wir zu der Stelle kamen, wo das Boot festgemacht war. Wir blieben stehen, und Pater Coriolano fing an, über unsere geplante Abreise am nächsten Tag zu sprechen. Ich wurde von einer Gruppe Indianerfrauen umringt, die kein Wort sagten, sondern mich nur schüchtern anlächelten. Ihre schlecht sitzenden Kleider waren vorn zu kurz und hinten zu lang, so daß sie aussahen, als seien sie alle schwanger. Unter ihnen stand auch eine Greisin, die so klein und runzlig war, daß ich an ein uraltes Kind denken mußte. Im Gegensatz zu den anderen lächelte sie nicht. Eine stumme Bitte lag in den Augen der alten Frau, während sie ihre Hand nach mir ausstreckte. Als ich sah, wie sich ihre Augen mit Tränen füllten, regte sich ein sonderbares Gefühl in mir; ich wollte verhindern, daß diese Tränen über die lehmfarbenen Wangen hinunterrollten. Ich legte meine Hand in ihre. Sie lächelte zufrieden und führte mich auf die Obstbäume zu, die um das langgestreckte, einstöckige Gebäude der Mission herum standen.

Im Schatten des Missionshauses, unter dem weit ausladenden Dach aus Asbest, hockte eine Gruppe alter Männer, die emaillierte Blechtassen in ihren zittrigen Händen hielten. Sie waren in Khaki gekleidet, die Gesichter waren halb verdeckt von schweißbefleckten Strohhüten. Sie lachten und unterhielten sich mit hohen Stimmen und schmatzten dabei über ihren Tassen, die Kaffee mit einem Schuß Rum enthielten. Ein laut kreischendes Paar Aras, deren grellbunte Federn an den Flügeln gestutzt waren, saß einem der Männer auf den Schultern.

Ich konnte weder die Gesichtszüge der Männer noch ihre Hautfarbe erkennen. Es kam mir vor, als sprächen sie spanisch, aber ich konnte kein Wort ihrer Unterhaltung verstehen. »Sind diese Männer Indianer?« fragte ich die alte Frau, die mich nun in ein kleines Zimmer in einem der Häuser führte, die am Rande der Missionsstation lagen.

Die alte Frau lachte auf. Ihre Augen, die beinahe völlig zwischen den Schlitzen ihrer Lider verborgen waren, blickten mir jetzt direkt ins Gesicht. »Es sind *Racionales*. Diejenigen, die keine Indianer sind, heißen *Racionales*«, wiederholte sie. »Diese alten Männer dort sind schon zu lange hier. Eigentlich sind sie hergekommen, um nach Gold und Diamanten zu suchen.«

»Und haben sie etwas gefunden?«

»Ja, viele von ihnen schon.«

»Warum sind sie dann immer noch hier?«

»Das sind die, die nicht mehr dorthin zurückgehen können, wo sie hergekommen sind«, sagte sie und legte mir ihre knochigen Hände auf die Schultern. Ihre Geste überraschte mich nicht. Es lag etwas Herzliches und Liebevolles in der Berührung. Ich glaubte einfach nur, daß sie ein bißchen verrückt sei. »Sie haben ihre Seelen im Urwald verloren.«

Die Augen der alten Frau waren nun weit geöffnet; sie hatten die Farbe von getrockneten Tabakblättern.
Da ich nicht wußte, was ich sagen sollte, wandte ich mich von ihrem durchdringenden Blick ab und sah mich im Zimmer um. Die blaue Farbe der Wände war von der Sonne ausgebleicht und blätterte unter der Feuchtigkeit schon ab. Neben dem winzigen Fenster stand ein primitiv gebautes Holzbett. Es sah aus wie eine zu große Wiege, an der rundherum Moskitonetze festgenagelt worden waren. Je mehr ich es mir ansah, desto mehr dachte ich an einen Käfig, den man nur betreten konnte, wenn man den schweren Deckel aus Moskitogaze hochhob.
»Ich bin Angelica«, sagte die alte Frau und sah mir in die Augen. »Ist das alles, was du mitgebracht hast?« fragte sie, während sie mir meinen orangefarbenen Rucksack abnahm.
Sprachlos und völlig verblüfft sah ich ihr zu, wie sie meine Unterwäsche, Jeans und ein langes T-Shirt herauskramte. »Mehr brauche ich nicht für zwei Wochen.« Dabei zeigte ich noch auf den Fotoapparat und den Waschbeutel, die ganz unten im Rucksack lagen.
Behutsam nahm Angelica die Kamera heraus, dann öffnete sie den Reißverschluß meines Waschbeutels und leerte den Inhalt ohne weiteres auf den Boden. Er bestand aus einem Kamm, einer Nagelschere, Zahnpasta und Zahnbürste, einer Flasche Haarshampoo und einem Stück Seife. Während sie ungläubig den Kopf schüttelte, drehte sie die Innenseite des Rucksacks nach außen. Geistesabwesend strich sie sich das dunkle Haar aus der Stirn. Ein unbestimmter Ausdruck lag in ihrem Blick, als erinnerte sie sich wie im Traum an etwas, und dabei verzog sich ihr runzliges Gesicht zu einem Lächeln. Sie packte alles wieder in den Rucksack und brachte mich ohne ein Wort zu meinen Bekannten zurück.

Noch lange, nachdem die Lichter in der Missionsstation verloschen waren und Stille sich darübergesenkt hatte, lag ich wach und lauschte den fremden Geräuschen der Nacht, die durch das offene Fenster hereindrangen. Ich weiß nicht genau, ob es wegen meiner Erschöpfung oder wegen der gemächlichen Atmosphäre auf der Missionsstation war, jedenfalls hatte ich mich vor dem Zubettgehen an diesem Abend entschlossen, meine Bekannten nicht auf ihrer Jagdexpedition zu begleiten. Statt dessen wollte ich die beiden Wochen hier auf der Missionsstation verbringen. Glücklicherweise machte das niemandem etwas aus. Tatsächlich schienen sogar alle eher erleichtert zu sein. Obwohl es mir keiner ins Gesicht gesagt hatte, waren ein paar meiner Freunde der Meinung, daß jemand, der nicht mit einem Gewehr umgehen konnte, auf einer Jagd nichts zu suchen hätte.

Fasziniert beobachtete ich, wie das durchscheinende Blau der Luft in die Schatten der Nacht überging. Die Zweige und Blätter, die vor meinem Fenster im Wind schwankten, hoben sich scharf von dem sanften Himmel ab. Der einsame Schrei eines Brüllaffen war das letzte, was ich hörte, bevor ich in einen tiefen Schlaf fiel.

»Sie sind also Ethnologin«, sagte Pater Coriolano am nächsten Mittag beim Essen. »Die Ethnologen, die ich bisher kennengelernt habe, sind immer mit Tonbandgeräten und Filmkameras und allem möglichen anderen technischen Spielzeug hergekommen.«

Er häufte mir eine zweite Portion gebackenen Fisch mit Maiskolben auf den Teller. »Interessieren Sie die Indianer hier?«

Ich erklärte ihm, was ich in Barlovento gemacht hatte, und erwähnte dabei auch meine Schwierigkeiten beim Vergleichen der Ergebnisse. »Ich würde mir gerne ein paar Heilzeremonien ansehen, während ich hier bin.«

»Davon werden Sie hier in der Gegend nicht viel zu sehen bekommen«, erwiderte Pater Coriolano und zupfte sich einige Krümel Kassavebrot aus dem Bart. »Wir haben hier eine sehr gut ausgerüstete Krankenstation. Die Indianer kommen von weither, um ihre Kranken zu uns zu bringen. Aber vielleicht läßt es sich einrichten, daß Sie eine der Siedlungen in der Nähe besuchen, wo Sie auch einen Schamanen kennenlernen könnten.«

»Ich wäre Ihnen sehr dankbar, wenn das wirklich ginge«, sagte ich. »Eigentlich bin ich zwar nicht hergekommen, um Feldstudien zu treiben, aber es wäre trotzdem sehr interessant, mit einem Schamanen zusammenzutreffen.«

»Sie sehen nicht aus wie die anderen Ethnologen.« Pater Coriolano zog die buschigen Augenbrauen hoch, so daß sie in der Mitte zusammentrafen. »Die meisten, die ich kennengelernt habe, waren natürlich Männer; aber einige Frauen sind auch dabeigewesen.« Er kratzte sich am Kopf. »Irgendwie passen Sie nicht in das Bild einer Ethnologin, das ich mir gemacht habe.«

»Es ist ja auch kaum zu erwarten, daß wir alle gleich aussehen«, antwortete ich leichthin, hätte allerdings zu gern gewußt, wen er da wohl kennengelernt hatte.

»Ja, wahrscheinlich«, sagte er ein wenig einfältig. »Eigentlich meine ich auch nur, daß Sie noch nicht ganz erwachsen aussehen. Nachdem Ihre Bekannten heute früh abgefahren waren, haben mich mehrere Leute hier gefragt, warum sie das Kind bei mir zurückgelassen hätten.«

Seine Augen funkelten, als er darüber Witze machte, daß die Indianer von einem erwachsenen Weißen erwarteten, er müsse sie turmhoch überragen. »Vor allem, wenn es sich um jemanden mit blondem Haar und blauen Augen handelt«, fügte er hinzu. »Die haben den Ruf, wahre Riesen zu sein.«

In der Nacht hatte ich einen furchtbaren Alptraum unter dem Moskitonetz meines Krippenbetts. Ich träumte, daß das Bett oben zugenagelt sei. Alle meine Befreiungsversuche scheiterten an dem unnachgiebigen Druck des Deckels. Panische Angst erfaßte mich. Ich schrie und rüttelte an dem Bettgestell, bis die ganze Holzkonstruktion umkippte. Ich war immer noch nicht richtig aufgewacht, als ich mich auf dem Boden wiederfand, den Kopf gegen die flachen Hängebrüste der alten Frau gelehnt. Einen Augenblick lang konnte ich mich nicht erinnern, wo ich war. In kindlicher Furcht drückte ich mich an die alte Indianerin, weil ich wußte, daß ich mich bei ihr sicher fühlen konnte.

Die Alte strich mir über den Hinterkopf und flüsterte mir unverständliche Worte ins Ohr, bis ich völlig wach war. Die Berührung und der fremdartige, näselnde Klang ihrer Stimme beruhigten mich langsam wieder. Diese Empfindung konnte ich mir vernunftmäßig nicht erklären, doch irgend etwas brachte mich dazu, mich an sie zu klammern. Sie führte mich in ihr Zimmer hinter der Küche. Ich legte mich neben sie in eine mächtige Hängematte, die von zwei Stangen gehalten wurde. Da ich mich in der Gegenwart der sonderbaren alten Frau beschützt fühlte, schloß ich die Augen ohne Furcht. Ich hörte das leise Pochen ihres Herzens und das Tröpfeln von Wasser, das aus einem irdenen Wasserkrug sickerte, und schlief wieder ein.

»Es ist viel besser, wenn du von jetzt an hier schläfst«, sagte die Alte am nächsten Morgen und hängte dabei eine Hängematte aus Baumwolle neben ihrer eigenen auf.

Von diesem Tag an wich Angelica kaum mehr von meiner Seite. Meistens hielten wir uns am Fluß auf, sprachen miteinander und badeten im seichten Wasser am Ufer, wo der graurote Sand die Farbe eines Gemischs aus Asche und Blut hatte. Innerlich völlig ausgeglichen saß ich manchmal stundenlang dort, sah den Indianerinnen beim Wäschewaschen zu und hörte zu, wie Angelica aus ihrem Leben erzählte. Wie Wolken, die über den Himmel ziehen, vermischten sich ihre Worte mit dem Anblick der Frauen, die ihre Kleider im Wasser ausspülten und dann zum Trocknen über den Steinen ausbreiteten.

Angelica gehörte nicht zu den Maquiritare wie die meisten anderen Indianer auf der Missionsstation. Sie war einem Mann dieses Stammes zur Frau gegeben worden, als sie noch sehr jung war. Er hatte sie gut behandelt, davon sprach sie gern. Bald hatte sie die Lebensweise seines Stammes erlernt, die sich nicht sehr stark vom Leben ihres eigenen Volkes unterschied. Sie war auch in der Stadt gewesen. Sie sagte jedoch nie, in welcher Stadt, genausowenig wie sie mir ihren indianischen Namen verriet, denn den durfte man nach den Sitten ihres Stammes nicht laut aussprechen.

Immer, wenn sie über ihr früheres Leben sprach, klang ihre Stimme in meinen Ohren fremd. Ihre Aussprache wurde sehr nasal, und oft wechselte sie zwischen dem Spanischen und ihrer Muttersprache hin und her, wobei sie dann die Begriffe von Ort und Zeit nicht mehr deutlich unterschied. Häufig unterbrach sie sich mitten in einem Satz; Stunden später, oder manchmal auch erst am nächsten Tag, nahm sie dann das Gespräch genau dort wieder auf, wo sie es abgebrochen hatte, als wäre es die natürlichste Sache der Welt, sich in dieser Art und Weise zu unterhalten.

»Ich werde dich zu meinen Leuten mitnehmen«, sagte Angelica eines Nachmittags. Sie blickte mich an, und einen Moment lang huschte ein Lächeln über ihre Lippen. Ich hatte das Gefühl, daß sie eigentlich etwas anderes hatte sagen wollen, und fragte mich, ob sie wohl wußte, daß Pater

Coriolano Mr. Barth darum gebeten hatte, mich zu einer Siedlung der Maquiritare im näheren Umkreis zu bringen. Mr. Barth war ein amerikanischer Bergwerksingenieur, der schon seit mehr als zwanzig Jahren im venezolanischen Urwald lebte. Er wohnte weiter unten am Fluß mit einer Indianerin zusammen, und es kam oft vor, daß er sich abends zum Essen in die Missionsstation einlud. Obwohl er nicht den Wunsch verspürte, wieder in die Vereinigten Staaten zurückzukehren, hörte er doch äußerst gern Neuigkeiten von dort.

»Ich werde dich zu meinen Leuten mitnehmen«, sagte Angelica noch einmal. »Es wird viele Tage dauern, bis wir dort sind. Milagros wird unser Führer durch den Urwald sein.«

»Wer ist Milagros?«

»Ein Indianer wie ich. Er spricht gut Spanisch.« Angelica rieb sich vor Freude die Hände. »Ursprünglich sollte er deine Freunde begleiten, aber er hat sich entschlossen, hierzubleiben. Jetzt weiß ich auch, warum.«

Angelica sprach mit einer merkwürdigen Eindringlichkeit auf mich ein; ihre Augen blitzten, und ich hatte auf einmal dasselbe Gefühl wie vorher, als ich in der Missionsstation angekommen war: daß sie ein bißchen verrückt war. »Er hat die ganze Zeit gewußt, daß ich ihn brauchen würde, damit er mit uns mitkommt«, sagte die alte Frau. Ihre Augenlider fielen herab, als hätte sie nicht mehr die Kraft, sie offenzuhalten. Als ob sie Angst hätte, gleich einzuschlafen, riß sie die Augen plötzlich weit auf. »Es ist ganz egal, was du mir jetzt antwortest. Ich weiß, daß du mit mir kommen wirst.«

In dieser Nacht lag ich in meiner Hängematte wach. An Angelicas Atmen hörte ich, daß sie schlief. Ich betete darum, daß sie ihr Angebot, mich in den Urwald mitzunehmen, nicht vergessen möge. Es ging mir durch den Kopf, was

Doña Mercedes zu mir gesagt hatte: »Wenn du wiederkommst, wirst du keine Verwendung mehr für deine Aufzeichnungen haben.« Vielleicht konnte ich bei den Indianern einige Forschungen betreiben. Der Gedanke belustigte mich. Ich hatte kein Tonbandgerät mitgenommen; außerdem hatte ich weder Papier noch Bleistift – nur ein schmales Tagebuch und einen Kugelschreiber. Meine Kamera hatte ich zwar dabei, aber nur drei Filme.
Schlaflos wälzte ich mich in der Hängematte. Nein, ich hatte überhaupt nicht die Absicht, mit einer alten Frau, die ich für ein bißchen verrückt hielt, und einem Indianer, den ich noch nie gesehen hatte, in den Urwald zu gehen. Und doch lag etwas so Verlockendes in dem Gedanken. Ich könnte mir ohne weiteres einige Zeit dafür nehmen. Ich hatte keine Termine einzuhalten; niemand wartete auf mich. Ich könnte einen Brief an meine Bekannten zurücklassen und ihnen darin meinen plötzlichen Entschluß erklären. Sie würden sich deswegen nicht allzu viele Gedanken machen. Je länger ich darüber nachdachte, desto mehr nahm mich die Idee gefangen. Pater Coriolano könnte mir ganz bestimmt genügend Papier und Bleistifte zur Verfügung stellen. Und es stimmte, Doña Mercedes hatte recht gehabt. Für meine alten Aufzeichnungen über Schamanismus würde ich sicher keine Verwendung mehr haben, wenn ich von einer solchen Expedition zurückkehrte – falls ich überhaupt je zurückkehren sollte (dieser bedrohliche Gedanke drängte sich mir jetzt ins Bewußtsein).
Ich kletterte aus der Hängematte und betrachtete die zerbrechliche Gestalt der schlafenden alten Frau. Als hätte sie meine Gegenwart gespürt, bebten ihre Augenlider, und ihre Lippen bewegten sich: »Ich werde nicht hier sterben, sondern bei meinem eigenen Volk. Mein Körper wird verbrannt werden, und meine Asche wird immer bei ihnen sein.« Ihre

Augen öffneten sich langsam; ihr Blick war glanzlos, wie vom Schlaf benebelt, und es lag kein Ausdruck darin, doch in ihrer Stimme spürte ich tiefe Traurigkeit. Ich berührte ihre eingefallenen Wangen. Sie lächelte mir zu, aber mit den Gedanken war sie ganz offensichtlich weit fort.

Ich erwachte mit dem Gefühl, beobachtet zu werden. Angelica sagte, sie warte schon seit längerer Zeit, daß ich aufwachte. Mit einer Handbewegung lenkte sie meinen Blick auf eine Schachtel aus Baumrinde in der Größe eines Kosmetikköfferchens, die neben ihr stand. Sie öffnete mühsam den eingeklemmten Deckel und fing an, mir mit großem Vergnügen jedes einzelne Stück vorzuführen, wobei sie jedesmal laute Rufe der Freude und der Überraschung ausstieß, als sähe sie den Inhalt zum erstenmal. In der Schachtel befanden sich ein Spiegel, ein Kamm, eine Halskette aus Plastikperlen, ein paar leere Dosen, die früher einmal Hautcreme enthalten hatten, eine rostige Schere, eine verwaschene Bluse und ein Rock.

»Und was glaubst du, habe ich jetzt in der Hand?« fragte sie und versteckte dabei etwas hinter dem Rücken.

Ich gestand ihr, daß ich keine Ahnung hatte, und sie lachte. »Das hier ist mein Schreibheft.« Sie öffnete ein Notizbuch, dessen Seiten in langen Jahren vergilbt waren. Jede Seite war mit vielen Reihen krakeliger Buchstaben beschrieben. »Sieh mal her!« Sie nahm einen zerkauten Bleistift aus der Schachtel und fing an, damit in Blockbuchstaben ihren Namen zu malen. »Das habe ich auf einer anderen Missionsstation gelernt. Die war viel größer als diese hier. Und dort gab es auch eine Schule. Es ist zwar schon viele Jahre her, aber ich habe nicht vergessen, was ich damals gelernt habe.« Wieder und wieder schrieb sie ihren Namen über die verblichenen Seiten. »Findest du es schön?«

»Sehr schön.« Ich war ganz durcheinander bei dem Anblick

der alten Frau, die nach vorn gebeugt vor mir hockte, so daß ihr Kopf beinah das Notizheft auf dem Boden berührte. Sie hielt jedoch hervorragend das Gleichgewicht, während sie sorgfältig die Buchstaben ihres Namens aufmalte.
Plötzlich richtete sie sich auf und klappte das Schreibheft zu. »Ich bin einmal in der Stadt gewesen«, sagte sie, wobei sie starr aus dem Fenster blickte. »In einer Stadt voller Menschen, die alle gleich aussahen. Am Anfang hat es mir dort gefallen, aber es wurde sehr schnell langweilig. Es gab dort zuviel zu sehen. Und so laut war es. Nicht nur die Menschen haben gesprochen, sondern die Dinge auch.« Sie machte eine Pause und zog eine Grimasse, weil sie sich so sehr anstrengen mußte, um sich zu konzentrieren, und die kleinen Fältchen in ihrem Gesicht wurden noch tiefer. Schließlich sagte sie: »Nein, die Stadt hat mir überhaupt nicht gefallen.«
Ich wollte von ihr erfahren, in welcher Stadt sie gewesen war und auf welcher Missionsstation sie gelernt hatte, ihren Namen zu schreiben. Sie sah mich an, als hätte sie meine Frage gar nicht gehört, und fuhr dann in ihrer Erzählung fort. Wie schon einige Male zuvor, fing sie wieder an, hin und wieder in ihre Muttersprache zu verfallen, in der es keinen Unterschied zwischen den Begriffen Ort und Zeit gab. Mitunter lachte sie auf und wiederholte dabei immer wieder: »Ich werde nicht in Pater Coriolanos Himmel kommen müssen.«
»Ist es denn wirklich dein Ernst, daß du die Reise zu deinem Stamm machen willst?« fragte ich. »Glaubst du nicht, daß es für zwei Frauen gefährlich ist, in den Urwald zu gehen? Kennst du denn eigentlich den Weg dorthin?«
»Natürlich kenne ich den Weg«, antwortete sie und riß sich aus ihrer beinah tranceähnlichen Versunkenheit. »Und eine alte Frau ist immer in Sicherheit.«

»Ich bin aber nicht alt.«
Sie strich mir über das Haar. »Du bist nicht alt, aber dein Haar ist von der Farbe der Palmenfasern, und deine Augen haben die Farbe des Himmels. Auch du wirst in Sicherheit sein.«
»Ich bin fest davon überzeugt, daß wir uns verlaufen werden«, sagte ich leise. »Du kannst dich ja nicht einmal mehr erinnern, wie lange es schon her ist, daß du deine Leute zum letztenmal gesehen hast. Und du hast mir gesagt, sie ziehen immer tiefer in den Urwald hinein.«
»Milagros geht mit uns«, wandte Angelica überzeugend ein. »Er kennt den Urwald gut. Er weiß alles über die Stämme, die dort leben.« Angelica begann, ihre Habseligkeiten wieder in den Rindenbehälter zu legen. »Ich werde ihn lieber suchen gehen, damit wir so bald wie möglich aufbrechen können. Du wirst ihm irgend etwas geben müssen.«
»Ich besitze aber gar nichts, was ihm gefallen würde«, sagte ich. »Vielleicht kann ich es einrichten, daß meine Bekannten ihre Macheten auf der Missionsstation zurücklassen, damit Milagros sie sich später abholen kann.«
»Gib ihm deinen Fotoapparat«, schlug Angelica vor. »Ich weiß zufällig, daß er so etwas genauso gern haben würde wie eine zweite Machete.«
»Kann er denn eine Kamera bedienen?«
»Ich weiß nicht.« Kichernd hielt sie sich die Hand vor den Mund. »Er hat mir einmal erzählt, daß er gern Fotos von den Weißen machen möchte, die auf die Missionsstation kommen, um sich die Indianer anzusehen.«
Ich hatte keine besonders große Lust, mich von meiner Kamera zu trennen. Sie war sehr gut und hatte ziemlich viel gekostet. Ich wünschte, ich hätte eine billigere mitgenommen. »Ich gebe ihm meine Kamera«, sagte ich und hoffte

dabei, Milagros würde ohnehin eine Machete vorziehen, sobald ich ihm gezeigt hätte, wie schwierig der Apparat zu handhaben war.

»Je weniger du zu tragen hast, desto besser«, sagte Angelica und knallte dabei den Deckel der Schachtel zu. »Ich werde alle diese Sachen an eine der Frauen hier verschenken. Ich brauche sie nicht mehr. Wenn man mit leeren Händen reist, wird einem niemand etwas wegnehmen wollen.«

»Ich würde ganz gern die Hängematte mitnehmen, die du mir gegeben hast«, sagte ich, eher im Spaß.

»Das ist vielleicht eine gute Idee.« Angelica blickte mich an und nickte mit dem Kopf. »Du hast einen unruhigen Schlaf, und du findest wahrscheinlich keine Ruhe in den Hängematten aus Palmfasern, in denen mein Volk schläft.« Sie nahm ihre Schachtel unter den Arm und ging aus dem Zimmer. »Ich komme zurück, wenn ich Milagros gefunden habe.«

Pater Coriolano nahm einen Schluck Kaffee und sah mich dabei an, als hätte er eine Fremde vor sich. Mit Mühe erhob er sich und hielt sich an einem Stuhl fest. In offensichtlicher Verwirrung starrte er mich an, ohne ein Wort zu sagen. Es war das Schweigen eines alten Mannes. Als er sich nun mit den steifen, knorrigen Fingern über das Gesicht fuhr, wurde mir zum erstenmal bewußt, wie gebrechlich er war.

»Sie sind verrückt, wenn Sie mit Angelica in den Urwald gehen wollen«, sagte er schließlich. »Sie ist sehr alt; sie wird nicht lange durchhalten. Ein Marsch durch den Urwald ist ja kein Sonntagsspaziergang.«

»Milagros begleitet uns.«

Pater Coriolano wandte sich ab und sah gedankenverloren aus dem Fenster. Immer wieder strich er sich mit der Hand über den Bart. »Milagros hat sich ja schon geweigert, mit

Ihren Bekannten mitzukommen. Ich kann mir nicht vorstellen, daß er Angelica in den Urwald begleiten wird.«
»Doch, das tut er.« Meine Gewißheit war mir unbegreiflich. Es war ein Gefühl, das überhaupt nicht im Einklang mit meiner üblichen Vernunft stand.
»Obwohl man sich auf ihn immer verlassen kann, ist er doch ein merkwürdiger Mensch«, sagte Pater Coriolano nachdenklich. »Er ist schon bei mehreren Expeditionen Führer gewesen. Und trotzdem ...« Pater Coriolano setzte sich wieder auf den Stuhl und fuhr fort, jetzt direkt an mich gewandt. »Sie sind doch gar nicht darauf vorbereitet, in den Dschungel zu gehen. Sie können sich nicht einmal andeutungsweise vorstellen, wie hart und wie gefährlich ein solches Abenteuer werden kann. Und Sie haben nicht die richtigen Schuhe dafür.«
»Mehrere Leute, die im Urwald gewesen sind, haben mir versichert, daß Turnschuhe am allerbesten sind. Sie trocknen schnell auf der Haut, ohne dabei enger zu werden, und man bekommt keine Blasen.«
Pater Coriolano beachtete meine Bemerkung gar nicht. »Warum wollen Sie dorthin gehen?« fragte er gereizt. »Mr. Barth kann Sie zu einem Schamanen der Maquiritare führen; auf diese Weise könnten Sie einer Heilzeremonie beiwohnen, ohne daß Sie allzu weit laufen müßten.«
»Ich weiß eigentlich selbst nicht genau, warum ich dorthin will.« Ich warf ihm einen hilflosen Blick zu. »Vielleicht will ich mehr als eine Heilzeremonie sehen. Auf jeden Fall wollte ich Sie bitten, mir etwas Papier und ein paar Bleistifte zu überlassen.«
»Und was ist mit Ihren Bekannten? Was soll ich denen denn Ihrer Meinung nach sagen? Daß Sie ganz einfach in Begleitung einer senilen alten Frau verschwunden sind?« fragte er, während er sich Kaffee nachschenkte. »Ich bin jetzt seit

mehr als dreißig Jahren hier, aber von einem derartig lächerlichen Vorhaben habe ich bis jetzt noch nie gehört.«

Die Siestazeit war zwar schon vorbei, doch es war noch still auf der Missionsstation. Ich streckte mich in meiner Hängematte aus, die im Schatten der verschlungenen Zweige und der gezackten Blätter von zwei Jambobäumen hing. In der Ferne bemerkte ich Mr. Barths hochgewachsene Gestalt, die sich langsam der Lichtung näherte, auf der das Missionsgebäude lag. Sonderbar, dachte ich, normalerweise kam er doch erst abends. Aber dann wurde mir klar, warum er hier war.

Er blieb vor den Stufen zur Veranda stehen, nahe meines Ruheplatzes, wo er sich auf den Boden hockte und eine der Zigaretten anzündete, die ihm meine Bekannten mitgebracht hatten.

Mr. Barth schien sich unbehaglich zu fühlen. Er erhob sich wieder und ging auf und ab wie ein Posten, der ein Gebäude bewachen muß. Ich wollte mich gerade mit einem Ruf bemerkbar machen, als er anfing, mit sich selbst zu sprechen, wobei er die Worte zusammen mit dem Rauch herausstieß. Er kratzte an den weißen Bartstoppeln an seinem Kinn und rieb die Stiefel gegeneinander, um auf diese Weise die Schlammkruste loszuwerden. Dann hockte er sich wieder hin und schüttelte den Kopf, als könnte er sich damit von den Gedanken befreien, die ihm durch den Kopf gingen.

»Sie sind sicher hergekommen, um mir von den Diamanten zu erzählen, die Sie in der Gegend der Gran Sabana gefunden haben«, sprach ich ihn zur Begrüßung an, in der Hoffnung, den melancholischen Ausdruck seiner sanften braunen Augen verscheuchen zu können.

Er zog an seiner Zigarette und blies den Rauch in kurzen, heftigen Stößen durch die Nase wieder aus. Nachdem er

einige Tabakkrümel weggespuckt hatte, die an seiner Zungenspitze hängengeblieben waren, fragte er mich: »Warum wollen Sie mit Angelica in den Urwald gehen!«
»Das habe ich Pater Coriolano schon gesagt: Ich weiß es selbst nicht so genau.«
Mr. Barth wiederholte meine Antwort mit leiser Stimme und machte eine Frage aus dem Satz. Er zündete sich eine neue Zigarette an, atmete langsam aus und starrte auf die Spirale aus Tabakrauch, die in der klaren Luft zerfloß. »Gehen wir ein bißchen spazieren«, schlug er vor.
Wir schlenderten am Flußufer entlang, wo mächtige, ineinander verschlungene Wurzeln aus der Erde ragten wie Skulpturen aus Holz und Schlamm. Sehr bald fühlte ich die feuchte, klebrige Wärme auf meiner Haut. Unter einer Abdeckung aus Zweigen und Blättern zog Mr. Barth ein Kanu hervor, schob es ins Wasser und forderte mich mit einer Geste auf, hineinzusteigen. Er steuerte das kleine Boot geradewegs über den Fluß, indem er auf eine geschützte Stelle am linken Ufer zuhielt, wo die volle Wucht der Strömung ein wenig abgemildert war. Mit präzisen, kräftigen Bewegungen paddelte er das Kanu dann stromaufwärts, bis wir die Mündung eines schmalen Nebenflusses erreichten. Das Bambusdickicht machte einem dichten, dunklen Wald Platz, einer endlosen Mauer aus Bäumen, die Stamm an Stamm direkt am Ufer des Flusses standen. Luftwurzeln und Äste breiteten sich über das Wasser; Lianen kletterten an den Bäumen empor und wanden sich um die Stämme herum wie Schlangen, die ihre Opfer eng umklammerten und ihnen die Luft abschnürten.
»Ach, da ist sie ja«, sagte Mr. Barth und zeigte auf eine Öffnung in dieser scheinbar undurchdringlichen Mauer.
Wir zogen das Boot über den sumpfigen Uferrand, um es sorgfältig an einem Baumstumpf festzubinden. Die Strahlen

der Sonne drangen kaum noch durch das dichte Laubwerk über uns; das Licht wurde zu einem zarten Grün, als ich nun Mr. Barth durch das Dickicht nachging. Schlingpflanzen und Zweige streiften mich wie etwas Lebendiges. Die Hitze war nicht mehr so stark, aber infolge der schwülen Feuchtigkeit klebten mir die Sachen an der Haut wie Schleim. Nach kurzer Zeit war mein Gesicht völlig mit schmierigem Blütenstaub und Spinnweben bedeckt, die nach Fäulnis rochen.

»Ist das hier ein Pfad?« fragte ich ungläubig und stolperte im gleichen Moment beinahe in eine Pfütze mit grünlichem Wasser hinein. Die Oberfläche wimmelte von Hunderten von Insekten, die für mich kaum mehr als wirbelnde Punkte in der trüben Flüssigkeit waren. Vögel flogen auf, und in dem vielen Grün um mich herum konnte ich weder ihre Farbe noch ihre Größe genau erkennen, sondern hörte nur die aufgeregten Schreie, mit denen sie lautstark gegen unser Eindringen protestierten. Es wurde mir klar, daß Mr. Barth versuchen wollte, mir Angst einzujagen. Einen Moment lang dachte ich auch, daß er mich vielleicht zu einer anderen katholischen Missionsstation führen würde. »Ist das hier ein Pfad?« fragte ich noch einmal.

Abrupt blieb er vor einem Baum stehen, der so hoch war, daß die oberen Äste bis in den Himmel hinauf zu reichen schienen. Kletterpflanzen rankten sich um Stamm und Zweige. »Ich hatte eigentlich die Absicht, Ihnen eine Lektion zu erteilen und Sie einmal ordentlich zu erschrecken«, sagte Mr. Barth mit mürrischem Gesichtsausdruck. »Aber alles, was ich mir zu sagen vorgenommen habe, kommt mir jetzt dumm vor. Machen wir hier eine kurze Pause, und dann gehen wir wieder zurück.«

Mr. Barth ließ das Boot in der Strömung treiben und paddelte nur dann, wenn wir einmal zu dicht ans Ufer gerieten.

»Der Dschungel ist eine Welt, die man sich einfach nicht richtig vorstellen kann«, sagte er. »Auch ich kann Ihnen das nicht beschreiben, obwohl ich es schon so oft erlebt habe. Es ist eine persönliche Angelegenheit – jeder macht hier eine andere und einmalige Erfahrung.«

Anstatt mich zur Missionsstation zurückzubringen, lud mich Mr. Barth in sein Haus ein. Es war eine große, runde Hütte mit einem kegelförmigen Dach aus Palmwedeln. Innen war es ziemlich dunkel, denn das Licht drang nur durch den schmalen Eingang und durch eine rechteckige Luke im Palmdach, die mit einem Flaschenzug aus Rohlederseilen aufgeklappt werden konnte. In der Mitte der Hütte hingen zwei Hängematten. Körbe voll von Büchern und Zeitschriften standen an den weißgekalkten Wänden; darüber waren Kalebassen, Schöpflöffel, Macheten und ein Gewehr befestigt.

Eine nackte junge Frau erhob sich aus einer der Hängematten. Sie war groß und hatte volle Brüste und breite Hüften, aber ihr Gesicht war das eines Kindes, rund und weich, mit schräggeschnittenen dunklen Augen. Mit einem Lächeln griff sie nach ihrem Kleid; es hing neben einem geflochtenen Fächer, der zum Anfachen des Feuers diente. »Kaffee?« fragte sie auf spanisch und setzte sich vor der Feuerstelle und dem Kochgeschirr aus Aluminium auf den Boden.

»Kennen Sie Milagros gut?« fragte ich. Mr. Barth, nachdem er mich seiner Frau vorgestellt hatte und wir alle drei in den Hängematten Platz genommen hatten, wobei die junge Frau und ich uns eine teilten.

»Das ist schwer zu sagen«, antwortete er und griff nach seiner Kaffeetasse, die auf dem Boden stand. »Er kommt und geht – wie der Fluß. Er hält niemals inne, macht anscheinend nie eine Ruhepause. Wie weit Milagros auf seinen Reisen kommt oder wie lange er an einem Ort bleibt, das weiß niemand. Ich habe nur einmal gehört, daß er als sehr kleiner Junge von weißen Männern aus seinem Stamm fortgeschleppt worden ist. Er erzählt seine Geschichte allerdings jedesmal anders. Einmal sagt er, daß es eine Gruppe von Kautschuksammlern war, ein andermal waren es Missionare, und dann sagt er wieder, es wären Geologen oder Wissenschaftler gewesen. Aber ganz gleich, was sie nun waren, sie sind jedenfalls lange Zeit mit ihm umhergereist.«

»Zu welchem Stamm gehört er? Und wo lebt er?«

»Er ist ein Maquiritare«, sagte Mr. Barth. »Aber wo er lebt, weiß niemand. Von Zeit zu Zeit geht er für eine Weile zu seinen Leuten zurück. Ich habe aber keine Ahnung, zu welcher Siedlung er gehört.«

»Angelica ist ihn suchen gegangen. Ich bin gespannt, ob sie ihn findet.«

»Da bin ich ganz sicher«, sagte Mr. Barth. »Die beiden stehen einander sehr nahe. Ich frage mich manchmal, ob sie miteinander verwandt sind.« Er stellte seine Tasse ab und erhob sich aus der Hängematte, um für kurze Zeit in den dichten Büschen draußen vor der Hütte zu verschwinden. Nach wenigen Sekunden tauchte er wieder auf, eine kleine Metalldose in der Hand. »Machen Sie sie auf«, sagte er, während er mir die Dose gab.

Es war ein brauner Lederbeutel darin. »Diamanten?« fragte ich, nachdem ich den Inhalt von außen ertastet hatte.

Mr. Barth nickte lächelnd, dann bedeutete er mir, mich neben ihn auf den Boden aus gestampftem Lehm zu setzen. Er zog sein Hemd aus, breitete es über den Boden und forderte mich auf, den Inhalt des Beutels über dem Stoff auszuschütten. Es fiel mir schwer, meine Enttäuschung zu verbergen. Die Steine funkelten überhaupt nicht; sie sahen eher wie milchiger Quarz aus.

»Wissen Sie genau, daß das Diamanten sind?« wollte ich wissen.
»Ja, ganz genau«, erwiderte er und legte einen Stein in meine Hand, der so groß wie eine kleine Kirsche war. »Wenn er ordentlich geschliffen ist, dann wird ein prachtvoller Ring daraus.«
»Haben Sie diese Diamanten hier in der Gegend gefunden?«
»Nein«, lachte er. »In der Nähe der Sierra Parima, vor vielen Jahren.« Er hatte die Augen halb geschlossen und wiegte sich hin und her. Seine Wangen waren von kleinen roten Äderchen durchzogen, und die Bartstoppeln auf dem Kinn glänzten feucht. »Vor langer Zeit war es einmal mein einziges Ziel im Leben gewesen, Diamanten zu finden, um als reicher Mann nach Hause zurückzukehren.« Mr. Barth stieß einen tiefen Seufzer aus, und sein Blick verlor sich irgendwo in weiter Ferne. »Eines Tages habe ich dann gemerkt, daß mein Traum vom Reichtum sozusagen versiegt war; ich war nicht mehr davon besessen, und ich wollte auch nicht mehr in die Welt zurückgehen, die vorher die meine gewesen war. Ich bin hiergeblieben.« In seinen Augen glänzten Tränen, die nicht fließen konnten, während er nun auf die Diamanten vor sich wies. »Mit ihnen.« Er kniff mehrmals die Augen zusammen, dann sah er mich an und lächelte. »Ich mag sie ebensosehr wie dieses Land.«
Eigentlich hätte ich ihn noch so viel fragen wollen, aber ich hatte Angst, ihn traurig zu stimmen. Wir blieben schweigend sitzen und lauschten dem gleichmäßigen, unergründlichen Murmeln des Flusses.
Dann sprach Mr. Barth wieder. »Wissen Sie, Ethnologen und Missionare haben vieles gemeinsam. Beide sind schlecht für dieses Land. Nur sind die Ethnologen die größeren Heuchler; sie lügen und betrügen, um die Infor-

mationen zu erhalten, die sie haben wollen. Wahrscheinlich glauben sie, daß im Namen der Wissenschaft alles erlaubt ist. Nein, nein, unterbrechen Sie mich nicht«, ermahnte er mich und fuchtelte dabei mit der Hand vor meinem Gesicht herum.

»Es hat schon Ethnologen gegeben«, fuhr er in demselben groben Tonfall fort, »die haben sich bei mir über die Arroganz der Missionare beklagt, über ihre anmaßende, paternalistische Haltung gegenüber den Indianern. Aber sehen Sie sie an, sie selbst sind noch viel arroganter, maßen sich das Recht an, in das Leben anderer Menschen einzudringen.« Mr. Barth seufzte laut auf, als hätte ihn dieser Ausbruch entkräftet.

Ich beschloß, jetzt keine Lanze für die Ethnologen zu brechen, denn ich befürchtete einen neuerlichen Zornausbruch. Also begnügte ich mich damit, den Diamanten in meiner Hand zu begutachten. »Er ist wunderschön«, sagte ich und wollte ihm den Stein zurückgeben.

»Behalten Sie ihn«, meinte er und ging daran, die restlichen Edelsteine einzusammeln. Einen nach dem anderen ließ er sie in den Lederbeutel fallen.

»Ich fürchte, ein so wertvolles Geschenk kann ich nicht annehmen.« Ich mußte kichern und fügte noch als Entschuldigung hinzu: »Ich trage niemals Schmuck.«

»Betrachten Sie den Stein nicht als wertvolles Geschenk. Betrachten Sie ihn als einen Talisman. Nur die Menschen in den Städten sehen darin ein Juwel«, erklärte er leichthin und schloß mir die Finger über dem Diamanten. »Er wird Ihnen Glück bringen.« Er stand auf, klopfte mit den Händen auf das verschwitzte Hinterteil seiner Hose und streckte sich dann in der Hängematte aus.

Die junge Frau füllte unsere Tassen wieder. Während wir schluckweise den stark gesüßten, schwarzen Kaffee tranken, sahen wir zu, wie die weißgetünchten Wände sich im Zwielicht purpurrot färbten. Die Dämmerung gab den Schatten keine Zeit, länger zu werden, denn in Sekundenschnelle war es dunkel.

Ich wachte auf, als mir Angelica ins Ohr flüsterte: »Wir brechen am Morgen auf.«
»Was?« Ich sprang aus meiner Hängematte und war sofort hellwach. »Ich habe gedacht, du würdest mindestens zwei Tage brauchen, bis du Milagros gefunden hast. Dann packe ich jetzt wohl besser meine Sachen.«
Angelica lachte. »Sachen? Du hast ja gar keine Sachen zu packen. Deine zweiten Jeans und ein T-Shirt habe ich einem Indianerjungen gegeben. Du brauchst ja nicht zwei Hosen. Und jetzt schlaf lieber noch ein bißchen. Morgen wird ein langer Tag werden. Milagros legt ein rasches Tempo vor.«
»Ich kann nicht mehr einschlafen«, sagte ich aufgeregt. »Bald wird es schon hell. Ich werde eine Nachricht für meine Bekannten schreiben. Hoffentlich passen die Hängematte und die dünne Decke hier in meinen Rucksack hinein. Wie steht es mit dem Proviant?«
»Pater Coriolano hat uns Sardinen und Kassavebrot zurechtgelegt, die wir beim Weggehen einpacken können. Ich werde das Essen in einem Korb tragen.«
»Hast du heute nacht mit ihm geredet? Was hat er gesagt?«
»Er meinte, es läge in Gottes Hand.«

Ich hatte alles zusammengepackt, als die kleine Glocke der Kapelle zu läuten begann. Seitdem ich auf der Missionsstation war, ging ich nun zum erstenmal zur Messe. Indianer und *Racionales* drängten sich in den Holzbänken. Sie lachten und unterhielten sich miteinander, als wären sie auf einer Tanzveranstaltung. Pater Coriolano brauchte eine ganze Weile, bis er sie zum Schweigen gebracht hatte und die Messe lesen konnte.

Die Frau neben mir beklagte sich darüber, daß Pater Coriolano jedesmal ihr Baby aufweckte mit seiner lauten Stimme. Tatsächlich fing das kleine Kind an zu weinen, aber bevor es seinen ersten kräftigen Schrei ausstoßen konnte, machte die Frau die Brust frei und drückte sie dem Baby in den Mund.

Ich kniete nieder und blickte hinauf zur Jungfrau Maria über dem Altar. Sie trug einen blauen Umhang, der mit Gold bestickt war. Ihr Gesicht war zum Himmel gewandt, die Augen waren blau, die Wangen blaß, und der Mund leuchtete tiefrot. Auf einem Arm hielt sie das Jesuskind; den anderen mit der zarten, weißen Hand streckte sie den sonderbaren Heiden zu ihren Füßen entgegen.

3

Milagros, in der Hand die Machete, ging uns auf dem schmalen Pfad am Flußufer voran. Durch das zerrissene rote Hemd war sein muskulöser Rücken zu sehen. In der Khakihose, die er an den Waden zur Hälfte hochgerollt und um die Hüfte mit einem Baumwollstrick befestigt hatte, sah er – er war mittelgroß – kleiner aus, als er war. Er ging ziemlich rasch und verlagerte dabei das Gewicht auf die Außenkanten der Fußsohlen. Die Füße waren an der Ferse schmal und wurden zu den Zehen hin breiter, wie ein geöffneter Fächer. Das kurzgeschnittene Haar und die breite Tonsur erinnerten mich an einen Mönch.

Ich blieb stehen und blickte mich um, bevor ich ihm auf dem Pfad folgte, der nun in den Wald hineinführte. Auf der anderen Seite des Flusses, beinahe schon verdeckt hinter einer Biegung, lag die Missionsstation. Im ersten Licht der Morgensonne kam sie mir vor wie etwas, das schon weit weg war von mir. Ich fühlte mich auf sonderbare Weise fern, nicht nur von dem Ort und von den Menschen, mit denen ich dort die letzte Woche verbracht hatte, sondern von allem, was mir vertraut war. Ich spürte, daß eine Veränderung in mir vorging, als markierte das Überqueren des Flusses das Ende eines Lebensabschnitts, einen Wendepunkt. Etwas davon muß in meinem Gesicht zu lesen gewesen sein, denn als ich zur Seite sah, fing ich einen verständnisvollen Blick von Angelica auf.

»Das liegt schon weit zurück«, sagte Milagros und blieb neben uns stehen. Er verschränkte die Arme vor der Brust, blickte über den Fluß. Das frühmorgendliche Licht, dessen

Reflexe auf der Wasseroberfläche funkelten, spiegelte sich in seinem Gesicht wider und färbte es mit einem goldenen Glanz. Es war ein eckiges, knochiges Gesicht, doch die kleine Nase und die volle Unterlippe deuteten auf eine Verletzlichkeit hin, die in scharfem Gegensatz zu den tiefen Ringen und Falten um die schrägen, braunen Augen stand. Die Ähnlichkeit zwischen seinen und Angelicas Augen war frappierend; in beiden lag der gleiche zeitlose Ausdruck.
In völligem Schweigen gingen wir unter den hochaufragenden Bäumen dahin, auf Pfaden, die unter dichten Büschen und einem Gewirr aus Lianen, Zweigen und Blättern, Kletterpflanzen und Wurzelwerk kaum noch zu erkennen waren. Spinnweben blieben an meinem Gesicht haften wie ein unsichtbarer Schleier. Ich sah nur noch Grün und roch nichts als die Feuchtigkeit. Wir stiegen über umgestürzte Baumstämme oder gingen um sie herum und wateten durch Bäche und Sümpfe im Schatten riesiger Bambuswälder. Manchmal ging Milagros vor mir; dann wieder Angelica, den unförmigen Tragekorb auf dem Rücken, den sie mit einem Stirnband aus Rinde mit dem Kopf balancierte. Er war mit Kürbisflaschen, Kassavebroten und Sardinendosen gefüllt.
Ich hatte die Orientierung verloren und wußte nicht mehr, in welche Richtung wir gingen. Die Sonne konnte ich nicht sehen – nur ihr Licht, das vereinzelt durch das dichte Blattwerk drang. Bald war mein Nacken ganz steif von dem ständigen Aufblicken in die schwindelerregende Höhe der bewegungslosen Baumkronen. Nur die schlanken Palmen, die sich unbeirrbar geradewegs dem Licht entgegenreckten, ließen an wenigen Stellen ein Stückchen Himmel zwischen den silbrigen Blättern ahnen.
»Ich muß mich jetzt einfach ausruhen«, sagte ich und ließ mich kraftlos auf einen langen Baumstamm sinken. Nach

meiner Uhr war es schon drei Uhr nachmittags. Wir waren mehr als sechs Stunden ununterbrochen marschiert. »Ich sterbe vor Hunger.«
Angelica setzte sich neben mich und reichte mir eine Kalebasse aus ihrem Korb. »Mach sie voll«, sagte sie und deutete mit dem Kinn auf einen seichten Bach in der Nähe.
Dort hockte schon Milagros im Wasser, die Beine gespreizt, die Handflächen auf den Schenkeln aufgestützt, und beugte sich so weit vor, bis seine Lippen die Wasseroberfläche berührten. So trank er, ohne daß seine Nase dabei naß wurde. »Trink«, forderte er mich auf, nachdem er sich wieder aufgerichtet hatte. Er muß mindestens fünfzig sein, dachte ich. Die Anmut seiner geschmeidigen Bewegungen war unerwartet, und er wirkte weit jünger. Er lächelte mich kurz an, dann watete er flußabwärts.
»Paß auf, oder du nimmst gleich ein Bad«, rief mir Angelica zu und grinste spöttisch.
Weil mich ihre Stimme erschreckt hatte, verlor ich das Gleichgewicht und kippte kopfüber ins Wasser. »Ich bin nicht so gut im Wassertrinken wir Milagros«, witzelte ich und gab ihr die gefüllte Kürbisflasche. »Ich bleibe wohl besser bei der Kalebasse.« Ich setzte mich neben sie auf den Boden, um die aufgeweichten Schuhe auszuziehen. »Wer es auch immer war, der gesagt hat, daß Turnschuhe im Dschungel am besten sind, er ist jedenfalls noch niemals sechs Stunden lang darin herumgelaufen.« Meine Füße waren knallrot und voller Blasen, die Knöchel mit blutigen Kratzern übersät.
»So schlimm ist es gar nicht«, sagte Angelica, während sie meine Füße untersuchte. Sie strich mir mit dem Finger vorsichtig über die Fußsohlen und die geschwollenen Zehen. »Du hast doch eine recht gut entwickelte Hornhaut. Warum gehst du nicht einfach barfuß? Die nassen Schuhe werden deine Haut nur noch weiter aufweichen.«

Ich sah mir die Unterseite meiner Füße an; sie waren von einer dicken Hornhaut geschützt, die ich durch jahrelanges Karatetraining bekommen hatte. »Und was ist, wenn ich auf eine Schlange trete?« fragte ich. »Oder auf einen Dorn?« Ich hatte zwar noch kein einziges Reptil gesehen, aber mehrmals beobachtet, wie Milagros und Angelica stehengeblieben waren, um sich Stacheln und Dornen aus den Fußsohlen zu ziehen.

»Man muß schon ziemlich dumm sein, um auf eine Schlange zu treten«, sagte sie und schob meine Beine aus ihrem Schoß. »Und Dornen sind gar nicht so schlimm im Vergleich zu den Moskitos. Du hast Glück, daß dich diese kleinen Teufel nicht so stechen wie die *racionales.* Wieso eigentlich nicht?« Sie rieb meine Arme und Hände, als könnte sie dort eine Antwort auf ihre Frage finden.

Angelica hatte schon auf der Missionsstation darüber gestaunt, daß ich so schlief wie die Indianer, ohne Moskitonetz. »Ich habe böses Blut«, antwortete ich grinsend. Als ich ihren verwunderten Blick sah, erklärte ich ihr, daß ich als Kind oft mit meinem Vater in den Dschungel gegangen war, um Orchideen zu suchen. Dabei wurde er jedesmal von Moskitos, Fliegen und allen möglichen anderen blutsaugenden Insekten gestochen. Mich aber belästigten sie aus irgendeinem Grunde nie. Einmal war mein Vater sogar von einer Schlange gebissen worden.

»Ist er daran gestorben?« fragte Angelica.

»Nein. Es war eine äußerst merkwürdige Sache. Dieselbe Schlange hat mich nämlich auch gebissen. Ich habe gleich nach meinem Vater aufgeschrien. Und er dachte, ich mache mich über ihn lustig, bis ich ihm dann die winzigen roten Punkte an meinem Fuß gezeigt habe. Nur sind sie bei mir nicht so angeschwollen und feuerrot geworden wie bei ihm. Ein paar Freunde haben uns ins nächste Dorf gefahren, wo mein Vater Schlangenserum gespritzt bekam. Er war tagelang sehr krank.«

»Und du?«

»Mir ist überhaupt nichts passiert«, sagte ich und erklärte ihr dann, daß es die Freunde meines Vaters gewesen waren, die halb im Scherz gemeint hatten, ich hätte böses Blut. Sie glaubten nicht an die Theorie des Arztes, der der Ansicht war, daß die Schlange ihren Giftvorrat schon beim ersten Biß aufgebraucht hatte und der kleine Rest zuwenig gewesen war, um eine Reaktion in meinem Körper auszulösen. Ich erzählte Angelica, daß ich einmal gleichzeitig von sieben Wespen gestochen worden war, von der Art, die hier *mata caballo* – Pferdekiller – genannt wurde. Der Arzt damals hatte geglaubt, ich würde sterben. Ich bekam aber nur Fieber, und nach wenigen Tagen war ich wieder gesund.

Noch nie hatte mir Angelica so aufmerksam zugehört; sie hielt den Kopf leicht zur Seite geneigt, als wollte sie verhindern, daß ihr auch nur ein einziges Wort entging. »Ich bin auch einmal von einer Schlange gebissen worden«, sagte sie. »Die anderen waren sicher, daß ich sterben würde.« Sie schwieg einen Augenblick, tief in Gedanken versunken, dann verzog sie das Gesicht zu einem zaghaften Lächeln. »Ob sie wohl ihr Gift vorher schon bei jemand anderem verbraucht hatte?«

»Bestimmt«, erwiderte ich und berührte ihre verschrumpelten Hände.

»Aber vielleicht habe ich auch böses Blut«, sagte sie lächelnd. Sie sah so alt und zerbrechlich aus. Einen Moment lang hatte ich das Gefühl, sie könne sich ohne weiteres zwischen den Schatten in Luft auflösen.

»Ich bin uralt«, sagte Angelica. Dabei warf sie mir einen Blick zu, als hätte ich meinen Gedanken laut ausgesprochen. »Ich hätte eigentlich schon vor langer Zeit sterben sollen. Aber ich habe den Tod warten lassen.« Sie drehte sich um und sah einer Schar Ameisen zu, die einen Busch abtrugen, indem sie rechteckige Stücke aus den Blättern bissen und sie in ihren Zangen fortschleppten. »Ich wußte genau, daß du es sein würdest, die mich zu meinem Volk zurückbringt – ich wußte es schon im ersten Moment, als ich dich gesehen habe.« Es entstand eine lange Pause. Entweder wollte sie dazu nichts mehr sagen, oder sie suchte nach den angemessenen Worten dafür. Sie beobachtete mich mit einem vagen Lächeln auf den Lippen. »Und du hast es auch gewußt – sonst wärst du ja jetzt nicht hier«, verkündete sie schließlich mit absoluter Überzeugung.

Ich kicherte unsicher; es gelang ihr immer wieder, mich mit diesem durchdringenden Funkeln ihrer Augen nervös zu machen. »Ich bin mir aber selbst gar nicht sicher, was ich hier mache«, sagte ich. »Ich weiß nicht, warum ich mit dir gehe.«

»Du hast gewußt, daß es dein Schicksal war, mit mir hierherzukommen«, beharrte Angelica.

Irgend etwas an Angelicas unerschütterlicher Sicherheit machte mich streitsüchtig. Es wäre so leicht gewesen, ihr zuzustimmen, vor allem deshalb, weil ich selber keine Ahnung hatte, warum ich hier im Urwald auf dem Weg ins Unbekannte war. »Also, um dir die Wahrheit zu sagen, ich hatte keinerlei Absicht, überhaupt irgendwohin zu gehen«, brachte ich vor. »Du weißt doch, ich habe ja nicht einmal meine Bekannten auf ihre Alligatorjagd stromaufwärts begleitet, wie ich es eigentlich vorgehabt hatte.«

»Aber das meine ich doch gerade«, gab sie beruhigend zurück, als hätte sie es mit einem uneinsichtigen Kind zu tun. »Du hast irgendeine Ausrede erfunden, um deinen Jagdausflug abzusagen, damit du mit mir kommen konntest.« Sie legte mir die knochigen Hände auf den Kopf.

»Glaub mir, ich habe nicht lange darüber nachdenken müssen. Und du auch nicht. Die Entscheidung ist in dem Augenblick gefallen, in dem ich dich zum erstenmal gesehen habe.«
Ich vergrub den Kopf im Schoß der alten Frau, um mein Lachen zu verbergen. Es war einfach unmöglich, mit ihr darüber zu streiten. Und außerdem könnte sie ja auch recht haben, dachte ich. Ich selbst hatte jedenfalls keine Erklärung parat.
»Ich habe lange gewartet«, fuhr Angelica fort. »Ich hatte schon beinah vergessen, daß du zu mir kommen solltest. Aber als ich dich gesehen habe, da wußte ich, daß der Mann die Wahrheit gesagt hatte. Nicht, daß ich jemals an seiner Rede gezweifelt hätte, aber er hatte es mir schon vor so langer Zeit prophezeit, daß ich bereits glaubte, ich hätte meine Chance verpaßt.«
»Was für ein Mann?« fragte ich und hob den Kopf aus ihrem Schoß. »Wer hat dir vorhergesagt, daß ich kommen würde?«
»Ich erzähle es dir ein andermal.« Angelica zog den Korb zu sich heran und nahm ein großes Stück Kassavebrot heraus. »Jetzt essen wir erst einmal«, fügte sie hinzu und öffnete eine Sardinenbüchse.
Es hatte keinen Sinn, auf einer Antwort zu bestehen. Wenn Angelica sich einmal entschlossen hatte, nichts mehr zu sagen, dann war es unmöglich, sie umzustimmen. Ich gab mich also damit zufrieden, die ordentlich geschichteten Reihen der fetten Sardinen zu begutachten, die in der dicken Tomatensoße schwammen. Solche hatte ich schon in einem Supermarkt in Los Angeles gesehen. Eine meiner Freundinnen kaufte sie immer für ihre Katze. Ich löste einen Fisch mit dem Finger heraus und legte ihn über ein Stück flaches weißes Kassavebrot.

»Wo nur Milagros hingegangen ist?« fragte ich und biß dabei in mein Sardinen-Brot. Es schmeckte recht gut.
Angelica beantwortete meine Frage nicht; sie aß auch nichts. Ab und zu nahm sie einen Schluck Wasser aus der Kürbisflasche. Ein schwaches Lächeln spielte um ihre Mundwinkel, und ich fragte mich, woran die alte Frau wohl gerade dachte und was einen so sehnsüchtigen Ausdruck in ihrem Blick hervorgerufen hatte. Urplötzlich starrte sie mich an, als wäre sie eben aus einem Traum erwacht. »Sieh mal, dort«, sagte sie und stieß mich gleichzeitig mit dem Arm an.
Vor uns stand ein Mann, der völlig nackt war, bis auf einige Baumwollbänder an den Oberarmen und eine um die Taille gewundene Schnur, die sich ringförmig um die Vorhaut schloß und den Penis oben am Bauch festband. Am ganzen Körper war er mit bräunlich-roten Mustern bemalt. In der einen Hand hielt er einen langen Bogen und mehrere Pfeile, in der anderen eine Machete.
»Milagros?« brachte ich endlich stockend heraus, nachdem ich mich von meinem ersten Schock erholt hatte. Ich konnte ihn kaum wiedererkennen. Das lag nicht nur daran, daß er jetzt nackt war; er kam mir größer, muskulöser vor. Die roten Zickzacklinien, die von der Stirn über die Wangen hinunter zur Nase und um den Mund herum verliefen, hoben die Konturen seines Gesichts schärfer hervor und brachten das Verletzliche zum Verschwinden, das mir vorher aufgefallen war. Neben der äußerlichen Veränderung war noch etwas anders an ihm, das ich nicht genau bestimmen konnte. Es war, als hätte er durch das Ablegen der Kleider eines *Racional* sich auch einer unsichtbaren Last entledigt.
Milagros fing zu lachen an, laut und polternd. Das Gelächter kam tief aus seinem Innern und schüttelte ihn. Es schallte

durch den Urwald und erzeugte Echos und vermischte sich mit dem erschreckten Kreischen eines aufgescheuchten Papageienschwarms. Als Milagros sich nun vor mir niederhockte, hörte er abrupt zu lachen auf und sagte: »Du hast mich ja fast nicht erkannt.« Er brachte sein Gesicht so nahe an meines, daß sich unsere Nasen berührten, und fragte mich dann: »Willst du, daß ich dein Gesicht auch bemale?«
»Ja«, sagte ich und holte den Fotoapparat aus meinem Rucksack. »Aber darf ich zuerst ein Foto von dir machen?«
»Das ist meine Kamera«, sagte er heftig und griff danach. »Ich habe gedacht, du hättest sie auf der Missionsstation für mich zurückgelassen.«
»Ich würde sie gern noch benutzen, solange wir in dem Indianerdorf sind.« Ich fing an, ihm die Bedienung der Kamera zu erklären, während ich zunächst einen Film einlegte. Er hörte mir sehr aufmerksam zu und nickte jedesmal mit dem Kopf, wenn ich ihn fragte, ob er alles verstanden hätte. Ich hoffte, ihn zu verwirren, und wies ihn deshalb auf sämtliche technische Finessen des Geräts hin. »So, und jetzt laß mich ein Foto von dir machen, damit ich dir zeigen kann, wie man die Kamera hält.«
»Nein, nein.« Er nahm mir den Apparat aus den Händen. Ohne jede Schwierigkeit öffnete er ihn und zog den Film heraus, der damit belichtet und unbrauchbar wurde. »Sie gehört mir, das hast du versprochen. Nur ich darf damit Aufnahmen machen.«
Sprachlos sah ich zu, wie er sich die Kamera um den Hals hängte. Sie paßte so überhaupt nicht zu seiner Nacktheit, daß ich meinen Lachausbruch nicht zurückhalten konnte. Mit übertriebenen Gebärden begann er nun, alles in seiner Umgebung ins Visier zu nehmen, die Entfernungen einzustellen und die passende Blende dafür zu wählen. Er sprach mit seinen imaginären Motiven, wobei er sie aufforderte,

doch zu lächeln, sich dichter zusammen oder weiter auseinander zu gruppieren. Ich hatte große Lust, ihn an dem Baumwollband zu ziehen, das um seinen Hals hing und den Köcher mit Pfeilspitzen und den Feuerbohrer auf seinem Rücken festhielt.
»Ohne Film kannst du aber keine Fotos machen«, sagte ich und gab ihm die dritte und letzte Kassette.
»Ich habe ja nie behauptet, daß ich Fotos machen will.« Ausgelassen zog er den Film aus seinem Gehäuse heraus, dann packte er die Kamera äußerst fachmännisch wieder in die Ledertasche. »Indianer lassen sich nicht gern fotografieren«, sagte er ernst. Daraufhin bückte er sich zu Angelicas Korb auf dem Boden und durchwühlte den Inhalt, bis er eine kleine Kalebasse gefunden hatte, die mit einem Stück Tierhaut verschlossen war. »Das hier ist *Onoto*«, erklärte er und zeigte mit dabei eine rote Paste. Sie glänzte fettig und hatte einen schwachen, aromatischen Duft, den ich nicht genau beschreiben konnte. »Dies ist die Farbe des Lebens und der Freude«, sagte er.
»Wo hast du deine Kleider gelassen?« fragte ich, während er mit den Zähnen ein Lianenstück in der Länge eines Bleistiftes abtrennte. »Wohnst du hier in der Nähe?«
Milagros war damit beschäftigt, an einem Ende der Liane herumzukauen, bis es einem provisorischen Pinsel ähnelte, und gab sich nicht die Mühe, mir zu antworten. Er spuckte auf das *Onoto* und rührte dann mit dem Pinsel so lange in der roten Paste, bis sie beinahe flüssig war. Mit sicheren, gleichmäßigen Handbewegungen malte er mir Wellenlinien von der Stirn über die Wangen bis zu Kinn und Hals, zeichnete Kreise um die Augen und verzierte schließlich meine Arme mit runden Tupfen.
»Gibt es hier in der Nähe eine indianische Siedlung?«
»Nein.«

»Lebst du ganz allein?«
»Warum fragst du so viel?« Der Ausdruck der Verärgerung, der noch durch die scharfen Linien in seinem bemalten Gesicht verstärkt wurde, paßte genau zu dem gereizten Klang seiner Stimme.
Ich öffnete den Mund, brachte einen Ton hervor, aber dann zögerte ich, ihm zu gestehen, daß es für mich wichtig war, über ihn und Angelica Bescheid zu wissen – daß ich mich um so besser fühlen würde, je mehr ich über sie wüßte. »Mir ist immer beigebracht worden, neugierig zu sein«, sagte ich nach einer Weile, weil ich spürte, daß er meine plötzliche Furcht nicht verstehen würde, die ich zu überwinden suchte, indem ich Fragen stellte. Wenn ich etwas von den beiden wüßte, glaubte ich, dann könnte ich das Gefühl haben, daß die ganze Angelegenheit etwas mehr unter meiner Kontrolle wäre.
Ohne überhaupt darauf einzugehen, was ich gesagt hatte, lächelte mich Milagros mit schiefgelegtem Kopf an, begutachtete mein bemaltes Gesicht und brach dann in schallendes Gelächter aus. Das Lachen war fröhlich, heiter, wie das eines Kindes. »Eine blonde Indianerin«, sagte er und wischte sich die Tränen aus den Augen.
Ich stimmte in sein Lachen ein; meine Befürchtungen von vorhin waren wie weggeblasen. Plötzlich hörte Milagros zu lachen auf, beugte sich zu mir hinunter und flüsterte mir ein Wort ins Ohr, das ich nicht verstehen konnte. »Das ist dein neuer Name«, sagte er ernsthaft und legte mir sofort die Hand auf die Lippen, um mich daran zu hindern, ihn laut zu wiederholen. Dann ging er zu Angelica und flüsterte auch ihr den Namen ins Ohr.
Sobald Milagros ein wenig gegessen hatte, winkte er uns wieder, ihm zu folgen. Ohne auf die Blasen an meinen Füßen zu achten, zog ich schnell die Schuhe über. Es gelang

mir nicht, irgendwelche Einzelheiten in dem ewigen Grün zu unterscheiden, als wir nun wieder über die Hügel kletterten und durch die Täler marschierten – ein endloses Grün aus Lianen, Ästen, Blättern und stachligen Dornen, in dem zu jeder Stunde des Tages Zwielicht herrschte. Ich hob jetzt nicht mehr den Kopf, um zwischen dem dichten Laub der Bäume für kurze Zeit den Himmel zu erblicken, sondern war damit zufrieden, sein Spiegelbild in Pfützen und Bächen zu sehen.

Mr. Barth hatte recht gehabt, als er mir sagte, daß der Urwald eine Welt sei, die man sich einfach nicht vorstellen könne. Es fiel mir schwer zu glauben, daß ich es war, die hier mit unbekanntem Ziel durch die endlose grüne Wildnis wanderte. Durch meinen Kopf schossen wüste Gedanken und die Schilderungen anderer Ethnologen von unzivilisierten wilden und kriegerischen Indianerstämmen.

Meine Eltern waren mit einigen deutschen Forschern und Wissenschaftlern befreundet gewesen, die im Amazonasurwald gelebt hatten. Als Kind hatten mich ihre Geschichten über Kopfjäger und Kannibalen erschreckt; sie alle erzählten von Abenteuern, bei denen sie dem sicheren Tod entronnen waren, weil sie einem kranken Indianer das Leben gerettet hatten, meistens einem Stammeshäuptling oder einem seiner Verwandten. Ein deutsches Ehepaar mit einer kleinen Tochter, das gerade von einer zwei Jahre langen Reise durch den südamerikanischen Urwald zurückgekehrt war, hatte mich am allermeisten beeindruckt. Ich war sieben Jahre alt, als sie mir die Kult- und Gebrauchsgegenstände und die Fotografien in Lebensgröße zeigten, die sie von ihren Expeditionen mitgebracht hatten.

Von ihrer achtjährigen Tochter war ich ganz hingerissen; einmal ging ich mit ihr durch die palmengeschmückte

Vorhalle des Sears-Gebäudes in Caracas. Ich hatte kaum Zeit, mir die verschiedenen Jagdbogen, Pfeile, Körbe, Köcher, Federn und Masken anzusehen, die an den Wänden hingen, denn sie zog mich gleich weiter in eine abgedunkelte Nische. Sie hockte sich auf den Boden, zog eine rötlich gebeizte Holzkiste unter einem Büschel Palmwedel hervor und öffnete sie mit einem Schlüssel, den sie an einer Kette um den Hals trug. »Das hat mir einer meiner Freunde bei den Indianern geschenkt«, sagte sie und nahm einen kleinen, verschrumpelten Menschenkopf aus der Kiste. »Es ist ein *Tsantsa,* der Schrumpfkopf eines getöteten Feindes«, erklärte sie mir und strich dabei über das lange schwarze Haar, als hätte sie ein Puppe in der Hand.
Ich bekam großen Respekt vor ihr, als sie mir erzählte, daß sie keine Angst gehabt hatte im Urwald und daß es dort absolut nicht so gewesen war, wie ihre Eltern es beschrieben. »Die Indianer waren gar nicht furchterregend oder besonders wild«, sagte sie mit ernster Stimme. Ich zweifelte keinen Augenblick an ihren Worten, als sie mich mit ihren großen Augen fest ansah. »Sie sind sehr lieb gewesen und immer zum Lachen aufgelegt – sie waren meine Freunde.«
Mir fiel der Name des Mädchens nicht mehr ein, das zwar die gleichen Dinge wie seine Eltern erlebt hatte, dem Fremdartigen jedoch nicht mit den gleichen Vorurteilen und Ängsten gegenübergetreten war. Ich kicherte leise und wäre beinah über eine knorrige Wurzel gefallen, die sich unter dem rutschigen Moos verbarg.
»Führst du Selbstgespräche?« Angelicas Stimme unterbrach mich in meinen Träumereien. »Oder redest du mit den Geistern des Waldes?«
»Gibt es denn hier welche?«
»Ja. Geister leben inmitten von alldem«, sagte sie leise und beschrieb einen Kreis mit den Armen. »Im Gestrüpp der

Lianen und in der Gesellschaft der Affen, der Schlangen, der Spinnen und der Jaguare.«

»Es wird nicht regnen heute nacht«, erklärte Milagros, nachdem er die Luft geschnuppert hatte. Wir hatten bei einigen großen Felsblöcken am Rande eines seichten Flusses haltgemacht. Das ruhige, klare Wasser war übersät mit den rosa Blüten der hohen Bäume, die wie Schildwachen am jenseitigen Ufer standen. Ich zog mir die Schuhe aus und ließ die verschwollenen Füße in die angenehm kühle Strömung baumeln, während ich zusah, wie der Himmel sich langsam orange, zinnoberrot und schließlich tief purpurn färbte. Mit der Feuchtigkeit des Abends stieg mir der Duft des Urwalds in die Nase, ein Geruch nach Erde, nach Leben, nach Moder.

Bevor wir noch von den Schatten der Nacht völlig umzingelt waren, hatte Milagros zwei Hängematten aus Baumrinde angefertigt und an den Enden mit Aufhängungen aus Lianen verknotet. Ich konnte meine Freude kaum verbergen, als er meine baumwollene Hängematte zwischen den beiden ziemlich unbequem aussehenden Rindenkörben befestigte.

Gespannt verfolgte ich Milagros' Bewegungen, mit denen er den Köcher und einen Feuerbohrer vom Rücken nahm. Meine Enttäuschung war grenzenlos, als er den Verschluß aus Affenfell von dem Köcher entfernte, eine Streichholzschachtel herausholte und damit das von Angelica gesammelte Holz anzündete.

»Katzenfutter«, sagte ich griesgrämig, als mir Milagros eine offene Dose mit Sardinen reichte. Ich hatte mir vorgestellt, daß mein erster Abendessen im Urwald aus einem gerade erst erlegten Tapir oder aus Gürteltierfleisch bestehen und über einem knisternden Feuer gegrillt werden würde. Aber

alles, was die schwelenden Zweige zustande brachten, war eine dünne Rauchfahne in der Luft, und die niedrigen Flammen reichten kaum aus, um unsere Umgebung zu beleuchten.
Der schwache Schein des Feuers hob Angelicas und Milagros' Gesichtszüge hervor, indem er die tiefliegenden Stellen mit Schatten ausfüllte und die Schläfen, die ausgeprägten Augenbrauen, die kurzen Nasen und die hohen Backenknochen erhellte. Ich staunte darüber, wie sehr sie das Feuer einander ähnlich machte.
»Seid ihr miteinander verwandt?« fragte ich schließlich, weil mich ihre Ähnlichkeit so verwirrte.
»Ja«, erwiderte Milagros, »ich bin ihr Sohn.«
»Ihr Sohn?« wiederholte ich ungläubig. Ich hätte geglaubt, daß er vielleicht ihr jüngerer Bruder oder Neffe war; er sah aus, als wäre er über fünfzig. »Dann bist du also nur zur Hälfte ein Maquiritare?«
Beide begannen zu kichern, als erheiterten sie sich gemeinsam an einem privaten Witz. »Nein, er ist überhaupt kein Maquiritare«, stieß Angelica zwischen ihren Lachanfällen hervor. »Er wurde geboren, als ich noch bei meinem Volk war.« Sie sagte nichts mehr zu diesem Thema, sondern schob ihr Gesicht dicht an meines heran, und in ihrem Ausdruck lagen Herausforderung und Versonnenheit.
Unter dem stechenden Blick rutschte ich nervös auf meinem Platz herum und fragte mich, ob ich sie mit meiner Frage vielleicht beleidigt hatte. Ich kam zu dem Schluß, daß Neugierde wohl ein erlernter Charakterzug sein müsse. Obwohl ich mir große Mühe gab, alles über die beiden zu erfahren, stellten sie mir ihrerseits niemals Fragen über mich. Daß wir drei uns gemeinsam im Urwald befanden, schien für sie das einzige zu sein, was Bedeutung hatte. Auf der Missionsstation hatte Angelica sich nicht im geringsten

dafür interessiert, woher ich kam und was ich vorher gemacht hatte. Und sie war auch nicht gewillt gewesen, mir aus ihrer eigenen Vergangenheit zu berichten, abgesehen von ein paar Geschichten, die mit ihrem Leben auf der Missionsstation zu tun hatten.

Unser Hunger war gestillt, und wir streckten uns in den Hängematten aus; Angelicas und meine hingen dicht beim Feuer. Sie war bald eingeschlafen, die Beine in ihr Kleid eingewickelt. Es war recht kühl, und ich bot Milagros die dünne Decke an, die ich mitgenommen hatte; er nahm sie auch gern an.

Glühwürmchen leuchteten wie kleine Feuerpünktchen in der dichten Finsternis. Die Nacht war von pulsierendem Leben erfüllt, vom Zirpen der Grillen und dem Quaken der Frösche. Ich konnte nicht einschlafen; die Übermüdung und eine innere Spannung hinderten mich daran, mich einfach fallenzulassen. Auf dem Leuchtzifferblatt meiner Armbanduhr sah ich die Stunden verstreichen, während ich den Geräuschen des Dschungels lauschte, die ich nicht mehr auseinanderhalten konnte. Unsichtbare Wesen knurrten, pfiffen, krächzten und heulten. Schatten glitten unter meiner Hängematte hindurch, so lautlos wie die Zeit selbst.

In dem Bemühen, etwas in der Dunkelheit zu erkennen, setzte ich mich auf und kniff die Augen zusammen, weil ich nicht ganz sicher war, ob ich wachte oder träumte. Kleine Affen mit phosphoreszierenden Augen schossen hinter Farnwedeln hervor. Von den Zweigen über mir starrten mich Tiere an und stießen knurrende Laute aus. Riesige Spinnen, die sich auf haarfeinen Beinen fortbewegten, webten silberne Netze über meine Augen.

Je mehr ich ins Dunkle starrte, desto größer wurde meine Angst. Kalter Schweiß lief mir vom Nacken auf den Rücken hinunter, als ich auf einmal eine nackte Gestalt mit einem gespannten Bogen erblickte; ein Pfeil zielte in den schwarzen Himmel. Als ich ganz deutlich das schwirrende Geräusch des Pfeils hörte, hielt ich mir die Hand vor den Mund, um einen Schrei zu ersticken.

»Fürchte dich nicht vor der Nacht«, sagte Milagros und strich mir über das Gesicht. Seine Hand war fleischig und mit Schwielen bedeckt; sie roch nach Erde und Wurzeln. Er befestigte seine Hängematte über meiner eigenen, so dicht, daß ich die Wärme seines Körpers durch die Streifen aus Rinde spüren konnte. Mit leiser Stimme begann er, in seiner Muttersprache zu sprechen, eine Litanei von rhythmischen, monotonen Wörtern, in der alle anderen Geräusche des Urwalds untergingen. Frieden senkte sich über mich, und allmählich fielen mir die Augen zu.

Als ich wieder erwachte, hing Milagros' Hängematte nicht mehr über mir. Die nächtlichen Geräusche waren schwächer geworden, klangen jedoch immer noch nach zwischen den Palmen, den Bambusstauden, den namenlosen Schlingpflanzen, den Schmarotzergewächsen. Der Himmel zeigte noch keine Farbe – da war nur durchscheinende Klarheit, die einen Tag ohne Regengüsse versprach.

Angelica stand über das Feuer gebückt, stocherte in der Glut und blies hinein, um sie zu neuem Leben zu erwecken. Lächelnd winkte sie mich zu sich herüber. »Im Schlaf habe ich dich sprechen gehört«, sagte sie. »Hast du Angst gehabt?«

»In der Nacht ist der Urwald so ganz anders«, erklärte ich ein wenig verlegen. »Ich muß wohl zu erschöpft gewesen sein.«

Sie nickte. »Beobachte das Licht – sieh zu, wie es von Blatt zu Blatt hüpft, bis es am Boden angekommen ist, bei den schlafenden Schatten. So bringt die Morgendämmerung

den Geistern der Nacht die Ruhe.« Angelica strich liebevoll über die Blätter auf dem Boden. »Tagsüber schlafen die Schatten. In der Nacht tanzen sie in der Dunkelheit.«
Ich lächelte einfältig, weil ich nichts dazu zu sagen wußte. »Wo ist denn Milagros hingegangen?« fragte ich nach einer Weile.
Angelica antwortete nicht; sie stand auf und sah sich um. »Hab keine Angst vor dem Urwald«, sagte sie. Sie hob die Arme über den Kopf und fing an, mit kleinen, ruckartigen Schritten zu tanzen. Dabei sang sie mit tiefer, eintöniger Stimme, die jedoch ganz plötzlich sehr hoch klang. »Tanze mit den Schatten der Nacht, und lege dich leichten Herzens schlafen. Wenn du dich von den Schatten in Schrecken versetzen läßt, dann werden sie dich vernichten.« Ihre Stimme war nur noch ein Murmeln. Sie wandte mir den Rücken zu und ging langsam zum Wasser hinunter.
Das Wasser war kalt, als ich mich nackt in die Mitte des Baches hockte; in dem stillen Wasser spiegelte sich das erste Morgenlicht. Ich beobachtete Angelica beim Holzsammeln. Sie legte jeden Zweig behutsam in ihre Armbeuge, als hielte sie ein Kind. Sie muß viel stärker sein, als es den Anschein hat, dachte ich, während ich mir das Shampoo aus den Haaren spülte. Allerdings könnte es auch sein, daß sie gar nicht so alt ist, wie sie aussieht. Pater Coriolano hatte mir erzählt, daß Indianerinnen häufig schon mit dreißig Großmütter sind. Und wenn sie das vierzigste Lebensjahr erreichten, betrachtete man sie bereits als alte Frauen.
Ich wusch die Kleidungsstücke aus, die ich getragen hatte, spießte sie dicht neben dem Feuer auf einen Stecken und zog dann ein langes T-Shirt über, das mir fast bis zu den Knien reichte. Es war wesentlich bequemer als die engen Jeans.

»Du riechst gut«, bemerkte Angelica und fuhr mit den Fingern durch mein nasses Haar. »Kommt der Duft aus der Flasche da?«
Ich nickte. »Möchtest du, daß ich dein Haar auch wasche?«
Sie zögerte einen Augenblick, dann zog sie rasch ihr Kleid aus. Sie hatte so viele Runzeln, daß am ganzen Körper kein Zentimeter glatter Haut mehr zu sehen war. Sie erinnerte mich an einen der zarten Bäume, die manchmal unseren Pfad säumten; ihre dünnen, grauen Stämme wirkten schon fast ganz vertrocknet, und doch trugen sie Äste mit grünem Laub. Ich hatte Angelica noch nie zuvor nackt gesehen, denn sie hatte ihr Baumwollkleid Tag und Nacht an. Nun war ich sicher, daß sie mehr als vierzig Jahre hinter sich hatte – daß sie eben uralt war, wie sie mir ja selbst gesagt hatte.
Als sie nun im Wasser saß, quietschte und lachte sie vor Freude, spritzte wild um sich und verteilte so den Schaum aus ihren Haaren über den ganzen Körper. Mit einer zerbrochenen Kalebasse spülte ich sie ab, und nachdem ich sie mit der dünnen Decke abgetrocknet hatte, kämmte ich ihr kurzes dunkles Haar und frisierte die Ponyfransen. »Schade, daß wir keinen Spiegel haben«, bedauerte ich. »Habe ich die rote Farbe immer noch im Gesicht?«
»Nur noch ganz wenig«, sagte Angelica und rückte dichter ans Feuer. »Milagros wird dich noch einmal bemalen müssen.«
»Gleich riechen wir beide genau wie der Rauch«, sagte ich, während ich zu Angelicas Hängematte aus Baumrinde hinüberging. Als ich mich hineinlegte, fragte ich mich, wie sie darin schlafen konnte, ohne herauszufallen. Sie war gerade lang genug für mich und so schmal, daß ich mich nicht auf die Seite legen konnte. Und doch merkte ich, wie ich trotz der rauhen Borke, die mir Kopf und Rücken

zerkratzte, langsam einnickte, während die alte Frau neben mir das gesammelte Holz in gleich lange Stücke brach.
Eine sonderbare Schwere übermannte mich, und ich dämmerte auf der Schwelle zwischen Wachsein und Schlaf dahin. Ich spürte die Röte der Sonne durch die geschlossenen Lider hindurch. Zu meiner Linken hörte ich Angelica leise vor sich hinmurmeln, während sie das Feuer anfachte, und ich nahm den Urwald rund um mich herum wahr, der mich mehr und mehr in seine grünen Untiefen zog. Ich wollte den Namen der alten Frau rufen, aber meine Lippen brachten keinen Ton hervor. Wieder und wieder rief ich, doch es entschlüpften mir nur tonlose Laute, die im Windhauch auf und nieder flogen wie tote Schmetterlinge. Die Worte formten sich ohne das Zutun meiner Lippen und verspotteten mein Verlangen nach mehr Wissen, indem sie Tausende von Fragen stellten. Sie explodierten in meinen Ohren, und ihre Echos hallten um mich herum wider wie ein Papageienschwarm, der über den Himmel zog.
Ich öffnete die Augen und roch deutlich den Gestank von versengtem Haar. Auf einem primitiven Bratrost, etwa dreißig Zentimeter über dem Feuer, lag ein Affe, noch mit Beinen, Händen und Schwanz. Sehnsüchtig wanderte mein Blick zu Angelicas Korb, der immer noch mit Sardinendosen und Kassavebroten gefüllt war.
Milagros lag in meiner Hängematte und schlief; sein Bogen lehnte an einem Baumstamm, der Köcher und die Machete lagen griffbereit daneben auf dem Boden.
»Ist das alles, was er erlegt hat?« fragte ich Angelica und stieg aus der Hängematte. Ich hoffte zwar, daß das Essen niemals fertig werden würde, fragte sie aber doch: »Wie lange dauert es noch, bis es gar ist?«
Angelica sah mich mit einem entrückten Lächeln und un-

verkennbarer Glückseligkeit an. »Eine Weile noch«, sagte sie. »Es wird dir besser schmecken als die Sardinen.«

Milagros zerlegte den Affen mit den Händen, wobei er mir das allerbeste Stück zudachte, nämlich den Kopf, angeblich eine Delikatesse. Da ich mich unmöglich dazu überwinden konnte, das Hirn aus dem gespaltenen Schädel zu saugen, entschied ich mich für ein Stück gut durchgebratener Keule. Es war sehnig und zäh und schmeckte ein wenig wie das Fleisch von altem Geflügel, etwas bitter. Nachdem Milagros und Angelica das Hirn des Affen mit leicht übertriebenem Genuß verzehrt hatten, machten sie sich über die inneren Organe her, von denen jedes einzeln in feste, fächerartige Blätter eingewickelt war und in der Glut geschmort hatte. Sie stippten jeden Bissen kurz in die Asche, bevor sie ihn in den Mund steckten. Ich machte es mit meinem Stück Keule ebenso und war überrascht: das Fleisch bekam dadurch einen angenehm salzigen Geschmack. Was wir nicht aufessen konnte, wurde in Blätter eingewickelt, mit Ranken fest zusammengebunden und für unsere nächste Mahlzeit in Angelicas Tragekorb verstaut.

4

Die nächsten vier Tage und Nächte schienen ineinanderzufließen; wir marschierten, badeten und schliefen. Sie vergingen wie ein Traum, in dem seltsam geformte Bäume und Schlingpflanzen immer wieder vorkamen, wie Bilder, die zwischen unsichtbaren Spiegeln endlos hin und her geworfen werden – Bilder, die in dem Augenblick verschwanden, in dem wir auf eine Lichtung hinaustraten oder an ein Flußufer kamen, wo die Sonne mit ihrer vollen Kraft auf uns herabschien.

Nach fünf Tagen hatte ich auch keine Blasen mehr an den Füßen. Milagros hatte meine Turnschuhe aufgeschnitten und die Sohlen mit biegsamen Bändern aus Pflanzenfasern befestigt. Jeden Morgen band er mir diese provisorischen Sandalen von neuem fest, und dann setzten sich meine Beine wie von selbst in Bewegung und folgten Milagros und der alten Frau.

Wir sprachen nie beim Gehen. Die Pfade, die wir benutzten, waren von mannshohen Büschen und Farnen gesäumt. Wir krochen durch das Unterholz und schlugen uns mit der Machete einen Weg durch die Mauern aus Kriechpflanzen und Zweigen; mit zerkratzten und schmutzigen Gesichtern kamen wir wieder hervor. Es kam vor, daß ich meine Gefährten aus den Augen verlor, aber ich konnte mit Leichtigkeit der Spur aus Zweigen folgen, die Milagros immer im Vorbeigehen abbrach. Wir überquerten Flüsse und Bäche auf Hängebrücken aus Lianen, die an beiden Ufern an Baumstämmen festgemacht waren. Sie sahen so brüchig aus, daß ich jedesmal große Angst hatte, sie würden unser Gewicht

nicht tragen können. Darüber lachte Milagros und versicherte mir, daß sein Volk zwar nicht viel Ahnung vom Bootfahren habe, dafür aber die Kunst des Brückenbaus ausgezeichnet beherrsche.
Auf einigen Pfaden entdeckten wir Fußspuren in der feuchten Erde, was, wie Milagros erklärte, bedeutete, daß wir uns in der Nähe einer Indianersiedlung befanden. Wir kamen jedoch nie dicht an diese Dörfer heran, weil ihm daran gelegen war, unser Ziel so schnell wie möglich zu erreichen. »Wenn ich allein ginge, wäre ich schon lange dort«, antwortete mir Milagros jedesmal auf meine Frage, wann wir denn in Angelicas Heimatdorf ankommen würden. Er sah uns dann immer an, schüttelte den Kopf und fügte resigniert hinzu: »Frauen halten einen eben auf.«
Aber Milagros hatte gar nichts dagegen, daß wir ihm ein eher gemächliches Tempo auferlegten. Oft schlug er das Lager schon am frühen Nachmittag auf, am breiten Ufer eines Flusses, wo wir in den sonnenwarmen Buchten baden konnten und uns danach auf gewaltigen Felsen mit seidenglatter Oberfläche trocknen ließen. Träge sahen wir den unbeweglichen Wolken zu, die ihre Formen so langsam änderten, daß es meistens schon dämmerte, ehe sie zu neuen Gebilden zerflossen waren.
An diesen träge dahinfließenden Nachmittagen grübelte ich lange darüber nach, welche Gründe mich bewogen hatten, mich auf dieses verwirrende Abenteuer einzulassen. Hatte ich es getan, um mir einen Wunschtraum zu erfüllen? Oder war ich dabei, vor einer Verantwortung davonzulaufen, mit der ich nicht mehr fertiggeworden war? Ich zog sogar die Möglichkeit in Betracht, daß Angelica mich verhext hatte.
Im Laufe der Zeit gewöhnten sich meine Augen auch an das allgegenwärtige Grün. Bald konnte ich rote und blaue Aras

im Laubwerk erkennen und seltene Tukane mit schwarz-gelben Schnäbeln. Einmal sah ich sogar einen Tapir auf der Suche nach Wasser durch das Unterholz brechen. Er endete schließlich in unserem Kochtopf.
Hoch über unseren Köpfen verfolgten uns Affen mit rötlichem Fell auf unserem Weg; sie verließen uns erst wieder, wenn uns unser Weg durch seichte Flüsse, unter Wasserfällen hindurch und über stille Teiche führte, in denen sich der Himmel spiegelte. Auf moosbewachsenen Baumstämmen, tief im Unterholz verborgen, fanden wir rote und gelbe Pilze, die so zart waren, daß sie zerfielen, sobald man sie nur berührte, als wären sie aus farbigem Staub gemacht.
Ich versuchte, mich an den großen Flüssen zu orientieren, an die wir kamen, weil ich dachte, es müßten dieselben sein, die ich auf den Landkarten gesehen hatte. Aber immer, wenn ich Milagros fragte, wie sie hießen, stimmten die Namen nicht mit denen überein, die ich erwartet hatte, denn er benutzte die indianischen Bezeichnungen.
Wenn abends das schwache Feuer glomm, weißer Nebel aus der Erde zu dringen schien und ich den Abendtau feucht auf dem Gesicht spürte, erzählte Milagros immer mit leiser, näselnder Stimme die Legenden seines Stammes.
Angelica riß dann die Augen weit auf, als hörte sie gar nicht zu, sondern kämpfte gegen den Schlaf an; sie saß ungefähr zehn Minuten lang stocksteif da, um dann schlagartig einzuschlafen. Milagros erzählte bis tief in die Nacht hinein seine Geschichten, in denen er die Zeit wieder lebendig machte, als der Urwald von Wesen bewohnt gewesen war, die teils Geister, teils Tiere und teils Menschen waren – Geschöpfe, die Überschwemmungen und Krankheiten verursachten, die Bewohner des Dschungels mit Fleisch und Früchten versorgten und den Menschen beibrachten, zu jagen und Ackerbau zu betreiben.

Milagros' Lieblingslegende handelte von dem Alligator Iwrame, der wie die Menschen aufrecht ging und sprechen konnte, bevor er zu einem Tier in den Flüssen wurde. Iwrame war der Hüter des Feuers, das er in seinem Maul versteckt hielt, weil er sich weigerte, es mit den anderen zu teilen. Also entschlossen sich die Bewohner des Waldes, ein prächtiges Fest für den Alligator zu veranstalten, denn sie wußten, daß sie ihm das Feuer nur dann rauben konnten, wenn es ihnen gelänge, ihn zum Lachen zu bringen. Und so rissen sie einen Witz nach dem andern, bis Iwrame sich schließlich nicht mehr länger beherrschen konnte und in Gelächter ausbrach. Ein winziger Vogel huschte in den geöffneten Rachen, schnappte sich das Feuer und flog hoch in einen heiligen Baum hinauf.
Ohne das Grundgerüst der verschiedenen Mythen zu verändern, erzählte Milagros sie niemals gleich, sondern versah sie je nach Laune mit allerlei Abwandlungen und Ausschmückungen. Er fügte Einzelheiten hinzu, an die er vorher nicht gedacht hatte, und ließ persönliche Interpretationen einfließen, die ihm erst im Moment des Erzählens einzufallen schienen.
»Träume nur, träume«, sagte Milagros jede Nacht, wenn er die letzte seiner Geschichten beendet hatte. »Wer träumt, lebt lange.«

War es Wirklichkeit, war es ein Traum? War ich wach oder lag ich im Schlaf, als ich Angelica aufstehen hörte? Sie murmelte etwas Unverständliches und setzte sich auf. Immer noch vom Schlaf benommen, strich sie sich die Haarsträhnen aus dem Gesicht, blickte sich um und näherte sich dann meiner Hängematte. Sie starrte mich sonderbar eindringlich an; ihre Augen wirkten riesig groß in dem schmalen, runzligen Gesicht.

Sie öffnete den Mund; fremdartige Laute drangen aus ihrer Kehle, und sie fing an, am ganzen Körper zu zittern. Ich wollte die Hand nach ihr ausstrecken, aber da war nichts – nur ein undeutlicher Schatten, der langsam in die Büsche zurückwich. »Kleine alte Frau, wo gehst du hin?« hörte ich mich fragen. Aber es kam keine Antwort – da war nur das Geräusch des tropfenden Taus von den Blättern. Einen Augenblick lang sah ich sie noch einmal, so wie ich sie beim Baden am Fluß am Nachmittag zuvor gesehen hatte, dann verschlang sie der dichte Nebel der Nacht.

Ohne daß ich sie aufhalten konnte, beobachtete ich, wie sie plötzlich in einer unsichtbaren Erdspalte spurlos verschwand. Soviel ich auch suchte, ich konnte nicht einmal mehr ihr Kleid finden. Es ist alles nur ein Traum, wiederholte ich mir immer wieder, und doch suchte ich weiter nach ihr, zwischen den Schatten und in dem Dunst, der vom Laub aufstieg. Aber ich fand keine Spur mehr von ihr.

Ich erwachte in tiefer Besorgnis. Deutlich spürte ich das laute Pochen meines Herzens. Die Sonne stand schon hoch über den Wipfeln. So lange hatte ich noch nie geschlafen, seitdem wir aufgebrochen waren – nicht, weil ich nicht gewollt hätte, sondern weil Milagros immer darauf bestanden hatte, daß wir im Morgengrauen aufstanden. Angelica war nicht da, ihre Hängematte und der Tragkorb auch nicht. An einem Baumstamm lehnten Milagros' Pfeil und Bogen. Sonderbar, dachte ich. Er war noch nie ohne sie fortgegangen. Er mußte wohl die alte Frau zum Pflücken von irgendwelchen Früchten oder Nüssen mitgenommen haben, die er gestern nachmittag entdeckt hatte, beruhigte ich mich ständig und versuchte, gegen meine wachsende Verzweiflung anzukämpfen.

Ich ging hinunter an den Rand des Wassers und wußte nicht,

was ich tun sollte. Sie waren vorher nie zusammen weggegangen und hatten mich dabei zurückgelassen. Ein Baum stand am anderen Flußufer, unendlich einsam; seine Zweige hingen über das Wasser und gaben einem ganzen Netzwerk aus Schlingpflanzen Halt, auf denen zarte rote Blumen blühten. Sie glichen gefangenen Schmetterlingen in einem gigantischen Spinnennetz.
Ein Papageienschwarm ließ sich lärmend auf einigen Lianen nieder, die ohne sichtbare Stütze scheinbar direkt aus dem Wasser wuchsen, denn es gelang mir nicht, die Bäume zu erkennen, zu denen sie gehörten. Ich fing an, das Kreischen der Papageien nachzuahmen, aber sie beachteten mich nicht im geringsten. Erst als ich ins Wasser watete, flogen sie auf und zogen in einem großen grünen Bogen über den Himmel.
Ich wartete, bis die Sonne hinter den Bäumen verschwunden war und der blutrote Himmel den Fluß mit seinem Feuer zum Brennen brachte. Teilnahmslos ging ich zu meiner Hängematte zurück, stocherte im Feuer herum und versuchte, die Asche wieder zum Glühen zu bringen. Ich erstarrte vor Schrecken, als ich plötzlich in die gelbschimmernden Augen einer grünen Schlange blickte. Sie hatte sich abwartend aufgerichtet und schien ebenso verblüfft zu sein wie ich. Vor Angst wagte ich kaum zu atmen, bis sie unter leisem Rascheln zwischen den knorrigen Wurzeln verschwand.
Plötzlich wußte ich mit absoluter Gewißheit, daß ich Angelica niemals wiedersehen würde. Ich wollte nicht weinen, konnte aber die Tränen dann nicht mehr zurückhalten, deshalb vergrub ich das Gesicht in den welken Blättern auf dem Boden. »Kleine alte Frau, wohin bist du gegangen?« flüsterte ich, ähnlich wie vorher in meinem Traum. Ich rief ihren Namen über das endlos wuchernde grüne Meer. Die

uralten Bäume gaben mir keine Antwort, sie waren nur stumme Zeugen meiner Trauer.

In den dichter werdenden Schatten konnte ich Milagros' Gestalt kaum erkennen. Wie erstarrt stand er plötzlich vor mir, Gesicht und Körper von Asche geschwärzt. Einen Moment lang hielt er meinem Blick stand, dann fielen ihm die Augen zu, seine Beine gaben unter ihm nach, und er sank erschöpft zu Boden.

»Hast du sie begraben?« fragte ich, während ich mir seinen Arm über die Schultern legte, um ihn zu meiner Hängematte zu führen. Unter größten Schwierigkeiten gelang es mir, ihn hineinzuhieven – zuerst den Oberkörper, dann die Beine.

Er öffnete noch einmal die Augen, dann streckte er eine Hand zum Himmel aus, als wären die fernen Wolken für ihn zum Greifen nahe. »Ihre Seele ist zum Himmel aufgestiegen, ins Haus des Donners«, stieß er mit Mühe hervor. »Das Feuer hat ihre Seele aus ihren Knochen befreit«, setzte er noch hinzu und fiel dann in einen tiefen Schlaf.

Während ich über seine ruhelosen Träume wachte, wuchsen vor meinen müden Augen die mächtigen Schemen eines Gespensterwaldes empor. In der nächtlichen Finsternis kamen mir diese Geisterbäume viel wirklicher und größer vor als die Palmen. Meine Trauer war verflogen. Angelica war in meinem Traum fortgegangen; nun war sie Teil der wirklichen Bäume und der Bäume in meiner Phantasie. Zusammen mit den Geistern von verschwundenen Tieren und sagenhaften Geschöpfen würde sie für immer in den Wäldern umherstreifen.

Kurz vor dem Morgengrauen griff Milagros nach seiner Machete und nach Pfeil und Bogen. Geistesabwesend hängte er sich den Köcher um und marschierte dann wortlos ins

Dickicht. Ich folgte ihm rasch, weil ich fürchtete, ihn im Dunkel zu verlieren.

Schweigend marschierten wir etwa zwei Stunden lang, dann blieb Milagros abrupt am Rand einer Lichtung stehen. »Der Rauch der Toten ist schädlich für Frauen und Kinder«, sagte er und zeigte dabei auf einen Scheiterhaufen, der schon teilweise in sich zusammengefallen war. In der Mitte konnte ich rußgeschwärzte Gebeine erkennen.

Ich setzte mich auf den Boden und sah Milagros zu, wie er aus einem Baumstamm einen Mörser schnitzte und ihn dann über einem kleinen Feuer trocknen ließ. Mit einer Mischung aus Schaudern und Faszination verfolgte ich gebannt jede seiner Bewegungen, als er nun anfing, die Asche nach Angelicas Knochen zu durchsuchen. Mit einem dünnen Ast zerstampfte er sie dann, bis nur noch ein grauschwarzes Pulver davon übriggeblieben war.

»Durch den Rauch des Feuers ist ihre Seele ins Haus des Donners gegangen«, sagte Milagros. Es war schon dunkel, als er die pulverisierten Knochen in unsere Kürbisflaschen füllte. Er verschloß sie mit einem klebrigen Harz.

»Wenn sie nur den Tod noch ein kleines bißchen länger hätte warten lassen können«, sagte ich wehmütig.

»Es kommt auf dasselbe heraus«, wandte Milagros ein, während er von dem Mörser aufblickte. Sein Gesicht war ausdruckslos, doch in den Augen glänzten unvergossene Tränen. Die Unterlippe bebte, dann verzog sich der Mund zu einem zaghaften Lächeln. »Ihr einziger Wunsch war, daß die Essenz ihres Lebens wieder ein Teil ihres Stammes werde.«

»Trotzdem ist es nicht dasselbe«, sagte ich, ohne eigentlich zu verstehen, was Milagros gesagt hatte.

»Die Essenz ihres Lebens liegt in ihren Knochen«, erklärte

er, als hätte er Verständnis für meine Unwissenheit. »Ihre Asche wird bei ihrem Volk in den Wäldern sein.«
»Sie lebt aber nicht mehr«, beharrte ich. »Was nützt denn ihre Asche, wenn sie doch ihr Volk selbst wiedersehen wollte?« Eine zügellose Traurigkeit überkam mich bei dem Gedanken, daß ich niemals wieder das Lächeln der alten Frau sehen oder ihre Stimme und ihr Lachen hören würde. »Und sie ist nicht mehr dazu gekommen, mir zu erzählen, warum sie so sicher gewesen ist, daß ich mit ihr gehen würde.«
Milagros begann zu weinen. Er hob einige Stückchen Kohle aus dem Scheiterhaufen auf und rieb sich damit das tränennasse Gesicht. »Einer unserer Schamanen hat Angelica vorhergesagt, daß sie zwar ihre Stammessiedlung verlassen müsse, aber bei ihrem eigenen Volk sterben würde, und daß ihre Seele mit ihrem Stamm vereinigt würde.« Milagros warf mir einen scharfen Blick zu, als hätte ich ihn gerade unterbrechen wollen. »Der Schamanc hat ihr damals versichert, daß ein Mädchen mit Haaren und Augen wie du dafür sorgen würde, daß sie bei ihrem Volk ankäme.«
»Aber ich habe gedacht, ihr Stamm hätte noch nie Kontakt mit Weißen gehabt«, warf ich ein.
Immer noch flossen ihm Tränen aus den Augen, als er mir jetzt erklärte, daß sein Volk früher einmal dichter am großen Fluß gelebt habe. »Heute leben nur noch wenige alte Leute, die sich an jene Tage erinnern können«, sagte er leise. »Seit langer Zeit ziehen wir uns schon tiefer und tiefer in den Urwald zurück.«
Es hat keinen Sinn mehr, unseren Weg fortzusetzen, dachte ich niedergeschlagen. Was sollte ich ohne die alte Frau bei ihrem Stamm anfangen? Sie war ja der Grund gewesen, warum ich dorthin gehen wollte. »Was soll ich jetzt machen? Wirst du mich zurück zur Missionsstation bringen?« fragte

ich, und als ich Milagros' verwirrten Gesichtsausdruck bemerkte, fügte ich noch hinzu: »Es ist nicht dasselbe, mit ihrer Asche zu kommen.«
»Doch, es ist dasselbe«, murmelte er. »Für sie ist es das Wichtigste gewesen«, sagte er noch, während er mir die Kalebasse mit Angelicas Asche um die Hüfte band.
Einen Augenblick lang verkrampfte ich mich, dann entspannte ich mich wieder, als ich Milagros in die Augen sah. Das geschwärzte Gesicht wirkte gleichzeitig furchterregend und traurig auf mich. Er drückte die tränenüberströmten Wangen an meine, dann schwärzte er auch mein Gesicht mit Kohle. Zaghaft berührte ich die Kürbisflasche an meiner Hüfte; sie war federleicht, wie das Lachen der alten Frau.

5

In den nächsten zwei Tagen beschleunigten wir unser Tempo immer mehr und marschierten ohne Pause die Hügel hinauf und hinunter. Ängstlich behielt ich Milagros' schweigende Gestalt im Auge, die zwischen den Schatten verschwand und wieder auftauchte. Daß er so vorwärts drängte, verstärkte nur noch mein Gefühl der Ungewißheit; es gab Momente, in denen ich am liebsten auf ihn eingeschrien hätte, er möge mich doch zu Missionsstation zurückbringen.

Der Nachmittag senkte sich über den Dschungel, und die Wolken wurden zuerst weiß und grau und dann schwarz. Schwer und bedrückend schwebten sie über den Baumwipfeln. Ein betäubender Donnerschlag durchbrach die Stille; das Wasser kam in Strömen herab und riß mit unbarmherziger Wut an den Zweigen und Blättern.

Milagros winkte mir zu, unter den riesigen Blättern, die er abgehackt hatte, Schutz vor dem Regen zu suchen. Aber anstatt mich neben ihn zu hocken, nahm ich den Rucksack ab, band die Kürbisflasche mit Angelicas Knochenmehl von meiner Hüfte los und zog mir das T-Shirt aus. Warm und angenehm prasselte mir das Wasser auf die schmerzenden Glieder. Ich seifte mir erst den Kopf und dann den ganzen Körper mit Shampoo ein und wusch so die Asche, den Geruch des Todes von meiner Haut. Ich wandte mich zu Milagros um; sein schwärzliches Gesicht war vor Müdigkeit verzerrt, und in seinen Augen lag eine solche Traurigkeit, daß ich es schon wieder bereute, mich derartig hastig sauber gemacht zu haben. In meiner Nervosität begann ich, mein

T-Shirt zu waschen. Dabei fragte ich, ohne ihn dabei direkt anzusehen: »Sind wir jetzt schon in der Nähe der Siedlung?« Ich war ganz sicher, daß wir weit mehr als hundert Meilen zurückgelegt hatten, seitdem wir von der Missionsstation aufgebrochen waren.

»Morgen sind wir da«, sagte Milagros, während er ein kleines Bündel mit gebratenem Fleisch auswickelte, das von Blättern und Ranken zusammengehalten wurde. Seine Mundwinkel hoben sich zu einem eigenartigen Lächeln, die Falten um die schrägstehenden Augen wurden noch tiefer. »Das heißt, wenn du mein Tempo halten kannst.«

Der Regen wurde dünner. Die Wolken verzogen sich. Ich atmete tief ein und füllte die Lungen mit der klaren, frischen Luft. Noch lange, nachdem der Regen aufgehört hatte, tröpfelten weiter kleine Rinnsale von den Blättern herab. Wenn sich die Sonne kurz in ihnen brach, so glitzerten und funkelten sie wie winzige Glassplitter.

»Ich höre jemanden kommen«, flüsterte Milagros. »Sei still.«

Ich hörte nichts – nicht einmal Vogelgeschrei oder das Rascheln von Blättern. Eben wollte ich Milagros fragen, was er gemeint hatte, da knackte ein Ast, und ein nackter Mann erschien auf dem Pfad vor uns. Er maß nicht viel mehr als ich – knapp über einen Meter sechzig. Ich fragte mich, ob es an seinem muskulösen Oberkörper oder an der Nacktheit lag, daß er soviel größer wirkte als ich. Er trug einen langen Bogen und mehrere Pfeile in der Hand. Im Gesicht und am übrigen Körper war er mit roten Schlangenlinien bemalt, die an den Außenseiten der Beine nach unten verliefen und in kleinen Tupfen an den Fußgelenken endeten.

Ein Stück hinter ihm standen zwei nackte junge Frauen und starrten mich an. Ihre dunklen Augen waren in starrem Staunen weit aufgerissen. Aus ihren Ohren schienen Quasten aus Pflanzenfasern zu wachsen. Streichholzähnliche Stäbchen waren durch Mundwinkel und Unterlippe gebohrt. Um Hüften, Oberarme und Handgelenke sowie unterhalb der Knie waren Bänder aus roten Baumwollschnüren befestigt. Das dunkle Haar war kurzgeschnitten, und genau wie der Mann hatten beide eine breite, glattrasierte Tonsur dort, wo der Haarwirbel wäre.

Niemand sprach ein Wort, und aus Nervosität schrie ich: »*Shori noje, shori noje!*« Angelica hatte mir einmal für den Fall, daß ich im Dschungel Indianern begegnete, den Rat gegeben, sie zu grüßen, indem ich ›Guter Freund, guter Freund‹ rief.

»*Aia, aia, shori*«, antwortete der Mann und kam näher. Seine Ohren waren mit roten Federn geschmückt; die Federn steckten in kurzen Bambushülsen, ungefähr so lang wie ein kleiner Finger, die sich durch die Ohrläppchen bohrten. Er begann, mit Milagros zu sprechen, wobei er sehr viel gestikulierte und mit der Hand oder dem Kopf auf den Pfad deutete, der hinter ihm ins Dickicht führte. Mehrmals hob er einen seiner Arme gerade über den Kopf und streckte dabei die Finger aus, als wollte er nach einem Sonnenstrahl greifen.

Ich winkte den Frauen zu, näher heranzukommen. Kichernd versteckten sie sich im Gebüsch. Als ich die Bananen in den Körben auf ihren Rücken sah, sperrte ich meinen Mund weit auf und machte ihnen mit der Hand ein Zeichen, daß ich gern eine essen wolle. Vorsichtig näherte sich die ältere der beiden und nahm den Korb vom Rücken, ohne mich dabei anzusehen; dann brach sie die reifste, weichste Banane von dem Büschel herunter. Mit einer raschen Bewegung entfernte sie die kleinen Stöckchen um ihren Mund, ließ die Zähne in die Schale sinken, biß sie der Länge nach auf, öffnete die Schale und hielt mir schließlich die gelbe

Frucht vors Gesicht. Sie hatte eine sonderbare, dreieckige Form und war zweifellos die dickste Banane, die ich je gesehen hatte.
»Köstlich«, sagte ich auf spanisch und rieb mir dabei über den Bauch. Im Geschmack war die Frucht einer gewöhnlichen Banane sehr ähnlich, hinterließ jedoch einen dicken Belag in meinem Mund.
Die Frau gab mir noch zwei Bananen. Als ich daranging, die vierte zu schälen, wollte ich ihr verständlich machen, daß ich nicht mehr weiter essen konnte. Mit einem Grinsen ließ sie die halb geschälte Frucht zu Boden fallen und legte mir dann die Hände auf den Bauch. Sie hatte schwielige Hände, doch ihre zarten, schmalen Finger fühlten sich ganz sanft an, als sie zögernd meine Brüste, Schultern und das Gesicht berührte, als wolle sie sich vergewissern, daß ich wirklich aus Fleisch und Blut bestand. Sie fing an, in einem hohen, nasalen Tonfall zu sprechen, der mich an Angelicas Stimme erinnerte. Sie zog am Gummi meines Slips und rief ihre Gefährtin her, sich das auch einmal anzusehen. Erst in diesem Moment wurde ich verlegen; ich versuchte, mich zu befreien. Daraufhin lachten die beiden Frauen und quietschten vor Vergnügen, umarmten mich und streichelten mich am ganzen Körper. Dann faßten sie mich an der Hand und führten sie über ihre eigenen Gesichter und Körper. Sie waren ein wenig kleiner als ich, dafür aber stämmiger; sie hatten volle Brüste, ausladende Bäuche und breite Hüften, und ich wirkte neben ihnen wie ein Zwerg.
»Sie kommen vom Dorf der Iticoteri«, sagte Milagros auf spanisch zu mir. »Etewa und seine beiden Frauen, Ritimi und Tutemi, lagern gerade zusammen mit einigen andern von unserer Siedlung bei einem Garten hier in der Nähe, der seit langem verlassen ist.« Er griff nach Pfeil und Bogen,

die er gegen einen Baum gelehnt hatte, und setzte hinzu: »Wir werden mit ihnen ziehen.«

In der Zwischenzeit hatten die zwei Frauen mein nasses T-Shirt entdeckt. Verzückt rieben sie sich damit über die bemalten Körper und Gesichter, bevor ich noch dazu kam, es ihnen zu entreißen und mir über den Kopf zu ziehen. Ganz zerdehnt und mit roter *Onoto*-Paste verschmiert hing es an mir herunter wie ein schmutziger, zu großer Kartoffelsack.

Ich steckte die Kürbisflasche mit der Asche in meinen Rucksack; als ich ihn mir auf den Rücken schnallte, brachen die Frauen in hemmungsloses Gekicher aus. Etewa stellte sich neben mir auf; zuerst starrte er mich mit seinen braunen Augen an, dann erhellte ein breites Grinsen sein Gesicht, und er fuhr mir mit den Fingern durch das Haar. Mit der scharfgeschnittenen Nase und der sanften Rundung der Lippen wirkte das runde Gesicht beinahe mädchenhaft.

»Ich gehe jetzt mit Etewa eine Tapir verfolgen, den er vor eine Weile gesehen hat«, sagte Milagros. »Du gehst mit den Frauen.«

Einen Augenblick lang starrte ich ihn nur ungläubig an. »Aber ...« gelang es mir endlich herauszubringen; etwas anderes fiel mir nicht ein. Ich muß wohl sehr komisch ausgesehen haben, denn Milagros begann zu lachen; seine schrägen Augen verschwanden dabei fast zwischen der Stirn und den hohen Backenknochen. Er legte mir eine Hand auf die Schulter. Obwohl er sich zwang, mich ernsthaft anzusehen, blieb dennoch ein flüchtiges Lächeln auf seinen Lippen zurück.

»Sie gehören zu meinem und Angelicas Volk«, sagte er und blickte Etewa und dessen beide Frauen an. »Ritimi ist ihre Großnichte. Aber Angelica hat sie niemals gesehen.«

Ich lächelte den Frauen zu; sie nickten mit dem Kopf, als hätten sie Milagros verstanden.
Milagros' und Etewas Lachen scholl durch die Lianen und verklang erst, als sie das Bambusdickicht am Rande des Pfades erreicht hatten, der den Fluß entlang verlief. Ritimi nahm meine Hand und führte mich ins Dickicht hinein.

Ich ging zwischen Ritimi und Tutemi. Wir marschierten schweigend im Gänsemarsch auf die verlassenen Gärten der Iticoteri zu. Ich merkte, daß die Frauen beim Gehen die Knie und Zehen nach innen wendeten, und fragte mich, ob sie das wegen der schweren Lasten auf dem Rücken taten oder ob ihre Füße dadurch besseren Halt auf dem Boden fanden. Unsere Schatten wurden schärfer und verblaßten wieder in den schwachen Strahlen der Sonne, die sich einen Weg durch die Baumwipfel bahnten. Vor Erschöpfung knickten mir immer wieder die Knöchel um. Ich bewegte mich schwerfällig und stolperte über Äste und Wurzeln. Erst legte mir Ritimi einen Arm um die Hüfte, um mich zu stützten, aber das Gehen auf dem schmalen Pfad wurde auf diese Weise nur noch beschwerlicher. Deshalb zog sie mir den Rucksack vom Rücken und stopfte ihn in Tutemis Korb. Eine seltsame Unruhe erfaßte mich. Ich wollte den Rucksack zurückhaben, die Kalebasse mit der Asche herausnehmen und sie mir um die Hüfte binden. Ich hatte das vage Gefühl, damit irgendeine Verbindung gelöst zu haben. Hätte man mich gebeten, dieses Gefühl in Worte zu kleiden, ich wäre dazu nicht imstande gewesen. Ich spürte jedoch, daß von diesem Moment an etwas von dem Zauber und der Magie, die Angelica auf mich übertragen hatte, nicht mehr da war.
Die Sonne stand schon unter dem Horizont aus Baumkronen, als wir eine Lichtung im Wald erreichten. Zwischen all

den anderen Grünschattierungen konnte ich ganz deutlich das hellere, beinah durchscheinende Grün der Bananenstauden unterscheiden. Am Rande des früher offenbar ziemlich großen Gartens standen niedrige Hütten mit dreieckigem Grundriß, die einen Halbkreis bildeten und deren spitze Rückseiten dem Urwald zugewandt waren. Die Behausungen waren nach allen Seiten hin offen, nur die Dächer waren mit mehreren Schichten breiter Bananenblätter gedeckt.

Als hätte irgend jemand ein Zeichen gegeben, wurden wir sofort von Männern und Frauen mit offenen Mündern und weit aufgerissenen Augen umringt. Ich hielt mich an Ritimis Arm fest; daß sie mit mir durch den Urwald gegangen war, machte sie mir vertrauter als diese gaffenden Menschen. Sie legte mir den Arm um die Hüfte und zog mich dicht an sich heran. Ihre schnelle, aufgeregte Stimme hielt die Menge noch einen Augenblick länger in Schach. Plötzlich waren die Gesichter jedoch nur noch Zentimeter von meinem Gesicht entfernt. Speichel tropfte ihnen vom Kinn, und ihre Züge wurden von den Tabakrollen verzerrt, die jedem von ihnen zwischen Zahnfleisch und Unterlippe steckten. Ich vergaß alles, was ich über die Objektivität gelernt hatte, mit der Ethnologen eine fremde Kultur betrachten sollten. In diesem Moment waren diese Indianer für mich nichts anderes als eine Gruppe von häßlichen, schmutzigen Menschen. Ich schloß die Augen, öffnete sie aber sofort wieder, als eine zitternde, knochige Hand mich an der Wange berührte. Es war ein alter Mann. Grinsend fing er an zu rufen: *»Aia, aia, aiiia shori!«*

Die anderen wiederholten den Ruf und versuchten, mich alle gleichzeitig zu umarmen, wobei sie mich vor Freude fast erdrückten. Es gelang ihnen, mir das T-Shirt über den Kopf zu ziehen. Ich spürte ihre Hände, Lippen und Zungen auf meinem Gesicht und am ganzen Körper. Sie rochen nach Erde und Rauch; ihr klebriger Speichel auf meiner Haut roch nach verfaulten Tabakblättern. Vor Angst brach ich in Tränen aus.

Sie zogen sich sofort mit besorgten Mienen zurück. Obwohl ich nicht versehen konnte, was sie sagten, war ihre Verwirrung schon am Tonfall zu erkennen.

Später an diesem Abend erfuhr ich von Milagros, daß Ritimi den anderen erzählt hatte, sie hätte mich im Wald gefunden. Zuerst hatte sie geglaubt, ich sei ein Geist, und hatte sich nicht näher herangewagt. Als sie dann aber gesehen hatte, wie ich die Bananen in mich hineinstopfte, war sie sicher gewesen, daß ich ein Mensch war, denn nur Menschen können so gierig essen.

Zwischen meiner und Milagros' Hängematte brannte ein Feuer. Es rauchte und zischte und erhellte die offene Hütte mit seinem schwachen Schein, die Bäume draußen blieben jedoch in einem massigen, einheitlichen Dunkel. Mir tränten die Augen von dem rötlichen Licht und dem Rauch. Rund um das Feuer saßen Menschen, so dicht, daß sich ihre Schultern berührten. Ihre Gesichter sahen für mich alle gleich aus; die roten und schwarzen Bemalungen auf den Körpern schienen ein Eigenleben zu besitzen, da sie sich bei jeder Bewegung verschoben und neue Formen bildeten.

Ritimi saß auf dem Boden, die Beine gerade ausgestreckt, den linken Arm auf meiner Hängematte aufgestützt. Im flackernden Licht des Feuers hatte ihre Haut eine weiche, dunkelgelbe Farbe; das Gesicht war mit Strichen bemalt, die zu den Schläfen hin verliefen und auf diese Weise die inianischen Züge noch betonten. Ganz deutlich konnte ich die kleinen Löcher erkennen, in denen vorher die Stöckchen gesteckt hatten, in ihren Mundwinkeln, der Unterlippe und in der Scheidewand zwischen den breiten Nasenflügeln. Als ihr bewußt wurde, daß ich sie anstarrte, blickte sie mir direkt in die Augen, und ihr Gesicht verzog sich zu einem Lächeln. Sie hatte kurze, fast quadratische, schneeweiße und kräftige Zähne.

Unter dem sanften Murmeln der Indianer nickte ich langsam ein, schlief aber unruhig, weil ich wieder und wieder von ihrem Gelächter aufgeschreckt wurde und zu gern gewußt hätte, was Milagros ihnen gerade erzählte.

Zweiter Teil

6

»Und wann wirst du wieder zurückkommen?« wollte ich sechs Monate später von Milagros wissen, als ich ihm meinen Brief an Pater Coriolano übergab. Er enthielt nur eine kurze Mitteilung darüber, daß ich die Absicht hatte, noch mindestens zwei Monate bei den Iticoteri zu verbringen, sowie die Bitte, diesen Entschluß an meine Bekannten in Caracas weiterzuleiten. Hauptsächlich hatte ich den Brief jedoch geschrieben, um den Pater zu ersuchen, Milagros auf dem Rückweg möglichst viele Notizblöcke und Bleistifte mitzugeben. »Wann kommst du zurück?« fragte ich noch einmal.

»In etwa zwei Wochen«, antwortete Milagros achselzuckend, während er den Brief in seinen Bambusköcher steckte. Offenbar hatte er meine besorgte Miene bemerkt, denn er setzte noch hinzu: »So genau kann ich es nicht sagen, aber ich komme wieder.«

Ich sah ihm zu, wie er sich auf den Weg machte und den Pfad zum Fluß hinunterging. Er schob den Köcher auf dem Rücken zurecht und wandte sich dann kurz zu mir um, wobei er einen Augenblick lang innehielt, als wolle er mir noch etwas sagen. Statt dessen hob er jedoch die Hand und winkte mir zum Abschied zu.

Langsam ging ich zurück in den *Shabono,* vorbei an den Gärten, wo einige Männer gerade dabei waren, Bäume zu fällen. Ich suchte mir vorsichtig einen Weg um die Stämme herum, die überall auf der frisch gerodeten Lichtung herumlagen; ich gab sehr acht, daß ich mich nicht an den Füßen verletzte, denn unter der Decke aus vertrocknetem

Laub war der Boden mit Borkenstücken, kleinen Holzsplittern und langen Spänen übersät.
»Er ist bestimmt wieder da, sobald die Bananen reif sind«, rief mir Etewa zu und winkte mir mit der gleichen Handbewegung, die Milagros kurz zuvor gemacht hatte. »Das Festmahl wird er wohl kaum versäumen wollen.«
Lächelnd winkte ich zurück und wollte ihn gerade fragen, wann das Festmahl denn stattfinden würde. Aber das war gar nicht nötig; er hatte mir die Antwort ja eben gegeben: sobald die Bananen reif wären.
Die Baumstämme und Äste, mit denen der Haupteingang des *Shabono* jeden Abend versperrt wurde, um Eindringlinge fernzuhalten, waren schon beiseite geräumt worden. Es war noch früh am Morgen, aber dennoch waren die Hütten rund um die offene Lichtung größtenteils leer. Die Frauen und Männer arbeiteten entweder in den nahe gelegenen Gärten oder waren in den Wald gegangen, um wildwachsende Früchte, Honig und Feuerholz zu sammeln.
Eine Gruppe kleiner Jungen, die mit Pfeil und Bogen in Miniaturgröße bewaffnet waren, kam auf mich zu und umringte mich. »Sieh mal, was ich für eine Eidechse erledigt habe«, sagte Sisiwe und hielt mir das tote Tier am Schwanz hin.
»Sonst kann er nichts – außer Eidechsen schießen«, bemerkte einer der Jungen spöttisch und kratzte sich dabei mit den Zehen des einen Fußes am Knöchel des anderen. »Und meistens trifft er sie nicht einmal.«
»Stimmt gar nicht«, brauste Sisiwe auf und wurde vor Wut ganz rot im Gesicht.
Ich streichelte ihm über die kurzen Stoppeln am Haarwirbel. Im Sonnenlicht war sein Haar nicht schwarz, sondern glänzte in einem rötlichen Braun. Ich suchte in meinem begrenzten Wortschatz nach den richtigen Worten, weil ich

ihm gern versichern wollte, daß er eines Tages der beste Jäger in der ganzen Siedlung werden würde.
Sisiwe war Ritimis und Etewas Sohn, sechs, höchstens sieben Jahre alt, denn er trug noch nicht die Hüftschnur der Männer. Da Ritimi der Überzeugung war, daß ihr Sohn um so rascher wachsen würde, je eher er seinen Penis mit der Schnur an den Unterleib hinaufband, hatte sie ihn schon mehrmals dazu zwingen wollen. Aber Sisiwe hatte sich immer geweigert, weil es ihm weh tat. Etewa war nachgiebig gewesen. Sehr bald, so hatte der Vater gemeint, würde es Sisiwe bewußt werden, daß es sich für einen Mann nicht schickte, ohne die Hüftschnur gesehen zu werden. Wie die meisten Kinder trug Sisiwe lediglich das Stück einer duftenden Wurzel an einer Schnur um den Hals, ein Talisman gegen Krankheiten, und sobald die Bemalungen auf dem Körper verblaßten, wurden sie mit frischem *Onoto* nachgezeichnet.
Der Ärger war verflogen, Sisiwe lächelte schon wieder, hielt meine Hand fest und kletterte an mir hoch, als wäre ich ein Baum. Er schlang die Beine um meine Hüften, ließ sich nach hinten fallen und streckte die Arme zum Himmel. Dabei rief er: »Sieh mal, wie blau er ist – er hat genau dieselbe Farbe wie deine Augen!«
Von der Mitte der Lichtung aus gesehen schien der Himmel ungeheuer groß. Keine Bäume, keine Lianen oder Blätter drängten sich hinein und begrenzten seine Weite. Die dichte Vegetation wucherte außerhalb des *Shabono*, hinter den Palisadenzäunen aus Baumstämmen, die die Siedlung abschirmten. Es war aber, als warteten die Pflanzen nur ab, als wüßten sie, daß man ihnen nur vorübergehend Einhalt geboten hatte.
Die anderen Kinder zerrten mich an den Armen und rissen mich zusammen mit Sisiwe zu Boden. Am Anfang war es mir

unmöglich gewesen, sie jeweils einem bestimmten Elternpaar zuzuordnen, weil jedes von ihnen in allen Hütten aus und ein ging und einfach dort aß und sich schlafen legte, wo es den Wunsch dazu verspürte. Nur bei den Babys wußte ich genau, zu wem sie gehörten, denn sie hielten sich ständig in unmittelbarer Nähe ihrer Mütter auf. Ob bei Nacht oder bei Tag, die Säuglinge schienen niemals zu schreien, und es machte auch keinerlei Unterschied, was ihre Mütter gerade taten.

Ich fragte mich, wie ich wohl ohne Milagros auskommen würde. Jeden Tag hatte er mehrere Stunden damit zugebracht, mir die Sprache beizubringen und von den Gebräuchen und dem Glauben seines Volkes zu erzählen, worüber ich mir eifrig Notizen machte.

Äußerst verwirrend war es, herauszufinden, wer bei den Iticoteri wer war. Niemand nannte den anderen beim Namen, außer wenn er vorhatte, ihn zu beleidigen. Ritimi und Etewa waren als Sisiwes und Texomas Eltern bekannt. (Es war zwar erlaubt, die Namen von Kindern auszusprechen, sobald sie jedoch in die Pubertät kamen, wurde dies allgemein vermieden.) Die Sache komplizierte sich außerdem noch dadurch, daß sich alle männlichen und weiblichen Angehörigen desselben Familienzweigs untereinander als Brüder und Schwestern bezeichneten; die Männer und Frauen eines anderen Zweigs wurden Schwager und Schwägerinnen genannt. Wenn ein Mann sich aus einer Familie, in die er einheiraten konnte, eine Frau suchte, so bezeichnete er danach alle Frauen dieser Familie als seine Ehefrauen, hatte jedoch keine sexuellen Beziehungen mit ihnen.

Milagros hatte mich oft darauf hingewiesen, daß ich nicht die einzige sei, die sich anpassen müßte. Mein fremdartiges Verhalten stellte für den Iticoteri ein ebensogroßes Rätsel dar; für sie war ich weder Frau, Mann noch Kind, und deswegen wußten sie nicht so recht, was sie von mir zu halten hatten und wie sie mich behandeln sollten.

Die alte Hayama kam aus ihrer Hütte. Mit ihrer hohen Stimme befahl sie den Kindern, mich in Ruhe zu lassen. »Ihr Magen ist ja noch leer«, sagte sie. Sie legte mir den Arm um die Hüfte und führte mich in ihre Hütte zur Feuerstelle.

Ich folgte ihr vorsichtig, weil ich keines der vielen Kochutensilien umstoßen oder zertreten wollte, die über den Boden verstreut lagen. Also stieg ich über die Töpfe aus Aluminium und Email (Ergebnisse des Tauschhandels mit anderen Siedlungen), über Schildkrötenpanzer, Kalebassen und Körbe und setzte mich dann Hayama gegenüber. Ich streckte die Beine vor mir aus, wie es Sitte bei den Frauen der Iticoteri ist, und kratzte den zahmen Papagei der alten Frau am Kopf, während ich auf das Essen wartete.

»Iß«, forderte sie mich auf und reichte mir eine gebackene Banane auf einer zerbrochenen Kalebasse. Gespannt beobachtete die alte Frau, wie ich mit vollem Mund kaute und dabei immer wieder Schmatzlaute von mir gab. Sie lächelte mir zufrieden zu, weil ich die weiche, süße Banane offensichtlich genoß.

Milagros hatte mir Hayama als Angelicas Schwester vorgestellt, und jedesmal, wenn ich sie ansah, bemühte ich mich, eine Ähnlichkeit mit der zarten alten Frau festzustellen, die ich im Urwald verloren hatte. Hayama war mehr als einen Meter sechzig und relativ groß für eine Iticoteri-Frau. Und sie unterschied sich nicht nur im Körperbau von Angelica, sondern sie besaß auch nicht die Unbeschwertheit und Leichtigkeit ihrer Schwester. Ihre Stimme und ihr Verhalten verrieten eine gewisse Härte, die in mir oft ein unangenehmes Gefühl verursachte. Außerdem verliehen die schweren, herabgesunkenen Augenlider ihrem Gesicht einen etwas unheimlichen Ausdruck.

»Du bleibst hier bei mir, bis Milagros wiederkommt«, verkündete die alte Frau, während sie mir eine weitere gebackene Banane servierte.

Ich stopfte mir die heiße Frucht in den Mund, um ihr nicht antworten zu müssen. Ebenso wie allen anderen Bewohnern der Siedlung hatte mich Milagros auch seinem Schwager Arasuwe, dem Häuptling der Iticoteri, ans Herz gelegt. Es war jedoch Ritimi gewesen, die durch das Aufspannen meiner Hängematte in ihrer Hütte, die sie mit Etewa und ihren beiden Kindern teilte, öffentlich bekanntmachte, daß ich zu ihr gehörte. »Das weiße Mädchen schläft hier«, hatte sie zu Milagros gesagt und erklärt, daß man Texomas und Sisiwes Hängematten an Tutemis Feuerstelle in der Nachbarhütte aufhängen würde.

Niemand hatte sich Ritimis Plan widersetzt. Schweigend, doch mit einem liebevoll-spöttischen Lächeln auf den Lippen hatte Etewa zugesehen, wie Ritimi geschäftig zwischen ihrer und Tutemis Hütte hin und her lief, um die Hängematten wieder in der üblichen Dreiecksform rund um das Feuer aufzuspannen. Auf einem kleinen Speicherboden zwischen den beiden Pfosten an der Rückwand, von denen die Hütte gestützt wurde, verstaute sie meinen Rucksack zwischen kleinen Schachteln aus Baumrinde, verschiedenen Körben, einer Axt und Kürbisflaschen für *Onoto*, Samenkörner und Wurzeln.

Ritimis Selbstsicherheit beruhte nicht nur darauf, daß sie die älteste Tochter des Häuptlings Arasuwe war – ihre Mutter war seine erste Frau gewesen, eine Tochter der alten Hayama, die schon gestorben war – und daß sie Etewas erste Frau und auch seine Lieblingsfrau war; sie wußte auch, daß sie jeder im *Shabono* trotz ihres aufbrausenden Temperaments achtete und gern mochte.

»Nicht noch eine«, flehte ich Hayama an, die gerade eine dritte Banane vom Feuer nahm. »Mein Magen ist voll.« Ich zog das T-Shirt hoch und schob den Bauch vor, so daß sie selbst beurteilen konnte, wie prall gefüllt er war.

»Um die Knochen herum mußt du noch Fett ansetzen«, sagte die alte Frau, während sie die Banane mit den Fingern zu einem Brei zerquetschte. »Deine Brüste sind ja so klein wie die eines Kindes.« Kichernd schob sie mein T-Shirt noch weiter in die Höhe. »Kein Mann wird dich jemals haben wollen – er würde Angst haben, sich an den Knochen weh zu tun.«

Ich riß die Augen in gespieltem Entsetzen weit auf und tat so, als würde ich den Brei nun gierig hinunterschlingen, »Ich werde bestimmt dick und schön, wenn ich immer bei dir esse«, sagte ich mit vollem Mund.

Noch ganz naß von einem Bad im Fluß kam in diesem Moment Ritimi in die Hütte; sie kämmte sich die Haare mit einer Pflanzenschote, deren Oberfläche mit dichten Stacheln versehen war. Sie setzte sich neben mich, legte mir die Arme um den Hals und bedeckte mein Gesicht mit schallenden Küssen. Ich mußte mir das Lachen verbeißen. Die Küsse der Iticoteri waren äußerst kitzlig. Sie küssen nämlich anders als wir. Sie legten mir den Mund an die Wange oder an den Hals und ließen dann ihre Lippen vibrieren, indem sie geräuschvoll die Luft ausbliesen.

»Du bringst die Hängematte des weißen Mädchens nicht hier herein«, sagte Ritimi und blickte ihre Großmutter an. Der bestimmte Ton stand im Widerspruch zu dem fragenden, weichen Ausdruck ihrer dunklen Augen.

Da ich nicht zur Ursache für einen Streit werden wollte, stellte ich klar, daß es für mich keinen großen Unterschied machte, wo meine Hängematte aufgespannt würde ... Schließlich gab es keine Trennwände zwischen den Hütten, und wir wohnten ohnehin praktisch alle zusammen. Hayamas Hütte stand links von Tutemis Hütte, und zu unserer Rechten wohnte der Häuptling Arasuwe zusammen mit seiner ältesten Frau und dreien seiner jüngsten Kinder. Seine anderen beiden Frauen und ihre Sprößlinge bewohnten die Hütten daneben.

Ritimi warf mir einen eindringlichen Blick zu, und in ihren Augen lag eine inständige Bitte. »Milagros hat mich gebeten, mich um dich zu kümmern«, sagte sie und fuhr mir dabei mit dem stacheligen Kamm durch das Haar, ganz sanft, um mir nicht die Kopfhaut aufzukratzen.

Nach einer scheinbar unendlich langen Pause sagte Hayama schließlich: »Du kannst deine Hängematte dort lassen, wo sie ist, aber essen wirst du hier bei mir.«

Dieses Abkommen war in Ordnung, dachte ich. Etewa hatte schon ohne mich vier Münder zu stopfen, während Hayama von ihrem jüngsten Sohn gut versorgt wurde. Wenn man nach der Menge von Tierschädeln und Bananenbüscheln urteilen konnte, die von dem palmengedeckten Dach herabhingen, dann war ihr Sohn ein guter Jäger und Landwirt. Abgesehen von den gebackenen Bananen, die morgens gegessen wurden, gab es nur eine einzige Mahlzeit, und zwar am späten Nachmittag, bei der sich die Familien zum Essen versammelten. Ansonsten aß jeder den ganzen Tag hindurch, was sich gerade anbot – kleine Happen Obst, Nüsse oder auch Leckerbissen wie geröstete Ameisen oder Maden.

Auch Ritimi schien mit dieser Abmachung zufrieden zu sein. Grinsend ging sie zu unserer Hütte hinüber und griff in den Korb, den sie mir geschenkt hatte und der über meiner Hängematte vom Dach herabbaumelte. Jetzt nahm sie mein Notizheft und einen Bleistift heraus. »So, und jetzt machen wir uns an die Arbeit«, sagte sie gebieterisch.

In den darauffolgenden Tagen belehrte mich Ritimi über ihr Volk, genau wie es Milagros in den sechs Monaten davor getan hatte. Es war seine Idee gewesen, mir jeden Tag einige Stunden lang etwas beizubringen, und ich nannte das meinen Unterricht.

Anfangs hatte es mir große Schwierigkeiten bereitet, die Sprache der Iticoteri zu erlernen. Abgesehen von den vielen dumpfen Nasallauten, die darin vorkamen, fand ich es außerordentlich schwer, jemanden zu verstehen, der ständig ein Stück Kautabak im Munde herumwälzte. Ich machte den Versuch, eine Art vergleichende Grammatik zusammenzustellen, gab ihn jedoch wieder auf, als mir klar wurde, daß ich dafür nicht nur nicht über genügende Kenntnisse der Sprachwissenschaft verfügte, sondern auch weniger frei sprechen konnte, je mehr ich mich bemühte, die Sprache von der Vernunft her zu begreifen und zu lernen.

Meine besten Lehrer waren die Kinder. Obwohl sie mir alle möglichen Dinge zeigten und dann große Freude daran hatten, wenn ich die entsprechenden Begriffe wiederholte, gaben sie sich nie bewußt die Mühe, mir irgend etwas zu erklären. Bei ihnen konnte ich ganz einfach drauflosreden und brauchte keinerlei Hemmungen wegen meiner Fehler zu haben. Nachdem Milagros weggegangen war, konnte ich immer noch vieles nicht verstehen; dennoch war ich erstaunt, wie gut es mir gelang, mich mit anderen zu verständigen, indem ich den Tonfall, den Gesichtsausdruck und die beredten Bewegungen von Händen und Körpern richtig interpretierte.

In diesen für den Unterricht reservierten Stunden besuchte Ritimi mit mir die Frauen in den anderen Hütten, und ich durfte ihnen nach Herzenslust Fragen stellen. Die Frauen waren von meiner Neugierde völlig überrascht, gaben mir jedoch bereitwillig Antwort, als handelte es sich um ein Spiel. Wieder und wieder erklärten sie mir geduldig alles, was ich nicht begriff.

Ich war Milagros sehr dankbar dafür, daß er einen Präzedenzfall geschaffen hatte. Eigentlich galt nämlich Neugierde als Beweis für schlechte Manieren, und darüber hinaus ging es den Iticoteri wider den Strich, ausgefragt zu werden. Milagros jedoch hatte mich großzügig in dem gewähren lassen, was er als eine exzentrische Marotte von mir betrachtete; er hatte immer gemeint, je mehr ich über die Sprache und die Gebräuche seines Stammes wüßte, desto rascher würde ich mich zu Hause fühlen.

Es stellte sich auch bald heraus, daß ich gar nicht so besonders viele direkte Fragen stellen mußte. Oft bekam ich auf eine ganz zufällige Bemerkung gleich einen ganzen Schwall von Auskünften, die ich mir gar nicht hätte träumen lassen.

Jeden Tag, kurz vor Anbruch der Nacht, ging ich mit Ritimis und Tutemis Hilfe das während des Tages gesammelte Material durch und versuchte, es in ein bestimmtes Schema zu unterteilen, wie zum Beispiel: gesellschaftliche Struktur, kulturelle Wertsysteme, Ernährung und verschiedene andere allgemeingültige Kategorien des menschlichen Sozialverhaltens.

Zu meiner großen Enttäuschung gab es jedoch ein Thema, das Milagros niemals angeschnitten hatte: den Schamanismus. Von meiner Hängematte aus hatte ich allerdings zwei Heilungszeremonien beobachtet und detaillierte schriftliche Aufzeichnungen über beide angefertigt.

»Arasuwe ist ein großer *Shapori*« hatte Milagros bemerkt, als ich bei der rituellen Heilung zusah.

»Ruft er die Geister zu Hilfe, wenn er seinen Gesang anstimmt?« hatte ich damals gefragt, während ich Milagros' Schwager beobachtete, wie er den Körper eines ausgestreckt liegenden Kindes massierte, rieb und leckte.
Daraufhin hatte mir Milagros einen empörten Blick zugeworfen. »Es gibt Dinge, über die man nicht spricht.« Er war abrupt aufgestanden, und bevor er aus der Hütte hinausging, hatte er noch hinzugefügt: »Stell keine Fragen über diese Sachen. Wenn du es doch tust, dann wirst du ernsthafte Schwierigkeiten bekommen.«
Seine Reaktion hatte mich zwar nicht überrascht, aber trotzdem war ich auf diesen unverhohlenen Ärger nicht gefaßt gewesen. Ich hätte gern gewußt, ob er sich weigerte, über das Thema zu reden, weil ich eine Frau war, oder ob vielmehr der Schamanismus überhaupt als Gesprächsgegenstand tabu war. Allerdings wagte ich damals nicht, es herauszufinden. In meiner Eigenschaft als weiße Frau war meine Position schon unsicher genug.
Es war mir klar, daß in den meisten Gesellschaften jegliches Wissen über Schamanismus und Geistheilungs-Zeremonien niemals zur Sprache kam, außer wenn jemand in diese Kenntnisse eingeweiht werden sollte. Während Milagros' Abwesenheit erwähnte ich das Wort für Schamanismus nicht ein einziges Mal, verbrachte jedoch Stunden damit, darüber nachzugrübeln, wie ich Näheres darüber erfahren könnte, ohne Ärger und Verdacht zu erregen.
Meine Aufzeichnungen über die beiden Sitzungen bestätigten eindeutig, daß die Iticoteri glaubten, der Körper des *Shapori* mache eine Verwandlung durch, wenn er unter dem Einfluß der halluzinogenen Droge *Epena* stand, die geschnupft wurde. Das bedeutete, daß der Schamane seine Handlungen in der Annahme ausführte, sein Leib verwandle sich in ein übernatürliches Wesen. Auf diese Weise konn-

te er sich mit den Geistern des Urwalds in Verbindung setzen. Ich mußte also darauf abzielen, zu einem Verständnis des Schamanismus über den Körper zu gelangen und zwar nicht im Sinne eines Objekts, dessen Verhalten von psychochemischen Gesetzmäßigkeiten, holistischen Kräften der Natur, der Umwelt oder der Psyche bestimmt wurde, sondern über das Begreifen des Körpers als erlebten Erfahrungsinhalt, als eine Einheit, die sich allen verständlich durch Handlungen ausdrückt.

Die meisten Untersuchungen, darunter auch meine eigenen, hatten sich bisher hauptsächlich auf die therapeutischen und gesellschaftlichen Aspekte von Heilzeremonien konzentriert. Ich war der Meinung, mein Ansatz konnte nicht nur eine völlig neue Erklärung für das Phänomen liefern, sondern würde mir auch die Möglichkeit bieten, etwas darüber zu erfahren, ohne mit meinen Fragen Verdacht zu erregen. Fragen, die sich auf den Körper bezogen, mußten ja nicht unbedingt etwas mit Schamanismus zu tun haben. Ich hatte überhaupt keinen Zweifel, daß ich auf diese Weise langsam, aber sicher die notwendigen Informationen bekommen könnte, ohne daß den Iticoteri jemals bewußt wurde, worum es mir eigentlich ging.

Jegliche Gewissensbisse, die ich wegen der Unehrlichkeit meines Vorgehens verspürte, konnte ich mir ohne weiteres ausreden, indem ich mir immer wieder sagte, meine Arbeit sei von größter Wichtigkeit für das Verständnis von nichtabendländischen Heilmethoden. Die eigenartigen, oft bizarren Bräuche des Schamanismus könnten einleuchtender erklärt werden, wenn man sie im Lichte eines anderen Interpretationskontexts betrachtete, und damit würde der Wissenstand der Ethnologie ganz allgemein erweitert werden.

»Du hast seit zwei Tagen nicht mehr gearbeitet«, sprach mich Ritimi eines Nachmittags an. »Du hast über die Tänze und Gesänge von gestern abend überhaupt nichts von mir wissen wollen. Weißt du denn nicht, daß sie sehr wichtig sind? Wenn wir nicht tanzen und singen, kehren die Jäger ohne Fleisch für das Festmahl zurück.« Verärgert warf sie mir das Notizheft in den Schoß. »Du hast nicht einmal etwas in dein Buch gemalt.«
»Ich mache gerade ein paar Tage Pause«, antwortete ich und preßte das Notizheft an meine Brust, als wäre es mein teuerster Besitz. Ich hatte nicht vor, ihr zu erzählen, daß jede der kostbaren Seiten darin ausschließlich den Aufzeichnungen über Schamanismus vorbehalten war.
Ritimi ergriff meine Hände und legte sie in ihre, unterzog sie einer genauen Prüfung; dann zog sie eine sehr ernste Miene und erklärte: »Sie sehen sehr müde aus – sie brauchen Ruhe.«
Wir brachen in Gelächter aus. Ritimi war schon immer verblüfft darüber gewesen, daß ich die Verzierung der Seiten meines Hefts als Arbeit betrachtete. Für sie bedeutete Arbeit, Unkraut im Garten zu jäten, Feuerholz zu sammeln und das Dach des *Shabono* auszubessern.
»Die Tänze und die Gesänge haben mir gut gefallen«, sagte ich. »Ich habe deine Stimme erkannt – sie klang wunderschön.«
Ritimi strahlte mich an. »Ja, ich singe sehr gut.« In ihren Worten lagen bezaubernde Offenheit und gleichzeitig Sicherheit; sie prahlte nicht, sondern stellte lediglich eine Tatsache fest. »Wenn die Jäger zurückkommen, werden sie bestimmt viel Wild erlegt haben, und wir können unsere Gäste beim Festmahl reichlich bewirten.«
Während ich zustimmend nickte, suchte ich auf dem Boden nach einem Zweig; dann fing ich an, damit eine menschli-

che Gestalt in die weiche Erde zu zeichnen. »Das hier ist der Körper eines Weißen«, erläuterte ich, während ich die wichtigsten Organe und Knochen skizzierte. »Nun frage ich mich, wie wohl der Körper eines Iticoteri aussieht?«
»Du mußt aber sehr müde sein, wenn du solche Fragen stellst«, sagte Ritimi und starrte mich an, als wäre ich ein wenig schwer von Begriff. Dann stand sie auf und begann zu tanzen, wobei sie mit lauter, melodischer Stimme einen Gesang anstimmte: »Das ist mein Kopf, das ist mein Arm, das ist meine Brust, das ist mein Magen, das ist mein ...«
In kürzester Zeit hatte Ritimi mehrere Frauen und Männer angelockt, die sich in einer Gruppe um uns versammelten. Unter lautem Kreischen und Gelächter machten sie obszöne Bemerkungen über ihre Körper. Einige der halbwachsenen Jungen lachten dabei so sehr, daß sie sich auf dem Boden herumwälzten und ihren Penis festhalten mußten.
»Kann einer von euch einen Körper so malen, wie ich diesen hier gemacht habe?« fragte ich.
Gleich mehrere nahmen die Herausforderung an. Mit einem Stück Holz, einem dünnen Zweig oder einem zerbrochenen Bogen machten sie sich daran, auf den Erdboden zu zeichnen. Die Bilder von Männern und Frauen unterschieden sich dabei merklich voneinander, und zwar nicht nur wegen der logischen Andersartigkeit der Geschlechtsorgane, bei deren Hervorhebung sie sich alle große Mühe gaben, sondern auch deswegen, weil die Männerkörper alle winzige Figuren in der Brust aufwiesen.
Ich konnte meine Freude kaum verbergen. Ich war sicher, daß dies die Geister sein mußten, die Arasuwe mit seinen Gesängen angerufen hatte, bevor er damals das Heilungsritual begann. »Was ist denn das hier?« fragte ich scheinbar ohne großes Interesse.

»Das sind die *Hekura* des Waldes, die in der Brust jedes Mannes wohnen«, antwortete mir einer der Männer.
»Sind alle Männer *Shapori?*«
»Alle Männer haben *Hekura* in der Brust«, sagte der Mann. »Aber nur ein wirklicher *Shapori* kann Gebrauch von ihnen machen. Und nur ein großer *Shapori* hat soviel Macht über seine *Hekura,* daß er sie dazu benutzen kann, den Kranken zu helfen und den Zauber eines feindlichen *Shapori* zu durchkreuzen.« Während er meine eigene Zeichnung studierte, fragte er mich: »Warum gibt es in deinem Bild auch *Hekura,* und sogar in den Beinen? Frauen haben doch keine *Hekura.*«
Ich erklärte ihm, daß es sich dabei nicht um Geister, sondern um Organe und Knochen handelte; daraufhin gingen alle sofort daran, diese Körperteile auch in ihre eigenen Zeichnungen einzusetzen. Da ich sehr zufrieden mit dem war, was ich erfahren hatte, begleitete ich Ritimi bereitwillig in den Dschungel, um dort Feuerholz zu sammeln – die mühseligste und unbeliebteste Arbeit der Frauen. Es konnte niemals genug Holz geben, denn die Feuer durften nie verlöschen.
Wie Ritimi es jeden Abend seit meiner Ankunft getan hatte, untersuchte sie auch heute nach dem Einbruch der Nacht meine Füße nach Dornen und Splittern. Als sie davon überzeugt war, daß ich mir nichts eingetreten hatte, wischte sie sie mit den Händen sauber.
»Ich möchte wissen, ob die Körper der *Shapori* irgendeine Art von Verwandlung durchmachen, wenn sie unter dem Einfluß von *Epena* stehen«, sinnierte ich. Für mich war es wichtig, darüber von den Indianern selbst eine Bestätigung in ihren eigenen Worten zu erhalten, denn meine ursprüngliche Theorie fußte ja auf der Hypothese, daß der Schamane bei seinen Handlungen von bestimmten Voraussetzungen

ausging, die seinen Körper betrafen. Ich mußte erfahren, ob diese Voraussetzungen auch auf die übrige Stammesgemeinschaft zutrafen und ob es sich dabei um bewußte oder unbewußte Kenntnisse handelte.

»Hast du gestern Iramamowe gesehen?« fragte mich Ritimi dagegen. »Hast du ihn gehen sehen? Seine Füße haben nicht den Boden berührt. Er ist ein mächtiger *Shapori.* Er hat sich in den großen Jaguar verwandelt.«

»Er hat aber niemanden geheilt«, gab ich mürrisch zurück. Ich war enttäuscht darüber, daß Arasuwes Bruder für einen großen Schamanen gehalten wurde. Bei zwei verschiedenen Gelegenheiten hatte ich gesehen, daß er seine Frau schlug. Da Ritimi nicht mehr daran interessiert war, diese Unterhaltung fortzusetzen, wandte sie sich von mir ab und bereitete sich auf unser allabendliches Ritual vor. Sie holte den Korb mit meinen Habseligkeiten von dem kleinen Speicher an der Rückwand der Hütte und stellte ihn auf den Boden. Dann packte sie den Inhalt Stück für Stück aus und hielt die einzelnen Gegenstände in die Luft, bis ich das richtige Wort dafür sagte. Sobald ich dies getan hatte, wiederholte sie ihrerseits die Bezeichnung auf spanisch, dann auf englisch, wodurch sich ein nächtlicher Chor entwickelte, denn auch die Ehefrauen des Häuptlings und verschiedene andere Frauen, die jeden Abend in unserer Hütte zusammenkamen, wiederholten die fremden Wörter wie ein vielstimmiges Echo.

Ich entspannte mich in meiner Hängematte, während mir Tutemi Strähne für Strähne das Haar nach Läusen absuchte, die in ihrer Phantasie vorhanden waren. Ich war mir ganz sicher, daß ich keine hatte – noch nicht. Tutemi schien fünf oder sechs Jahre jünger zu sein als Ritimi, die ich auf etwa zwanzig schätzte. Sie war größer und kräftiger gebaut, und ihr Bauch wölbte sich vor, denn sie erwartete ihr erstes Kind.

Sie war scheu und zurückhaltend. Häufig hatte ich einen traurigen, entrückten Ausdruck in ihren dunklen Augen bemerkt, und manchmal redete sie mit sich selbst.
»Läuse! Läuse!« schrie Tutemi und unterbrach damit den spanisch-englischen Singsang der anderen Frauen.
»Zeig mal her«, sagte ich, denn ich war fest überzeugt, daß sie nur einen Witz machte. »Sind Läuse denn weiß?« wollte ich wissen, während ich mir die winzigen weißen Tierchen auf ihrem Finger ansah. Ich hatte immer geglaubt, sie wären schwarz.
»Weißes Mädchen, weiße Läuse«, sagte Tutemi schelmisch. Übermütig zerbiß sie die Insekten der Reihe nach und schluckte sie. »Läuse sind immer weiß.«

7

Es war der Tag des Festmahls. Schon seit Mittag nahmen sich Ritimi und Tutemi meiner an und gaben sich große Mühe, mich schön zu machen. Tutemi schnitt mir mit einem geschärften Stück Bambus die Haare, bis ich die gleiche Frisur wie alle Frauen hatte, und rasierte mir mit einem messerscharfen Grashalm einen kreisrunden Fleck um den Haarwirbel ab. Die Haare an den Beinen entfernte sie mit einer Schmirgelpaste aus Asche, Harzen und Erde.
Ritimi bemalte mein Gesicht mit Schlangenlinien und den Rest meines Körpers mit geometrischen Mustern, wofür sie einen weichgekauten Zweig als Pinsel benutzte. Meine Beine, die von der Enthaarungspaste ganz rot und verschwollen waren, ließ sie unbemalt. Da man meine Ohrringe nicht herausnehmen konnte, verzierte sie sie mit einer rosa Blüte und kleinen Büscheln aus weißen Federn. Um Oberarme, Handgelenke und Fußknöchel band sie mir rote Baumwollschnüre.
»O nein. Das wirst du nicht tun!« sagte ich und entfernte mich mit einem Satz aus Ritimis Reichweite.
»Es tut gar nicht weh«, versicherte sie mir und fragte dann sehr ärgerlich: »Willst du denn aussehen wie eine alte Frau? Es tut gar nicht weh«, wiederholte sie beharrlich und folgte mir.
»Laß sie in Ruhe«, sagte Etewa, der gerade eine Kiste aus Baumrinde vom Dachspeicher holte. Er musterte mich und fing dann an zu lachen. Seine großen weißen Zähne und die zusammengekniffenen Augen schienen leichten Spott über

meine Verlegenheit auszudrücken. »Sie hat doch sowieso nicht viele Schamhaare.«
Dankbar legte ich mir den roten Baumwollgürtel um die Hüften, den mir Ritimi gegeben hatte, und stimmte in sein Lachen ein. Ich überzeugte mich davon, daß der breite, flache Gürtel so befestigt war, daß die ausgefransten Enden die anstoßerregenden Haare bedeckten, und sagte dann zu Ritimi: »Jetzt sieht man überhaupt nichts mehr.«
Ritimi zeigte sich keineswegs beeindruckt, zuckte aber die Achseln und ging wieder daran, ihre eigenen Schamhaare zu beseitigen.
Dunkle Kreise und Arabesken schmückten Etewas braunen Körper und sein Gesicht. Über die Schnur um die Taille band er einen dicken Gürtel aus rotem Baumwollgarn; über die Oberarme streifte er schmale Bänder aus Affenfell, an denen Ritimi die schwarzen und weißen Federn befestigte, die er sich vorher aus der Rindenkiste herausgesucht hatte.
Nachdem Ritimi die Finger in die klebrige Harzpaste getaucht hatte, die eine von Arasuwes Frauen am Morgen zubereitet hatte, wischte sie damit über Etewas Haar. Gleich darauf nahm Tutemi eine Handvoll weißer Daunenfedern aus einer zweiten Schachtel und schüttete sie ihm über den Kopf, bis er aussah, als trüge er eine weiße Pelzkappe.
»Wann beginnt denn das Festmahl?« fragte ich, während ich einer Gruppe von Männern zusah, die riesige Mengen von Bananenschalen vom Versammlungsplatz trugen, der vom Unkraut befreit worden war.
»Wenn die Bananensuppe und das Fleisch fertig sind«, sagte Etewa, während er umherstolzierte, damit wir ihn auch von allen Seiten betrachten konnten. Um seine Lippen spielte ein Lächeln, und die lustigen Augen waren immer noch

etwas zusammengekniffen. Er sah mich an und nahm dann sein Stück Kautabak aus dem Mund. Erst legte er es auf eine Kalebassenscherbe auf dem Boden, dann spuckte er einen scharfen Strahl Tabaksaft in weitem Bogen über seine Hängematte. Mit der Sicherheit eines Menschen, der mit seinem Aussehen zufrieden ist, wandte er sich uns noch einmal zu und ging dann aus der Hütte hinaus.

Die kleine Texoma hob das matschige Stück Tabak auf. Sie steckte es in den Mund und lutschte daran mit demselben Genuß, den ich beim Abbeißen eines Stücks Schokolade verspürt hätte. Weil ihr kleines Gesicht von dem Tabaksklumpen, dessen eine Hälfte ihr aus dem Mund hing, ganz verzerrt war, bot sie einen grotesken Anblick. Grinsend kletterte sie in meine Hängematte und schlief dort sofort ein.

In der Hütte neben uns konnte ich den Häuptling Arasuwe in seiner Hängematte liegen sehen. Von dort aus überwachte er das Kochen der Bananen und Braten des Fleisches, das die Jäger gebracht hatten, die vor einigen Tagen in den Urwald aufgebrochen waren. Wie eine Mannschaft von Fließbandarbeitern hatten mehrere Männer die vielen Bananenbüschel in Rekordzeit verarbeitet. Einer biß mit seinen scharfen Zähnen die Schale auf und öffnete die Banane auf einer Seite; ein zweiter riß die harte Schale ab und warf dann die bloße Frucht in den Trog aus Baumrinde, den Etewa früh am Morgen hergestellt hatte; ein dritter bewachte die drei kleinen Feuer, die darunter angezündet worden waren.

»Wieso kochen nur die Männer?« fragte ich Tutemi. Ich wußte schon, daß die Frauen niemals das Fleisch großer Tiere zubereiteten, dennoch überraschte es mich, daß sich keine von ihnen bisher den Bananen auch nur genähert hatte.

»Frauen sind zu nachlässig«, antwortete mir an Stelle von Tutemi Arasuwe, der gerade die Hütte betrat. Sein Blick schien meinen Widerspruch auf diese Feststellung herauszufordern. Mit einem Lächeln setzte er hinzu: »Sie lassen sich zu leicht ablenken und passen nicht auf, so daß das Feuer ein Loch in die Rinde brennt.«

Bevor ich noch Gelegenheit hatte, etwas darauf zu sagen, lag er schon wieder in seiner Hängematte. »Ist er bloß hereingekommen, um mir das zu sagen?«

»Nein«, sagte Ritimi. »Er war hier, um dich anzusehen.«

Ich wollte sie nicht fragen, ob ich Gnade vor Arasuwes Augen gefunden hatte, um sie nicht wieder an meine Schamhaare zu erinnern. »Sieh mal, dort«, sagte ich, »es kommt Besuch.«

»Das ist Puriwariwe, Angelicas ältester Bruder«, erklärte Ritimi und deutete auf einen alten Mann in der Gruppe der Ankömmlinge. »Er ist ein gefürchteter *Shapori.* Er ist einmal getötet worden, aber nicht gestorben.«

»Getötet, aber nicht gestorben.« Ich wiederholte langsam ihre Worte und fragte mich, ob ich sie wörtlich verstehen sollte oder ob es sich dabei um eine Redewendung handelte.

»Er wurde bei einem Überfall getötet«, sagte Etewa, der gerade in die Hütte kam. »Tot, tot, tot, aber gestorben ist er nicht.« Er sprach die Worte sehr deutlich aus und bewegte die Lippen übertrieben stark, als könnte er so erreichen, daß ich die wahre Bedeutung des Satzes verstand.

»Gibt es heute immer noch Überfälle?«

Niemand beantwortete mir die Frage. Etewa holte ein langes, hohles Bambusrohr und eine kleine Kürbisflasche hinter einem der Dachsparren hervor; dann ging er hinaus, um die Besucher zu begrüßen, die in der Mitte des Versammlungsplatzes vor Arasuwes Hütte standen.

Es kamen jetzt noch mehr Männer in die Einfriedung, und ich fragte laut, ob auch Frauen zu dem Festmahl eingeladen worden waren.
»Ja, sie sind draußen«, sagte Ritimi, »zusammen mit den anderen Gästen. Sie schmücken sich, während die Männer *Epena* nehmen.«
Der Häuptling Arasuwe, sein Bruder Iramamowe, Etewa und sechs andere Iticoteri – alle mit Federn, Fellen und roter *Onoto*-Paste geschmückt – hockten sich gegenüber ihren Besuchern, die sich bereits niedergelassen hatten, auf den Boden. Sie sprachen eine Zeitlang, wobei sie es vermieden, einander direkt in die Augen zu sehen.
Arasuwe band die kleine Kalebasse los, die ihm um den Hals hing, ließ ein wenig von dem bräunlich-grünen Pulver in ein Ende eines hohlen Rohrs rieseln und wandte sich dann Angelicas Bruder zu. Nachdem er das andere Ende des Rohrs dem Schamanen unter die Nase gehoben hatte, blies Arasuwe dem alten Mann das halluzinogene Pulver mit aller Kraft in eines seiner Nasenlöcher. Der Schamane zuckte nicht zurück, keuchte oder taumelte davon, wie ich es bei anderen Männern gesehen hatte. Sein Blick aber trübte sich, und nach kurzer Zeit tropfte ihm grüner Schleim aus Mund und Nase, den er mit einem Zweig wegwischte. Langsam stimmte er einen Gesang an. Den Text konnte ich nicht verstehen; er sang die Worte zu leise, und das Stöhnen der anderen übertönte sie völlig.
Auch Arasuwe hatte jetzt glasige Augen, Schleim und Speichel tropften ihm vom Kinn die Brust hinunter, als er nun in die Höhe sprang. Die roten Arafedern an seinen Ohren und Armen flatterten in der Luft. Er sprang mehrere Male und setzte jedesmal mit einer Leichtigkeit wieder auf dem Boden auf, die ganz unglaublich war bei seinem stämmigen Körperbau. Sein Gesicht sah aus wie aus Stein gehauen. Die

geraden Ponyfransen hingen ihm über die Augenbrauen. Die breite Nase und der verzerrte Mund erinnerten mich an einen der vier Wächterkönige, die ich in einem japanischen Tempel gesehen hatte.

Einige der Männer hatten die Gruppe verlassen und taumelten ziellos umher, hielten sich die Köpfe und erbrachen sich. Der Gesang des alten Mannes wurde nun lauter; einer nach dem andern versammelten sich die andern wieder um ihn. Schweigend hockten sie sich nieder, die Arme über den Knien gekreuzt, den verschwommenen Blick auf einen fernen Punkt gerichtet, den nur sie selbst sehen konnten, bis der *Shapori* sein Lied beendet hatte.

Dann zog sich jeder Iticoteri in Begleitung eines Gastes in seine Hütte zurück. Arasuwe hatte Puriwariwe eingeladen; Etewa kam mit einem der jungen Männer, die sich erbrochen hatten. Ohne uns auch nur anzusehen, streckte sich der Gast in Etewas Hängematte aus, als wäre es seine eigene; er sah nicht älter aus als sechzehn.

»Warum haben nicht alle Männer vom Stamm der Iticoteri *Epena* genommen und sich geschmückt?« flüsterte ich Ritimi zu, die damit beschäftigt war, Etewas Gesicht zu reinigen und neu mit *Onoto* zu bemalen.

»Morgen werden alle geschmückt sein. In den nächsten Tagen kommen noch mehr Gäste«, sagte sie. »Heute feiern nur Angelicas Verwandte.«

»Aber Milagros ist nicht hier.«

»Doch, er ist heute früh gekommen.«

»Heute früh?« rief ich ungläubig. Der junge Mann in Etewas Hängematte riß die Augen weit auf, blickte mich an und schloß sie dann wieder. Texoma war aufgewacht und hatte leise zu weinen begonnen. Ich versuchte, sie zu beruhigen, indem ich ihr das Stück Kautabak, das zu Boden gefallen war, wieder in den Mund schob. Sie wollte es aber nicht und weinte nur noch lauter. Ich übergab sie Tutemi, die das Mädchen in den Armen wiegte, bis es ruhig war. Warum hat mir Milagros nicht gesagt, daß er wieder zurück war? Ich wußte keine Antwort auf diese Frage und war wütend und verletzt. Tränen des Selbstmitleids traten mir in die Augen.

»Da kommt er ja«, sagte Tutemi und zeigte auf den Eingang des *Shabono.*

Gefolgt von einer Gruppe von Männern, Frauen und Kindern, ging Milagros zielstrebig auf Arasuwes Hütte zu. Rote und schwarze Ringe waren um seine Augen und seinen Mund gemalt. Wie gebannt starrte ich auf den schwarzen Affenschwanz, den er sich um den Kopf gebunden hatte und von dem bunte Arafedern herunterhingen, in den gleichen Farben wie die, die an seinen Fellarmbändern befestigt waren. Statt des festlichen Baumwollgürtels der anderen Männer trug er einen grellroten Lendenschurz.

Ein unerklärliches Unbehagen ergriff mich, als er auf meine Hängematte zukam. Ich fühlte mein Herz vor Angst pochen, als ich in sein angespanntes Gesicht blickte.

»Hol deine Kürbisflasche«, sagte er auf spanisch; dann drehte er sich um und ging auf den Trog mit der Bananensuppe zu.

Ohne mir die geringste Beachtung zu schenken, folgte jedermann Milagros auf den Versammlungsplatz. Sprachlos griff ich nach meinem Korb, stellte ihn vor mich hin und nahm meine Habseligkeiten heraus. Ganz unten, eingewickelt in meinen Rucksack, lag die glatte, ockerfarbene Kalebasse, in der Angelicas Asche aufbewahrt war. Ich hatte mich schon oft gefragt, was ich wohl damit anfangen sollte. Ritimi faßte den Rucksack nicht einmal an, wenn sie meine Sachen herausnahm.

Die Kalebasse fühlte sich in meinen steifen, kalten Händen

schwer an. Dabei war sie so leicht gewesen, als ich sie auf unserem Marsch durch den Urwald am Gürtel getragen hatte.
»Leere sie in den Trog hinein«, forderte mich Milagros auf. Wieder sprach er spanisch mit mir.
»Aber der ist voller Suppe«, sagte ich dümmlich. Ich fühlte meine Stimme beben, und meine Hände zitterten so stark, daß ich mir gar nicht zutraute, den Harzpfropfen aus der Kalebasse herauszuziehen.
»Leer sie hinein«, sagte Milagros ein zweites Mal und drückte mir dabei sanft den Arm nach unten.
Ich hockte mich unbeholfen zu Boden und ließ die verbrannten, zu einem feinen Pulver zerstampften Knochen langsam in die Suppe rieseln. Wie hypnotisiert starrte ich auf das dunkle Häufchen, das sie auf der dickflüssigen, gelben Masse bildeten. Mir wurde übel von dem Geruch. Die Asche sank nicht ein. Dann goß Milagros den Inhalt seiner eigenen Kürbisflasche darüber. Die Frauen fingen an zu weinen und zu klagen. Sollte ich in ihre Klagegesänge einstimmen? Ich war mir ganz sicher, daß mir keine einzige Träne in die Augen treten würde, auch wenn ich mich noch sosehr anstrengte.
Ein scharfes, krachendes Geräusch schreckte mich auf, und ich erhob mich wieder. Mit dem Griff seiner Machete hatte Milagros die beiden Kalebassen genau in der Mitte zerteilt. Als nächstes rührte er das Knochenpulver in die Suppe ein, so lange, bis der gelbliche Brei eine schmutziggraue Färbung angenommen hatte.
Ich sah zu, wie er die Kalebasse voll Suppe zum Mund hob und in einem einzigen langen Zug austrank. Dann wischte er sich mit dem Handrücken das Kinn ab, füllte sie neu auf und überreichte mir den Trank.
Voller Entsetzen sah ich in die Gesichter rings um mich

herum; gespannt beobachteten sie jede meiner Reaktionen und Bewegungen und blickten mich mit Augen an, die mir gar nicht mehr menschlich vorkamen. Die Frauen hatten mit ihren Klageliedern aufgehört. Ich konnte das schnelle Pochen meines Herzens hören. Ich schluckte mehrmals, weil ich unbedingt das trockene Gefühl in meinem Mund loswerden wollte, und streckte unsicher die Hand nach der Kalebasse aus. Dann kniff ich fest die Augen zu und schluckte die zähe Flüssigkeit hinunter. Zu meiner Überraschung rann mir die süße, ein wenig salzige Suppe ganz leicht durch die Kehle. Milagros' verkrampftes Gesicht entspannte sich in einem schwachen Lächeln, als er mir das leere Trinkgefäß aus der Hand nahm. Ich drehte mich um und ging langsam davon, während mir Übelkeit den Magen zusammenzog.

Aus der Hütte drang das Geschnatter von hohen Kinderstimmen und quiekendes Gelächter. Von seinen Freunden umringt saß Sisiwe auf dem Boden und zeigte ihnen meine persönlichen Habseligkeiten, die ich dort offen hatte herumliegen lassen. Meine Übelkeit verwandelte sich in Wut, als ich sah, daß meine Notizen in der Feuerstelle schwelten.

Verblüfft lachten mich die Kinder aus, weil ich mir die Finger verbrannte bei dem Versuch, von meinen Aufzeichnungen zu retten, was noch zu retten war. Dann jedoch ging ihre Belustigung langsam in Verwunderung über, als sie begriffen, daß ich weinte.

Ich rannte aus dem *Shabono* hinaus, den Pfad zum Fluß hinab, dabei preßte ich die verbrannten Seiten des Notizheftes gegen die Brust.

»Ich werde Milagros darum bitten, mich zur Missionsstation zurückzubringen«, murmelte ich vor mich hin, während ich mir die Tränen abwischte. Dieser Gedanke kam mir aber so

absurd vor, daß ich laut auflachen mußte. Wie sollte ich wohl Pater Coriolano gegenübertreten, mit meiner Tonsur?
Ich hockte mich an den Rand des Wassers und steckte mir den Finger in den Mund, um mich zu übergeben. Es ging aber nicht. Erschöpft legte ich mich mit dem Gesicht nach oben auf einen flachen Felsen, der halb aus dem Wasser ragte, und untersuchte die Überreste meiner Notizen. Ein kühler Windhauch wehte mir durch das Haar. Ich drehte mich um, so daß ich auf dem Bauch zu liegen kam. Die Wärme des Steins erzeugte eine sanfte Trägheit in mir, in der all mein Ärger und meine Müdigkeit verflogen.
Ich versuchte, mein Spiegelbild in dem klaren Wasser zu sehen, aber der Wind kräuselte die Oberfläche, so daß keine deutlichen Bilder entstanden. Der Fluß gab nichts zurück. In den stilleren, dunklen Stellen entlang des Ufers, wo das leuchtende Grün der Vegetation eingefangen war, spiegelte sich auch nur eine verschwommene Masse.
»Wirf deine Notizen in den Fluß und laß sie davontreiben«, sagte Milagros neben mir auf dem Felsen. Sein plötzliches Auftauchen überraschte mich nicht. Ich hatte ihn erwartet. Mit einer knappen Kopfbewegung stimmte ich ihm schweigend zu und ließ meine Hand über dem Wasser baumeln. Meine Finger öffneten sich. Ich hörte ein leises Klatschen, als das verbrannte Heft ins Wasser fiel. Ich hatte das Gefühl, als wäre mir eine schwere Last von den Schultern genommen worden, während ich zusah, wie meine Notizen flußabwärts trieben. »Du bist gar nicht zur Missionsstation gegangen«, sagte ich. »Warum hat du mir nicht gesagt, daß du Angelicas Verwandte holen mußtest?«
Milagros gab keine Antwort, sondern starrte über den Fluß.
»Hast du den Kindern eingeredet, sie sollen meine Papiere verbrennen?« wollte ich wissen.
Er wandte mir das Gesicht zu, schwieg aber immer noch.

In seinem zusammengekniffenen Mund war vage Enttäuschung zu erkennen, deren Ursache mir allerdings nicht klar war. Als er schließlich doch etwas sagte, sprach er mit leiser Stimme, die so klang, als würde er gegen seinen Willen zum Reden gezwungen. »Die Iticoteri und auch andere Stämme haben sich im Laufe der Jahre immer tiefer und tiefer in den Urwald zurückgezogen, fort von der Missionsstation und den großen Flüssen, auf denen der weiße Mann fährt.« Er drehte sich um und betrachtete eine Eidechse, die vorsichtig über den Felsen kroch. Einen Moment lang starrte sie uns mit lidlosen Augen an, dann huschte sie davon. »Andere Stämme haben den Entschluß gefaßt, genau das Gegenteil zu tun«, fuhr Milagros fort. »Sie streben nach den Dingen, die ihnen die *Racionales* bieten. Aber sie haben nicht begriffen, daß nur der Wald ihnen Schutz geben kann. Für sie wird es zu spät sein, wenn sie entdecken, daß der Indianer dem weißen Mann nicht mehr wert ist als ein Hund.«

Weil er sein ganzes Leben lang zwischen diesen beiden Welten gelebt hatte, wie er sagte, war er überzeugt davon, daß die Indianer in der Welt des weißen Mannes keine Chance hatten, ganz egal, was einzelne Angehörige der beiden Rassen taten oder glaubten.

Ich sprach über Ethnologen und ihre Arbeit, über die Notwendigkeit, die Stammesbräuche und Glaubensvorstellungen zu überliefern, die seiner Meinung nach dazu verdammt waren, vergessen zu werden, wie er mir schon früher einmal gesagt hatte.

Er verzog die Lippen zu einem leicht spöttischen Lächeln. »Ich weiß alles über Ethnologen; ich habe mal für einen als Auskunftsquelle gearbeitet«, sagte er und fing an zu lachen; es war ein hohes, kreischendes Lachen, aber in seiner Miene war keinerlei Emotion zu sehen. Seine Au-

gen lachten nicht, sondern sie blitzten voll verhaltenem Groll.
Ich war bestürzt, denn seine Verärgerung schien sich gegen mich zu richten. »Aber du hast doch gewußt, daß ich Ethnologin bin«, sagte ich zögernd. »Du selbst hast mir ja dabei geholfen, einen Teil meines Notizhefts mit Informationen über die Iticoteri vollzuschreiben. Du warst es doch, der mich von Hütte zu Hütte geführt und andere dazu ermutigt hat, mit mir zu reden und mir eure Sprache und eure Bräuche beizubringen.«
Milagros saß unbewegt neben mir, das bemalte Gesicht glich einer ausdruckslosen Maske. Ich hätte ihn am liebsten gepackt und geschüttelt. Er tat so, als hätte er mir gar nicht zugehört. Er starrte auf die Bäume, die sich in der Dämmerung schon schwarz vom Himmel abhoben; ich blickte ihm ins Gesicht. Auch sein Kopf zeichnete sich dunkel vor dem Himmel ab. Die grellen Arafedern und die purpurfarbenen Affenmähnen blitzten auf in den Strahlen des Sonnenuntergangs.
Milagros schüttelte traurig den Kopf. »Du weißt genau, daß du nicht hergekommen bist, um zu arbeiten. Das hättest du viel besser in einer der Siedlungen in der Nähe der Missionsstation tun können.« Unter seinen Lidern traten Tränen hervor; sie blieben glänzend und bebend an seinen Wimpern hängen. »Das Wissen über unsere Sitten und unseren Glauben wurde dir mitgeteilt, damit du dich im Rhythmus unseres Lebens bewegen konntest; damit du dich sicher und beschützt fühltest. Das ist ein Geschenk gewesen, das du nicht mißbrauchen oder an andere weitergeben darfst.«
Ich konnte meinen Blick nicht von den hellen, feuchten Augen abwenden; Ärger gegen mich lag nicht darin. Ich konnte das Spiegelbild meines Gesichts in den schwarzen

Pupillen sehen. Ein Geschenk von Milagros und Angelica. Jetzt verstand ich endlich. Sie hatten mich durch den Urwald geführt, nicht, damit ich ihr Volk mit den Augen eines Ethnologen betrachtete – und alles, was ich sah und hörte, untersuchte, bewertete und analysierte –, sondern damit ich es so sehen konnte, wie Angelica es gesehen hätte, ein letztes Mal. Auch sie hatte gewußt, daß ihre Zeit und die Zeit ihres Volkes bald abgelaufen sein würde.

Ich sah ins Wasser. Ich hatte nicht bemerkt, daß meine Armbanduhr in den Fluß gefallen war, aber da lag sie zwischen den Kieselsteinen, ein unstetes Bild aus winzigen Leuchtpunkten, die sich im Wasser vereinigten und wieder zerflossen. Eines der Metallglieder des Armbands muß sich gelöst haben, dachte ich, unternahm aber keinerlei Anstrengung, die Uhr aus dem Wasser zu holen, meine letzte Verbindung mit der Welt außerhalb des Urwalds.

Milagros' Stimme unterbrach meine Gedanken. »Vor langer Zeit habe ich einmal in einer Siedlung, die dichter am großen Fluß liegt, für einen Ethnologen gearbeitet. Er wohnte nicht mit uns zusammen im *Shabono*, sondern hatte sich eine Hütte draußen vor dem Palisadenzaun gebaut. Die hatte Wände und eine Tür, die man von innen und von außen abschließen konnte.« Milagros machte eine kurze Pause, um sich die Tränen abzuwischen, die in den Fältchen um seine Augen getrocknet waren. Dann fragte er mich: »Soll ich dir erzählen, was ich mit ihm gemacht habe?«

»Ja«, erwiderte ich zögernd.

»Ich habe ihm *Epena* gegeben.« Milagros hielt inne und lächelte, als mache er sich über meine böse Vorahnung lustig. »Also, dieser Ethnologe fühlte sich genauso wie jeder andere, der das heilige Pulver inhaliert. Er sagte, er hätte die gleichen Visionen wie der Schamane.«

»Das ist doch gar nicht weiter erstaunlich«, sagte ich, weil ich mich ein bißchen über seine selbstgefällige Art ärgerte.
»Doch, das war sehr wohl erstaunlich«, sagte Milagros lachend, »denn das einzige, was ich ihm in die Nasenlöcher gepustet habe, war Asche. Und von Asche bekommt man höchstens Nasenbluten.«
»Wirst du es mit mir auch so machen?« fragte ich und wurde im selben Moment rot wegen des offensichtlichen Selbstmitleids, das in meiner Stimme mitschwang.
»Dir habe ich ein Stück von Angelicas Seele gegeben«, sagte er leise und half mir dann beim Aufstehen.
Die Einfriedung des *Shabono* schien sich in der Dunkelheit aufzulösen. Ich konnte bei dem schwachen Licht jedoch sehr gut sehen. Die Menschen rund um den Trog erinnerten mich an Tiere des Waldes mit ihren glänzenden Augen, in denen sich der Schein der Feuerstellen spiegelte.
Ich setzte mich neben Hayama und nahm das Stück Fleisch, das sie mir hinhielt. Ritimi rieb ihren Kopf an meinem Arm. Die kleine Texoma nahm auf meinem Schoß Platz. Ich fühlte mich sicher und zufrieden inmitten der vertrauten Gerüche und Geräusche. Aufmerksam betrachtete ich die Gesichter der Indianer, die um mich herumsaßen, und fragte mich, wie viele von ihnen wohl mit Angelica verwandt waren. Im Gesicht ähnelte ihr kein einziger. Selbst Milagros, der mich früher sosehr an Angelica erinnert hatte, sieht jetzt ganz anders aus. Aber vielleicht hatte ich auch schon vergessen, wie sie ausgesehen hatte, dachte ich ein wenig traurig. Dann plötzlich sah ich in einem Lichtstrahl, den das Feuer zu mir herüberwarf, ihr lächelndes Gesicht. Ich schüttelte den Kopf, um dieses Traumbild zum Verschwinden zu bringen, bis ich bemerkte, daß ich den alten Schamanen Puri-

wariwe anstarrte, der etwas abseits der Gruppe auf dem Boden hockte.
Er war ein kleiner, magerer, vertrockneter Mann mit bräunlichgelber Hautfarbe; seine Arm- und Beinmuskulatur hatte sich schon zurückgebildet. Das Haar aber war immer noch dunkel und legte sich in kleinen Locken um den Kopf. Er war nicht geschmückt und trug nichts als eine Bogensehne um die Taille. An seinem Kinn wuchsen spärliche Haare, und die Andeutung eines Schnurrbarts bildete einen dunklen Schatten auf seiner Oberlippe. Unter den schweren, faltigen Lidern wirkten die Augen wie winzige Lichtpunkte, in denen sich der Feuerschein spiegelte.
Jetzt gähnte er, wobei er den Rachen aufriß und die gelben Zähne sehen ließ, die darin hingen wie in einer Tropfsteinhöhle. Das Lachen und die Gespräche verstummten, als er nun einen Gesang anstimmte, mit einer Stimme, die zu einer anderen Zeit und zu einer anderen Welt zu gehören schien. Er besaß zwei verschiedene Stimmen: die eine kam aus seiner Kehle und war schrill und zornig, die andere kam aus dem Bauch und war tief und tröstlich.
Nachdem sich alle in ihre Hütten zurückgezogen hatten und die Feuer langsam niedergebrannt waren, blieb Puriwariwe noch lange vor einem kleinen Feuer in der Mitte der Lichtung sitzen. Dort sang er leise vor sich hin.
Ich erhob mich aus meiner Hängematte und hockte mich neben ihn, wobei ich versuchte, mit meinem Hinterteil die Erde zu berühren. Nach Ansicht der Iticoteri war dies die einzige Stellung, in der man stundenlang in der Hocke sitzen und dabei völlig entspannt bleiben konnte. Puriwariwe sah mich an, erwiderte meinen Blick und starrte dann wieder ins Leere, als hätte ich seinen Gedankengang unterbrochen. Er machte keine Bewegung, und ich bekam auf einmal das sonderbare Gefühl, er sei eingeschlafen. Dann

rutschte er mit dem Gesäß ein wenig auf dem Boden herum, ohne jedoch die Beine dabei anzuziehen, und stimmte wieder einen Gesang an, der diesmal aber nur gemurmelt, gerade noch hörbar war. Es gelang mir nicht, auch nur ein einziges Wort davon zu verstehen.

Es fing an zu regnen, und ich begab mich zu meiner Hängematte zurück. Die Tropfen prasselten leise auf das Palmendach in einem fremdartigen, hypnotisierenden Rhythmus. Als ich noch einmal auf den Versammlungsplatz blickte, war der alte Mann verschwunden. Und während der Urwald langsam hell wurde, im Morgengrauen, spürte ich, wie ich in einen zeitlosen Schlaf glitt.

8

Der rote Sonnenuntergang tauchte den Himmel in glühendes Feuer. Ein paar Minuten lang loderten Flammen am Horizont, bevor sich alles sehr schnell in Dunkelheit auflöste. Es war der dritte Tag des Festmahls. Ich lag zusammen mit Etewas und Arasuwes Kindern in meiner Hängematte und beobachtete die ungefähr sechzig Männer in der Mitte des Versammlungsplatzes. Sowohl Iticoteri als auch einige Gäste tanzten dort schon seit Mittag, ohne etwas zu essen oder auch nur eine Ruhepause einzulegen. Im Rhythmus ihrer schrillen Schreie und zu den klappernden Geräuschen, die ihre Pfeile und Bogen verursachten, drehten sie sich in die eine, dann in die andere Richtung, machten Schritte vorwärts und rückwärts – ein pulsierender, unaufhörlicher Gleichklang aus Tönen und Bewegungen, eine wogende Phalanx aus Vogelfedern und Menschenkörpern, ein wirrer Nebel aus grellroten und schwarzen Bemalungen.

Der Vollmond stieg über den Baumwipfeln auf und warf sein strahlendes Licht auf den Tanzplatz. Einen Augenblick lang hielten die Männer in ihren Bewegungen inne und es entstand eine kurze Pause. Dann brachen die Tänzer in wilde, erstickte Schreie aus, die die Siedlung mit ohrenbetäubendem Getöse erfüllten, während die Männer Pfeil und Bogen von sich schleuderten.

Gleich darauf rannten die Tänzer zu den Hütten, griffen nach brennenden Scheiten aus den Feuerstellen und schlugen damit in wahnsinnigem Ungestüm gegen die Pfosten, von denen der ganze *Shabono* gehalten wurde. Alle möglichen Insekten krabbelten eilig in das schützende Blattwerk der Palmendächer, bevor sie wie ein Wasserfall zu Boden prasselten.

Ich bekam schreckliche Angst, daß die Hütten einstürzen könnten oder daß die herumfliegende Glut die Dächer in Brand setzen würde, und rannte mit den Kindern nach draußen. Die Erde erzitterte unter den stampfenden Füßen der Männer, als sie nun sämtliche Feuerstellen in den Hütten austraten. Dann schwenkten sie die brennenden Scheite über den Köpfen durch die Luft, liefen von neuem auf den Versammlungsplatz und begannen wieder mit ihrem Tanz. Die Ekstase steigerte sich. Die Indianer bildeten einen Ring um die Lichtung und nickten mit den Köpfen, vorwärts und rückwärts, wie Marionetten, bei denen einige Schnüre gerissen waren. Die weißen Daunenfedern in ihrem Haar flatterten dabei um ihre von Schweiß glänzenden Schultern.

Der Mond wurde nun von einer ziehenden Wolke verdeckt; nur die Funken der Feuerscheite erhellten noch den Tanzplatz. Die schrillen Schreie der Männer wurden noch gellender; sie schwangen ihre Keulen durch die Luft und forderten die Frauen auf, am Tanz teilzunehmen.

Unter lautem Lachen und Rufen tänzelten die Frauen behende hin und her und wichen mit gekonnten Bewegungen den wild geschwungenen Scheiten aus. Die Hektik der Tänzer steigerte sich zu unwiderstehlicher Intensität und erreichte schließlich ihren absoluten Höhepunkt, als eine Gruppe junger Mädchen, die ganze Büschel von gelben Palmenfrüchten in den erhobenen Händen hielten, sich zu der tanzenden Menge gesellten und ihre Körper in sinnlicher Verzückung hin und her wiegten.

Ich war mir nicht sicher, ob es Ritimi war, die mich an der Hand faßte und in den Tanz hineinzog, aber im nächsten

Augenblick stand ich schon inmitten der ekstatischen Gestalten, die um mich herumwirbelten. Ich fühlte mich von den Körpern und ihren Schatten umzingelt und versuchte zu der alten Hayama zu gelangen, die ich im Schutz einer Hütte stehen sah, wußte jedoch nicht, in welche Richtung ich davonlaufen sollte. Ich erkannte gar nicht genau, wer der Mann war, der ein Holzscheit über dem Kopf schwang und mich zurück in den Kreis der Tanzenden trieb.

Ich stieß einen Schrei aus. In meiner panischen Angst merkte ich, daß mein Rufen von niemandem gehört wurde und sich in unzähligen Echos erschöpfte, die in meinem Inneren verklangen. Ich fühlte einen stechenden Schmerz seitlich am Kopf, direkt hinter dem Ohr, und fiel dann mit dem Gesicht nach unten zu Boden. Ich öffnete die Augen, um etwas in den Schatten zu erkennen, die sich immer dichter um mich schlossen, und fragte mich, ob diese wildgewordenen Gestalten, die auf allen Seiten herumwirbelten und in die Luft sprangen, überhaupt bemerkt hatten, daß ich zwischen ihnen auf dem Erdboden lag. Dann wurde alles dunkel, bis auf einzelne kleine Lichtpunkte, die durch meinen Kopf schossen wie Glühwürmchen in der Nacht.

Undeutlich nahm ich wahr, daß mich irgend jemand aus dem Kreis der stampfenden Tänzer zog und in eine Hängematte brachte. Ich zwang mich, die Augen zu öffnen, konnte aber das Gesicht über mir nur schemenhaft erkennen. Dann spürte ich zwei sanfte, leicht zitternde Hände, die mein Gesicht und meinen Hinterkopf berührten. Im ersten Augenblick dachte ich, es sei Angelica. Als ich jedoch die unverkennbare Stimme hörte, die aus der Tiefe des Bauches zu mir drang, wußte ich, daß es der alte Schamane Puriwariwe war, der da sang. Ich versuchte ihn genau zu erkennen, aber sein Gesicht schien mir weiterhin verzerrt, als betrachtete ich ihn durch eine Schicht fließendes Wasser. Ich wollte ihn fragen, wo er gewesen war, weil ich ihn seit dem ersten Tag des Festmahls nicht mehr gesehen hatte, aber meine Worte waren nichts als Halluzinationen in meinem Kopf.

Ich wußte nicht genau, ob ich bewußtlos gewesen war oder nur geschlafen hatte, aber als ich aufwachte, war Puriwariwe nicht mehr bei mir. Statt dessen sah ich Etewas Gesicht, das sich über mich beugte, so nahe, daß ich die roten Kreise auf seinen Wangen, zwischen seinen Brauen und in den Augenwinkeln mit der Hand hätte berühren können. Ich streckte den Arm aus, aber es war niemand mehr da. Ich schloß die Augen wieder; die Kreise tanzten in meinem Kopf herum. Ich sah nur einen roten Schleier inmitten pechschwarzer Leere. Ich drückte die Augen noch fester zu, bis das Bild in tausend kleine Fragmente zersplitterte. Das Feuer war wieder angefacht worden; es verbreitete eine gemütliche Wärme in der Hütte, die mir das Gefühl gab, in einen undurchsichtigen Kokon aus Rauch eingehüllt zu sein. Tanzende Schatten in der Dunkelheit spiegelten sich in der goldschimmernden Patina der Kalebassen, die von den Dachsparren herabhingen.

Mit einem fröhlichen Lachen kam Hayama in die Hütte und setzte sich neben mir auf die Erde. »Ich dachte schon, du willst bis morgen früh schlafen.« Sie hob die Hände und belastete meinen Kopf, bis sie die Beule hinter dem Ohr gefunden hatte. »Ziemlich groß«, sagte sie. Ihre verwitterten Züge drückten leichte Besorgnis aus; in den Augen lag ein mildes, weiches Schimmern.

Ich setzte mich in der Hängematte aus Pflanzenfasern auf. Erst in diesem Moment wurde mir klar, daß ich mich nicht in Etewas Hütte befand.

»Es ist Iramamowes Hütte«, gab mir Hayama schon die Antwort, bevor ich noch danach fragen konnte, wo ich war. »Es war die nächste, in die dich Puriwariwe bringen konnte, nachdem du gegen die Keule eines der Männer gestoßen worden bist.«

Der Mond war gewandert und stand nun hoch am Himmel. Sein fahler Schimmer ergoß sich über die Lichtung. Die Tänze hatten aufgehört, doch war die Luft noch immer erfüllt von einem unhörbaren Vibrieren.

Unter lauten Rufen und dem Aneinanderschlagen ihrer Waffen stellte sich gerade eine Gruppe von Männern in einem Halbkreis vor der Hütte auf. Iramamowe und einer der Gäste traten in die Mitte der wild gestikulierenden Männer. Ich konnte nicht erkennen, zu welcher Siedlung der andere gehörte; es war mir noch nicht gelungen, die verschiedenen Gruppen und Stämme auseinanderzuhalten, die seit dem Beginn des Festmahls im *Shabono* aus und ein gegangen waren.

Iramamowe spreizte die Beine, so daß er einen sicheren Stand hatte, und hob den linken Arm hoch über den Kopf, wobei er die Brust nach vorn reckte. *»Ha, ha, ahaha, aita, aita!«* rief er aus, während er einen Fuß in den Boden bohrte; der Schrei sollte seine Furchtlosigkeit ausdrücken und seinen Gegner dazu herausfordern, ihn zu schlagen.

Der junge Besucher stellte die richtige Entfernung fest: mit dem ausgestreckten Arm konnte er Iramamowes Körper gerade noch berühren; er schlug ein paarmal probeweise zu, dann versetzte er mit der geballten Faust einen mächtigen Hieb gegen die linke Seite von Iramamowes Brust.

Ich zuckte zurück. Mir war richtig übel, so, als wäre der Schmerz durch meine eigene Brust gefahren. »Warum kämpfen sie denn nur?« fragte ich Hayama.

»Sie kämpfen doch nicht«, antwortete sie lachend. »Sie wollen das Echo ihrer *Hekura* hören – das sind die Lebensgeister, die in ihrer Brust wohnen. Sie wollen zuhören, wie die *Hekura* in ihnen bei jedem Schlag erzittern.«

Die Menge jubelte enthusiastisch. Die Brust des jungen Mannes bebte vor Aufregung, als er nun einen Schritt zurücktrat und Iramamowe ein zweites Mal schlug. Das Kinn hochmütig vorgereckt, der Blick völlig fest, herausfordernd, starr, so nahm Iramamowe den Beifall der Zuschauer entgegen. Erst nach dem dritten Schlag war seine Standfestigkeit leicht erschüttert. Einen Augenblick lang öffneten sich seine Lippen zu einem anerkennenden Grinsen, dann preßten sie sich wieder in einer Grimasse der Gleichgültigkeit und Verachtung zusammen. Das ununterbrochene Stampfen seines Fußes drückte nichts anderes aus als Ärger, wie mir Hayama versicherte; sein Widersacher hatte ihn noch nicht fest genug geschlagen.

Mit morbider, selbstgerechter Genugtuung hoffte ich, daß Iramamowe bei jedem Schlag den Schmerz auch spüren möge. Er hatte es verdient, dachte ich. Seitdem ich zum erstenmal gesehen hatte, wie er seine Frau prügelte, war mein Zorn gegen ihn immer mehr gewachsen. Doch als ich ihn jetzt beobachtete, konnte ich nicht anders, ich mußte ihn bewundern, wie er so stattlich inmitten der Menge stand. Es lag etwas Kindliches, Herausforderndes in der Art, wie er den Rücken stocksteif aufgerichtet hielt und die Brust voller blauer Flecken nach vorn streckte. Das runde, platte Gesicht mit der niedrigen Stirn und der aufgeworfenen Oberlippe machte einen so verletzlichen Eindruck, als er den jungen Mann vor sich nun anstarrte. Ich fragte mich, ob das kaum merkliche Flackern in seinen braunen Augen andeutete, daß er doch schon angeschlagen war.

Mit einem gewaltigen Krachen landete der vierte Schlag auf

Iramamowes Brustkorb. Er hallte lange nach, wie das Poltern der kleinen Felsen, die bei einem Sturm vom Fluß mitgerissen werden.

»Ich glaube, ich habe seine *Hekura* gehört«, sagte ich und war mir sicher, daß eine von Iramamowes Rippen gebrochen war.

»Er ist ein *Waiteri*«, riefen die Iticoteri und ihre Gäste im Chor. Mit verzücktem Gesichtsausdruck hüpften sie aus der Hocke auf und nieder und klapperten mit Pfeil und Bogen über ihren Köpfen.

»Ja. Er ist ein mutiger Krieger«, wiederholte Hayama, wobei sie Iramamowe nicht aus den Augen ließ, der jetzt aufrecht zwischen den jubelnden Männern stand, die grün und blau geschlagene Brust stolzgeschwellt, voller Zufriedenheit darüber, daß seine *Hekura* ein mächtiges Echo von sich gegeben hatten.

Arasuwe brachte die Zuschauer zur Ruhe und trat auf seinen Bruder zu. »Jetzt nimm du Iramamowes Schlag entgegen«, sagte er zu dem jungen Mann, der die vier Hiebe ausgeteilt hatte.

Der Besucher stellte sich mit derselben herausfordernden Haltung vor Iramamowe auf. Aus seinem Mund rann Blut, als er nach dem dritten Schlag des *Shapori* zusammenbrach.

Iramamowe sprang hoch in die Luft und begann dann einen Tanz um den am Boden liegenden Mann. Schweißperlen glitzerten auf seinem Gesicht, auf den angespannten Muskeln an seinem Hals und auf den Schultern. Seine Stimme jedoch war ganz klar und bebte vor Freude, als er nun ausrief: *»Ai, ai, aiaiaiai, ai ai!«*

Zwei der weiblichen Gäste trugen den verletzten Mann in eine leere Hängematte gleich neben der Stelle, wo Hayama und ich saßen. Eine der beiden weinte; die andere beugte

sich über den Mann und fing an, Blut und Speichel aus seinem Mund zu saugen, bis er wieder in langsamen, regelmäßigen Zügen atmete.
Iramamowe forderte noch einen zweiten Besucher auf, ihn zu schlagen. Nachdem er den ersten Stoß entgegengenommen hatte, kniete er sich nieder und befahl seinem Gegner, ihn noch einmal zu schlagen. Danach spuckte er Blut. Der Gast ließ sich in die Hocke nieder und blickte Iramamowe ins Gesicht. Die beiden Männer hakten die Arme ineinander und umarmten sich dann.
»Du hast gut geschlagen«, sagte Iramamowe mit einer Stimme, die nur noch ein kaum hörbares Flüstern war. »Meine *Hekura* sind voller Leben, kraftvoll und glücklich. Unser Blut ist geflossen. Das ist gut so. Unsere Söhne werden stark sein. Unsere Gärten und die Früchte des Waldes werden reif und süß werden.«
Der Gast äußerte Ähnliches. Er schwor ewige Freundschaft und versprach Iramamowe eine Machete, die er von einem Indianerstamm erworben hatte, der sich näher am großen Fluß niedergelassen hatte.
»Das muß ich mir genauer ansehen«, sagte Hayama und verließ die Hütte. Ihr jüngster Sohn war einer der beiden Männer, die nun in die Mitte des Kreises getreten waren, um die nächste Runde der rituellen Schlägerei auszutragen.
Ich wollte nicht mit dem verletzten Besucher allein in Iramamowes Hütte zurückbleiben. Die beiden Frauen, die ihn hereingetragen hatten, waren fortgegangen, um sich von dem Schamanen ihres Stammes eine Medizin zubereiten zu lassen, mit der die Schmerzen in der Brust des Mannes gelindert werden könnten.
In meinem Kopf begann es sich zu drehen, als ich aufstand. Langsam ging ich durch die leeren Hütten, bis ich Etewas Hütte erreicht hatte. Ich streckte mich in meiner baum-

wollenen Hängematte aus; eine unheimliche Stille legte sich über mich, mir war, als fiele ich in eine leichte Ohnmacht.
Ich wurde von wütendem Geschrei geweckt. Jemand sagte: »Etewa, du hast mit meiner Frau geschlafen, ohne daß ich es dir erlaubt habe.« Die Stimme klang so nahe, als hätte der Sprecher mir direkt ins Ohr gebrüllt. Verstört setzte ich mich auf. Eine Gruppe aus Männern und kichernden Frauen hatte sich vor der Hütte versammelt. Etewa, der völlig beherrscht in der Mitte der Menge stand, sein Gesicht eine ausdruckslose Maske, bestritt den Vorwurf nicht. Dann schrie er plötzlich: »Du und deine Familie, ihr habt in den letzten drei Tagen wie hungrige Hunde gefressen!« Es war ein kläglicher Vorwurf; schließlich bekamen die Besucher alles, wonach sie verlangten, denn während eines Festmahls standen die Gärten und die Jagdgründe des gastgebenden Stammes den Besuchern selbstverständlich zur Verfügung. Wenn jemand also auf diese Weise beleidigt wurde, dann sollte damit angedeutet werden, daß er seinen privilegierten Status als Gast mißbraucht hatte. »Ritimi, bring mir meine *Nabrushi*«, rief Etewa und blickte zornig auf den verärgerten jungen Mann, der vor ihm stand.
Schluchzend rannte Ritimi in die Hütte, griff nach der Keule und reichte die mehr als einen Meter lange Waffe ihrem Mann, ohne ihn dabei anzusehen. »Ich kann nicht hinsehen«, stieß sie hervor und ließ sich in meine Hängematte fallen. Ich legte die Arme um sie und versuchte sie zu trösten. Wäre sie nicht so schrecklich verzweifelt gewesen, ich hätte am liebsten losgelacht. Ritimi maß Etewas Untreue nicht die geringste Bedeutung bei, sondern sie hatte lediglich Angst, daß der Abend mit einem ernstlichen Kampf enden könnte. Als ich nun die beiden wütenden Männer betrachtete, die sich gegenseitig anbrüllten, und die Auf-

regung der Menschenmenge wahrnahm, verspürte ich allerdings auch eine gewisse Furcht.

»Schlag mich auf den Kopf«, verlangte der wutentbrannte Gast. »Schlag mich, wenn du ein Mann bist. Wir werden sehen, ob wir danach wieder miteinander lachen können. Wir werden sehen, ob mein Zorn vorübergeht.«

»Wir sind beide zornig«, hielt ihm Etewa mit einer gewissen Unverschämtheit entgegen, wobei er die *Nabrushi* langsam hob. »Wir müssen unseren Zorn besänftigen.« Und ohne noch weiteres Aufhebens davon zu machen, versetzte er dem Mann einen ziemlich festen, krachenden Schlag auf die Tonsur.

Die Wunde blutete sofort heftig. Langsam rann dem Mann das Blut übers Gesicht, eine groteske rote Maske. Er wankte, und die Beine gaben nach. Er fiel jedoch nicht um. »Schlag mich, und wir werden wieder Freunde sein«, rief Etewa aggressiv und brachte die erregte Menge zum Schweigen. Er stützte sich auf seine Keule, senkte den Kopf und wartete. Als der Mann ihm den Schlag versetzte, war Etewa einen Moment lang wie betäubt; Blut floß ihm über Augenbrauen und Lider, was ihn dazu zwang, die Augen zu schließen. Die Stille wurde von den heftigen Schreien der anderen Männer unterbrochen, einem Chor aus beifälligen Rufen, die verlangten, daß die beiden noch einmal aufeinander losschlagen sollten.

Mit einer Mischung aus Faszination und Ekel sah ich zu, wie die zwei Männer wieder in Positur gingen. Die Muskeln waren straff gespannt, die Adern an der Nackenhaut geschwollen, und die Augen glänzten, als wären sie durch das Blut verjüngt worden, das sie jetzt zornig durchströmte. Ihre Gesichter, zu verächtlichen roten Masken verzerrt, verrieten keinerlei Schmerz, als sie sich nun gegenseitig umkreisten wie zwei schon sehr mitgenommene Kampfhähne.

Etewa wischte sich mit dem Handrücken das Blut aus dem Gesicht und spuckte dann aus. Er hob die Keule und ließ sie auf den Kopf des Widersachers niedersausen, der daraufhin ohne einen Laut zusammenbrach.
Unter heftigem Zungenschnalzen stießen die Zuschauer furchterregende Schreie aus. Ich war sicher, daß gleich ein richtiger Kampf ausbrechen würde, als nun der ganze *Shabono* von ihrem Geschrei erzitterte. Ich hielt mich an Ritimis Arm fest und bemerkte zu meiner Überraschung, daß auf ihrem tränenüberströmten Gesicht nun ein zufriedener, beinah fröhlicher Ausdruck lag. Sie erklärte mir, sie könne am Tonfall der Männer hören, daß es ihnen nicht mehr wie ursprünglich um die Beleidigungen ging. Das einzige, woran sie jetzt noch Interesse hatte, war, mitzuerleben, wieviel Kraft in den *Hekura* der beiden Männer lag. Es würde keinen Gewinner und keinen Verlierer geben. Wenn der Krieger zu Boden ging, so hieß das lediglich, daß seine *Hekura* in diesem Augenblick nicht stark genug gewesen waren.
Einer der Zuschauer goß eine Kalebasse mit Wasser über dem zusammengebrochenen Kämpfer aus, zog ihn an den Ohren und wischte ihm das Blut aus dem Gesicht. Dann half er dem halb betäubten Mann auf, gab ihm seine Keule wieder in die Hand und drängte ihn, Etewa noch einmal auf den Kopf zu schlagen. Der Mann besaß kaum noch die Kraft, die schwere Waffe zu heben; statt auf Etewas Schädel zu landen, traf sie ihn in der Mitte des Brustkorbs.
Etewa ging in die Knie; aus seinem Mund floß Blut, das ihm über die Lippen tropfte und über Kinn, Kehle, Brust und Schenkel hinunterrann, eine rote Spur, die in der Erde versickerte. »Gut hast du geschlagen«, sagte Etewa mit erstickter Stimme. »Unser Blut ist geflossen. Jetzt plagt uns der Zorn nicht mehr länger. Wir haben ihn besänftigt.«
Ritimi ging zu Etewa hinüber. Mit einem lauten Seufzer

legte ich mich in der Hängematte zurück und schloß die Augen. Für heute abend hatte ich genug Blut gesehen. Ich befühlte die Schwellung an meinem Hinterkopf und überlegte, ob ich wohl eine leichte Gehirnerschütterung davongetragen hatte.

Fast wäre ich aus der Hängematte geschleudert worden, als jemand an der Lianenschnur riß, mit der sie an einem der Pfosten der Hütte befestigt war. Erschrocken blickte ich in Etewas blutverschmiertes Gesicht auf. Entweder sah er mich gar nicht, oder es war ihm überhaupt völlig egal, wohin er sich legte, denn er ließ sich einfach auf mich fallen. Der warme, beißende Blutgeruch vermischte sich mit dem scharfen Gestank seiner Haut. Ich war gleichzeitig angewidert und fasziniert, konnte meine Augen jedoch einfach nicht von der immer noch blutenden Platzwunde an seinem Schädel und von der verschwollenen, purpurrot verfärbten Brust wenden.

Ich überlegte gerade, wie ich wohl meine Beine von seinem Gewicht befreien konnte, als Ritimi in die Hütte kam und eine Kürbisflasche mit Wasser brachte, das sie über dem Feuer heiß machte. Geschickt hob sie Etewas Körper halb an und machte mir ein Zeichen, so in der Hängematte hinaufzurutschen, daß sie ihn gegen meine aufgestellten Knie lehnen konnte. Dann wusch sie ihm liebevoll Gesicht und Oberkörper.

Etewa war vielleicht fünfundzwanzig Jahre alt; jetzt aber, mit den feuchten Haaren, die ihm an der Stirn klebten, und den ein wenig geöffneten Lippen, sah er ebenso hilflos aus wie ein schlafendes Kind. Der Gedanke schoß mir durch den Kopf, daß er an inneren Verletzungen sterben könnte.

»Morgen ist er wieder gesund«, sagte Ritimi, als hätte sie meine Gedanken erraten. Sie lachte leise; in ihrem Gelächter lag ein wenig von der heimlichen Freude eines Kindes.

»Es ist gut, wenn das Blut fließt. Seine *Hekura* sind stark. Er ist ein *Waiteri.*«
Etewa öffnete kurz die Augen und war offensichtlich erfreut, Ritimis Lobeshymne zu hören. Er murmelte etwas Unverständliches, als er mir in die Augen starrte.
»Ja, er ist ein *Waiteri*«, stimmte ich Ritimi zu.
Kurz darauf kam Tutemi mit einem dunklen, heißen Gebräu.
»Was ist das?« erkundigte ich mich.
»Medizin«, erklärte Tutemi lächelnd. Sie tauchte einen Finger in den Absud und steckte ihn mir in den Mund. »Puriwariwe hat ihn aus Wurzeln und Zauberpflanzen gekocht.«
Ein zufriedener Schimmer lag in Tutemis Blick, während sie Etewa dazu brachte, sich das bittere Gebräu einflößen zu lassen. Blut war geflossen; deshalb war sie davon überzeugt, daß sie einen starken, gesunden Sohn in die Welt setzen würde.
Ritimi untersuchte meine Beine, die jede Menge Kratzer und Blutergüsse abbekommen hatten, als mich Puriwariwe über die Lichtung geschleift hatte; sie reinigte sie mit dem restlichen warmen Wasser. Dann legte ich mich in Etewas unbequeme Hängematte aus Lianensträngen.
Der Mond hatte nun einen gelben Dunsthof und hing inzwischen über dem Horizont, der von den Bäumen gebildet wurde. Einige Männer tanzten und sangen immer noch auf dem Versammlungsplatz; dann zog eine Wolke vor den Mond und tauchte alles in tiefes Dunkel. Nur an dem Geräusch der Stimmen, die nicht mehr so schrill klangen, sondern zu einem sanften Murmeln verebbt waren, konnte man hören, daß die Männer immer noch dort waren. Der Mond wurde noch einmal sichtbar, ein fahles Licht, das die Baumkronen beleuchtete, und wieder materialisierten sich die braunhäutigen Gestalten in der Dunkelheit.

Ein paar der Männer sangen noch so lange, bis ein erster Streifen Licht über den Bäumen im Osten auftauchte. Dunkle, purpurrote Wolken, deren Farbe an Etewas zerschundene Brust erinnerte, bedeckten den Himmel. Der Morgentau funkelte auf den Blättern, auf dem Saum aus Palmwedeln, die von den Hüttendächern herabhingen. Langsam verklangen die Stimmen, wurden von der kühlen Brise des Morgens davongetragen.

Dritter Teil

9

Pflanzen und Säen waren in erster Linie Aufgabe der Männer, meistens begleiteten die Frauen jedoch ihre Männer, Väter und Brüder, wenn sie morgens zur Arbeit in die Gärten gingen. Abgesehen davon, daß sie ihnen Gesellschaft leisten konnten, halfen die Frauen beim Unkrautjäten oder nutzten die Gelegenheit zum Sammeln von Feuerholz, wenn wieder einmal Bäume gefällt worden waren.
Schon seit einigen Wochen war ich mitgekommen, wenn Etewa, Ritimi und Tutemi in ihre Gärten arbeiten gingen. Die langen, anstrengenden Stunden, die wir mit dem Jäten zubrachten, schienen reine Zeitverschwendung zu sein, denn ein sichtbarer Erfolg unserer Mühen war niemals zu sehen. Sonne und Regen förderten völlig unparteiisch das Wachstum aller Pflanzen, ohne dabei auf die Vorlieben des Menschen Rücksicht zu nehmen.
Jeder Haushalt besaß ein eigenes Stück Land, das mit den Stämmen gefällter Bäume von den anderen abgegrenzt war. Etewas Garten lag gleich neben demjenigen Arasuwes, der von allen Iticoteri das größte Grundstück bebaute, denn das Essen für die Festmähler wurde immer vom Land des Häuptlings geerntet.
Am Anfang hatte ich nur verschiedene Arten von Bananen und einige Palmen auseinanderhalten können, die hier und dort in den Gärten wuchsen. Die Palmen wurden wie die Bananenstauden wegen ihrer Früchte angebaut; jeder Baum gehörte demjenigen, der ihn gepflanzt hatte. Später hatte ich dann zu meiner Überraschung unter dem Unkrautgestrüpp eine ganze Reihe von eßbaren Wurzelge-

wächsen entdeckt, zum Beispiel Maniok und Süßkartoffeln, und verschiedene Ranken, die kürbisartige Früchte trugen, Baumwoll- und Tabakpflanzen sowie Zauber- und Heilkräuter. Außerdem wuchsen sowohl in den Gärten als auch rund um den *Shabono* die Bäume mit den rosa Blüten und roten Samenkapseln, aus denen die *Onoto*-Paste hergestellt wurde. Ganze Büschel der roten, stachligen Schoten wurden abgeschnitten und ausgehülst, dann wurden die grellen, scharlachfarbenen Samenkörner zusammen mit dem weichen Fruchtfleisch in einer großen Kalebasse voll Wasser eingeweicht. Unter ständigem Umrühren und Stampfen wurde das *Onoto* einen ganzen Nachmittag lang gekocht. Über Nacht ließ man es auskühlen, und am nächsten Tag wurde die halbfeste Masse in mehrere Schichten eingeritzter Bananenblätter gewickelt und an einem der Dachsparren in der Hütte zum Trocknen aufgehängt. Nach einigen Tagen konnte man dann die gebrauchsfertige rote Paste in kleine Kürbisflaschen umfüllen.

Ritimi, Tutemi und Etewa hatten jeder einen eigenen Platz in Etewas Garten, wo sie Tabak und Zauberkräuter anbauten. Wie jedes Beet mit Tabak waren auch diese von Zäunen aus Stöcken und spitzen Knochen umgeben, die Eindringlinge abhalten sollten. Tabak wurde niemals ohne Erlaubnis irgendwo abgeerntet; wenn dies doch einmal geschah, so entstand daraus immer ein ernsthafter Streit. Ritimi hatte mir einige ihrer magischen Pflanzen gezeigt. Manche wurden als Aphrodisiaka oder zum Schutz vor feindlichem Zauber verwendet; andere dienten bösen Zwecken. Etewa sprach nie über seine magischen Kräuter, und Ritimi und Tutemi taten so, als wüßten sie nichts darüber.

Einmal beobachtete ich, wie Etewa eine knollige Wurzel aus der Erde grub. Am nächsten Tag, bevor er auf die Jagd ging, rieb er sich Füße und Beine mit der zerquetschten Wurzel ein. An diesem Abend gab es das Fleisch eines Gürteltiers zu essen. »Das war ja eine mächtige Pflanze heute morgen«, bemerkte ich. Etwas verwirrt sah mich Etewa an, bis er dann grinsend sagte: »Die Wurzeln des *Adoma* sind ein Schutz gegen Schlangenbisse.«

Ein andermal saß ich gerade mit dem kleinen Sisiwe im Garten und hörte seinen detaillierten Beschreibungen der verschiedenen eßbaren Ameisen zu, als ich sah, wie sein Vater nicht weit von uns eine andere Wurzel ausgrub. Etewa zerdrückte die Knolle, vermischte den Saft mit *Onoto* und rieb sich dann am ganzen Körper mit der Masse ein. »Meinem Vater wird heute ein Warzenschwein über den Weg laufen«, flüsterte Sisiwe mir zu. »Das erkenne ich an der Wurzel, die er genommen hat. Für jedes Tier gibt es eine magische Pflanze.«

»Sogar für Affen?« wollte ich von ihm wissen.

»Affen erschreckt man mit einem geltenden Schrei«, erwiderte Sisiwe altklug. »Dann sind sie vor Angst gelähmt, können nicht mehr wegrennen, und die Männer können sie leicht schießen.«

Eines Morgens erblickte ich im Garten plötzlich Ritimi. Sie war kaum zu sehen hinter dem Gewirr aus Kürbisranken und Unkraut. Nur ihren Kopf konnte ich erkennen, der sich zwischen den holzigen Stengeln, den spitzen Blättern und den weißen, glockenförmigen Blüten der Maniokpflanzen bewegte. Sie schien ein Selbstgespräch zu führen; ich konnte zwar nichts verstehen, aber sie bewegte unaufhörlich die Lippen, als sagte sie sich eine Beschwörungsformel vor. Ich fragte mich, ob sie damit vielleicht ihren Tabakstauden zu schnellerem Wachstum verhelfen wollte, oder ob sie sogar vorhatte, sich aus Etewas Beet zu bedienen, das gleich neben dem ihren lag.

Verstohlen bewegte sich Ritimi immer mehr auf die Mitte

ihrer eigenen Tabakpflanzung zu. Jetzt pflückte sie Zweige und einzelne Blätter. Sie blickte sich um, stopfte ihre Ernte in den Korb und deckte alles mit Bananenblättern zu. Mit einem Lächeln auf den Lippen erhob sie sich, zögerte noch einen Augenblick und ging dann auf mich zu.

Ich sah in gespielter Überraschung zu ihr auf, als ich ihren Schatten neben mir bemerkte.

Ritimi stellte den Korb auf dem Boden ab und setzte sich neben mich. Ich platzte fast vor Neugierde, wußte aber, daß es ganz sinnlos wäre, wenn ich sie jetzt danach fragte, was sie eben getan hatte.

»Wehe, du faßt das Bündel in meinem Korb an«, sagte sie nach einer kurzen Pause und konnte ein Lachen nicht mehr zurückhalten. »Ich weiß genau, daß du mich beobachtet hast.«

Ich spürte, wie ich rot wurde, und lächelte sie an. »Hast du ein bißchen von Etewas Tabak mitgehen lassen?«

»Aber nein!« sagte sie in gespieltem Entsetzen. »Der kennt jedes Blatt an seinen Pflanzen so gut, daß es ihm sofort auffallen würde, wenn eines fehlt.«

»Ich dachte, ich hätte dich in seinem Beet gesehen«, gab ich arglos zurück.

Während sie die Bananenblätter in ihrem Korb hochhob, sagte Ritimi: »Ich war in meinem eigenen Beet. Sieh mal, ich habe ein paar Zweige *Oko-Shiki* gepflückt, das ist eine zauberkräftige Pflanze«, flüsterte sie. »Daraus werde ich ein äußerst wirksames Mittel zusammenbrauen.«

»Willst du damit jemanden heilen?«

»Heilen? Weißt du denn nicht, daß nur ein *Shapori* heilt?« Sie legte den Kopf leicht zur Seite und sprach erst nach kurzem Überlegen weiter. »Damit werde ich diese Frau verhexen, die beim Festmahl mit Etewa geschlafen hat«, erklärte sie mit einem breiten Lächeln.

»Vielleicht solltest du für Etewa auch gleich einen Trank zubereiten«, sagte ich und sah ihr dabei ins Gesicht. Ihr Mienenspiel veränderte sich so schlagartig, daß ich ganz überrascht war. Sie kniff den Mund zu einem schmalen Strich zusammen und musterte mich mit schmalen Augen.
»Nun ja, er hatte schließlich ebensoviel schuld wie die Frau«, murmelte ich zu meiner Rechtfertigung, weil ich mich unter ihrem verärgerten Blick etwas unbehaglich zu fühlen begann.
»Hast du denn nicht gesehen, wie schamlos diese Frau ihn aufgereizt hat?« fragte mich Ritimi tadelnd. »Hast du gar nicht bemerkt, wie vulgär sich alle diese Frauen von den anderen Stämmen benommen haben?« Ritimis Seufzer war schon beinahe wieder komisch, dann fügte sie mit unverhohlener Enttäuschung hinzu: »Manchmal bist du ziemlich dumm.«
Darauf fiel mir keine Antwort ein. Ich war fest davon überzeugt, daß Etewa genausoviel schuld hatte wie die Frau. Weil mir nichts Besseres einfiel, lächelte ich. Das erste Mal, daß ich Etewa in einer kompromittierenden Situation ertappt hatte, war reiner Zufall gewesen. Wie alle anderen auch verließ ich immer im Morgengrauen die Hütte, um meine Blase zu erleichtern. Dabei wanderte ich meistens etwas weiter in den Wald hinein und ließ die Stelle hinter mir, die gewöhnlich zur Verrichtung dieses Geschäfts diente. Eines Morgens hörte ich plötzlich ein leises Stöhnen. Erst glaubte ich, es sei ein verwundetes Tier, und schlich deshalb so leise wie möglich auf die Quelle des Geräusches zu. Und vor Staunen war ich dann ganz sprachlos, als ich Etewa auf Iramamowes jüngster Frau liegen sah. Er blickte mich an und grinste etwas einfältig, hielt jedoch keineswegs inne in seinen Bewegungen.
Am selben Tag bot mir Etewa ein wenig Honig an, den er

im Urwald gefunden hatte. Honig war eine seltene Delikatesse und wurde kaum jemals mit derselben Bereitwilligkeit wie die übrigen Speisen mit anderen geteilt. Tatsächlich verkostete der Finder ihn sogar fast immer dort, wo er ihn entdeckt hatte. Ich bedankte mich bei Etewa für das Geschenk und nahm an, daß es sich dabei um Bestechung handelte.

Auf Süßes hatte ich ständig heftigen Appetit. Inzwischen war ich längst nicht mehr so heikel, daß es mir etwas ausmachte, den Honig zusammen mit den Waben, Bienen, Larven, Puppen und Blütenpollen zu verspeisen, wie es bei den Iticoteri üblich war. Jedesmal, wenn Etewa etwas Honig mitbrachte, nahm ich neben ihm Platz und starrte so lange sehnsüchtig auf den klebrigen Brei voller Bienen in den verschiedenen Stadien der Metamorphose, bis er mir endlich davon anbot. Dabei wurde mir nie klar, daß ich seiner Meinung nach nun endlich begriffen hatte, was in seinem Volk als richtiges Verhalten galt: Wenn man etwas gern haben wollte, dann ließ man die Augen nicht davon oder fragte ganz einfach danach. Einmal wollte ich ihn daran erinnern, daß ich über seine Seitensprünge Bescheid wußte, und fragte ihn deswegen, ob er keine Angst habe, irgendwann einmal von einem erzürnten Ehemann eins über den Kopf gezogen zu bekommen.

Etewa sah mich völlig verdutzt an. »Du weißt es eben einfach nicht besser – sonst würdest du solche Dinge bestimmt nicht sagen.« Seine Stimme klang unpersönlich, und seine Augen blickten hochmütig, als er sich von mir abwandte und zu einer Gruppe von Jungen hinüberging, die damit beschäftigt waren, Bambushülsen zu schärfen, um Pfeilspitzen daraus zu machen.

Es kam danach noch mehrere Male vor, und nicht immer zufällig, daß ich unter ähnlichen Umständen mit Etewa zusammentraf. Nach einer Weile wurde mir klar, daß die Morgendämmerung die beste Gelegenheit für außereheliche Unternehmungen bot. Ich hatte größtes Interesse, herauszufinden, wer dabei wen betrog. Die an solchen Eskapaden Beteiligten gaben sich am Abend vorher jedesmal ein kleines Zeichen und verschwanden dann im Morgengrauen im Dickicht. Einige Stunden später kamen sie aus verschiedenen Richtungen wieder zurück, als ob nichts gewesen wäre, häufig mit Nüssen, Obst, Honig und manchmal sogar mit Feuerholz im Arm. Manche Ehemänner reagierten gewalttätig, wenn ihnen die Aktivitäten ihrer Frauen zu Ohren kamen – sie prügelten sie, wie ich es bei Iramamowe gesehen hatte. Andere schlugen nicht nur die Frau, sondern verlangten darüber hinaus noch ein Keulenduell mit dem männlichen Missetäter, woraus sich mitunter ein größerer Streit entwickelte, in den sich auch noch andere einmischten.

Ritimis Frage unterbrach mich in meinen Überlegungen. »Warum lachst du?«

»Weil du recht hast«, erwiderte ich. »Manchmal bin ich ziemlich dumm.« Auf einmal wurde mir bewußt, daß Ritimi genau wußte, was Etewa machte – wahrscheinlich blieb niemandem im ganzen *Shabono* verborgen, was da geschah. Also war es zweifellos ein Zufall gewesen, daß mir Etewa damals, nach dem ersten Mal, den Honig angeboten hatte. Nur ich hatte diesen Vorfall mit Mißtrauen betrachtet und die ganze Zeit geglaubt, ich sei nun seine Mitwisserin.

Ritimi legte mir die Arme um den Hals und bedeckte mein Gesicht mit schmatzenden Küssen, wobei sie mir versicherte, daß ich keineswegs dumm sei – nur eben sehr unwissend. Wie sie mir erklärte, maß sie Etewas Liebschaften keine große Bedeutung bei, solange sie wußte, mit wem er sich herumtrieb. Sie war zwar absolut nicht erfreut darüber, glaubte jedoch, sie hätte das Ganze einigermaßen unter Kontrolle, solange er es mit einer Frau aus unserem *Shabono* tat. Was ihr Sorgen machte, war nur die Möglichkeit, daß Etewa sich eine dritte Frau aus irgendeiner anderen Siedlung nehmen könnte.

»Und wie wirst du diese Frau nun verhexen?« fragte ich. »Wirst du den Trank selbst zubereiten?«

Ritimi stand auf und lächelte sichtlich zufrieden. »Wenn ich es dir jetzt erzähle, dann funktioniert der Zauber nicht.« Sie schwieg einen Moment, und in ihren Augen lag ein seltsamer Ausdruck. »Ich werde es dir erzählen, wenn ich die Frau verhext habe. Vielleicht brauchst du es auch eines Tages, falls du jemanden verhexen willst.«

»Wirst du sie töten?«

»Nein, so mutig bin ich nicht«, antwortete sie. »Die Frau wird lange Zeit Rückenschmerzen und schließlich eine Fehlgeburt haben.« Ritimi warf sich den Korb über die Schulter und ging auf einen der wenigen Bäume zu, die noch im Garten neben ihrem Tabakfeld standen. »Komm, ich muß mich ein bißchen ausruhen, bevor ich im Fluß baden gehe.«

Ich erhob mich und blieb einen Moment stehen, um meine verkrampften Muskeln zu lockern, dann folgte ich ihr. Ritimi setzte sich auf den Boden und lehnte den Rücken gegen den Stamm eines gewaltigen Baumes. Wie riesige Hände hingen seine Blätter zwischen uns und der Sonne, es war ein kühler und schattiger Rastplatz. Die Erde war mit Laub bedeckt und fühlte sich weich an. Ich legte den Kopf auf Ritimis Oberschenkel und blickte zum Himmel hinauf – der war so blau, so hell, daß er durchsichtig wirkte. Ein leiser Wind strich durch das Rohr, das hinter uns wuchs, und raschelte ganz sanft, als wolle er nur ungern die vormittägliche Ruhe unterbrechen.

»Die Beule ist schon weg«, bemerkte Ritimi, während sie mir

mit den Fingern durchs Haar strich. »Und Narben hast du auch keine auf deinen Beinen«, fügte sie spöttisch hinzu.
Ich nickte schläfrig. Ritimi hatte mich schon mehrmals ausgelacht, weil ich ständig Angst hatte, von etwas krank zu werden, das sie als eine geringfügige Verletzung betrachtete. Daß mich Puriwariwe damals in Sicherheit gebracht hatte, war schließlich der beste Beweis dafür, daß alles gut werden würde, hatte sie mir versichert. Trotzdem war ich sehr besorgt gewesen, daß sich die Kratzer an meinen Beinen entzünden könnten, und hatte darauf bestanden, daß sie sie mir täglich mit heißem Wasser auswusch. Die alte Hayama hatte als zusätzliche Vorsichtsmaßnahme ein Pulver aus verbrannten Ameisenlarven in die Wunden gestreut, von dem sie behauptete, es sei ein natürliches Desinfektionsmittel. Das Pulver brannte, hatte jedoch keine nachteiligen Wirkungen; die Kratzer verheilten rasch.
Durch die halbgeschlossenen Lider ließ ich die luftige Weite der Gärten vor mir auf mich einwirken. Dann rissen mich laute Stimmen vom anderen Ende der Felder aus meinen Träumereien, und ich öffnete die Augen. Plötzlich tauchte Iramamowe zwischen den Bananenstauden auf, scheinbar im Begriff, in den Himmel zu klettern. Wie hypnotisiert verfolgte ich seine Bewegungen, mit denen er sich den stachligen Stamm einer *Rasha*-Palme hinaufarbeitete. Um sich nicht an den Stacheln zu verletzen, benutzte er zwei Paar kreuzförmig zusammengebundene Stöcke, die er abwechselnd an den Baumstamm anlegte. Er stellte sich jeweils auf eines dieser Stockkreuze und schob das andere ein Stück weiter nach oben, bis er die gelben Büschel der *Rasha*-Früchte erreicht hatte, mindestens zwanzig Meter über dem Erdboden. Einen Augenblick lang verschwand er hinter den Palmwedeln, die sich als silbrige Bögen vom Himmel abhoben. Iramamowe schnitt die Steinfrüchte ab, band die

schweren Klumpen an einer Liane fest und ließ sie behutsam zu Boden. Dann machte er sich langsam an den Abstieg und verschwand schließlich wieder im Grün der Bananenblätter.
»Ich mag die gekochten *Rasha*-Früchte; sie schmecken wie …« Mir wurde klar, daß ich kein Wort für Kartoffeln kannte. Ich setzte mich auf. Ritimis Kopf war zur Seite geneigt, und ihr Mund stand ein wenig offen; sie war einfach eingeschlafen. »Komm, gehen wir baden«, sagte ich und kitzelte sie mit einem Grashalm in der Nase.
Ritimi starrte mich verwirrt an; ich hatte sie sichtlich gerade aus einem Traum gerissen. Gemächlich rappelte sie sich auf, gähnte und räkelte sich wie eine Katze. »Ja, gehen wir baden«, stimmte sie zu und band sich den Korb auf den Rücken. »Das Wasser wird meinen Traum wegwaschen.«
»Hast du einen bösen Traum gehabt?«
Sie warf mir einen ernsten Blick zu; dann strich sie sich die Haare aus der Stirn. »Du bist allein auf einem Berg gewesen«, fing sie unsicher an, während sie versuchte, sich an ihren Traum zu erinnern. »Du hast keine Angst gehabt, und trotzdem hast du geweint.« Ritimi sah mich eindringlich an und setzte dann hinzu: »Und dann hast du mich aufgeweckt.«
Als wir gerade den Weg hinunter zum Fluß einschlugen, kam uns Etewa nachgelaufen. »Hol ein paar *Pishaansi*-Blätter«, trug er Ritimi auf. Dann wandte er sich mir zu: »Du komm mit.«
Ich folgte ihm durch ein frisch gerodetes Stück Wald, wo zwischen den herumliegenden Baumstämmen schon die neu gepflanzten Schößlinge der Bananenpflanzen eingesetzt waren und ihre schmalen Keimblätter durch den Erdboden trieben. Die Setzlinge standen drei bis vier Meter voneinander entfernt, damit die ausgewachsenen Stauden

später zwar die Blätter übereinanderlegen konnten, sich aber nicht gegenseitig um das Sonnenlicht brachten. Erst vor einigen Tagen hatte Etewa zusammen mit Iramamowe und anderen nahen Verwandten des Häuptlings Arasuwe dabei geholfen, die Schößlinge aus dem großen Hauptsproß jeder Bananenpflanze herauszulösen. Dann hatten sie eine Konstruktion aus Schlingpflanzen und festen Blättern, die mit einer Schleppvorrichtung versehen war, dazu benutzt, die schweren Wurzelschößlinge auf das neue Feld zu transportieren.

»Hast du etwa Honig gefunden?« fragte ich erwartungsvoll.

»Nein, keinen Honig«, sagte Etewa, »aber etwas anderes, das genauso großartig schmeckt.« Er zeigte auf Arasuwe, der bei seinen beiden ältesten Söhnen stand. Die drei wechselten einander dabei ab, einem alten Bananenbaum Tritte zu versetzen. Dabei fielen Hunderte von weißlichen, fetten Würmern aus den vielen Rindenschichten des grünen Stammes.

Sobald Ritimi mit den *Pishaansi*-Blättern gekommen war, sammelten die beiden Jungen die zappelnden Maden ein und legten sie auf die festen, weißen Blätter. Arasuwe machte ein kleines Feuer. Einer seiner Söhne hielt mit den Füßen ein elliptisch geformtes Holzstück am Boden fest, und Arasuwe ließ den Feuerbohrer mit erstaunlicher Geschwindigkeit zwischen seinen Handflächen rotieren. Der Holzstaub fing Feuer, das dann auf die Termitenbrut übersprang; darüber wurden noch trockene Zweige und Holzstücke gelegt.

Ritimi ließ die Larven nur ganz kurz heiß werden, so lange, bis die *Pishaansi*-Blätter schwarz und brüchig waren. Etewa öffnete eines der Blätterbündel, befeuchtete seinen Zeigefinger mit Speichel, drehte ihn in den gerösteten Maden einmal im Kreis herum und hielt ihn mir einladend hin.

»Das schmeckt gut«, wollte er mich überzeugen, als ich mich abwandte. Achselzuckend leckte er dann den Finger selbst ab.
Ritimi forderte mich auf, es doch einmal zu versuchen, und redete mit vollem Mund auf mich ein: »Woher willst du denn wissen, daß du sie nicht magst, wenn du sie noch nicht einmal probiert hast?«
Also nahm ich einen der grauen, immer noch weichen Würmer mit Daumen und Zeigefinger und steckte ihn in den Mund. Wenn man Weinbergschnecken ißt, ist es doch das gleiche, sagte ich mir, oder gekochte Austern. Aber als ich die Made hinunterschlucken wollte, blieb sie mir auf der Zunge kleben. Ich nahm sie wieder heraus und hielt sie in der Hand, bis ich genügend Speichel hatte; dann würgte ich sie hinunter wie eine Pille. »Morgens kann ich nichts als Bananen essen«, sagte ich, als mir Etewa nun gleich einen ganzen Haufen davon hinschob.
»Du hast im Garten gearbeitet«, gab er zurück. »Also mußt du etwas essen. Wenn es kein Fleisch gibt, dann ist das hier eine sehr gute Nahrung.« Er rief mir ins Gedächtnis zurück, daß er mir schließlich schon mehrmals Ameisen und Tausendfüßler angeboten hatte und daß ich mit denen ja auch ganz zufrieden gewesen war.
Beim Anblick seines erwartungsvollen Gesichtsausdrucks brachte ich es nicht übers Herz, ihm zu antworten, daß ich diese Mahlzeiten gräßlich gefunden hatte, obwohl die Tausendfüßler zugegebenermaßen genauso wie panierte Gemüsehäppchen schmeckten. Also überwand ich meinen Widerwillen und würgte noch ein paar von den gerösteten Maden hinunter.

Ritimi und ich gingen hinter den Männern zum Fluß hinunter. Im Wasser planschten kleine Kinder und sangen ein

Lied über einen dicken, fetten Tapir, der in einen tiefen Teich fällt und ertrinkt. Männer und Frauen rieben einander gegenseitig mit Blättern ab; ihre Körper glänzten in der Sonne, golden und weich. An den Spitzen der glatten Haare funkelten Wassertröpfchen wie Diamantsplitter, in denen sich das Licht bricht.

Die alte Hayama winkte mich zu sich herüber, und ich setzte mich neben sie auf einen großen Felsen am Ufer. Für Ritimis Großmutter war ich langsam zu einem ganz besonderen Sorgenkind geworden, und sie betrachtete es als persönliche Herausforderung, dafür zu sorgen, daß ich dicker wurde. Sie achtete darauf, daß ich zu jeder Tageszeit irgend etwas zu essen bekam, genau wie die Kinder im *Shabono*, die ebenfalls sehr gut versorgt wurden, damit sie zu gesunden und starken Erwachsenen würden. Auch für meinen unstillbaren Appetit auf Süßigkeiten hatte sie Verständnis. Wenn jemand aus der Siedlung etwas von dem süßlichklebrigen, hellen Honig fand, der von der Sorte Bienen stammte, die nicht stach – nur diesen Honig gab man den Kindern zu essen –, dann sorgte Hayama jedesmal dafür, daß ich zumindest eine Kostprobe davon bekam. Wenn es im *Shabono* einmal den Honig der stechenden Schwarzbienen gab, beschaffte sie mir auch immer welchen. Diese Sorte nahmen nur die Erwachsenen zu sich, weil die Iticoteri glaubten, sie verursache bei Kindern Übelkeit und unter Umständen sogar den Tod. Dagegen waren sich die Iticoteri sicher, daß ich keinen Schaden davontragen würde, wenn ich beide Sorten aß, denn sie konnten sich nicht entscheiden, ob ich eine Erwachsene oder ein Kind war.

»Iß das hier«, sagte Hayama und hielt mir ein paar *Sopaa*-Früchte hin. Sie waren grünlichgelb und etwa so groß wie Zitronen. Ich knackte die Schale mit einem Stein auf – einen Zahn hatte ich mir nämlich schon ausgerissen, als ich versuchte, Nüsse und Früchte so wie die Iticoteri zu öffnen – und saugte das süße weiße Fruchtfleisch heraus; die kleinen braunen Samen spuckte ich weg. Der klebrige Saft blieb an meinen Fingern und um den Mund zurück.

Dann kletterte mir die kleine Texoma auf den Rücken und setzte das Kapuzineräffchen, das sie Tag und Nacht bei sich hatte, ganz oben auf meinen Kopf. Das Tier schlang den langen Schwanz um meinen Hals, und zwar so fest, daß mir beinah die Luft wegblieb. Eine behaarte Hand verkrallte sich in meinem Haar, während die andere vor meinem Gesicht hin und her baumelte, um bei der ersten Gelegenheit nach meinem Obst zu schnappen. Da ich keine Affenhaare oder Läuse mitessen wollte, versuchte ich, die Last abzuschütteln. Aber Texoma und ihr Spielgefährte kreischten nur vor Vergnügen, weil sie dachten, ich wollte mit ihnen spielen. Deshalb stieg ich mit den Beinen ins Wasser und zog mir das T-Shirt über den Kopf, so daß das Mädchen und der kleine Affe überrascht davonsprangen.

Die Kinder zogen mich zu Boden und rollten neben mir im Sand herum. Unter viel Gekicher fingen sie an, eines nach dem anderen auf meinem Rücken herumzuspazieren, und ich genoß es, die kleinen, kühlen Fußsohlen auf den schmerzenden Muskeln zu spüren. Ich hatte vergeblich versucht, die Frauen dazu zu bringen, mir nach dem stundenlangen Jäten in gebückter Haltung die Schulter-, Nacken- und Rückenmuskeln zu massieren. Jedesmal, wenn ich ihnen zeigen wollte, wie gut das sei, hatten sie mir zu verstehen gegeben, daß sie zwar nichts gegen körperliche Berührungen hätten, aber doch der Ansicht waren, die Massage sei etwas, das nur ein *Shapori* machte, wenn jemand krank oder verhext war. Zum Glück bestanden aber keine Einwände dagegen, daß ich die Kinder auf meinem Rücken auf und ab marschieren ließ. Allerdings war es den Iticoteri völlig unverständlich, wie jemand bei solchen gewalttätigen Spielen auch noch ein angenehmes Gefühl verspüren konnte.

Tutemi, die neben mir im Sand saß, wickelte gerade das kleine Bündel aus *Pishaansi*-Blättern aus, das Ritimi ihr gegeben hatte. Ihr Bauch und die geschwollenen Brüste schienen nur noch von der straff gespannten Haut zusammengehalten zu werden. Sie beklagte sich niemals über Schmerzen oder Übelkeit; Gelüste nach bestimmten Speisen hatte sie auch nicht. Tatsächlich gab es sogar eine derartige Vielzahl von Speisevorschriften, die schwangere Frauen einhalten mußten, daß ich mich manchmal fragte, wie sie überhaupt noch gesunde Babys zur Welt bringen konnten. Sie durften kein Fleisch von großen Tieren essen. Als einzige eiweißhaltige Nahrung durften sie Insekten, Nüsse, Würmer, Fische und bestimmte kleine Vogelarten zu sich nehmen.

»Wann wird dein Baby kommen?« fragte ich und streichelte ihr den Bauch.

Tutemi legte die Stirn in Falten, während sie angestrengt nachdachte und eine Zeitlang rechnete. »Dieser Mond jetzt kommt und geht; dann kommt ein neuer und geht wieder, und dann kommt noch einer, und bevor er wieder verschwindet, werde ich einen kräftigen Sohn zur Welt bringen.«

Ich überlegte, ob sie recht habe konnte. Nach dieser Berechnung wäre die Geburt in drei Monaten. Ich hatte aber den Eindruck, als könnte es schon jetzt jeden Tag passieren.

»Weiter flußaufwärts gibt es Fische – die Sorte, die dir so gut schmeckt«, sagte Tutemi und lächelte mich an.

»Ich gehe noch kurz schwimmen, und dann wandern wir zusammen hin und fangen welche.«

»Laß mich mitkommen ins Wasser«, bat mich Texoma.

»Dann mußt du aber deinen Affen hierlassen«, sagte Tutemi.
Texoma setzte das Kapuzineräffchen auf Tutemis Kopf ab und kam mir nachgerannt. Sie quietschte vor Vergnügen, als sie sich im Wasser auf meinen Rücken legte und sich an meinen Schultern festhielt. Ich bewegte langsam Arme und Beine, wobei ich jeden Schwimmstoß ganz durchzog, bis wir bei einer tiefen Stelle am anderen Ufer angekommen waren.
»Willst du mit mir auf den Grund tauchen?« fragte ich sie.
»O ja, o ja« rief sie und rieb die kleine nasse Nase an meiner Wange. »Ich werde die Augen offenhalten und nicht atmen, und ich halte mich an dir fest, aber ich drücke dir nicht den Hals zu.«
Das Wasser war nicht sehr tief. Verschwommen sahen wir die grauen, ziegelroten und weißen Kieselsteine, die auf dem bernsteinfarbenen Sand lagen und trotz des Schattens der Bäume hell glänzten. Dann spürte ich, wie Texomas Hände an meinem Nacken zogen; also schwamm ich rasch wieder nach oben.
»Kommt heraus«, rief uns Tutemi zu, sobald sie unsere Köpfe erblickte, »wir warten auf euch.« Dabei zeigte sie auf die Frauen, die neben ihr standen.
»Ich gehe jetzt wieder zurück in den *Shabono*«, sagte Ritimi. »Wenn du Kamosiwe siehst, dann gibt ihm das hier.« Sie hielt mir das letzte der Bündel mit den Maden hin.
Ich folgte den Frauen und einigen Männern auf dem ausgetretenen Pfad. Nach kurzer Zeit trafen wir Kamosiwe, der in der Mitte des Weges stand. Er hatte sich an seinen Bogen gelehnt und war anscheinend eingeschlafen. Ich legte das Bündel mit der Mahlzeit vor seinen Füßen nieder. Der Mann öffnete das gesunde Auge; wegen der grellen Sonne blinzelte er, was sein vernarbtes Gesicht auf groteske Weise

entstellte. Er bückte sich nach dem Bündel; gemächlich begann er zu essen, wobei er das Gewicht von einem Fuß auf den anderen verlagerte.
Ich ging hinter Kamosiwe her, als wir nun einen kleinen Hügel bestiegen, der dicht mit Pflanzen überwuchert war. Die unglaubliche Behendigkeit, mit der er sich bewegte, erregte meine Bewunderung. Er sah beim Gehen nie zu Boden, und dennoch trat er nicht auf Wurzeln und stachlige Zweige.
Ich war noch niemals jemandem begegnet, der so alt aussah wie dieser schmächtige, runzlige Mann. Sein Haar war weder schwarz noch weiß oder grau, sondern von unbestimmbarer Farbe, und lag als ein wolliges Knäuel auf seinem Kopf. Es war offenbar schon jahrelang nicht mehr gekämmt worden. Trotzdem war es kurz, als würde es regelmäßig geschnitten. Wahrscheinlich wuchs es gar nicht mehr, überlegte ich, genau wie die Bartstoppeln an seinem Kinn, die auch immer gleich lang waren. Die Narben in dem faltigen Gesicht rührten von einem Keulenschlag her, durch den er auch das eine Auge verloren hatte. Wenn er sprach, war seine Stimme nur ein leises Murmeln, und man mußte meist erraten, was er einem sagen wollte.
Abends stand er häufig in der Mitte des Versammlungsplatzes und redete stundenlang. Dann hockten sich immer die Kinder um ihn herum und hielten das Feuer in Gang, das für ihn angezündet wurde. In seiner verbrauchten Stimme lagen solche Kraft und auch Zartheit, die einen merkwürdigen Gegensatz zu seinem Aussehen bildete. In seinen Worten war immer ein gewisses Drängen zu spüren, etwas Warnendes, etwas wie ein Zauberspruch, den er in die Nacht hinausstieß. »In der Erinnerung dieses alten Mannes haben sich Wissen und Tradition bewahrt«, hatte mir Milagros einmal erklärt. Erst nach dem großen Festmahl hatte er mir

gegenüber einmal erwähnt, daß Kamosiwe Angelicas Vater war.

»Dann ist er also dein Großvater?« hatte ich ungläubig gefragt.

Milagros hatte genickt und hinzugesetzt: »Als ich geboren wurde, war Kamosiwe der Häuptling der Iticoteri.«

Kamosiwe wohnte allein in einer der Hütten, die gleich am Eingang des *Shabono* standen. Er ging nicht mehr auf die Jagd und arbeitete auch nicht in den Gärten; trotzdem wurde er immer mit Nahrung und Feuerholz versorgt. Er begleitete die Frauen zu den Gärten oder in den Urwald, wenn sie Nüsse, Beeren oder Holz sammelten. Während die Frauen arbeiteten, hielt Kamosiwe Wache, wobei er sich gegen seinen Bogen lehnte; auf der Spitze seines Pfeils war immer ein Bananenblatt aufgespießt, das ihm Schatten spendete.

Manchmal erhob er die Hand zum Gruß – vielleicht grüßte er einen Vogel oder aber eine Wolke, in der er die Seele eines Iticoteri zu erkennen glaubte. Manchmal lachte er auch leise vor sich hin. Meistens aber stand er ganz still, träumte entweder oder lauschte dem Rauschen des Windes in den Blättern der Bäume.

Obwohl er niemals ein Zeichen gegeben hatte, daß ihm meine Gegenwart bei seinem Stamm überhaupt bewußt war, ertappte ich ihn oft dabei, wie er mich mit seinem einen Auge anblickte. Bisweilen hatte ich das deutliche Gefühl, daß er absichtlich meine Nähe suchte, denn er begleitete immer gerade die Gruppe Frauen, in der ich mich befand. Und in der Abenddämmerung, wenn ich unten am Fluß die Einsamkeit suchte, war er auch immer dort und hockte nicht weit von mir auf dem Boden.

Wir hielten an einer Stelle an, wo der Fluß etwas breiter wurde. Die dunklen Felsen auf dem gelben Sand sahen aus, als hätte sie jemand mit Absicht in einem symmetrischen Muster angeordnet. Im Schatten der Bäume lag das Wasser ruhig da, eine dunkle Fläche, in der sich die Luftwurzeln der riesigen Mörderliane *Matapalo* spiegelten. Diese Wurzeln baumelten dreißig Meter tief herab und schlangen sich um den Stamm, bis sie ihn völlig erwürgt hatten. Auf einem der Äste des Baums hatte ein Vogel irgendwann einmal ein winziges Samenkorn mit seinem Kot abgelegt, und die tödlichen Wurzeln hatten zu keimen begonnen. Ich konnte nicht mehr erkennen, was für ein Baum es einmal gewesen war – vielleicht ein Kapokbaum, dafür sprachen die Dornen an den Ästen, die nun in tragischer Würde herabhingen.

Einige der Frauen hatten sich mit Zweigen eines *Arapuri*-Baums versorgt, der in der Nähe wuchs, und waren ins seichte Wasser gewatet. Ihre schrillen, ohrenbetäubenden Schreie zerrissen die Stille, gleichzeitig peitschten sie mit den Zweigen das Wasser. Die aufgescheuchten Fische flüchteten unter das faulende Laub am gegenüberliegenden Ufer, wo sie die anderen Frauen dann mit der bloßen Hand fingen. Sie bissen ihnen die Köpfe ab und warfen die immer noch zappelnden Fische in die flachen Körbe, die im Sand standen.

»Komm mit«, forderte mich eine der Frauen des Häuptlings auf. Sie ergriff meine Hand und führte mich ein Stück flußaufwärts. »Jetzt versuchen wir unser Glück mit den Pfeilen der Männer.«

Die Männer und Jungen, die uns begleitet hatten, wurden von einer Gruppe Frauen umringt, die unter lautem Geschrei die Männerwaffen verlangten. Das Fangen von Fischen galt als reine Frauenarbeit; die Männer kamen höchstens mit, um die Frauen auszulachen und zu verspotten. Es war auch die einzige Gelegenheit, bei der sie den Frauen erlaubten, Pfeil und Bogen zu benutzen. Einige der Männer

gaben den Frauen ihre Waffen und brachten sich dann eilig am Ufer in Sicherheit, weil sie Angst hatten, versehentlich getroffen zu werden. Sie machten sich darüber lustig, daß es keiner der Frauen gelang, einen Fisch zu erlegen.
»Versuch du es einmal«, sagte Arasuwe und gab mir seinen Bogen.
Ich hatte in der Schule Bogenschießen gelernt und war mir ganz sicher, daß ich die Technik beherrschte. Sobald ich aber seinen Bogen in der Hand hielt, wurde mir klar, daß ich damit unmöglich etwas treffen konnte. Ich konnte kaum die Sehne spannen; mein Arm zitterte unkontrollierbar, als ich den kurzen Pfeil losschnallen ließ. Ich probierte es noch mehrere Male, traf aber keinen einzigen Fisch.
»Was für eine kühne Art, mit dem Bogen umzugehen«, bemerkte Kamosiwe und reichte mir eine kleinere Waffe, die einem von Iramamowes Söhnen gehörte. Der Junge widersprach zwar nicht, warf mir jedoch einen bitterbösen Blick zu. Kein Mann in seinem Alter würde seinen Bogen freiwillig einer Frau geben.
»Versuch's noch einmal«, drängte mich Kamosiwe. Sein eines Auge funkelte sonderbar hell.
Ohne auch nur einen Moment zu zögern, spannte ich die Sehne von neuem und zielte mit dem Pfeil auf einen silbrig schimmernden Fisch, der gerade dicht unter der Wasseroberfläche einen Augenblick lang in seiner Bewegung zu verharren schien. Ich spürte, wie sich die Spannung des gekrümmten Bogens plötzlich löste; der Pfeil schnellte leicht davon. Deutlich hörte ich den scharfen Ton, mit dem er eintauchte, und dann sah ich, wie sich das Wasser mit Blut färbte. Unter lautem Beifall griffen die Frauen nach dem Fisch, den mein Pfeil durchbohrt hatte. Ich gab den Bogen dem Jungen zurück, der mich nun bewundernd anstarrte.

Ich drehte mich nach dem alten Kamosiwe um, aber er war fort.
»Ich werde dir einen kleinen Bogen machen«, sagte Arasuwe, »und schmale Pfeile – wie man sie zum Fischen nimmt.«
Die Männer und Frauen hatten sich um mich versammelt.
»Hast du wirklich diesen Fisch erlegt?« fragte einer der Männer. Mach das noch einmal. Ich hab's nicht gesehen.«
»Doch, sie hat ihn getroffen«, versicherte ihm Arasuwes Frau und zeigte ihm das Beutestück.
»Ahahahaha«, riefen die Männer aus.
»Wo hast du gelernt, mit Pfeil und Bogen zu schießen?« wollte Arasuwe wissen.
Also begann ich ihnen so gut wie möglich zu erklären, was eine Schule sei. Als ich aber Arasuwes verwirrten Blick auffing, wünschte ich mir, ich hätte einfach gesagt, daß es mir mein Vater beigebracht hatte. Eine Erklärung, zu der man mehr als ein paar Sätze auf einmal brauchte, konnte immer leicht frustrierend wirken, und zwar nicht nur auf mich, sondern auch auf meine Zuhörer. Es ging dabei nicht nur darum, die richtigen Wörter zu kennen; die Schwierigkeiten rührten eher daher, daß bestimmte Begriffe in ihrer Sprache gar nicht existierten. Je mehr ich redete, desto gequälter sah mich Arasuwe an. Er legte vor Enttäuschung die Stirn in Falten, bestand aber immer noch darauf, daß ich ihm endlich erklärte, wieso ich mit Pfeil und Bogen umgehen konnte. Ich bedauerte, daß Milagros sich auf den Weg zu einer anderen Siedlung gemacht hatte.
»Ich habe von Weißen gehört, die gute Schützen mit dem Gewehr sind«, sagte Arasuwe. »Aber ich habe noch nie einen gesehen, der sich darauf verstanden hat, mit Pfeil und Bogen zu schießen.«
Ich fühlte mich genötigt, die Tatsache, daß ich wirklich einen Fisch getroffen hatte, ein wenig herunterzuspielen,

und meinte, es sei nichts als Glück gewesen, was ja auch stimmte. Trotzdem sprach Arasuwe immer wieder davon, daß ich die Waffen der Indianer handhaben konnte. Auch Kamosiwe hatte ja eine Bemerkung über meine Art gemacht, den Bogen zu halten, verkündete er laut.

Wahrscheinlich war es mir doch irgendwie gelungen, ihnen zu erläutern, was eine Schule ist, denn nun drängten sie mich zu weiteren Schilderungen und wollten wissen, was ich dort noch gelernt hatte. Die Männer brachen in brüllendes Gelächter aus, als ich ihnen erzählte, daß die Sachen, mit denen ich mein Notizheft verzierte, auch zu den Fertigkeiten gehörten, die man mir in der Schule beigebracht hatte.

»Deine Lehrer waren nicht sehr gut«, behauptete Arasuwe. »Deine Malerei war nämlich nicht so besonders.«

»Weißt du, wie man eine Machete macht?« fragte mich ein Mann.

»Dafür braucht man Hunderte von Männern«, antwortete ich. »Macheten werden in einer Fabrik gemacht.« Je mehr ich mich bemühte, ihnen das verständlich zu machen, desto schwerer fiel es mir, die richtigen Worte zu finden. »Nur Männer machen Macheten«, sagte ich schließlich und freute mich, eine Erklärung gefunden zu haben, die sie zufriedenstellte.

»Was hast du noch gelernt?« wollte Arasuwe wissen.

Ich hätte jetzt liebend gern irgendein technisches Wunderding gehabt, etwa ein Tonbandgerät, eine Taschenlampe oder etwas Ähnliches, mit dem ich sie hätte beeindrucken können. Dann fiel mir ein, daß ich ja mehrere Jahre lang Gymnastik betrieben hatte. »Ich kann durch die Luft springen«, sagte ich leichthin. Nachdem ich auf dem sandigen Flußufer ein quadratisches Stück Boden ein wenig geglättet hatte, markierte ich die vier Ecken mit je einem der Fischkörbe. »Dieser Platz hier muß frei bleiben.« Ich nahm in der

Mitte meiner Arena Aufstellung und sah in die neugierigen Gesichter der Zuschauer. Schon meine ersten Streckübungen zum Aufwärmen lösten schallendes Gelächter aus. Der Sand hatte zwar nicht die Elastizität der Matten in einer Turnhalle, aber ich konnte mich immerhin mit dem Gedanken trösten, daß ich mir nicht weh tun würde, falls ich einmal hinfiele. Ich führte ihnen nacheinander den Handstand vor, das Rad und den Handstandüberschlag vorwärts und rückwärts, dann Saltos vorwärts und rückwärts. Zwar verfügte ich nicht gerade über die Grazie einer vollendeten Kunstturnerin, aber ich freute mich doch über die Bewunderung in den Gesichtern rund um mich herum.

»Du hast wirklich seltsame Dinge gelernt«, staunte Arasuwe. »Mach das noch einmal.«

»Man kann es nur einmal tun.« Ich blieb im Sand sitzen und versuchte, wieder ruhig zu atmen. Selbst wenn ich es gewollt hätte, wäre ich jetzt nicht imstande gewesen, meine kleine Vorstellung zu wiederholen.

Die Männer und Frauen kamen näher; ihre Blicke waren gespannt. »Was kannst du sonst noch?« fragte einer.

Zunächst fiel mir überhaupt nichts mehr ein; ich fand, ich hätte ihnen schon eine ganze Menge gezeigt. Aber nach kurzem Überlegen sagte ich dann: »Ich kann auf dem Kopf sitzen.«

Sie schüttelten sich alle vor Lachen, bis ihnen die Tränen die Wangen hinunterliefen. »Auf dem Kopf sitzen«, wiederholten sie und brachen dabei jedesmal von neuem in Lachsalven aus.

Ich drückte die Unterarme flach auf den Boden, legte die Stirn in meine gefalteten Handflächen und streckte den Körper langsam kerzengerade in die Luft. Als ich sicher im Gleichgewicht war, kreuzte ich die ausgestreckten Beine.

Das Lachen verstummte. Arasuwe legte sich flach auf den

Boden und brachte sein Gesicht dicht an meines heran. Er lächelte, und in seinen Augenwinkeln entstanden lauter kleine Falten. »Weißes Mädchen, ich habe keine Ahnung, was ich von dir halten soll, aber eines weiß ich: Wenn ich mit dir zusammen durch den Wald gehe, dann werden die Affen stehenbleiben, um dich anzusehen. Ganz verzaubert werden sie sitzenbleiben, und ich kann sie dann erlegen.« Er berührte mein Gesicht mit seiner großen, schwieligen Hand. »Jetzt setz dich wieder auf dein Hinterteil. Dein Gesicht ist so rot, als hättest du es mit *Onoto* bemalt. Ich muß ja Angst haben, daß dir die Augen aus dem Kopf fallen.«

Als wir wieder im *Shabono* waren, legte Tutemi eines der Bündel mit den Fischen, die inzwischen in *Pishaansi*-Blättern gekocht worden waren, vor mir auf den Boden. Fisch war mein Leibgericht. Zur allgemeinen Überraschung aß ich ihn lieber als das Fleisch von Gürteltieren, Warzenschweinen oder Affen. Die *Pishaansi*-Blätter und die Salzlösung aus der Asche des *Kurori*-Baums verliehen dieser Speise eine zusätzliche Würze, die den natürlichen Geschmack noch bei weitem verbesserte.

»Hat dein Vater eigentlich gewollt, daß du lernst, mit Pfeil und Bogen umzugehen?« fragte Arasuwe, der neben mir hockte. Bevor ich antworten konnte, sprach er schon weiter: »Hat er einen Jungen gewollt, als du geboren wurdest?«

»Das glaube ich nicht. Er hat sich sehr gefreut, als ich geboren wurde. Er hatte schon zwei Söhne.«

Arasuwe wickelte das Bündel aus, das vor ihm lag. Schweigend schob er den Fisch zur Mitte des Blatts hin, als grüble er über einem Rätsel nach. Er bedeutete mir mit einer Geste, etwas von seinem Essen zu nehmen. Mit zwei Fingern und dem Daumen schob ich mir eine große Portion Fisch in den Mund. Wie üblich, leckte ich den Saft ab, der mir den Arm hinunterrann, und wenn ich auf eine Gräte biß, blies ich sie auf den Boden, ohne dabei etwas von dem faserigen Fleisch auszuspucken.

»Warum also hast du gelernt, mit Pfeil und Bogen zu schießen?« fragte Arasuwe eindringlich.

Ohne nachzudenken antwortete ich: »Vielleicht hat irgend etwas in mir gewußt, daß ich eines Tages hierherkommen sollte.«

»Du hättest wissen müssen, daß Mädchen Pfeil und Bogen nicht benutzen.« Er lächelte mich flüchtig an und machte sich dann über seinen Fisch her.

10

Das leise Geprassel der Regentropfen und die Stimmen der Männer, die draußen vor der Hütte sangen, weckten mich aus meinem Nachmittagsschläfchen. Die Schatten wurden langsam länger, und der Wind spielte in den Palmwedeln, die von den Dächern herabhingen. In kürzester Zeit füllten sich die Hütten mit den Geräuschen und der Gegenwart von Menschen. Feuer wurden angefacht. Bald breitete sich überall der Geruch nach Rauch und Feuchtigkeit, nach Essen und nassem Hundefell aus. Die Männer draußen sangen immer noch und achteten gar nicht auf die Tropfen, die auf ihre Rücken und auf ihre maskenhaften Gesichter fielen. Ganz verschwommen von *Epena* waren ihre Blicke auf die fernen Wolken gerichtet, die Augen weit offen für die Geister des Urwalds.

Ich ging hinaus in den Regen, zum Fluß hinunter. Das schwere Trommeln der Tropfen auf den Blättern der Kapokbäume schreckte winzige Frösche auf, die sich sonst im hohen Gras am Flußufer versteckten. Ich setzte mich an den Rand des Wassers. Dann vergaß ich völlig die Zeit, während ich zusah, wie sich die konzentrischen Kreise der Regentropfen auf der Wasseroberfläche ausdehnten und rosafarbene Blüten an mir vorbeitrieben wie vergessene Träume aus einem anderen Land. Der Himmel verdunkelte sich; die Umrisse der Wolken wurden undeutlicher, bis sie alle ineinander verschwammen. Bäume vereinigten sich zu einer einzigen dunklen Masse. Blätter verloren ihre scharfen Konturen und waren schließlich vor dem Abendhimmel nicht mehr voneinander zu unterscheiden.

Hinter mir hörte ich auf einmal ein Wimmern; ich drehte mich um, sah aber nur den Regen auf den Blättern glänzen. Eine unerklärliche Unruhe erfaßte mich, und ich ging den Pfad hinauf, zurück zum *Shabono.* Wenn es dunkel war, war ich mir ja nicht mehr sicher; der Fluß und der Urwald kamen mir vor wie Geister, deren Gegenwart ich zwar spüren, aber niemals verstehen konnte. Ich rutschte auf dem schlammigen Weg aus und verstauchte mir einen Zeh an einer knorrigen Wurzel. Wieder hörte ich dieses leise, wimmernde Geräusch. Es erinnerte mich an die klagenden Laute, mit denen Iramamowes Jagdhund verendet war. Sein Herr hatte ihn in einem Wutanfall mit einem vergifteten Pfeil angeschossen, weil er bei der Jagd zu einer unpassenden Zeit zu bellen begonnen hatte. Das verwundete Tier war zur Siedlung zurückgekrochen und hatte sich draußen vor dem hölzernen Palisadenzaun versteckt, wo es dann noch stundenlang winselte, bis Arasuwe mit einem zweiten Pfeil seinem Leiden ein Ende machte.
Ich stieß einen leisen Schrei aus. Das Wimmern hörte auf, und dann hörte ich deutlich ein gequältes Stöhnen. Vielleicht stimmt es, und es gibt wirklich Waldgeister, dachte ich und richtete mich auf. Die Iticoteri waren fest davon überzeugt, daß es Wesen gab, bei denen die ohnehin schmale Grenze zwischen Mensch und Tier aufgehoben war. Diese Wesen riefen angeblich in der Nacht die Indianer zu sich und lockten sie in den Tod. Plötzlich stieß ich einen erstickten Schrei aus; mir war, als sähe ich vor mir eine schemenhafte Gestalt in der Finsternis – eine verschwommene Form, die sich zwischen den Bäumen bewegte, nur wenige Schritte von mir entfernt. Ich setzte mich wieder auf den Boden, um mich vor ihr zu verstecken. Dann drang ein kaum hörbares Atemgeräusch an meine Ohren; es klang eher wie ein Seufzer, der von einem rasselnden, würgenden Laut begleitet

war. All die Geschichten über Racheakte und blutige Überfälle, von denen die Männer abends am Feuer gern erzählten, schossen mir durch den Kopf. Insbesondere dachte ich an die Geschichte von Angelicas Bruder, dem alten Schamanen Puriwariwe, der angeblich einmal während eines Überfalls getötet wurde und trotzdem nicht gestorben war.

»Er war in den Magen geschossen worden, dorthin, wo der Tod wohnt«, hatte Arasuwe eines Abends berichtet. »Doch legte er sich nicht in seine Hängematte, sondern blieb aufrecht in der Mitte der Lichtung stehen und stützte sich auf seinen Bogen. Er schwankte zwar, fiel aber nicht um. Die Angreifer standen wie angewurzelt da und konnten keine weiteren Pfeile mehr auf den alten Mann verschießen, der seinen Gesang zu den Geistern begann. Danach verschwand er im Wald, wobei der Pfeil immer noch in jener Stelle steckte, in der der Tod wohnt. Er blieb viele Tage und Nächte fort. In der Finsternis des Waldes lebte er, ohne etwas zu trinken oder zu essen. Er sang zu den Hekura der Tiere und der Bäume; das sind Geschöpfe, die im hellen Licht des Tages harmlos sind, in den Schatten der Nacht aber großen Schrecken über den bringen, der sie nicht beherrschen kann. Von seinem Versteck aus lockte der alte *Shapori* seine Feinde zu sich heran; und er tötete einen nach dem andern mit Zauberpfeilen.«

Wieder hörte ich das Wimmern, dann einen würgenden Laut. Ich kroch darauf zu, wobei ich vorsichtig nach den Stacheln im Unterholz tastete, um ihnen auszuweichen. Vor Entsetzen blieb mir fast die Luft weg, als ich plötzlich eine Hand berührte, deren Finger einen zerbrochenen Bogen festhielten. Zuerst erkannte ich den zu Boden gestreckten Körper gar nicht, bis ich Kamosiwes vernarbtes Gesicht

anfaßte. »Guter alter Mann«, rief ich ihn an und hatte dabei große Angst, daß er vielleicht schon tot war.
Er drehte sich zur Seite und zog die Beine mit der Leichtigkeit eines Kindes, das Wärme und Geborgenheit sucht, an den Körper. Er versuchte, mich mit dem einen, tief eingesunkenen Auge anzusehen, und warf mir einen hilflosen Blick zu. Es kam mir vor, als kehrte er gerade aus großer Ferne, aus einer anderen Welt zurück. Nun suchte er Halt an seinem zerbrochenen Bogen und wollte sich aufrichten. Er packte mich am Arm, dann aber gab er einen schauerlichen Ton von sich und sank wieder zu Boden. Ich konnte ihn nicht halten. Ich schüttelte ihn, aber er blieb unbeweglich liegen.
Ich tastete nach seinem Herzen, um zu fühlen, ob es noch schlug. Da öffnete Kamosiwe das Auge; in dem Blick schien eine stumme Bitte zu liegen. Die eine riesige Pupille reflektierte kein Licht; wie ein langer, dunkler Tunnel schien meine Körperkraft von ihr aufgesogen zu werden. Weil ich befürchtete, etwas Falsches zu sagen, sprach ich auf spanisch zu ihm, ganz leise, als wäre er ein kleines Kind. Ich hoffte, er würde dieses schreckliche Auge schließen und einschlafen.
Ich packte ihn unter den Achseln und wollte ihn zurück zum *Shabono* schleppen. Obwohl er nur aus Haut und Knochen bestand, schien der Körper eine Tonne zu wiegen. Schon nach wenigen Minuten mußte ich eine Pause machen und mich hinsetzen; dabei fragte ich mich, ob er überhaupt noch am Leben war. Seine Lippen bewegten sich; er spuckte ein Stück Kautabak aus. Der dunkle Speichel rann mir in Tropfen über das Bein. In Kamosiwes Auge sammelten sich Tränen. Ich steckte ihm den Tabak wieder in den Mund, aber er wehrte sich dagegen. Dann ergriff ich seine Hände und rieb sie an meinem Körper, um ihnen ein wenig Wärme

zu geben. Er setzte zum Sprechen an, aber ich hörte nur ein unverständliches Murmeln.

Einer der jungen Männer schlief gleich beim Eingang, nicht weit von der Hütte des alten Mannes, und half mir, Kamosiwe in seine Hängematte zu heben. »Leg Holz auf das Feuer«, sagte ich zu einem dem Jungen, die mit weit aufgerissenen Augen zusahen. »Und ruft Arasuwe oder Etewa oder irgend jemanden, der dem alten Mann helfen kann.«

Kamosiwe öffnete den Mund, um leichter atmen zu können. Der flackernde Schein des Feuers unterstrich seine gespenstische Blässe. Er verzog das Gesicht zu einem seltsamen Lächeln, und diese Grimasse bestätigte mich in dem Gedanken, das Richtige getan zu haben.

Die Hütte füllte sich mit Menschen. In ihren Augen glänzten Tränen; ihre klagenden Laute verbreiteten sich bald im ganzen *Shabono.*

»Der Tod ist nicht wie das Dunkel der Nacht«, sagte Kamosiwe in kaum hörbarem Flüsterton. Seine Worte fielen in eine kurze Pause des Schweigens, als die Indianer, die sich um seine Hängematte versammelt hatten, für einen Augenblick ihre Klagegesänge unterbrachen.

»Laß uns nicht allein zurück«, stöhnten die Männer und brachen in lautes Weinen aus. Sie fingen an, über den Mut des alten Mannes zu sprechen, über die Feinde, die er getötet hatte, über seine Kinder, über die Zeiten, als er der Häuptling der Iticoteri gewesen war, und über den Wohlstand und den Ruhm, den er ihrem Stamm gebracht hatte.

»Noch werde ich nicht sterben.« Die Worte des Greises brachten sie erneut zum Verstummen. »Eure weinenden Gesichter machen mich zu traurig.« Er öffnete sein Auge und musterte die Umstehenden. »Die *Hekura* wohnen im-

mer noch in meiner Brust. Singt zu ihnen, denn sie sind es, die mich am Leben erhalten.«
Arasuwe, Iramamowe und vier weitere Männer bliesen sich gegenseitig *Epena* in die Nasenlöcher. Mit glasigen Augen stimmten sie einen Gesang zu den Geistern an, die unter der Erde und über der Erde lebten.
»Was fehlt dir?« fragte Arasuwe nach einer Weile und beugte sich über den alten Mann. Mit seinen kräftigen Händen massierte er den schwachen, eingefallenen Brustkorb; aus seinen Lippen blies er Wärme über den reglosen Körper.
»Ich bin bloß traurig«, flüsterte Kamosiwe. »Die *Hekura* werden meine Brust nun bald verlassen. Es ist meine Traurigkeit, die mich schwach macht.«
Ich ging zusammen mit Ritimi zu unserer Hütte zurück. »Er wird nicht sterben«, sagte sie, während sie sich Tränen aus dem Gesicht wischte. »Ich weiß selbst nicht, warum er so lange leben will. Er ist schon so alt, er ist gar kein Mensch mehr.«
»Was ist er dann?«
»Sein Gesicht«, sagte sie, »ist schon so klein, so schmal ...«
Ritimi sah mich an, als fehlten ihr die Worte, mit denen sie ihre Gedanken ausdrücken könnte. Sie machte eine unbestimmte Geste, als wolle sie nach etwas greifen, das sie mir nicht erklären konnte. Dann zuckte sie die Achseln und lächelte mich an. »Die Männer werden die ganze Nacht lang singen, und die *Hekura* werden den alten Mann am Leben erhalten.«
Das monotone Prasseln des warmen Regens vermischte sich mit den Gesängen der Männer. Jedesmal, wenn ich mich in meiner Hängematte aufsetzte, konnte ich sie auf der anderen Seite der Lichtung in Kamosiwes Hütte sehen, vor dem Feuer zusammengekauert. In ihrem Gesang drückte sich

eine unwiderstehliche Kraft aus, die Überzeugung, daß ihre Beschwörungen ein Leben erhalten konnten, während der Rest des Stammes der Iticoteri schlief.
In der rosigen Melancholie des Morgengrauens wurden ihre Stimmen langsam leiser. Ich stand auf und ging über die Lichtung. Die Luft war kalt, der Boden noch feucht vom Regen. Das Feuer war heruntergebrannt, aber trotzdem hing die Wärme des dichten Rauchs noch in der Hütte. Die Männer hatten sich eng um Kamosiwe zusammengedrängt. Ihre Gesichter waren ganz verzerrt, und die Augen lagen tief in den Höhlen.
Ich kam gerade zu meiner Hängematte zurück, als Ritimi sich erhob, um das Feuer neu anzufachen, »Kamosiwe geht es anscheinend gut«, sagte ich und legte mich wieder schlafen.

Als ich einige Tage später bei der Gartenarbeit gerade hinter einem Busch hervorkam, sah ich Arasuwes jüngste Frau und ihre Mutter, die sich langsam einen Weg durch das Dickicht bahnten und offenbar zum Fluß hinuntergingen. Lautlos folgte ich den beiden. Sie trugen keine Körbe mit sich – nur ein angespitztes Stück Bambusholz. Die schwangere Frau umfaßte ihren Bauch mit den Händen, als wollte sie sein Gewicht stützen. Die beiden blieben unter einem *Arapuri*-Baum stehen, wo das Unterholz gerodet worden war und die breiten Blätter eines *Platanillo*-Baums auf der Erde verstreut lagen. Die Schwangere kniete sich auf das Laub nieder und drückte mit beiden Händen gegen ihren Unterleib. Ein leises Stöhnen entwich ihren Lippen, und im selben Moment brachte sie das Kind zur Welt.
Ich hielt mir die Hand vor den Mund, um ein Kichern zu unterdrücken. Es war einfach unglaublich, daß eine Geburt

so mühelos, so schnell vor sich ging. Die zwei Frauen unterhielten sich im Flüsterton miteinander, aber keine von beiden blickte auf das naßglänzende Neugeborene, das vor ihnen auf den Blättern lag; sie ließen es liegen.
Mit dem Bambusmesser durchtrennte die ältere Frau die Nabelschnur, dann suchte sie in der Umgebung, bis sie einen geraden Zweig gefunden hatte. Von meinem Beobachtungsplatz aus sah ich zu, wie sie den Stock über den Nacken des Babys legte und dann mit beiden Füßen auf die Enden trat. Es gab ein leises, knackendes Geräusch. Ich war mir nicht sicher, ob es das Genick des Neugeborenen oder der Zweig gewesen war, was da geknackt hatte.
Die Nachgeburt wickelten die beiden in ein Bündel aus *Platanillo*-Blättern, den winzigen, leblosen Körper in ein zweites. Sie banden die Bündel mit Lianen zusammen und legten sie unter den Baum.
Ich hatte mich eigentlich hinter den Büschen verstecken wollen, als die Frauen sich erhoben, aber meine Beine gehorchten mir nicht. Ich fühlte mich völlig ausgetrocknet und gefühllos, als wäre die Szene, die ich eben beobachtet hatte, nur irgendein bizarrer Alptraum gewesen. Die beiden Frauen sahen mich an. In ihren Mienen drückte sich kurz Überraschung aus, aber ich entdeckte keinerlei Schmerz oder Reue in ihren Blicken.
Sobald sie verschwunden waren, löste ich die Lianenverschnürung des Bündels. Vor mir auf den Blättern lag der leblose Körper eines kleinen Mädchens wie in einem tiefen Schlaf. Das lange schwarze Haar glich Seidenfäden und klebte auf dem feuchten, glitschigen Kopf. Die wimpernlosen Augenlider waren verschwollen und geschlossen. Ein bißchen Blut war aus Nase und Mund gelaufen und auf dem Gesicht getrocknet, so daß es auf der dünnen, purpurfarbenen Haut jetzt aussah wie eine makabre *Onoto*-Bemalung.

Mit Gewalt bog ich die winzigen Fäuste auseinander. Dann sah ich auch nach, ob die Zehen vollzählig waren, fand jedoch keine sichtbare Mißbildung.
Inzwischen war es später Nachmittag. Das trockene Laub raschelte nicht mehr unter meinen nackten Füßen; es hatte schon die Feuchtigkeit des Abends aufgesogen. Der Wind fuhr durch die Blätter an den Zweigen der Kapokbäume und teilte sie. Tausende von Augen schienen mich anzustarren, gleichgültige Augen hinter einem Schleier aus grünen Schatten. Ich ging zum Fluß und setzte mich auf einen umgestürzten Baumstamm, der noch nicht tot war. Ich berührte die neuen Schößlinge, die büschelweise daraus emporwuchsen und sich verzweifelt nach dem Sonnenlicht reckten. Das Zirpen einer Grille schien sich über meine Tränen lustig zu machen.
Ich roch den Rauch der Hütten bis hierher, und ich empfand Ärger über diese Feuer, die Tag und Nacht brannten und die Zeit und alle Ereignisse in ihrem Glutkegel verschluckten. Schwarze Wolken schoben sich vor den Mond und hüllten den Fluß in einen Trauerflor. Ich lauschte auf die Rufe der Tiere – jener Tiere, die abends aus ihrem Schlaf erwachen und die ganze Nacht lang den Dschungel durchstreifen. Ich hatte keine Angst. Stille legte sich um mich wie weicher Sternenstaub. Am liebsten wäre ich eingeschlafen und mit dem Gefühl wieder aufgewacht, daß alles ein Traum gewesen war.
Über ein freies Stück des Himmels sauste eine Sternschnuppe. Nun mußte ich doch lächeln. Früher hatte ich mir dabei immer ganz schnell etwas gewünscht, heute aber fiel mir nichts ein.
Auf einmal spürte ich Ritimis Arm, der sich um meinen Hals legte. Wie einer der Waldgeister hatte sie lautlos neben mir Platz genommen. Die hellen Stöckchen in ihren Mundwin-

keln glänzten im Dunkeln, als wären sie aus Gold gemacht. Ich war dankbar, daß sie bei mir war, und daß sie kein Wort sprach.
Der Wind blies die Wolken weg, die den Mond verdunkelt hatten; sein Licht tauchte uns in tiefes Blau. Erst jetzt bemerkte ich den alten Kamosiwe, der neben dem Baumstamm auf der Erde hockte und mich mit seinem Auge fixierte. Dann begann er zu sprechen, ganz langsam, er betonte jedes Wort einzeln und deutlich. Aber ich hörte ihm nicht zu. Während er sich mit dem ganzen Gewicht auf seinem Bogen aufstützte, winkte er uns, mit ihm zum *Shabono* zurückzugehen. Vor seiner Hütte blieb er stehen; Ritimi und ich gingen weiter zu unserer eigenen Hütte.
»Es ist bloß eine Woche her, daß Frauen und Männer hier geweint haben«, sagte ich, während ich mich in meine Hängematte setzte. »Sie haben geweint, weil sie glaubten, daß Kamosiwe sterben würde. Und heute habe ich gesehen, wie Arasuwes Frau ihr neugeborenes Baby getötet hat.«
Ritimi reichte mir Wasser. »Wie sollte denn die Frau schon wieder ein neues Baby stillen, wenn sie doch ein Kind hat, dem sie immer noch die Brust gibt?« fragte sie energisch. »Noch dazu ein Kind, das sie bis jetzt am Leben erhalten hat.«
Rein verstandesmäßig begriff ich, was Ritimi meinte. Es war mir auch bewußt, daß der Infantizid, die Kindestötung, ein weitverbreiteter Brauch bei den Amazonas-Indianern war. Eine Frau bekam ihre Kinder ungefähr im Abstand von zwei bis drei Jahren. Während dieser Zeit stillte sie den Säugling und bemühte sich, kein weiteres Kind zu bekommen, um genügend Milch produzieren zu können. Wenn während dieser Zeit trotzdem ein Kind geboren wurde und es mißgestaltet oder ein Mädchen war, dann wurde es getötet,

damit das ältere Kind eine bessere Überlebenschance erhielt.
Gefühlsmäßig war ich jedoch außerstande, damit fertig zu werden. Ritimi nahm mein Gesicht zwischen beide Hände und zwang mich, sie anzusehen. Ihre Augen glänzten, und ihre Lippen bebten vor Mitgefühl. »Es hat noch nicht das Licht des Himmels gesehen, und nun muß es dorthin zurückkehren, wo es hergekommen ist.« Sie wies mit dem Arm auf die riesigen, schwarzen Schatten, die zu unseren Füßen begannen und erst im Himmel endeten. »In das Haus des Donners.«

11

Eines Morgens wurde ich nicht vom leisen Schwatzen der Frauen geweckt, sondern durch Iramamowes Geschrei, der laut verkündete, er würde an diesem Tag Curare machen. Ich setzte mich auf in der Hängematte. Iramamowe stand in der Mitte des Versammlungsplatzes. Die Beine gespreizt, die Arme vor der Brust verschränkt, so musterte er die jungen Männer, die sich um ihn geschart hatten. Mit gellender Stimme warnte er sie, daß sie an diesem Tag auf keinen Fall mit einer Frau schlafen dürften, wenn sie vorhatten, ihm bei der Zubereitung des Pfeilgifts zu helfen. Dann lärmte er noch weiter, als hätten sich die Männer seiner Anweisung bereits widersetzt, und machte sie darauf aufmerksam, daß er es sofort merken würde, wenn sie sein Gebot nicht befolgten, da er das Gift zuerst an einem Affen ausprobieren wollte. Sollte das Tier diesen Test überleben, würde er die Männer niemals wieder um ihre Hilfe bitten. Er wollte, daß sie heute mit ihm in den Urwald gingen und die verschiedenen Schlingpflanzen sammelten, die man für das *Mamucori* benötigte. Sie müßten aber so lange auf Essen und Trinken verzichten, bis das Gift an ihren Pfeilspitzen verschmiert war.

Dann wurde es wieder still im *Shabono*, nachdem die Männer aufgebrochen waren. Tutemi schürte das Feuer, rollte drei Portionen Kautabak für sich selbst, Ritimi und Etewa, und legte sich schließlich wieder in ihre Hängematte. Ich fand, daß noch ein wenig Zeit blieb, bis die in der Glut vergrabenen Bananen gar wären. Also drehte ich mich auf die andere Seite; langsam erwärmte der Rauch die kühle Luft. Wie sie

es jeden Morgen taten, nachdem sie ihre Notdurft verrichtet hatten, kletterten die beiden Kleinen, Texoma und Sisiwe, zusammen mit Arasuwes zwei jüngsten Kindern in meine Hängematte und schmiegten sich eng an mich.
Ritimi hatte von den frühmorgendlichen Ereignissen nichts mitbekommen. Sie lag auf der Erde und schlief immer noch ganz fest. Der Schlaf hatte allerdings keinen Einfluß auf ihre Eitelkeit. Ihr Kopf ruhte auf dem Arm, war aber auf solche Weise aufgestützt, daß sie ihre gesamten Schönheitsrequisiten auch des Nachts zur Schau stellen konnte; schmale, blankpolierte Stäbe steckten in der Nasenscheidewand und in den Mundwinkeln. Die nach oben gekehrte Wange war mit zwei braunen Strichen bemalt, ein Zeichen, daß sie ihre Periode hatte. In den beiden vergangenen Nächten hatte Ritimi nicht in ihrer Hängematte geschlafen, kein Fleisch gegessen, nicht bei der Zubereitung der Mahlzeiten geholfen und weder Etewa noch irgend etwas, das ihm gehörte, angefaßt.
Die Männer fürchteten die menstruierenden Frauen. Ritimi hatte mir einmal erzählt, daß Frauen zwar keine *Hekura* in ihren Körpern wohnen hatten, aber in Verbindung mit dem Lebensgeist des Fischotters standen, dem Urahn der ersten Frau auf dieser Welt. Die Iticoteri glauben, daß Frauen während ihrer Monatsblutung von den übernatürlichen Kräften des Fischotters durchdrungen sind. Ritimi wußte anscheinend nicht, was das für Kräfte waren, erzählte mir aber, daß ein Mann niemals einen Otter töten würde, den er im Fluß entdeckte, weil er Angst hätte, daß im selben Moment eine Frau aus seiner Siedlung sterben müsse.
Am Anfang hatten sich die Iticoteri-Frauen sehr darüber gewundert, daß ich seit meiner Ankunft kein einziges Mal die Periode bekommen hatte. Meine eigenen Erklärungen dafür – der Gewichtsverlust, die neuartige Ernährung, die

neue Umgebung akzeptierten sie nicht als den wahren Grund. Statt dessen waren sie der Meinung, als Nichtindianerin sei ich kein richtiger Mensch. Ich stand nicht, wie sie, in Verbindung mit der Lebensessenz eines Tieres, einer Pflanze oder eines Geistes.

Nur Ritimi weigerte sich, das zu glauben, und wollte den anderen Frauen unbedingt beweisen, daß ich sehr wohl ein Mensch sei. »Du mußt es mir sofort sagen, wenn du *roo* wirst, so, als wäre ich deine Mutter«, verlangte sie jedesmal, wenn sie selbst ihre Regel hatte. »Und ich werde dann die richtigen Vorbereitungen treffen, damit dich die kleinen Wesen, die unter der Erde wohnen, nicht in einen Stein verwandeln können.«

Ritimis Hartnäckigkeit in dieser Frage dürfte wohl eine weitere Ursache dafür gewesen sein, daß mein Körper seinen normalen Zyklus nicht wiederaufnahm. Da ich zu Klaustrophobie neige, wurde ich jedesmal von heftigen Beklemmungen überfallen, wenn ich daran dachte, daß ich womöglich dieselben Einschränkungen im täglichen Leben auf mich nehmen müßte, die bei den Iticoteri einem jungen Mädchen während ihrer ersten Menstruation auferlegt wurden.

Erst eine Woche vorher hatte Xotomi, eine der Töchter des Häuptlings, eine solche dreiwöchige Klausur hinter sich gebracht. Sobald ihre Mutter bemerkt hatte, daß Xotomis erste Periode eingetreten war, baute sie in einer Ecke ihrer Hütte eine kleine Umfriedung aus Stäben, Palmwedeln und Lianen. Nur ein schmaler Schlitz wurde offengelassen, der kaum breit genug für die Mutter war, die zweimal täglich hindurchschlüpfte, um das kärgliche Feuer zu unterhalten – es durfte auf keinen Fall verlöschen – und die blutigen *Platanillo*-Blätter auf dem Boden zu wechseln. Die Männer

hatten alle große Angst davor, jung zu sterben oder krank zu werden, und warfen deswegen nicht einmal einen Blick in diesen Teil der Hütte.
In den ersten drei Tagen ihrer Blutung bekam Xotomi lediglich Wasser als Nahrung und mußte auf dem Erdboden schlafen. Danach gab ihr ihre Mutter drei Bananen pro Tag, und es war ihr erlaubt, sich zum Schlafen in eine kleine Hängematte aus Baumrinde zu legen, die in dem Verschlag aufgehängt wurde. Während der gesamten Klausur durfte sie weder sprechen noch weinen. Das einzige, was ich hinter den zusammengebundenen Palmwedeln von ihr hörte, war ein leises Geräusch, wenn Xotomi sich den Rücken mit einem Stock kratzte, denn es war ihr auch nicht gestattet, ihren eigenen Körper direkt zu berühren.
Am Ende der dritten Woche baute Xotomis Mutter die Umfriedung wieder ab, schnürte die Palmwedel zu einem dicken Bündel zusammen und gab sie einigen Spielgefährtinnen ihrer Tochter, die sie im Wald verstecken sollten. Xotomi blieb still sitzen, als wäre sie immer noch verborgen hinter den Palmwedeln. Sie hockte mit niedergeschlagenem Blick auf dem Boden. Ihre etwas krummen Schultern kamen mir so zerbrechlich vor, daß ich den Eindruck hatte, sie müßten sofort mit einem hohlen Knacken nachgeben, wenn man ein bißchen fester zufaßte. Noch mehr als sonst war sie einem verstörten Kind ähnlich, dünn und schmutzig.
»Halte deinen Blick zu Boden gerichtet«, mahnte die Mutter, während sie dem zwölf- oder dreizehnjährigen Mädchen beim Aufstehen half. Sie legte ihr die Arme um die Hüfte und führte sie an die Feuerstelle. »Du darfst keinen der Männer draußen auf der Lichtung ansehen«, warnte sie Xotomi, »außer du willst, daß ihnen die Beine zittern, wenn sie auf einen Baum klettern müssen.«
Inzwischen war Wasser heiß gemacht worden. Liebevoll

wusch Ritimi ihre Halbschwester von Kopf bis Fuß ab und rieb sie dann mit *Onoto* ein, bis sie in einem einheitlichen Rot erstrahlte. Grüne Bananenblätter wurden über das Feuer gelegt, und Ritimi führte das Mädchen mehrmals um die Feuerstelle herum. Erst als Xotomis Haut nach nichts anderem mehr roch als verbranntem Laub, war es ihr gestattet, uns anzusehen und mit uns zu reden.

Sie kaute auf ihrer Unterlippe, als sie nun langsam den Kopf hob. »Mutter, ich will nicht aus der Hütte meines Vaters ausziehen«, sagte sie nach einer langen Pause; dann brach sie in Tränen aus.

»Ohoh, mein dummes Mädchen«, rief die Mutter aus und nahm Xotomis Gesicht in die Hände. Sie wischte ihr die Tränen aus den Augen und erklärte ihr, wie glücklich sie sich schätzen könne, die Frau von Hayamas jüngstem Sohn Matuwe zu werden, und daß es doch wunderbar sei, wenn sie so nahe bei ihren Brüdern leben würde, die sie beschützen könnten, falls ihr Mann sie nicht gut behandeln sollte. Die dunklen Augen der Mutter glitzerten und waren voller Tränen. »Ich zum Beispiel hatte wirklich einen Grund, niedergeschlagen zu sein, als ich zum erstenmal in diesen *Shabono* gekommen bin. Ich hatte meine Mutter und meine Brüder verlassen. Ich hatte niemanden, der mich beschützte.«

Tutemi umarmte das junge Mädchen. »Sieh doch mich an. Auch ich bin von weither gekommen, aber jetzt bin ich glücklich. Bald werde ich ein Kind bekommen.«

»Aber ich will kein Kind«, schluchzte Xotomi. »Ich will nichts als meinen kleinen Affen im Arm halten.«

In einer plötzlichen Eingebung packte ich den Affen, der auf einem Büschel Bananen hockte, und reichte ihn Xotomi. Die Frauen fingen an zu kichern. »Wenn du deinen Mann richtig behandelst, dann ist er genauso wie dein

kleiner Affe«, stieß eine von ihnen in einem Lachanfall hervor.
»Erzählt dem Mädchen nicht solche Sachen«, sagte die alte Hayama tadelnd. Mit einem Lächeln auf den Lippen sah sie dann Xotomi an. »Mein Sohn ist ein guter Mann«, sagte sie beruhigend. »Du brauchst keine Angst vor ihm zu haben.« Hayama pries Matuwes Qualitäten noch eine ganze Weile, wobei sie besonders die Tüchtigkeit ihres Sohnes bei der Jagd und als Ernährer hervorhob.
Am Tag der Hochzeit schluchzte Xotomi still vor sich hin. Hayama trat an ihre Seite. »Nun weine nicht mehr. Wir werden dich schmücken. Du wirst heute so schön sein, daß allen anderen vor Staunen der Atem wegbleibt.« Sie ergriff Xotomi beim Arm und winkte den übrigen Frauen, ihr in den Urwald zu folgen.
Xotomi wurde auf einen Baumstumpf gesetzt. Mit dem Handrücken wischte sie sich die Tränen weg. Langsam legte sich ein drolliges Lächeln auf ihre Lippen, als sie nun der alten Hayama in die Augen blickte, und dann überließ sie sich bereitwillig den Frauen. Ihr Haar wurde kurz geschnitten, die Tonsur rasiert. Büschel aus weichen weißen Federn wurden durch die Löcher in ihren Ohrläppchen geschoben; sie bildeten einen starken Kontrast zu Xotomis schwarzem Haar und verliehen dem schmalen Gesicht eine ätherische Schönheit. Die kleinen Löcher in den Mundwinkeln und an der Unterlippe wurden mit roten Arafedern verziert. Durch die Nasenscheidewand führte Ritimi ein sehr schmales, fast weiß poliertes Stöckchen.
»Du siehst wunderschön aus!« riefen wir alle, als sich Xotomi nun vor uns aufstellte.
»Mutter, ich bin bereit«, sagte sie feierlich. Die dunklen, schrägen Augen glänzten, und das *Onoto* bewirkte, daß ihre Haut aussah, als glühte sie. Sie lächelte kurz, wobei sie ihre

kräftigen, ebenmäßigen Zähne entblößte, und ging uns dann auf dem Weg zum *Shabono* voraus. Nur einen winzigen Moment lang – kurz bevor wir auf den Versammlungsplatz traten – lag noch einmal eine stumme Bitte in ihren Augen, als sie sich zu ihrer Mutter umdrehte.

Den Kopf stolz erhoben, den Blick auf niemanden im besonderen gerichtet, so machte Xotomi langsam die Runde auf der Lichtung und ließ sich nicht anmerken, daß sie die bewundernden Blicke und Kommentare der Männer überhaupt hörte. Sie betrat die Hütte ihres Vaters und nahm vor dem Trog voller Bananenbrei Platz. Zuerst bot sie Arasuwe eine Portion der Suppe an, dann ihren Onkeln, danach ihren Brüdern, und schließlich allen übrigen Männern des *Shabono.* Nachdem sie auch die Frauen verköstigt hatte, ging sie zu Hayamas Hütte hinüber, setzte sich in eine der Hängematten und aß das Fleisch, das ihr Ehemann zubereitet hatte – der Mann, dem sie bereits vor ihrer Geburt versprochen worden war.

Tutemi unterbrach meine Grübeleien. »Willst du deine Bananen hier oder in Hayamas Hütte essen?«

»Ich gehe wohl besser nach drüben«, sagte ich und grinste Ritimis Großmutter an, die an der Feuerstelle hinter Tutemis Hütte bereits auf mich wartete.

Als ich eintrat, lächelte mich Xotomi an. Sie hatte sich sehr verändert. Das hatte nichts damit zu tun, daß sie inzwischen, nach ihrer Klausur, wieder etwas kräftiger geworden war. Es war vielmehr ihr Benehmen, das einer reifen Frau, ihre Art, mich anzusehen und mich zum Essen aufzufordern. Vielleicht lag es daran, daß Mädchen – im Gegensatz zu den Jungen, die weit länger als bis zum zehnten Lebensjahr Kinder sein durften – schon mit sechs oder acht Jahren dazu ermutigt wurden, ihren Müttern bei den Hausarbeiten zu helfen: Holz sammeln, Unkraut jäten, ihre jüngeren Geschwister hüten. In dem Alter, in dem ein Junge als erwachsen galt, war ein Mädchen längst verheiratet und häufig schon Mutter von ein oder zwei Kindern.

Nach dem Essen arbeitete ich mit Tutemi und Xotomi mehrere Stunden lang in den Gärten; später gingen wir zurück zum *Shabono,* nachdem wir uns durch ein Bad im Fluß erfrischt hatten. Eine Gruppe von Männern, die im Gesicht und am ganzen Körper schwarz bemalt waren, saß in der Mitte des Versammlungsplatzes. Einige waren damit beschäftigt, von starken Aststücken die Rinde abzuschälen.

»Wer sind diese Leute?« fragte ich.

»Erkennst du sie denn nicht?« Tutemi lachte mich aus. »Das ist doch Iramamowe mit den Männern, die ihn gestern in den Wald begleitet haben.«

»Warum haben sie sich schwarz bemalt?«

»Iramamowe!« rief Tutemi. »Das weiße Mädchen will wissen, warum eure Gesichter so schwarz sind?« Gleich nach dieser Frage rannte sie in ihre Hütte.

»Dein Glück, daß du davonläufst«, sagte Iramamowe und erhob sich. »Das Baby in deinem Leib könnte das *Mamucori* unwirksam machen, weil es der Mischung Wasser hinzufügt.« Mit einem Stirnrunzeln wandte er sich nun Xotomi und mir zu; bevor er noch dazu kam, irgend etwas zu uns zu sagen, zog mich Xotomi in Etewas Hütte hinein.

In den kurzen Pausen zwischen ihren Lachanfällen erklärte sie mir dann, daß jeder, der an diesem Tag schon im Wasser gewesen war, sich nicht den Männern nähern durfte, die mit der Zubereitung des Curare beschäftigt waren. Wasser verdünnte angeblich das Gift. »Und wenn das *Mamucori* nun nicht wirkt, dann wird er dir die Schuld dafür geben.«

»Ich hätte ihnen aber ganz gern zugesehen, wie sie *Mamucori* machen«, sagte ich enttäuscht.
»Ach, wer würde denn bei so etwas zusehen wollen?« fragte Ritimi. »Ich kann dir genau erzählen, was sie da machen.« Sie gähnte und streckte sich, legte die *Platanillo*-Blätter, auf denen sie geschlafen hatte, zu einem Haufen zusammen und bedeckte den Boden mit frischem Laub. »Die Männer sind schwarz bemalt, weil man *Mamucori* nicht nur für die Jagd gebrauchen kann, sondern auch im Krieg«, erläuterte Ritimi und forderte mich auf, neben ihr Platz zu nehmen. Sie schälte eine Banane und erklärte mir dann mit vollem Mund, daß die Männer die *Mamucori*-Ranke nun so lange kochten, bis sie zu einem dunklen Absud gerann. Später würde dann noch das Pulver der getrockneten *Ashukamaki*-Ranke hinzugefügt, um die giftige Flüssigkeit dicker zu machen. Wenn diese Mischung dann eingezogen war, konnte man sie schon mit einem Pinsel über die Pfeilspitzen der Jäger streichen.
Resigniert half ich Tutemi dabei, die gesammelten Tabakblätter zum Trocknen vorzubereiten. Ich folgte ihren detaillierten Anweisungen, spaltete jedes Blatt entlang der Mittelrippe und faltete es, so daß die Tabakblätter zusammengelegt und schließlich in großen Bündeln an den Dachsparren aufgehängt werden konnten. Von meinem Platz aus konnte ich nichts von dem sehen, was vor Iramamowes Hütte geschah. Kinder umringten die arbeitenden Männer, weil sie hofften, mithelfen zu dürfen. Kein Wunder also, daß ich am Morgen kein einziges Kind im Fluß baden gesehen hatte.
»Hol mir Wasser vom Fluß«, sagte Iramamowe zu dem kleinen Sisiwe. »Aber paß auf, daß deine Füße nicht naß werden. Stell dich auf Baumstämme, Wurzeln oder Steine. Wenn du dich naß machst, dann muß ich jemand anderen schicken.«

Es war schon spät am Nachmittag, als Iramamowe endlich mit dem Mischen und Kochen des Curare fast fertig war. »Jetzt wird das *Mamucori* langsam stark. Ich merke schon, wie meine Hände einschlafen.« Mit langsamer, monotoner Stimme begann er einen Gesang zu den Geistern des Pfeilgifts, während er weiter in dem Absud rührte.
Am Morgen des nächsten Tages kam Iramamowe in den *Shabono* gerannt. »Das *Mamucori* ist völlig nutzlos. Ich habe einen Affen damit angeschossen, aber er ist nicht gestorben. Er ist einfach davongelaufen, mit dem wertlosen Pfeil im Bein!« Iramamowe rannte von einer Hütte zur andern und beschimpfte die Männer, die ihm bei der Giftzubereitung geholfen hatten. »Habe ich euch nicht davor gewarnt, mit einer Frau zu schlafen? Und jetzt ist unser *Mamucori* unwirksam. Wenn ein Feind uns angreifen wollte, dann wäret ihr nicht einmal imstande, eure Frauen zu verteidigen. Ihr glaubt, ihr seid große Krieger. Aber in Wirklichkeit seid ihr genauso wenig wert wie eure Pfeile. Ihr solltet Körbe tragen und keine Waffen!«
Einen Augenblick lang hatte ich den Eindruck, Iramamowe würde gleich losweinen, als er sich in der Mitte der Lichtung auf den Boden setzte. »Ich werde das Gift allein machen. Ihr seid ja alle unfähig«, murmelte er ununterbrochen vor sich hin, bis sein Ärger verraucht und er selbst völlig erschöpft war.

Im Morgengrauen eines der nächsten Tage, kurz nachdem der Affe, den Iramamowe mit seinem neuen Pfeilgift erlegt hatte, zum Frühstück gargekocht war, kam ein Fremder in den *Shabono*, der ein großes Bündel mit sich trug. Sein Haar war noch ganz naß von einem Bad im Fluß; am ganzen Körper war er mit *Onoto* in ausgefallenen Mustern bemalt. Er legte das Bündel vor sich auf den Boden, daneben Pfeil

und Bogen, und blieb einige Minuten lang schweigend in der Mitte der Lichtung stehen, bevor er auf Arasuwes Hütte zuging.
»Ich komme, um euch zu einem Festmahl bei meinem Stamm einzuladen«, verkündete der Mann in einem lauten Singsang. »Der Häuptling der Mocototeri läßt euch durch mich ausrichten, daß wir viele reife Bananen haben.«
Ohne sich aus seiner Hängematte zu erheben, erwiderte Arasuwe dem Besucher, daß er nicht an dem Festmahl teilnehmen könne. »Ich kann meine Gärten jetzt nicht allein lassen. Ich habe junge Bananenschößlinge gepflanzt; sie brauchen meine Pflege.« Arasuwes Arm beschrieb einen weiten Bogen. »Sieh dir die vielen Früchte an, die von meinem Dach hängen; die kann ich nicht verderben lassen.«
Dann kam der Mann zu unserer Hütte herüber und sprach Etewa an: »Dein Schwiegervater hat keine Lust, zu uns zu kommen. Ich hoffe aber, daß meine Leute wenigstens dich als Gast empfangen können; ich bin geschickt worden, dich einzuladen.«
Etewa klatschte sich vor Freude auf die Schenkel. »Ja, ich werde kommen. Mir macht es nichts aus, meine Bananen allein zu lassen. Ich gebe jemand anderem die Erlaubnis, sie zu essen.«
Die dunklen, lebhaften Augen des Besuchers glänzten vor Aufregung, als er nun von Hütte zu Hütte ging und die Iticoteri in sein Heimatdorf einlud. In Kamosiwes Hütte wurde ihm Platz zum Übernachten angeboten. Dann bekam er Bananensuppe und Affenfleisch zu essen. Später am Abend packte er auf dem Versammlungsplatz sein Bündel aus. »Eine Hängematte«, murmelten die zusammengekommenen Männer enttäuscht. Die Iticoteri fanden zwar auch, daß die Hängematten aus Baumwolle sehr warm und be-

quem waren, aber nur Frauen besaßen eine. Die Männer schliefen lieber in den Matten aus Rinde oder Lianenranken, die sie von Zeit zu Zeit erneuerten. Unser Besucher wollte das baumwollene Mitbringsel gegen vergiftete Pfeilspitzen und eine bestimmte Menge *Epena*-Pulver aus Samenkörnern eintauschen. Einige der Männer blieben die ganze Nacht mit ihm auf, um zu reden und Neuigkeiten auszutauschen.

Arasuwe war strikt dagegen, daß ich mit der Gruppe mitging, die am Festmahl der Mocototeri teilnehmen wollte. »Milagros hat dich mir anvertraut«, erinnerte mich der Häuptling. »Wie soll ich dich beschützen, wenn du ganz woanders bist?«
»Aber wovor muß ich denn beschützt werden?« wollte ich wissen. »Sind die Mocototeri vielleicht gefährlich?«
»Den Mocototeri kann man nicht trauen«, antwortete Arasuwe nach einer langen Pause. »Ich spüre es in meinen Beinen, daß es nicht gut ist, wenn du mitgehst.«
»Als ich Angelica zum erstenmal gesehen habe, hat sie mir gesagt, daß es gar nicht gefährlich für eine Frau ist, durch den Urwald zu gehen.«
Arasuwe gab sich nicht die Mühe, mir zu antworten oder überhaupt auf meine Feststellung einzugehen, sondern sah durch mich hindurch, als wäre ich unsichtbar. Offensichtlich betrachtete er diese Angelegenheit als erledigt und hatte nicht vor, sich dadurch zu erniedrigen, daß er mit einem unwissenden Mädchen noch weiter herumstritt.
»Vielleicht wird Milagros auch dort sein«, sagte ich.
Arasuwe grinste. »Nein, Milagros wird nicht dort sein. Wenn es so wäre, dann hätte ich keinerlei Grund zur Beunruhigung.«

»Und warum kann man den Mocototeri nicht trauen?« Ich blieb hartnäckig.
»Du fragst zuviel«, stellte Arasuwe fest. »Wir haben keine freundschaftlichen Beziehungen zu ihnen«, sagte er widerwillig.
Ich blickte ihn ungläubig an. »Aber warum laden sie euch dann zu einem Festmahl ein?«
»Du bist eben unwissend«, sagte Arasuwe und verließ die Hütte.
Ich war nicht die einzige, der Arasuwes Beschluß die Freude verdorben hatte. Ritimi war enttäuscht, daß sie mich nun nicht bei den Mocototeri vorzeigen konnte, und sie ging Etewa, Iramamowe und sogar den alten Kamosiwe um Hilfe an, damit sie ihren Vater schließlich doch noch dazu überreden könnte, mich mitgehen zu lassen. Obwohl der Rat von alten Leuten immer geschätzt und geachtet wurde, war es letztlich der für seine Tapferkeit bekannte Iramamowe, der seinen Bruder überzeugte und ihm versicherte, daß mir in der Siedlung der Motocoteri nichts Böses zustoßen würde.
»Eigentlich solltest du ja den Bogen und die Pfeile mitnehmen, die ich für dich gemacht habe«, sagte Arasuwe später am selben Abend zu mir. Dann brach er in schallendes Gelächter aus. »Das würde die Mocototeri bestimmt in Staunen versetzen. Das wäre es mir sogar beinah wert, doch mitzukommen und ihre überraschten Gesichter zu sehen.« Als er aber merkte, daß ich schon meine Pfeile ordnete, fügte Arasuwe trocken hinzu: »Nein, du kannst sie nicht mitnehmen. Es schickt sich nicht für eine Frau, mit einer Männerwaffe durch den Wald zu gehen.«
»Ich werde auf sie aufpassen«, versprach Ritimi ihrem Vater. »Ich weiche ihr keinen Moment von der Seite – nicht einmal, wenn sie im Gebüsch verschwinden muß.«
»Ich bin mir sicher, Milagros hätte auch gewollt, daß ich

mitgehe«, sagte ich noch und hoffte, Arasuwes Gewissen damit ein bißchen zu beruhigen.
Er warf mir einen düsteren Blick zu und zuckte die Achseln. »Ich hoffe, du kommst unbeschadet wieder zurück.«
Aus lauter Vorfreude und Besorgnis konnte ich die ganze Nacht nicht schlafen. Das vertraute Krachen der zusammenstürzenden Holzscheite im Feuer erfüllte mich auf einmal mit bösen Zweifeln. Etewa stocherte mit einem Stock in der Glut, bevor er auch schlafen ging. Durch den Rauch und den Nebel draußen erschienen mir die fernen Baumwipfel wie Gespenster. Die freien Stellen zwischen den Blättern waren wie leere Augenhöhlen, die mich anstarrten und mich wegen etwas beschuldigten, das ich nicht verstand. Beinah hätte ich mich entschlossen, Arasuwes Rat zu befolgen, aber das Licht des nächsten Tages zerstreute meine Befürchtungen.

12

Kaum hatte die Sonne die kühle Morgenluft ein wenig aufgewärmt, da brachen wir auch schon auf mit unseren randvoll mit Bananen gefüllten Tragkörben, den Kalebassen, den Hängematten, dem notwendigen Zubehör, um uns vor dem Festmahl zu schmücken, und mit verschiedenen Tauschsachen: dicke Knäuel aus naturfarbenem Baumwollgarn, neue Pfeilspitzen und Bambusbehälter mit *Epena* und *Onoto.* Einige ältere Kinder gingen dicht hinter ihren Müttern her, jedes mit seiner Hängematte auf den Schultern. Die Männer bildeten jeweils die Nachhut der einzelnen Familien und trugen nichts als Pfeil und Bogen.

Insgesamt waren wir dreiundzwanzig. Vier Tage lang marschierten wir schweigend durch den Urwald, in gemächlichem Tempo, da wir auf die Kinder und die älteren Leute Rücksicht nehmen mußten. Sobald die Frauen das geringste Geräusch oder eine Bewegung im Dickicht bemerkten, blieben sie stehen und deuteten mit dem Kinn dorthin, wo es hergekommen war. Sofort verschwanden die Männer in die angegebene Richtung. Beim Zurückkommen brachten sie dann häufig ein Aguti – ein hasenähnliches Nagetier – oder ein Warzenschwein oder einen Vogel mit, die noch am selben Nachmittag zubereitet wurden, sobald wir unser Lager aufgeschlagen hatten. Die Kinder waren die ganze Zeit auf der Suche nach wildwachsenden Früchten. Außerdem entdeckten sie jede Menge Honig, indem sie den Flug der Bienen verfolgten, bis sie den Stock gefunden hatten, meist in einem hohlen Baumstamm. Noch während die Insekten flogen, waren die Kinder imstande, genau zu bestimmen,

ob es sich um eine stechende oder nichtstechende Bienenart handelte.
Hayama, Kamosiwe und ein paar andere alte Leute wickelten sich die faserigen Baststreifen einer Baumrinde um Brustkorb und Unterleib. Sie behaupteten, davon bekämen sie neue Energie, und das Gehen fiele ihnen leichter. Ich versuchte es selbst auch, aber von dem straff gewickelten Bast bekam ich nur einen Ausschlag.
Während wir die Hügel hinauf und hinunter stiegen, fragte ich mich, ob wir wohl über eine andere Route wanderten als die, auf der ich mit Milagros gekommen war. Ich konnte mich an keinen einzigen Baum, an keinen Felsen und keinen Fluß erinnern. Und damals waren mir auch nicht die Moskitos und sonstigen Insekten aufgefallen, die über der sumpfigen Landschaft schwirrten. Angelockt von unseren verschwitzten Körpern, summten sie mit einer fürchterlichen Hartnäckigkeit dauernd um uns herum. Ich, die ich niemals zuvor von ihnen belästigt worden war, wußte jetzt schon gar nicht mehr, an welchem Körperteil ich mich zuerst kratzen sollte. Das zerrissene T-Shirt bot mir auch keinen Schutz. Sogar Iramamowe, der anfangs noch so getan hatte, als würden ihm die vielen Stiche nichts ausmachen, zeigte ab und zu, daß ihm die Quälgeister sehr wohl zu schaffen machten: er klatschte sich auf den Hals und die Arme oder hob ein Bein, um sich am Knöchel zu kratzen.
Gegen Mittag des fünften Tages schlugen wir unser Lager am Rande der Gärten des Mocototeri-Stammes auf. Da das Unterholz gerodet war, wirkten die riesigen Kapokbäume hier noch monumentaler als im Urwald. Einzelne Sonnenstrahlen fanden ihren Weg durch das Laubwerk und bildeten ein Muster aus Licht und Schatten auf dem dunklen Erdboden.
Wir nahmen ein Bad im nahen Fluß, an einer Stelle, wo rote

Blüten von Lianen sich über dem Wasser sehr anmutig im Rhythmus des Winds schaukelten. Iramamowe und drei weitere junge Männer legten als erste ihren Festschmuck an und bemalten sich gegenseitig mit *Onoto*, um sich dann auf den Weg in den *Shabono* der Gastgeber zu machen. Kurz darauf kehrte Iramamowe wieder zurück, in der Hand einen Korb voll gebackener Bananen und gebratenem Fleisch.
»Ohoooh, und die Mocototeri haben noch viel mehr davon«, freute er sich, während er die Kostproben an alle verteilte.
Bevor die Frauen anfingen, sich herauszuputzen, halfen sie den Männern erst dabei, die weißen Daunenfedern aufs Haar zu kleben und Federn und Affenfelle um Hals und Arme zu befestigen. Mir wurde die Aufgabe übertragen, die Kinder mit den vorgeschriebenen *Onoto*-Mustern zu bemalen.
Wir unterbrachen unser Gelächter und das vielstimmige Geschnatter, als ein Mocototeri auf uns zukam und uns anrief.
»Er sieht aus wie ein Affe«, flüsterte Ritimi.
Ich nickte und mußte mich sehr beherrschen, nicht loszukichern. Die kurzen, krummen Beine und die unverhältnismäßig langen Arme des Mannes fielen noch stärker auf, als er nun neben Etewa und Iramamowe stand, die mit ihrem Kopfschmuck aus weißen Daunen, den langen bunten Arafedern, die von ihren Armbändern flatterten, und ihren leuchtendroten Hüftgürteln ausgesprochen imposant aussahen.
»Unser Häuptling möchte mit dem Festmahl beginnen. Ihr solltet jetzt bald kommen«, sagte der Mocototeri mit der gleichen förmlichen, hohen Stimme, mit der auch der Mann gesprochen hatte, der in unseren *Shabono* gekommen war, um uns zu dem Festmahl einzuladen. »Wenn ihr zu

lange mit euren Vorbereitungen braucht, dann bleibt keine Zeit mehr zum Reden.«

Mit stolz erhobenen Köpfen und leicht vorgeschobenem Kinn gingen Etewa, Iramamowe und drei der jungen Männer, ebenfalls auf angemessene Weise bemalt und geschmückt, hinter dem Mocototeri her. Die Männer schützten zwar vollkommene Gelassenheit vor, waren sich jedoch sehr wohl der bewundernden Blicke der anderen bewußt, als sie nun auf den *Shabono* zuschritten.

In der letzten Minute wurden alle Frauen von Lampenfieber gepackt und nahmen hastig noch winzige Änderungen an ihrer Toilette vor, indem sie hier noch eine Blume oder eine Feder zusätzlich anbrachten und dort ihrer Bemalung mit einem Tupfen *Onoto* den letzten Schliff gaben. Wie man aussah, blieb zur Gänze der Beurteilung der anderen überlassen, denn Spiegel gab es keine.

Ritimi legte mir den Hüftgürtel an, wobei sie darauf achtete, daß die langen Fransen genau in der Mitte herunterhingen. »Du bist immer noch so dünn«, sagte sie und strich mir über die Brust, »obwohl du immer so viel ißt. Aber heute darfst du nicht so zulangen, wie du es in unserem *Shabono* tust, sonst könnten die Mocototeri glauben, daß du bei uns nicht genug bekommst.«

Ich versprach ihr, mich beim Essen zurückzuhalten, mußte dann aber loslachen, weil mir eingefallen war, daß mich Ritimi mit denselben Worten ermahnt hatte wie meine Mutter früher, wenn ich als Kind bei der Familie einer Freundin übers Wochenende eingeladen war. Ihr war mein unwahrscheinlicher Appetit immer genauso peinlich gewesen; sie glaubte, andere Leute könnten daraus den Schluß ziehen, ich bekäme zu Hause nicht ausreichend zu essen, oder noch schlimmer, ich hätte einen Bandwurm.

Kurz bevor wir schließlich zum *Shabono* der Mocototeri

aufbrachen, ermahnte die alte Hayama noch einmal ihre Enkel Texoma und Sisiwe, sich ja anständig zu benehmen. Sie erhob ihre Stimme so, daß auch die anderen Kinder sie gut verstehen konnten, und betonte, wie wichtig es sei, daß die Frauen der Mocototeri möglichst wenig Gelegenheit bekämen, sich nach unserem Weggehen über die Erziehung der Kinder zu beklagen. Hayama bestand darauf, daß die Kleinen noch ein letztes Mal hinter einem Busch ihr Geschäft verrichteten, denn wenn wir einmal die Umfriedung des fremden *Shabono* betreten hätten, dann würde niemand sie hinausbringen können oder hinter ihnen saubermachen.

Als wir den Versammlungsplatz der Mocototeri erreichten, bildeten die Männer eine gerade Reihe und hielten ihre Waffen senkrecht vor ihren hochmütig erhobenen Gesichtern. Wir nahmen mit den Kindern hinter ihnen Aufstellung.

Eine Gruppe von aufgeregt schreienden Frauen kam aus den Hütten gerannt, sobald sie mich erblickt hatten. Ich empfand weder Angst noch Abscheu, als sie mich nun im Gesicht und am ganzen Körper anfaßten, küßten und ableckten. Ritimi schien allerdings vergessen zu haben, welchen Empfang mir die Iticoteri beim ersten Zusammentreffen bereitet hatten, denn sie murmelte ständig leicht verärgert vor sich hin, daß sie nun meine Bemalung mit frischem *Onoto* nachziehen müsse.

Dann packte mich eine der Mocototeri-Frauen mit festem Griff am Arm und schob Ritimi beiseite. »Du kommst mit mir, weißes Mädchen«, verkündete sie.

»Nein!« rief Ritimi und zog mich dichter an sich heran. Ihr Lächeln täuschte nicht über den scharfen, zornigen Tonfall in ihrer Stimme hinweg. »Ich habe die weiße Frau mitgebracht, damit ihr sie ansehen könnt. Aber niemand darf sie mir wegnehmen. Wir gehören zusammen wie unsere Schatten. Wohin sie geht, gehe auch ich. Und wohin ich gehe, geht auch sie.« Sie hielt dem hartnäckigen Blick der Frau stand und versuchte, diese Kraftprobe zu gewinnen, indem sie ihre Widersacherin herausforderte, ihr zu widersprechen.

Die Frau öffnete den Mund, so daß man den vielen Kautabak darin sehen konnte, und stieß ein Lachen aus. »Wenn du das weiße Mädchen mitgebracht hast, dann mußt du sie auch in meine Hütte kommen lassen.«

Jemand bahnte sich von hinten einen Weg durch die Gruppe der Frauen. Die Arme vor der Brust verschränkt, stellte sich ein Mann neben mir auf und schob seine Hüften mit einer wiegenden Bewegung etwas vor. »Ich bin der Häuptling der Mocototeri«, sagte er. Als er jetzt lächelte, wurden seine Augen zu zwei winzigen, leuchtenden Schlitzen in dem tiefgefurchten, mit roten Mustern bemalten Gesicht. »Ist das weiße Mädchen denn deine Schwester, daß du sie so beschützt?« erkundigte er sich bei Ritimi.

»Ja«, stieß sie ungestüm hervor, »sie ist meine Schwester.«

Mit einem ungläubigen Kopfschütteln musterte mich der Häuptling. Ich machte anscheinend keinen großen Eindruck auf ihn. »Ich kann zwar sehen, daß ihre Haut weiß ist, aber sie sieht nicht so aus wie eine richtige weiße Frau«, sagte er schließlich. »Ihre Füße sind ebenso nackt wie unsere; und sie trägt auch keine sonderbaren Kleidungsstücke außer diesem hier.« Er zog an meiner zerrissenen, lose sitzenden Unterhose. »Warum zieht sie das unter einem indianischen Hüftgürtel an?«

»*Panties*«, erklärte Ritimi mit bedeutsamer Stimme; das englische Wort dafür gefiel ihr besser als das spanische, das ich ihr ebenfalls beigebracht hatte. »So sagen die Weißen dazu. Sie hat noch zwei andere davon. Diese *Panties* trägt sie, weil

sie Angst davor hat, daß ihr in der Nacht Spinnen und am Tag Tausendfüßler in den Körper hineinkriechen.«
Der Häuptling nickte, als könnte er meine Befürchtungen gut verstehen, berührte mein kurzgeschnittenes Haar und rieb die fleischige Hand an meiner Tonsur. »Ihr Haar hat die Farbe der jungen Blätter einer *Assai*-Palme.« Dann brachte er sein Gesicht ganz dicht an meines heran, bis sich unsere Nasen berührten. »Was für seltsame Augen – sie haben die Farbe des Regens.« Seine finstere Miene machte einem belustigten Lächeln Platz. »Ja, sie muß wohl eine Weiße sein; und wenn du sagst, sie ist deine Schwester, dann wird sie dir niemand entführen«, sagte er zu Ritimi.
»Wie kannst du sie deine Schwester nennen?« fragte die Frau, die mich immer noch am Arm festhielt. In ihrem bemalten Gesicht war deutlich ernsthafte Verwirrung zu lesen, als sie mich jetzt anstarrte.
»Ich sage Schwester zu ihr, weil sie so ist wie wir«, erläuterte Ritimi und legte mir dabei den Arm um die Taille.
»Ich möchte, daß sie in meine Hütte kommt und bei mir wohnt«, sagte die Frau. »Und daß sie meine Kinder anfaßt.«
Wir gingen der Frau in eine der Hütten nach. Pfeil und Bogen lehnten an dem tief heruntergezogenen Dach. Bananen, Kürbisflaschen und in Blätter eingewickelte Fleischportionen hingen von den Dachsparren. In den Ecken lagen Macheten, Beile und ein ganzes Sortiment von Keulen. Auf dem Boden waren Zweige, Äste, Obstschalen und die Scherben von Kochgefäßen verstreut.
Ritimi setzte sich neben mich in die Hängematte aus Baumwolle. Sobald ich den Saft aus eingeweichten Palmenfrüchten ausgetrunken hatte, der mir von unserer Gastgeberin angeboten worden war, legte sie ein sehr kleines Baby in meinen Schoß. »Streichle ihn.«
Das Kind drehte und wand sich in meinem Arm und wäre

um ein Haar zu Boden gefallen. Und als es mir ins Gesicht blickte, fing es an zu weinen.
»Nimm du ihn lieber«, sagte ich und gab der Frau das Kind zurück. »Säuglinge fürchten sich vor mir. Sie müssen mich erst kennenlernen, bevor sie sich von mir anfassen lassen.«
»Ist das wahr?« fragte die Frau und warf Ritimi einen mißtrauischen Blick zu, während sie den Säugling in den Armen wiegte.
»Unsere Babys schreien nicht.« Ritimi warf einen verächtlichen Blick auf das Kind. »Die Kinder meines Vaters und meine eigenen schlafen sogar mit ihr in derselben Hängematte.«
»Ich werde meine älteren Kinder rufen«, sagte die Frau und winkte mehrere Mädchen und Jungen zu sich, die sich zwischen den Bananenbüscheln und dem Schrägdach versteckten und uns von dort neugierig beobachteten.
»Tu das nicht«, wandte ich ein, denn mir war klar, daß die Kinder auch Angst vor mir haben würden. »Wenn du sie zwingst, zu mir zu kommen, dann werden sie bestimmt auch weinen.«
»Ja, das stimmt«, bemerkte eine andere Frau, die uns in die Hütte gefolgt war. »Sobald die Kleinen sehen, daß ihre Mütter sich trauen, das Palmfaserhaar und den blassen Körper des weißen Mädchens zu berühren, werden sie keine Angst mehr haben und sich zu ihr setzen.«
Mehrere Frauen hatten sich um uns versammelt. Anfangs noch sehr vorsichtig, erforschten sie mit den Händen mein Gesicht, dann wurden sie mutiger und berührten Hals, Arme, Brüste, Bauch, Knie, Waden und Zehen; kein einziger Körperteil wurde ausgelassen. Jedesmal, wenn sie einen Kratzer oder einen Mückenstich entdeckten, spuckten sie darauf und rieben die Stelle mit dem Daumen. Wenn der Stich frisch war, saugten sie das Gift heraus.

Ich hatte mich zwar mittlerweile schon an die ausgiebigen Beweise von Zuneigung gewöhnt, die mir Ritimi und Tutemi sowie alle Kinder der Iticoteri entgegenbrachten; diese dauerten allerdings immer nur wenige Minuten, und jetzt fühlte ich mich langsam etwas ungemütlich unter den Berührungen so vieler neugieriger Hände. »Was machen die denn dort?« fragte ich und zeigte auf eine Gruppe Männer, die vor der nächsten Hütte auf dem Boden hockten.
»Sie bereiten die *Assai*-Blätter für den Tanz vor«, erklärte mir die Frau, die mir das Baby in den Schoß gelegt hatte. »Möchtest du dir das ansehen?«
»Gern«, sagte ich und war froh, daß ich so die allgemeine Aufmerksamkeit ein wenig von mir ablenken konnte.
»Muß dich eigentlich Ritimi überallhin begleiten?« fragte die Frau, als sich Ritimi zusammen mit mir aus der Hängematte erhob.
»Ja«, gab ich zurück, »wenn sie nicht gewesen wäre, dann könnte ich jetzt nicht Gast in eurem *Shabono* sein. Ritimi hat sich immer um mich gekümmert, seit ich hier im Wald bin.«
Ritimi strahlte mich an. Ich wünschte, ich hätte so etwas Ähnliches schon früher gesagt. Während unseres ganzen weiteren Aufenthalts bei den Motocoteri kam es kein einziges Mal mehr vor, daß eine der Frauen Ritimis besitzergreifende Art mir gegenüber in Frage stellte.
Die Männer vor der Hütte waren dabei, die blaßgelben, noch eingerollten Blätter der jungen Schößlinge der *Assai*-Palme mit scharfen Stöckchen voneinander zu trennen. Als wir näherkamen, erhob sich einer der Männer aus der Hocke. Er nahm ein Stück Kautabak aus dem Mund, wischte mit dem Handrücken den heraustropfenden Speichel vom Kinn und hielt mir dann einen der Palmwedel über den Kopf. Mit einem Lächeln zeigte er auf die feinen goldenen Äderchen in dem Blatt, die im Licht der sinkenden Sonne

kaum noch zu erkennen waren. Er strich mir übers Haar, steckte sich den Tabak wieder in den Mund und kehrte ohne ein Wort an seine Arbeit zurück.

Als nun die Nacht hereinbrach, wurden in der Mitte des Versammlungsplatzes Feuer angezündet. Die Männer der Iticoteri lösten einen wilden Schwall von Jubelrufen bei ihren Gastgebern aus, als sie mit ihren Waffen in der Hand einen Kreis um die Feuer bildeten. Dann tanzten die Iticoteri, jeweils zu zweit, rund um die Lichtung. Vor jeder Hütte wurden sie ein wenig langsamer, so daß alle ihren Festschmuck und ihre Tanzschritte genügend bewundern konnten.

Etewa und Iramamowe waren das letzte Paar. Die Beifallsrufe erreichten noch größere Lautstärke, weil die beiden sich mit vollkommen aufeinander abgestimmten Schritten bewegten. Sie tanzten nicht an den Hütten vorbei, sondern blieben in der Nähe der Feuer, wo sie sich immer schneller im Kreise drehten und sich dem Rhythmus der züngelnden Flammen anzupassen schienen; dann hielten Etewa und Iramamowe abrupt inne, erhoben Pfeil und Bogen senkrecht vor ihren Gesichtern und zielten damit symbolisch auf die Mocototeri-Männer, die vor ihren Hütten standen und zusahen. Unter lautem Gelächter nahmen die beiden danach ihren Tanz gleich wieder auf, während die Zuschauer in begeisterten Beifall ausbrachen.

Später luden die Gastgeber die Männer der Iticoteri ein, sich in den Hängematten auszuruhen. Während die Speisen aufgetragen wurden, stürmten plötzlich mehrere Mocototeri auf die Lichtung. *»Haii, haii, haiiii«*, riefen sie und bewegter sich dabei zu den klackenden Geräuschen ihrer Bogen und im Rhythmus der pfeifenden Blätter der gefransten *Assai*-Palmwedel, die sie durch die Luft schwenkten.

Ich konnte die tanzenden Gestalten kaum noch vonein-

ander unterscheiden. Bisweilen schienen sie miteinander zu verschmelzen, dann trennten sie sich wieder in großen Sprüngen; ich erkannte nur bruchstückweise die Arme, Beine und Füße, die unter den wiegenden Palmwedeln zum Vorschein kamen – schwarze, vogelähnliche Gestalten mit riesenhaften Schwingen, wenn sie sich vom Schein der Feuer entfernten, und Statuen wie aus leuchtendem Kupfer, weder Mensch noch Vogel, wenn der Schweiß auf ihren Körpern im Licht der Flammen glänzte.
»Wir wollen mit euren Frauen tanzen«, verlangten nun die Mocototeri. Als die Iticoteri darauf nicht antworteten, höhnten sie: »Oder seid ihr etwa eifersüchtig? Warum wollt ihr eure armen Frauen nicht tanzen lassen? Habt ihr denn vergessen, daß wir bei eurem Festmahl auch unsere Frauen mit euch haben tanzen lassen?«
»Jede Frau, die mit den Mocototeri tanzen möchte, darf das natürlich tun«, rief Iramamowe, ermahnte die Männer jedoch: »Aber ihr werdet keine unserer Frauen dazu zwingen, wenn sie keine Lust dazu hat.«
»Haii, haii, haiiii«, schrien die Mocototeri euphorisch und hießen die Frauen der Iticoteri wie auch ihre eigenen auf der Lichtung willkommen.
»Möchtest du nicht auch tanzen?« fragte ich Ritimi. »Dann komme ich mit dir.«
»Nein, ich will dich nicht in der Menge verlieren«, antwortete sie. »Außerdem will ich nicht, daß dir wieder einer eine Keule auf den Kopf schlägt.«
»Aber das war damals doch nicht mit Absicht geschehen. Und im übrigen tanzen die Mocototeri ja auch gar nicht mit brennenden Holzscheiten«, sagte ich. »Was können sie mir denn mit diesen Palmwedeln schon anhaben?«
Ritimi zuckte die Achseln. »Mein Vater hat gesagt, den Mocototeri kann man nicht trauen.«

»Aber ich hätte gedacht, daß man zu einem Festmahl nur seine Freunde einlädt?«
»Seine Feinde auch«, kicherte Ritimi. »Bei einem Festmahl gibt es immer gute Gelegenheiten, um herauszufinden, was die anderen vorhaben.«
»Die Mocototeri sind aber doch sehr freundlich. Sie haben uns ausgezeichnet bewirtet.«
»Natürlich haben sie uns gut bewirtet – damit wir nachher nicht behaupten können, sie wären geizig«, sagte Ritimi. »Na ja, wie mein Vater schon sagte, du bist eben noch sehr unwissend. Du merkst offensichtlich nicht, was hier vorgeht, wenn du glaubst, sie wären nur freundlich zu uns.« Ritimi tätschelte meinen Kopf, als wäre ich ein kleines Kind. Dann sprach sie weiter. »Ist dir nicht aufgefallen, daß unsere Männer heute nachmittag kein *Epena* genommen haben? Hast du nicht gemerkt, wie wachsam sie sind?«
Das war mir bisher nicht aufgefallen, und ich war versucht, ihr zu sagen, daß ich das Benehmen der Iticoteri nicht allzu höflich fand, hielt meinen Kommentar jedoch zurück. Schließlich hatte Ritimi mit ihrer Bemerkung ja recht gehabt: Ich begriff nicht genau, was hier vorging. Ich sah mir die sechs Iticoteri genauer an, die um das Feuer herumtanzten. Tatsächlich bewegten sie sich nicht mit derselben Hingabe wie sonst, und ihre Blicke schossen ständig hin und her; sie beobachteten sehr aufmerksam alles, was sich um sie herum ereignete. Die übrigen Männer vom Stamm der Iticoteri ruhten nicht in den Hängematten ihrer Gastgeber, sondern standen draußen vor den Hütten.
Für mich hatte der Tanz nun seinen Zauber verloren. Die Schatten und die Stimmen der andern bekamen ein neues Gesicht. Jetzt kam mir die Dunkelheit dieser Nacht bedrohlich vor. Ich machte mich über das Essen her, das mir vor

einer Weile gebracht worden war. »Das Fleisch schmeckt bitter«, bemerkte ich und überlegte, ob es wohl vergiftet sein könnte.
»Der bittere Geschmack kommt vom *Mamucori*«, erklärte Ritimi beiläufig. »Die Stelle, wo der Affe vom vergifteten Pfeil getroffen wurde, ist nicht ordentlich ausgewaschen.«
Ich spuckte das Fleisch wieder aus. Ich hatte nicht nur Angst, vergiftet zu werden; außerdem wurde mir übel bei dem Gedanken an das Tier, das ich vorhin in einem großen Aluminiumtopf voll kochendem Wasser gesehen hatte; die Oberfläche des Wassers war mit einer dicken Schicht aus schwimmendem Fett und Affenhaaren bedeckt gewesen.
Ritimi legte mir den Bissen auf meinen Kürbisteller zurück. »Iß das jetzt«, befahl sie mir. »Das Fleisch ist gut – auch die bittere Stelle. Dein Körper gewöhnt sich an das Gift. Weißt du denn nicht, daß ein Vater seinem Sohn immer das Stück mit der Stelle gibt, an der der Pfeil getroffen hat? Wenn er dann später bei einem Überfall einen vergifteten Pfeil abbekommt, stirbt er nicht daran, weil sein Körper an das *Mamucori* gewöhnt ist.«
»Ich fürchte, daß ich, bevor ich noch von einem Giftpfeil getroffen werde, eher an vergiftetem Fleisch sterbe.«
»Nein, nein. Man stirbt nicht, wenn man *Mamucori* ißt«, beruhigte mich Ritimi. »Es muß durch die Haut eindringen.« Sie nahm den halbzerkauten Bissen von meinem Teller, biß ein Stück ab und schob mir die andere Hälfte dann in den Mund. Mit einem spöttischen Lächeln tauschte sie unsere beiden Teller aus. »Ich will ja nicht, daß dir das Essen im Halse steckenbleibt«, sagte sie und machte sich mit übertrieben wirkendem Appetit über den Rest der gekochten Affenbrust her. Immer noch kauend, zeigte sie auf die

Lichtung und fragte mich, ob ich die Frau mit dem runden Gesicht sähe, die dort um das Feuer tanzte.
Ich nickte, wußte aber nicht genau, welche sie meinte. Insgesamt tanzten dort ungefähr zehn Frauen. Alle hatten sie runde Gesichter, dunkle, schrägstehende Augen und üppige Körper, die im Schein der Flammen die Farbe von Honig annahmen.
»Das ist diejenige, die bei unserem Festmahl mit Etewa geschlafen hat«, sagte Ritimi. »Ich habe sie schon verhext.«
»Wann hast du es denn gemacht?«
»Heute nachmittag«, erwiderte Ritimi leise und fing an zu kichern. »Ich habe das *Oko-Shiki*, das ich in meinem Garten gesammelt habe, auf ihre Hängematte gestreut«, setzte sie zufrieden hinzu.
»Und was geschieht, wenn sich jemand anderer in ihre Hängematte setzt?«
»Das ist egal. Der Zauber hat nur auf sie eine schädliche Wirkung«, versicherte mir Ritimi.
Ich hatte keine Gelegenheit, noch mehr über diese Hexerei herauszufinden, denn in diesem Moment brach der Tanz ab, und die müden Teilnehmer kehrten mit lächelnden Gesichtern in die Hütten zurück, um sich auszuruhen und etwas zu essen.
Die Frauen, die sich zu uns um die Feuerstelle gesellten, zeigten Überraschung darüber, daß Ritimi und ich nicht mitgetanzt hatten. Tanzen galt als ebenso wichtig wie das Bemalen des Körpers mit *Onoto* – es machte jung und glücklich.
Kurze Zeit später trat der Häuptling auf die Lichtung hinaus und verkündete mit donnernder Stimme: »Ich möchte gern die Frauen der Iticoteri singen hören. Ihre Stimmen erfreuen meine Ohren. Und unsere Frauen sollen ihre Lieder lernen.«

Kichernd versetzten sich die Frauen gegenseitig Rippenstöße. »Geh du, Ritimi«, sagte eine von Iramamowes Frauen. »Du hast die schönste Stimme.«
Mehr Ansporn bedurfte es bei Ritimi nicht. »Gehen wir doch alle zusammen«, sagte sie und erhob sich.
Im ganzen *Shabono* wurde es nun still, als wir uns die Arme um die Hüften legten und alle zusammen auf den Versammlungsplatz hinaustraten. Nachdem Ritimi sich der Hütte des Häuptlings zugewandt hatte, begann sie mit ihrer klaren, melodischen Stimme zu singen. Die Lieder waren alle sehr kurz; die letzten zwei Zeilen wurden als Refrain von uns anderen wiederholt. Die übrigen Frauen sangen zwar auch, aber Ritimis Lieder, eines ganz besonders, fanden am meisten Anklang, und der Häuptling bestand darauf, daß sie es immer wieder vortrug, bis seine Frauen es gelernt hatten:

Wenn der Wind in den Palmenblättern spielt,
lausche ich stumm mit den Fröschen seinem traurigen Lied.
Hoch oben am Himmel lachen die Sterne herab,
doch ihre Tränen strömen, wenn Wolken sich vor sie schieben.

Dann kam der Häuptling zu uns herüber und sprach mich an: »Und jetzt mußt du uns etwas vorsingen.«
»Aber ich weiß gar keine Lieder«, sagte ich und konnte mir ein Kichern nicht verkneifen.
»Doch, du weißt bestimmt ein paar«, beharrte der Häuptling. »Ich habe schon viel darüber gehört, wie gern die Weißen singen. Sie haben sogar kleine Kästen, die für sie singen.«
In Caracas hatte mir mein Musiklehrer in der dritten Klasse gesagt, daß ich nicht nur eine schaurige Stimme hätte, sondern darüber hinaus auch nicht im geringsten musika-

lisch sei. Trotzdem war Professor Hans, wie er sich von uns nennen ließ, durchaus nicht gleichgültig meiner Sangesfreude gegenüber gewesen. Er erlaubte mir, an den Musikstunden weiter teilzunehmen, allerdings unter der Voraussetzung, daß ich mich in die letzte Reihe setzte und nur ganz leise mitsang. Professor Hans hatte sich nie viel mit den vorgeschriebenen Kirchengesängen und Volksliedern abgegeben, die er uns eigentlich hätte beibringen sollen, dafür lernten wir bei ihm argentinische Tangos aus den dreißiger Jahren. Diese Lieder hatte ich nie vergessen.

Ich betrachtete die erwartungsvollen Gesichter um mich und trat dichter an das Feuer heran. Dann räusperte ich mich und fing an zu singen, wobei ich gar nicht auf die Mißtöne achtete, die ich da produzierte. Einen Augenblick lang hatte ich das Gefühl, es gelänge mir, diese Tangos in genau derselben leidenschaftlichen Art darzubieten, in der Professor Hans sie immer vorgetragen hatte. Ich preßte mir die Hand an die Brust und schloß die Augen, als wäre ich völlig überwältigt von der Traurigkeit und der Dramatik jeder einzelnen Zeile.

Mein Publikum war wie verzaubert. Sowohl die Mocototeri als auch die Iticoteri waren aus den Hütten getreten, um jede meiner Gesten genau zu beobachten.

Danach ließ der Häuptling seinen Blick lange auf mir ruhen und stellte schließlich fest: »Unsere Frauen werden nicht lernen können, auf so seltsame Weise zu singen.«

Als nächstes trugen die Männer ihre Lieder vor. Jeder Sänger stellte sich allein in der Mitte der Lichtung auf, die Hände vor sich auf den Bogen gelegt. Manchmal wurde er auch von einem Freund begleitet; dann legte der Sänger dem Gefährten den Arm um die Schultern. Ein Lied, das uns ein junger Mocototeri vorsang, wurde zum Lieblingsstück des ganzen Abends:

Ein Affe springt von Baum zu Baum;
ich schieße ihn mit meinem Pfeil.
Doch fallen nur die grünen Blätter –
fliegen durch die Luft und legen sich mir zu Füßen.

Die Männer der Iticoteri gingen nicht schlafen, sondern verbrachten die ganze Nacht damit, mit ihren Gastgebern zu reden und zu singen. Ich schlief mit den Frauen und Kindern in den leeren Hütten, die um den Haupteingang des *Shabono* gebaut waren.

Am nächsten Morgen stopfte ich mich mit Papayas und Ananas voll, die mir ein kleines Mocototeri-Mädchen aus dem Garten ihres Vaters gebracht hatte. Ritimi und ich hatten sie etwas früher bei unserem morgendlichen Gang in die Büsche entdeckt. Sie hatte mir zwar den Rat gegeben, nichts von dem Obst zu verlangen – nicht aus Gründen der Höflichkeit, sondern weil die Früchte unreif waren, aber mir machte der säuerliche Geschmack und auch das leichte Magengrimmen, das sich bald darauf einstellte, nichts weiter aus. Immerhin war es seit Monaten das erste Mal, daß ich vertrautes Obst angeboten bekam. Die Bananen und Palmfrüchte waren für mich kein Obst, sondern Gemüse.

»Du hast wirklich mit einer scheußlichen Stimme gesungen gestern abend«, sprach mich ein junger Indianer an, der sich neben mich hingehockt hatte. »Ohoho, ich habe zwar nicht verstanden, was du da gesungen hast, aber es klang jedenfalls fürchterlich.«

Sprachlos funkelte ich ihn an. Ich wußte nicht genau, ob ich lachen oder ihm die Beleidigung heimzahlen sollte.

Da legte mir Ritimi den Arm um den Hals und brach in Gelächter aus. Sie legte den Kopf schief und sah mich von der Seite an, dann flüsterte sie mir ins Ohr: »Als du gestern gesungen hast, da dachte ich erst, du hättest von dem Affenfleisch wirklich Bauchschmerzen bekommen.«

An derselben Stelle der Lichtung wie am Abend zuvor hockten auch jetzt noch mehrere Männer aus beiden Stämmen und sprachen in der förmlichen, ritualisierten Ausdrucksweise zueinander, die *Wayamou* genannt wurde und bei Tauschverhandlungen angemessen war. Das Feilschen um Tauschgüter war immer ein langsamer, komplizierter Prozeß, bei dem es genauso wichtig war, sich mit den zum Tauschen gedachten Gegenständen zu befassen wie Neuigkeiten und allgemeinen Klatsch auszutauschen.

Kurz vor Mittag kamen einige Mocototeri-Frauen zu ihren Männern und kritisierten sie, daß sie beim Tausch wertvolle Dinge hergegeben hätten; sie waren der Meinung, die Macheten, Aluminiumtöpfe und Baumwollhängematten hätten sie selbst ebensogut brauchen können. »Vergiftete Pfeilspitzen, pah!« zeterte eine der Frauen wütend. »Die könntet ihr euch auch selber machen, wenn ihr nicht so schrecklich faul wäret!« Ohne den Beschimpfungen der Frauen auch nur die geringste Beachtung zu schenken, schacherten die Männer weiter.

13

Mittag war schon vorbei, als wir aus der Siedlung der Mocototeri aufbrachen; unsere Körbe waren mit Bananen, Palmfrüchten und Fleisch gefüllt, den üblichen Abschiedsgeschenken für die Gäste.
Kurz vor Einbruch der Nacht holten uns drei Mocototeri ein. Der eine hob seinen Bogen ans Kinn und sagte: »Unser Häuptling will, daß das weiße Mädchen bei uns bleibt.« Er starrte mich über den Schaft seines schußbereiten Pfeils hinweg an.
»Nur ein Feigling richtet seinen Pfeil auf eine Frau«, sagte Iramamowe und stellte sich dabei vor mich. »Warum schießt du nicht, du nichtsnutziger Mocototeri?«
»Wir sind nicht gekommen, um zu kämpfen«, bemerkte der Mann und stellte den Bogen wieder senkrecht vor sich auf. »Sonst hätten wir euch schon vor einer Weile aus dem Hinterhalt überfallen. Wir wollen nur das weiße Mädchen erschrecken, damit sie freiwillig mit uns kommt.«
»Sie kann unmöglich bei euch bleiben«, sagte Iramamowe. »Milagros hat sie in unseren *Shabono* gebracht. Wenn er gewollt hätte, daß sie bei euch lebt, dann wäre er ja wohl mit ihr in euer Dorf gekommen.«
»Wir wollen, daß sie mit uns kommt«, beharrte der andere. »Wir bringen sie euch auch zurück, bevor die Regenzeit beginnt.«
»Wenn du mich noch weiter wütend machst, dann werde ich dich auf der Stelle töten.« Iramamowe schlug sich mit der Faust auf die Brust. »Denkt daran, ihr feigen Mocototeri, ich bin ein großer Krieger. Die *Hekura* in meiner Brust

gehorchen mir zu jeder Zeit, auch ohne *Epena.*« Iramamowe trat einen Schritt auf die drei Männer zu. »Wißt ihr denn nicht, daß das weiße Mädchen zum Stamm der Iticoteri gehört?«

»Warum fragst du sie nicht selbst, ob sie bei uns bleiben will?« sagte der Mann jetzt. »Sie hat sich bei meinem Volk wohl gefühlt. Vielleicht möchte sie bei uns leben.«

Iramamowe fing an zu lachen – es war ein polterndes Lachen, dem nicht anzuhören war, ob er belustigt oder empört war. Dann verstummte er plötzlich. »Dem weißen Mädchen gefällt die Art nicht, wie die Mocototeri aussehen. Sie hat mir gesagt, daß ihr alle eine gewisse Ähnlichkeit mit Affen habt.« Dabei drehte sich Iramamowe zu mir um. In seinem Blick lag ein derartig flehender Ausdruck, daß ich mich schon sehr zusammenreißen mußte, um nicht loszukichern.

Ich empfand leichte Gewissensbisse, als ich in die fassungslosen Gesichter der drei Mocototeri sah. Einen Moment lang war ich beinahe versucht, Iramamowes Worte zu bestreiten. Aber ich konnte seinen Ärger gut verstehen, und außerdem hatte ich Arasuwes Besorgnis nicht vergessen, mit der er mich zu dem Festmahl hatte mitgehen lassen. Ich verschränke die Arme vor der Brust, hob das Kinn in die Luft und sagte dann, ohne die drei dabei direkt anzusehen: »Ich habe keine Lust, in eurem Dorf zu leben. Ich will nicht zusammen mit Affen essen und schlafen.«

Die Iticoteri brachen in lautes Hohngelächter aus. Die drei Männer drehten uns abrupt den Rücken zu und verschwanden auf dem Pfad ins Dickicht.

Wir schlugen unser Lager nicht weit vom Fluß auf einer gerodeten Stelle des Urwalds auf, wo die Überreste von einigen provisorischen Unterkünften standen. Allerdings erneuerten wir ihre Dächer nicht mit frischem Laub, weil

uns der alte Kamosiwe versicherte, es würde in dieser Nacht nicht regnen.
Iramamowe aß nichts, sondern saß stumm und finster vor dem Feuer. In seiner Haltung lag eine solche Anspannung, als rechnete er jeden Moment damit, daß die drei Mocototeri zurückkehrten.
»Besteht denn die Gefahr, daß sie noch einmal kommen?« fragte ich ihn.
Iramamowe schwieg lange, bevor er mir eine Antwort gab. »Es sind Feiglinge. Sie wissen genau, daß meine Pfeile sie auf der Stelle töten würden.« Er starrte wie gebannt vor sich zu Boden; seine Lippen waren zu einem schmalen Strich zusammengekniffen. »Ich überlege gerade, auf welchem Weg wir am besten zu unserem *Shabono* zurückgehen sollen.«
»Wir sollten uns aufteilen«, schlug Kamosiwe vor und sah mich dabei mit seinem einen Auge an. »Heute nacht scheint der Mond nicht; also kommen die Mocototeri heute nicht zurück. Aber morgen kommen sie vielleicht wieder und wollen das weiße Mädchen. Wir können ihnen ja erzählen, sie hätte von ihrem Überfall heute einen solchen Schrecken bekommen, daß sie darum gebeten hat, zur Missionsstation zurückgebracht zu werden.«
»Wieso, willst du sie etwa dorthin zurückschicken?« In Ritimis Stimme war ein ängstlicher Unterton zu hören.
»Nein«, erwiderte der alte Mann belustigt. Mit dem grauen Bartstoppeln, dem einen Auge, dem nie etwas entging, und dem schmächtigen, verhutzelten Körper wirkte er jetzt wie ein arglistiger kleiner Kobold. »Etewa soll zusammen mit Ritimi und dem weißen Mädchen den Weg über die Berge gehen und so zum *Shabono* zurückkehren. Das ist zwar ein Umweg, aber dafür werden sie nicht durch die Kinder und die Alten aufgehalten. Sie werden unser Dorf nicht viel

später als einen oder zwei Tage nach uns erreichen. Es ist ein guter Weg, auf dem man kaum jemals jemandem begegnet.« Kamosiwe erhob sich und sog prüfend die Luft ein. »Morgen wird es regnen. Also bau am Abend einen Unterschlupf«, sagte er zu Etewa. Dann hockte er sich wieder hin und lächelte mich an. Sein Auge musterte mich fragend. »Fürchtest du dich davor, den Weg über die Berge zu gehen, um zu unserem *Shabono* zurückzukehren?«

Ich schüttelte lächelnd den Kopf. Irgendwie konnte ich mir nicht vorstellen, daß ich in wirklicher Gefahr schwebte.

»Und hast du dich gefürchtet, als der Mocototeri mit seinem Pfeil auf dich gezielt hat?« fragte Kamosiwe weiter.

»Nein. Ich habe gewußt, daß die Iticoteri mich beschützen würden.« Ich mußte mir auf die Zunge beißen, um nicht noch hinzuzufügen, daß mir der ganze Vorfall eigentlich eher lustig als gefährlich vorgekommen war. Damals war mir nicht richtig bewußt, daß trotz der offenkundigen Bluffs, die für jede kritische Situation charakteristisch waren, sowohl Mocototeri wie Iticoteri ihre Drohungen und Forderungen durchaus ernst gemeint hatten.

Meine Antwort freute den alten Kamosiwe, und zwar weniger die Tatsache, daß ich keine Angst gehabt hatte, als mein Vertrauen in sein Volk. Er sprach bis spät in die Nacht mit Etewa. Ritimi war schon eingeschlafen und hielt im Traum meine Hand fest. Auf ihren Lippen lag ein glückseliges Lächeln. Ich wachte über ihre Träume und wußte auch, warum sie so glücklich war: Ein paar Tage lang würde sie Etewa praktisch ganz allein für sich haben.

Im *Shabono* zeigten die Männer kaum jemals offen Zuneigung zu ihren Frauen. Solche Regungen galten als ein Zeichen von Schwäche. Nur den Kindern gegenüber benahmen sich Männer uneingeschränkt zärtlich und liebevoll; sie spielten mit ihnen und überhäuften sie mit Küssen und

Liebkosungen. Ich hatte Etewa und sogar den grimmigen Iramamowe schon mehrmals dabei beobachtet, wie sie ihren Frauen die schweren Brennholzbündel abnahmen und durch den Wald trugen; sie ließen sie jedoch sofort zu Boden fallen, wenn sie sich dem *Shabono* näherten. Wenn kein anderer Mann in Sichtweite war, hatte ich auch schon gesehen, wie Etewa Ritimi oder Tutemi einen besonders guten Bissen Fleisch oder ein Stück Obst zusteckte. Und im Schutz der Dunkelheit legte er manchmal sein Ohr auf Tutemis Bauch, um dem kräftigen Strampeln seines ungeborenen Kindes zu lauschen. In der Gegenwart anderer Männer erwähnte er dagegen nicht einmal, daß er bald wieder Vater werden würde.

Schon mehrere Stunden vor Tagesanbruch weckte Etewa uns auf. Leise verließen wir das Lager und gingen das sandige Ufer des Flusses entlang. Bis auf unsere Hängematten, ein paar Bananen und die drei Ananas, die mir das kleine Mädchen bei den Mocototeri geschenkt hatte, waren unsere Tragkörbe leer. Kamosiwe hatte Etewa versichert, daß er auf dem Weg reichlich Wild jagen könne. Der Mond stand nicht am Himmel, aber trotzdem glitzerte das Wasser schwärzlich, weil sich das matte Schimmern des Sternenhimmels darin spiegelte. Hin und wieder erscholl der Ruf eines Nachtvogels durch die Stille, der das Nahen des kommenden Tages ankündigte. Einer nach dem andern verblaßten die Sterne; die Umrisse der Bäume traten deutlicher hervor, als das rosafarbene Licht des Morgengrauens sich langsam bis zu den Schatten zu unseren Füßen hinabtastete.
Ich war erstaunt, wie breit der Fluß in Wirklichkeit war und wie geräuschlos er an uns vorbeiströmte, so daß man zunächst gar nicht wahrnahm, daß das Wasser sich bewegte. Am Himmel flogen drei Aras in einer Dreiecksformation

und fügten den ruhigen Wolken mit ihren roten, blauen und gelben Federn einige Farbtupfer hinzu, während nun die Sonne leuchtend orange über den Baumwipfeln aufging.
Etewa riß den Mund zu einem Gähnen auf, das sich seinen Weg aus dem tiefsten Innern seiner Lungen zu bahnen schien. Er blinzelte; das Sonnenlicht war schon zu hell für Augen, die nicht genug geschlafen hatten.
Wir schnallten unsere Körbe ab. Ritimi und ich setzten uns auf einen umgestürzten Baum und sahen zu, wie Etewa seinen Bogen spannte. Langsam hob er den Arm und krümmte den Rücken, um den Pfeil steil nach oben in den Himmel zu zielen. Eine halbe Ewigkeit stand er völlig reglos da, wie eine aus Stein gemeißelte Statue, jeder gespannte Muskel deutlich sichtbar, den Blick aufmerksam auf die Vögel am Himmel geheftet. Ich wagte es nicht, ihn zu fragen, warum er so lange wartete, bis er den Pfeil abschoß.
Ich hörte kein Geräusch, als der Pfeil durch die Luft flog – nur ein kurzes Kreischen, das sich sofort in einem aufgeregten Flügelschlagen auflöste. Für den Bruchteil einer Sekunde hing der Ara noch am Himmel, ein flatterndes Knäuel aus bunten Federn, das von einem rötlichen Pfeil zusammengehalten wurde, dann fiel er wie ein Stein zu Boden, nicht weit entfernt von Etewas Standort.
Etewa machte ein Feuer, über dem wir dann den gerupften Vogel und ein paar Bananen rösteten. Er selbst nahm sich nur eine kleine Portion, bestand aber darauf, daß wir beide den ganzen Rest vertilgten, damit wir genügend Kraft für den anstrengenden Marsch über die Hügel hätten.
Wir vermißten das Sonnenlicht vom Flußufer keineswegs, als wir uns nun seitlich ins Dickicht schlugen. Das Halbdunkel unter den Blättern und Schlingpflanzen war eine Erho-

lung für unsere strapazierten Augen. Faulendes Laub stach wie ein Büschel Blumen von dem grünen Hintergrund hervor. Etewa trennte einige Zweige von den wildwachsenden, dunklen Kakaobäumen ab. »Aus diesem Holz macht man die allerbesten Feuerbohrer«, bemerkte er, während er mit Hilfe seines scharfen Messers, das aus dem unteren Schneidezahn eines Aguti gemacht war, die Rinde von den Zweigen abschälte. Dann schnitt er die grünen, gelben und roten Schotenfrüchte herunter, die mit den niedrigen Stämmen der Kakaobäume einzeln durch kurze, blattlose Stiele verbunden waren. Er schlitzte die Früchte auf, und wir leckten das süße, gelatineartige Fruchtfleisch rund um die Samen heraus, die wir in Blätter einwickelten und mitnahmen.

»Gekocht schmecken die Samen des *Pohoro* einfach großartig«, erklärte Ritimi. Ich fragte mich, ob sie im Geschmack wohl an Schokolade erinnern würden.

»Hier in der Nähe muß es Affen und Wiesel geben«, meinte Etewa und zeigte mir die zerkauten Schalen auf dem Boden, die von den Kakaofrüchten übriggeblieben waren. »Diese Tiere mögen die *Pohoro*-Frucht ebensosehr wie wir.«

Ein Stückchen weiter blieb Etewa vor einer verschlungenen Ranke stehen, die er mit seinem Messer markierte. *»Mamucori«*, sagte er. »Hierher werde ich später zurückkehren, wenn ich neues Pfeilgift brauche.«

»Ist das *Ashukamaki?*« rief ich, als wir zu einem Baum kamen, um dessen Stamm sich eine Pflanze mit glänzenden, wachsartigen Blättern schlang. Aber es war nicht die Liane, die man zum Eindicken von Curare benutzte. Etewa wies mich darauf hin, daß die Blätter der *Ashukamaki* langgestreckt und ausgezackt waren. Er war jedoch an dieser Stelle wegen verschiedener Tierknochen stehengeblieben, die auf der Erde verstreut lagen.

»Eine Harpyie«, sagte er und machte dabei eine Geste zu dem Nest in der Baumkrone.
»Töte den Vogel nicht!« bat ihn Ritimi. »Vielleicht ist es der Geist eines verstorbenen Iticoteri.«
Etewa aber beachtete seine Frau gar nicht, sondern begann, den Baum hinaufzuklettern. Als er den Horst erreicht hatte, nahm er ein laut piepsendes Adlerküken mit weißen Flaumfedern heraus. Wir hörten das aufgeregte Kreischen des Muttervogels, als Etewa das Küken nun zu Boden warf. Er lehnte sich gegen den Baumstamm und einen starken Ast, um seinen Pfeil auf die kreisende Harpyie zu richten.
»Ich bin froh, daß ich diesen Vogel erlegt habe«, sagte Etewa, als er wieder unten war und mit uns zu der Stelle ging, wohin der tote Adler durch die Bäume gestürzt war. »Er frißt nichts als Fleisch.« Dann wandte er sich Ritimi zu und beruhigte sie mit sanfter Stimme: »Ich habe noch gehorcht, als er gerufen hat, bevor ich den Pfeil abgeschossen habe – es war nicht die Stimme eines Geistes.« Er rupfte die weichen Brustfedern und die langen grauen Schwingenfedern ab und verstaute sie in einem Bündel aus Blättern.
Die Hitze des Nachmittags, die durch das Laub über uns drang, machte mich so benommen, daß ich nur noch schlafen wollte. Ritimi hatte dunkle Ringe unter den Augen, als hätte sie ihre zarte Haut mit Kohle bemalt. Auch Etewa ging nun nicht mehr so schnell wie vorher. Wortlos schlug er die Richtung zum Fluß ein. Dort blieben wir stumm vor dem weiten, seichten Wasser stehen und nahmen die Hitze und das gleißende Licht in uns auf. Wir starrten auf die Spiegelungen der Wolken und der Bäume, und später legten wir uns in der Mitte des Flusses auf eine ockerfarbene Sandbank. Um uns verschwammen die Blautöne des Himmels mit dem Grün des Laubes und dem Rotbraun der untergetauchten Wurzeln am Ufer. Kein Blatt regte sich, keine

Wolke zog am Himmel. Selbst die Libellen, die über dem Wasser schwebten, schienen wie erstarrt in ihrer vibrierenden Transparenz. Ich drehte mich auf den Bauch und legte meine Hände flach auf die Wasseroberfläche, als könnte ich so die träge Harmonie festhalten, die zwischen der Spiegelung im Fluß und dem Glanz des Himmels herrschte. Ich rutschte auf dem Bauch nach vorn, bis meine Lippen das Wasser berührten.

Zwei Reiher, die bei unserer Ankunft geflüchtet waren, kamen jetzt zurückgeflogen. Auf ihren langen, graziösen Beinen, die Hälse tief in die Federn eingezogen, beobachteten sie uns aus halbgeschlossenen Augen. Vor ihnen sah ich ein paar silbrige Körper, die durch die Luft sprangen. Sie wanden sich in der betäubenden Hitze, die über dem schimmernden Wasser lastete. »Fische!« rief ich aus, und meine Lethargie war für einen Augenblick verflogen.

Kichernd deutete Etewa mit seinem Pfeil auf einen Schwarm kreischender Papageien, die gerade über uns hinwegflogen. »Vögel!« rief er seinerseits und griff nach dem Bambusköcher auf seinem Rücken. Er nahm eine Pfeilspitze heraus und prüfte sie mit der Zungenspitze, um zu sehen, ob das Gift noch wirksam war. Der bittere Geschmack schien ihn zufriedenzustellen, und er befestigte den spitzen Kopf an einem der Pfeilschäfte. Als nächstes probierte er den Bogen aus, indem er die Sehne einmal leer zurückschnellen ließ. »Er ist nicht gut gespannt«, stellte er fest und band die Sehne an einem Ende los. Dann verdrehte er sie mehrmals und legte sie von neuem um den Bogen. »Wir werden heute nacht hierbleiben«, sagte er, während er durch das Wasser davonwatete. Er stieg das jenseitige Flußufer hinauf und verschwand hinter den Bäumen.

Ritimi und ich blieben auf der Sandbank. Sie wickelte die Adlerfedern aus und legte sie nebeneinander auf einen

Stein, damit die Sonne die Läuse daraus vertreibe. Dann zeigte sie mir aufgeregt einen Baum am Ufer, von dem blasse Blüten büschelweise wie Obst herunterhingen. Sie schnitt ganze Äste ab und bot mir die Blüten zum Essen an. »Sie sind ganz süß«, wollte sie mich überzeugen, als sie meinen Widerwillen bemerkte.

Ich war gerade dabei, ihr zu erklären, daß mich diese Blüten an eine aufdringlich parfümierte Seife erinnerten, als ich unvermittelt einschlief. Als ich wieder aufwachte, hörte ich die Geräusche des Abends. Die Dämmerung verschluckte das Licht des Tages langsam, das Rascheln des Windes, der die Bäume abkühlte, und die Schreie der Vögel, die sich einen Schlafplatz für die Nacht suchten.

Etewa war mit zwei Papageien zurückgekommen; außerdem hatte er ein Bündel Palmwedel mitgebracht. Ich half Ritimi, am Flußufer nach Feuerholz zu suchen. Später rupfte sie die beiden Vögel, während ich mit Etewa unseren Unterschlupf errichtete.

»Glaubst du denn wirklich, daß es regnen wird?« fragte ich ihn und sah zu dem klaren, wolkenlosen Himmel über uns auf.

»Wenn der alte Kamosiwe sagt, es wird regnen, dann regnet es auch«, sagte Etewa. »Er kann den Regen riechen, so wie andere Essen riechen können.«

Es wurde eine gemütliche kleine Hütte. Der vordere Pfosten war etwas höher als die beiden hinteren, allerdings nicht hoch genug, um darunter aufrecht stehen zu können. Die Pfosten waren durch lange Stäbe miteinander verbunden, wodurch die Behausung eine dreieckige Form bekam. Dach und Rückseite wurden mit Palmblättern abgedeckt. Dann streuten wir *Platanillo*-Blätter auf den Boden, da die Pfosten das Gewicht unserer drei Hängematten nicht ausgehalten hätten.

Eigentlich baute Etewa diesen Unterschlupf nicht sosehr für Ritimi und mich, sondern hauptsächlich seinetwegen. Würde er nämlich in der Nacht naß, dann könnte er unter Umständen daran schuld sein, daß der Säugling in Tutemis Bauch tot oder mißgebildet zur Welt käme.
Ritimi röstete die beiden Papageien, einige Bananen und die Kakaosamen über der Feuerstelle, die Etewa in der Hütte angelegt hatte. Diese optische und geschmackliche Mischung erinnerte mich sehr an ein Festessen zu Hause beim Erntedankfest.
»Das muß so ähnlich wie *Momo*-Nüssen schmecken« meinte Ritimi, nachdem ich ihr von der Preiselbeersoße erzählt hatte, die bei uns dazu gehört. »*Momo* ist auch rot; man muß es ganz lange kochen, damit es weich wird. Außerdem muß man die Nüsse vorher in Wasser legen, bis das Gift ausgelaugt ist.«
»Also, ich glaube, *Momo*-Nüsse würde ich nicht so gerne essen.«
»Doch, bestimmt«, versicherte mir Ritimi. »Die Samen des *Pohoro* magst du doch auch, oder? Na, und *Momo*-Nüsse sind noch viel besser.«
Ich nickte lächelnd. Die gerösteten Samen des Kakaobaumes schmeckten zwar überhaupt nicht nach Schokolade, sondern eher wie frische Cashewkerne, waren aber trotzdem ein Leckerbissen.
Etewa und Ritimi waren im selben Moment eingeschlafen, in dem sie sich auf den *Platanillo*-Blättern ausgestreckt hatten. Ich kuschelte mich dicht an Ritimi. Im Schlaf legte sie den Arm um mich und zog mich fest an sich. Die Wärme ihres Körpers übertrug sich auf meinen und machte mich angenehm träge; ihre rhythmischen Atemzüge lullten mich langsam in eine herrliche Schläfrigkeit. Traumähnliche Bilder zogen an mir vorbei, manchmal langsam, dann wieder

ganz schnell, als projizierte sie jemand vor mir auf eine Leinwand: Mocototeri mit ganz langen Armen schwangen sich von Baum zu Baum und schwebten an mir vorbei; sie stießen Schreie aus, die genau wie der Ruf des Brüllaffen klangen. Alligatoren mit glitzernden Augen, fast völlig untergetaucht und kaum zu erkennen, blinzelten schläfrig, um dann urplötzlich ihre riesigen Rachen aufzureißen und mich zu verschlingen. Ameisenbären mit klebrigen Zungen wie lange Schnüre bliesen große Blasen aus ihren Rüsseln, in denen ich mich selbst zusammen mit Hunderten von Ameisen gefangen sah.

Eine heftige Windbö weckte mich auf; sie brachte den Geruch von Regen mit. Ich setzte mich auf und lauschte den schweren Tropfen, die auf die Palmwedel klatschten. Die vertrauten Geräusche der Zikaden und der Frösche bildeten ein ständig pulsierendes Hintergrundsummen für die klagenden Schreie der Nachtaffen und die flötenähnlichen Rufe der Waldhühner. Auf einmal glaubte ich ganz sicher, Schritte und das Knacken von Zweigen zu hören.

»Da draußen ist jemand«, sagte ich zu Etewa und stieß ihn an. Er rutschte zum vorderen Pfosten unserer Hütte. »Das ist ein Jaguar, der in den Sümpfen nach Fröschen jagt.« Etewa drehte meinen Kopf ein kleines Stück nach links. »Du kannst ihn sogar riechen.«

Ich sog mehrmals die Luft durch die Nase. »Ich rieche gar nichts.«

»Den Atem des Jaguars kann man riechen. Es ist ein sehr starker Geruch, weil er alles roh frißt.« Etewa drehte meinen Kopf, diesmal nach rechts. »Hörst du? Er geht wieder in den Wald zurück.«

Ich legte mich wieder hin. Ritimi wachte auf, rieb sich die Augen und lächelte. »Ich habe gerade geträumt, daß ich auf einen Berg kletterte und vor einem Wasserfall stehe.«

»Ja, da kommen wir morgen vorbei«, sagte Etewa, während er den kleinen Beutel mit *Epena* von seinem Hals losband. Er streute sich ein wenig von dem Pulver in die Handfläche und zog es dann mit einem tiefen Atemzug in die Nasenlöcher hinein.

»Wirst du jetzt einen Gesang für die *Hekura* anstimmen?« wollte ich wissen.

»Ich bitte die Geister des Waldes darum, uns zu beschützen«, erwiderte Etewa. Dann begann er, mit leiser Stimme zu singen. Sein Gesang wurde vom Wind durch die Nacht getragen und schien die Dunkelheit zu durchdringen. Ich war mir sicher, daß die Geister, die an den vier Ecken der Welt wohnten, ihn hörten. Das Feuer brannte herunter und war nur noch ein rötliches Glühen. Jetzt hörte ich Etewas Stimme nicht mehr, doch seine Lippen bewegten sich immer noch, als ich in einen tiefen, traumlosen Schlaf fiel.

Bald darauf wurde ich von Ritimis leisem Stöhnen wach. Ich berührte sie an der Schulter, weil ich dachte, sie hätte einen Alptraum.

»Willst du es auch einmal versuchen?« murmelte sie.

Überrascht öffnete ich die Augen und sah in Etewas lächelndes Gesicht; er war dabei, mit seiner Frau zu schlafen. Ich sah ihnen eine Weile zu. Die Bewegungen ihrer Körper waren so gut aufeinander abgestimmt, daß sie fast völlig ruhig lagen.

Etewa war nicht im geringsten unangenehm berührt, sondern erhob sich von Ritimi und kniete vor mir nieder. Er hob meine Beine hoch und streckte sie ein wenig. Dann drückte er seine Wangen an meine Waden; die Berührung kam mir vor wie die spielerische Liebkosung eines kleinen Kindes. Es gab keine Umarmung, keine Worte. Trotzdem wurde ich von tiefer Zärtlichkeit erfüllt.

Etewa wandte sich wieder Ritimi zu und legte den Kopf zwischen ihre und meine Schulter.
»Jetzt sind wir wirklich Schwestern«, sagte Ritimi leise. »Von außen sehen wir zwar verschieden aus, aber innen sind wir nun gleich.«
Ich kuschelte mich an sie. Der Wind, der vom Fluß her durch unsere Unterkunft wehte, strich über uns hinweg.

Das Morgengrauen senkte sanft sein rosa Licht über die Baumwipfel. Ritimi und Etewa waren schon auf dem Weg zum Fluß. Ich trat aus der kleinen Hütte und atmete den neuen Tag ein. Bei Tagesanbruch ist die Dunkelheit des Dschungels nicht mehr schwarz, sondern geht in ein bläuliches Grün über, so, als dringe ein Lichtstrahl durch einen verborgenen Erdspalt in eine unterirdische Höhle. Winzige Tautröpfchen benetzten mein Gesicht, als ich mir meinen Weg durch Blätter und Schlingpflanzen bahnte. Kleine rote Spinnen mit pelzigen Beinen gingen hastig darin, ihre silbrigen Netze wieder neu zu weben.
Etewa fand eine Bienenwabe in einem hohlen Baumstumpf. Nachdem er sie bis zum letzten Tropfen in unsere Münder ausgedrückt hatte, weichte er die Wabe in einer Kalebasse mit Wasser ein, und später tranken wir das süße Wasser. Auf dicht überwachsenen Pfaden kletterten wir an kleinen Wasserfällen und Stromschnellen entlang, in denen der Fluß mit schwindelerregendem Tempo an uns vorüberschoß und Windstöße erzeugte, die uns die Haare zausten und die Bambusrohre am Ufer hin und her bewegten.
»Das hier ist genau die Stelle, von der ich geträumt habe«, sagte Ritimi und breitete die Arme weit aus, als wolle sie den Wasserfall umarmen, der vor uns in ein tiefes natürliches Becken niedertoste.

Ich trat vorsichtig auf die dunklen Basaltfelsen hinaus, die rings um den Wasserfall ein wenig vorsprangen. Lange Zeit blieb ich im Sprühregen stehen, die Hände erhoben, um die donnernde Gewalt des Wassers zu brechen, das aus der Höhle herabstürzte und bereits ein wenig von der Sonne erwärmt war.

»Komm weg von dort, weißes Mädchen«, rief mir Etewa zu. »Die Geister des schnellen Wassers werden dich krank machen.«

Am Nachmittag schlugen wir unser Lager neben wilden Bananenbäumen auf. Mitten unter ihnen entdeckte ich einen Avocadobaum. Er trug nur eine einzige Frucht; sie war nicht birnenförmig, sondern kugelrund, so groß wie eine Zuckermelone, und sie glänzte, als wäre ihre Schale gewachst. Etewa hob mich hoch, so daß ich den ersten Ast erreichen konnte, dann kletterte ich langsam auf die Frucht zu, die am äußersten Ende des obersten Zweiges hing. Meine Gier nach dieser grünen Kugel war so heftig, daß ich nicht auf die brüchigen Äste achtete, die unter meinem Gewicht knackten. Gerade als ich nach der Frucht griff, gab der Ast nach, auf dem ich stand, und brach.

Etewa lachte so stark, daß ihm die Tränen über die Wangen kullerten. Auch Ritimi lachte über mich, während sie mir die zerdrückte Avocado von Bauch und Schenkeln abwischte.

»Ich hätte mich dabei verletzen können«, sagte ich, verärgert über ihre gleichgültige Heiterkeit. »Vielleicht habe ich mir sogar das Bein gebrochen.«

»Nein, bestimmt nicht«, beruhigte mich Etewa. »Der Boden ist doch mit Laub bedeckt und ganz weich.« Er schaufelte etwas von dem Avocadobrei in die Hand und drängte mich, davon zu kosten. »Aber ich habe dir ja gesagt, daß du dich nicht in den Wasserfall stellen sollst«, setzte er ernsthaft

hinzu. »Die Geister des schnellen Wassers haben bewirkt, daß du die Gefahr der trockenen Äste mißachtet hast.«
Als Etewa unsere Unterkunft gebaut hatte, war es schon dunkle Nacht. Der Urwald war in weißliche Nebelwolken gehüllt. Es regnete zwar nicht, aber sobald man einen Strauch nur leicht berührte, prasselte der Tau in dicken Tropfen von den Blättern herab.
Wir schliefen wieder auf *Platanillo*-Blättern und wärmten uns gegenseitig und an dem niedrigen Feuer, das Etewa die ganze Nacht über unterhielt, indem er die glimmenden Scheite von Zeit zu Zeit mit dem Fuß weiter in die Flammen schob.
Vor Morgengrauen brachen wir das Lager wieder ab. Es hing immer noch dichter Nebel zwischen den Bäumen, und das Quaken der Frösche drang wie aus weiter Ferne an unsere Ohren. Je höher wir kamen, desto karger wurde die Vegetation, bis unsere Umgebung schließlich nur noch aus Gras und Steinen bestand.
Dann erreichten wir ein Felsplateau, dessen Sockel von Wind und Regen schon ganz ausgewaschen war, Überbleibsel eines früheren Zeitalters. Unter uns lag der Urwald unter der Nebeldecke noch in tiefem Schlaf. Es war eine geheimnisvolle, wegelose Welt dort unten, deren Ausmaß man nicht abschätzen konnte, wenn man sie nicht selbst von innen gesehen hatte. Wir setzten uns auf den Boden und warteten schweigend auf den Sonnenaufgang.
Ein überwältigendes Gefühl der Ehrfurcht riß mich auf die Beine, als dann der Himmel im Osten über den gesamten Horizont rot und purpurn zu leuchten begann. Die Wolken gehorchten dem Wind und teilten sich, um die aufgehende Sonnenscheibe durchzulassen. Rosafarbener Dunst breitete sich über die Wipfel der Bäume, hellte die tiefblauen Schatten auf und tauchte den Himmel in grüne und gelbe Töne,

bis er schließlich wieder sein durchsichtiges Blau angenommen hatte.
Ich drehte mich um und blickte nach Westen, wo die Wolken auch in Bewegung geraten waren und der sich ausbreitenden Helligkeit langsam Platz schufen. Im Süden zogen sich feurige Streifen über den Himmel, und der Wind trieb glühende Wolkentürme vor sich her.
»In dieser Richtung liegt unser *Shabono*«, sagte Etewa und zeigte dabei in die Ferne. Dann griff er nach meinem Arm und drehte mein Gesicht nach Norden. »Und dort hinten ist der große Fluß, auf dem der weiße Mann mit dem Boot fährt.«
Die Sonne hatte die Nebeldecke aufgelöst. Wie eine goldene Schlange glänzte der Fluß und bahnte sich seinen Weg durch den grünen Dschungel, bis er sich endlich in einer unendlichen Weite verlor, die zu einer anderen Welt zu gehören schien.
Ich wollte etwas sagen, laut herausschreien, doch mir fehlten die Worte. Aber als ich jetzt Ritimi und Etewa ansah, wußte ich, daß sie begriffen, was ich empfand. Ich breitete die Arme aus, als wollte ich diese ganze Großartigkeit umfassen, in der Urwald und Himmel ineinander übergingen. Es kam mir vor, als stünde ich am äußersten Rand von Zeit und Raum. Ich konnte die Schwingungen des Lichts hören, das Wispern der großen Bäume und die Rufe weit entfernter Vögel, die der Wind zu uns herübertrug.
Plötzlich wurde mir klar, daß die Iticoteri es nicht aus Interesselosigkeit, sondern mit voller Absicht immer unterlassen hatten, mich über meine Vergangenheit auszufragen. Für sie hatte ich gar keine persönliche Vergangenheit. Nur so hatten sie mich akzeptieren und mehr als bloß eine Kuriosität in mir sehen können. Die Ereignisse und die menschlichen Beziehungen meines früheren Lebens ver-

schwammen schon allmählich in meiner Erinnerung. Das lag nicht etwa daran, daß ich sie vergessen hätte; ich hatte nur ganz einfach aufgehört, an sie zu denken, weil sie dort unten im Urwald bedeutungslos waren. Wie die Iticoteri hatte ich gelernt, in der Gegenwart zu leben. Zeit war etwas, das außerhalb von mir war. Etwas, das man immer nur im gegenwärtigen Augenblick brauchte. Wenn die Zeit dann einmal aufgebraucht war, sank sie wieder in sich zusammen und wurde zu einem verborgenen Teil meines Inneren.

»Du bist ja so still«, sagte Ritimi, die neben mir auf dem Boden saß. Sie zog die Knie an den Körper, umfaßte sie mit den Händen, stützte dann ihr Kinn auf und blickte mich an.

»Ich habe gerade daran gedacht, wie glücklich ich bin, hier zu sein«, gab ich zurück.

Mit einem Lächeln wiegte sich Ritimi leise vor und zurück. »Eines Tages werde ich Holz sammeln gehen, und du wirst nicht mehr an meiner Seite sein. Aber ich werde dann nicht traurig sein, denn heute nachmittag, bevor wir im *Shabono* ankommen, bemalen wir uns gegenseitig mit *Onoto* und freuen uns darüber, einem Schwarm Aras zuzusehen, wie er der untergehenden Sonne nachjagt.«

Vierter Teil

14

Frauen, so hatte man mir gesagt, durften sich mit keinem einzigen der verschiedenen Aspekte des *Epena*-Rituals befassen. Weder hatten sie das Recht, sich bei der Zubereitung des halluzinogenen Pulvers zu beteiligen, noch war es ihnen gestattet, es selbst zu nehmen. Es schickte sich für eine Frau nicht einmal, das Bambusrohr anzufassen, mit dem das Pulver in die Nasenlöcher geblasen wurde, außer, wenn ein Mann sie ausdrücklich darum bat, es für ihn zu holen.

Deshalb war ich äußerst erstaunt, als ich eines Morgens beobachtete, wie Ritimi sich über das Feuer beugte und aufmerksam ein paar dunkle, rötliche *Epena*-Samenkörner betrachtete, die sie zum Trocknen in die Glut gelegt hatte. Ohne ein Zeichen, daß sie meine Gegenwart bemerkt hatte, zerrieb sie dann die getrockneten Samen zwischen den Handflächen und ließ die Krümel auf ein großes Blatt fallen, auf dem schon ein Häufchen Asche aus verbrannter Baumrinde lag. Mit derselben Sicherheit und Gewandtheit, die ich bei Etewa gesehen hatte, spuckte sie von Zeit zu Zeit in die Mischung und knetete sie zu einer formlosen weichen Masse.

Als sie das teigige Gemenge in eine angewärmte Tonscherbe legte, sah sie mich an, und an ihrem Lächeln war deutlich zu erkennen, wie lustig sie meine Verblüffung fand. »Ohooh, das wird vielleicht ein starkes *Epena*«, sagte sie, während sie sich wieder dem rauscherzeugenden Teig zuwandte, in dem nun lauter kleine Bläschen aufplatzten. Dann zerstampfte sie die schnell eintrocknende Masse mit einem glatten Stein, bis das Ganze zu einem sehr feinen

Pulver wurde, das auch ein wenig abgeschabten Staub von dem irdenen Gefäß enthielt.
»Ich wußte ja gar nicht, daß Frauen auch *Epena* machen können«, staunte ich.
»Frauen können alles«, erwiderte Ritimi, und schüttete das bräunliche Pulver in einen schmalen Bambusbehälter.
Ich wartete eine Weile vergeblich darauf, daß sie meine Neugierde befriedigen würde; schließlich fragte ich sie: »Und warum bereitest du gerade jetzt *Epena* zu?«
»Weil Etewa weiß, daß es bei mir immer gut wird«, antwortete sie stolz. »Jedesmal, wenn er von einer Jagd zurückkommt, hat er gern gleich ein wenig davon.«
Seit einigen Tagen hatten wir schon nichts als Fisch gegessen. Da niemand große Lust zum Jagen gehabt hatte, war Etewa mit ein paar anderen Männern zu einem kleinen Bach gegangen und hatte ihn aufgestaut. Danach hatte er kleingemahlene Stückchen der Schlingpflanze *Ayori-Toto* ins Wasser geworfen, das sich daraufhin milchig verfärbte. Die Frauen brauchten die Fische, die an der Oberfläche trieben, weil sie keine Luft mehr bekamen, nur noch einzusammeln und in ihre Körbe zu legen. Aber Fisch war nicht gerade das Lieblingsgericht der Iticoteri, und bald fingen die Frauen und Kinder an, sich zu beklagen, daß Fleisch auf dem Speisezettel fehlte. Also war Etewa zusammen mit einigen anderen vor zwei Tagen doch in den Dschungel aufgebrochen.
»Woher weißt du denn, daß Etewa heute zurückkommt?« erkundigte ich mich. Aber als Ritimi antworten wollte, kam ich ihr zuvor: »Ich weiß schon, du spürst es in den Beinen.«
Lächelnd nahm Ritimi nun das lange, schmale Bambusrohr in die Hand und blies mehrere Male hindurch. »Ich mache es sauber«, erklärte sie, und in ihren Augen zeigte sich ein schelmisches Funkeln.

»Hast du schon einmal *Epena* genommen?«
Ritimi legte ihre Lippen dicht an mein Ohr. »Ja, aber es hat mir nicht besonders gefallen. Ich habe Kopfschmerzen davon bekomen.« Sie blickte sich verstohlen um. »Würdest du es gerne einmal probieren?«
»Ich will keine Kopfschmerzen bekommen.«
»Aber bei dir wirkt es ja vielleicht anders«, gab sie zurück. Sie erhob sich und verstaute den Behälter mit dem Pulver und das einen Meter lange Blasrohr unauffällig in ihrem Tragekorb. »Gehen wir zum Fluß hinunter. Ich möchte sehen, ob ich das *Epena* ordentlich zusammengemischt habe.«
Wir gingen am Ufer entlang, bis wir uns ein gutes Stück von der Stelle entfernt hatten, wo die Iticoteri gewöhnlich badeten oder Wasser holten. Ich hockte mich vor Ritimi auf den Boden. Sorgfältig füllte sie eine kleine Prise *Epena* in ein Ende des Blasrohrs ein. Sie schnippte mit dem Zeigefinger leicht dagegen, damit sich das Pulver über dessen ganze Länge verteile. Ich spürte, wie mir der Schweiß am Körper herunterrann. Ich war in meinem Leben nur ein einziges Mal unter Drogen gestanden, und zwar, als mir drei Weisheitszähne gezogen wurden. Und sogar damals hatte ich mich nachher gefragt, ob es nicht klüger gewesen wäre, den Schmerz zu ertragen statt der grausigen Halluzinationen, die das Betäubungsmittel bei mir hervorgerufen hatte.
»Leg deinen Kopf ein wenig nach hinten«, forderte mich Ritimi auf und richtete dabei das schmale Rohr auf meine Nase. »Siehst du die kleine *Rasha*-Nuß in der Öffnung? Drück dein Nasenloch dagegen.«
Ich nickte. In dem Rohr steckte eine Frucht der *Rasha*-Palme, die mit Hilfe von Harz fest an ihrem Platz gehalten wurde. Ich achtete darauf, daß die kleine Öffnung, die in die ausgehöhlte Nuß gebohrt war, dicht an meinem Nasenloch lag. Dann strich ich mit der Hand über das zierliche,

glatte Bambusrohr. Ich hörte das pfeifende Geräusch der Luft, die sich beim Blasen hindurchpreßte. Im selben Moment ließ ich das Rohr los, weil mir ein stechender Schmerz durch den Kopf raste. »Das ist ja furchtbar!« stöhnte ich und schlug mir mit den Handflächen auf den Schädel.
»So, und jetzt das andere«, lachte Ritimi, während sie mir das Blasrohr an das linke Nasenloch legte.
Ich hatte das Gefühl, zu bluten, aber Ritimi versicherte mir, es sei nur Schleim und Speichel, was mir da aus Nase und Mund tropfte, ohne daß ich es zurückhalten konnte. Ich wollte mir das Gesicht abwischen, aber meine Hand war so schwer geworden, daß ich sie nicht mehr hochbrachte.
»Warum genießt du es nicht einfach, anstatt so ein Theater zu machen wegen ein bißchen Spucke, das dir in den Bauchnabel rinnt?« fragte Ritimi, die meinen unbeholfenen Bemühungen grinsend zusah. »Ich wasche dich nachher im Fluß sauber.«
»Es gibt aber gar nichts zu genießen«, wandte ich ein. Aus allen Poren brach mir jetzt der Schweiß aus. Ich fühlte Übelkeit, und alle meine Glieder wurden sonderbar schwer. Überall sah ich kleine rote und gelbe Lichtpünktchen. Ich fragte mich nur, was Ritimi wohl so komisch fand. Ihr Gelächter hallte mir in den Ohren wider, als käme es aus meinem eigenen Kopf. »Laß mich dir auch ein bißchen in die Nase pusten«, schlug ich vor.
»O nein, ich muß ja auf dich aufpassen«, sagte sie. »Wir wollen doch nachher nicht alle beide Kopfschmerzen haben.«
»Also, dieses *Epena* muß doch mehr bewirken als bloß Kopfschmerzen. Blas mir noch mehr ins Nasenloch. Ich will die *Hekura* sehen.«
»Zu Frauen kommen die *Hekura* nicht«, stieß Ritimi zwischen zwei Lachanfällen hervor. Dann legte sie mir das Rohr

wieder an die Nase. »Wenn du aber einen Gesang anstimmst, dann kommen sie vielleicht zu dir.«
Ich spürte, wie jedes einzelne Körnchen durch die Nasenhöhle hinaufschoß und dann in meinem Schädel explodierte. Allmählich breitete sich herrliche Mattigkeit in meinem Körper aus. Ich wandte den Blick zum Fluß und erwartete beinah, dort ein sagenhaftes Wesen zu sehen, das den Tiefen entstieg. Die kleinen Kräuselwellen im Wasser wurden auf einmal zu riesigen Wogen, die mit solcher Gewalt hin und her schlugen, daß ich eilig auf Händen und Knien zurückrutschte. Ich war überzeugt, daß das Wasser versuchte, mich einzuschließen. Dann wandte ich mich vom Fluß ab und sah Ritimi an; völlig verwirrt bemerkte ich ihren erschrockenen Gesichtsausdruck.
»Was ist denn los?« fragte ich. Dann verstummte ich, als ich ihrem Blick folgte. Vor uns standen Etewa und Iramamowe. Unter großen Anstrengungen rappelte ich mich auf. Ich berührte die beiden, um sicherzugehen, daß sie keine Halluzinationen waren.
Sie lösten die großen Bündel vom Rücken und übergaben sie an die übrigen Jäger, die hinter ihnen auf dem Pfad warteten. »Bringt das Fleisch in den *Shabono*«, befahl Iramamowe mit gepreßter Stimme.
Der Gedanke, daß Etewa und Iramamowe selbst von diesem Fleisch nur ganz wenig essen würden, machte mich so traurig, daß ich in Tränen ausbrach. Ein Jäger gibt das meiste von der Beute, die er erlegt hat, an andere. Lieber bleibt er hungrig, als daß er riskieren würde, der Knausrigkeit bezichtigt zu werden. »Ich werde dir meine Portion aufheben«, sagte ich zu Etewa. »Mir schmeckt Fisch ohnehin besser als Fleisch.«
»Warum hast du *Epena* genommen?« Etewas Stimme klang streng, doch seine Augen funkelten belustigt.

»Wir mußten probieren, ob Ritimi das Pulver richtig zusammengemischt hat«, murmelte ich. »Aber es ist nicht stark genug. Hab' noch keine einzige *Hekura* gesehen.«
»Natürlich ist es stark genug«, gab Etewa zurück. Er legte mir die Hände auf die Schultern und zwang mich, mich vor ihm hinzuhocken. »*Epena* aus Samenkörnern ist immer stärker als die Sorte, die aus der Rinde gemacht wird.« Er streute etwas von dem Pulver in das Blasrohr. »Aber Ritimi wird wohl nicht kräftig genug gepustet haben.« Ein teuflisches Grinsen zerknitterte sein Gesicht, als er mir nun das Rohr unter die Nase hielt und hineinblies.
Ich fiel rückwärts zu Boden und hielt mir den Kopf mit beiden Händen, in dem Iramamowes und Etewas schallendes Gelächter tausendfach widerhallte. Langsam stand ich auf. Meine Füße fühlten sich an, als berührten sie gar nicht den Boden.
»Tanze, weißes Mädchen, tanze«, drängte mich Iramamowe. »Versuch einmal, ob du die *Hekura* mit deinem Gesang herbeilocken kannst.«
Seine Worte wirkten auf mich wie ein hypnotischer Befehl; ich breitete die Arme aus und fing an, mit kleinen, zuckenden Schritten zu tanzen, so wie ich es bei den Männern gesehen hatte, wenn sie in eine *Epena*-Trance gefallen waren.
Da fielen mir Melodie und Text eines von Iramamowes *Hekura*-Gesängen ein:

Tagelang rief ich die Hekura
des Kolibris.
Dann endlich kam sie zu mir.
Geblendet sah ich sie tanzen.
Ohnmächtig fiel ich zu Boden
und spürte gar nicht,

wie sie meinen Hals durchbohrte
und mir die Zunge herausriß.
Ich merkte nicht, wie mein Blut
zum Fluß hinunterströmte
und seine Wasser rötete.
Sie aber stopfte das Loch mit schönen Federn.
Und deshalb kenne ich die Hekuragesänge.
Und deshalb singe ich so gut.

Etewa führte mich an den Rand des Flusses und goß mir Wasser ins Gesicht und über den Oberkörper. »Sing dieses Lied nicht noch einmal«, warnte er mich. »Iramamowe kann sehr böse werden. Er wird dich mit seinen Zauberkräften verhexen.«

Ich wollte ihm zwar gehorchen, doch irgend etwas zwang mich, Iramamowes *Hekura*-Gesang zu wiederholen.

»Sing es nicht noch einmal«, bat mich Etewa. »Er wird dich taub machen. Er wird dich verzaubern, daß deine Augen zu bluten anfangen.« Etewa drehte sich zu Iramamowe um. »Bitte verhexe das weiße Mädchen nicht.«

»Das habe ich nicht vor«, beruhigte ihn Iramamowe. »Ich bin nicht böse auf sie. Ich weiß ja, daß sie unsere Sitten noch nicht genau kennt.« Er ergriff mein Gesicht mit beiden Händen. »Ich kann die *Hekura* sehen, die in deinen Pupillen tanzen.«

Im Sonnenlicht wirkten seine Augen nicht dunkel, sondern ganz hell, sie hatten die Farbe von Honig. »Und ich kann die *Hekura* in deinen Augen sehen«, sagte ich zu Iramamowe, während ich die gelben Sprenkel in seiner Iris studierte. Sein Gesicht strahlte eine Sanftmütigkeit aus, die ich vorher noch nie bei ihm bemerkt hatte. Ich wollte ihm gerade sagen, daß ich nun endlich begriff, warum sein Name ›Auge des Jaguars‹ bedeutete, da wurde ich ohnmächtig und fiel in seine Arme. Undeutlich wurde mir noch bewußt, daß mich jemand aufhob und davontrug. Sobald ich in meiner Hängematte lag, sank ich in tiefen Schlaf, aus dem ich erst am nächsten Tag wieder erwachte.

Arasuwe, Iramamowe und der alte Kamosiwe waren in Etewas Hütte zusammengekommen. Unruhig blickte ich von einem zum anderen. Sie waren alle mit *Onoto* bemalt; in ihren Ohrläppchen steckten kurze, mit Federn geschmückte Stückchen aus Bambusrohr. Als sich nun Ritimi neben mich in die Hängematte setzte, war ich fest davon überzeugt, daß sie gekommen war, um mich vor dem Zorn der Männer zu beschützen. Bevor einer von ihnen noch etwas sagen konnten, begann ich mit einer wortreichen Entschuldigung dafür, daß ich *Epena* genommen hatte. Je schneller ich redete, desto sicherer fühlte ich mich. Der stetige Schwall meiner Worte, so glaubte ich, sei die beste Methode, ihren Ärger über mich zu besänftigen.

Nach einer Weile unterbrach Arasuwe mein zusammenhangloses Geschnatter. »Du redest zu schnell. Ich verstehe gar nicht, was du uns sagen willst.«

Sein freundlicher Tonfall brachte mich ganz durcheinander. Meine Verteidigungsrede konnte ihn bestimmt nicht hervorgerufen haben. Abgesehen von einer vagen Neugierde war in den Gesichtern der Männer keinerlei Regung zu erkennen. Ich beugte mich zu Ritimi hinüber und flüsterte: »Wenn sie nicht böse auf mich sind, warum kommen sie dann alle in die Hütte?«

»Ich weiß nicht«, erwiderte sie leise.

»Weißes Mädchen, hast du außer gestern nachmittag schon früher einmal eine *Hekura* gesehen?« fragte jetzt Arasuwe.

»Ich habe noch nie in meinem Leben eine *Hekura* gesehen«,

versicherte ich ihm hastig. »Nicht einmal gestern nachmittag.«

»Iramamowe hat in deinen Augen *Hekura* tanzen sehen«, sagte Arasuwe hartnäckig. »Er hat gestern abend *Epena* genommen, und seine persönliche *Hekura* hat ihm gesagt, sie habe dir das Lied beigebracht.«

»Aber Iramamowes Lied kenne ich doch nur deswegen, weil ich es schon so oft von ihm gehört habe«, schrie ich jetzt beinahe. »Wie sollte mir seine *Hekura* es denn beigebracht haben? Zu Frauen kommen die Geister doch gar nicht.«

»Du siehst aber nicht aus wie eine Iticoteri-Frau«, wandte der alte Kamosiwe ein und starrte mich an, als hätte er mich noch niemals zuvor gesehen. »Dadurch könnten die *Hekura* leicht verwirrt worden sein.« Er wischte sich den Tabaksaft ab, der ihm aus den Mundwinkeln tropfte. »Außerdem gab es einmal eine Zeit, in der die *Hekura* auch zu Frauen gekommen sind.«

»Glaube mir«, sagte ich zu Iramamowe, »deinen Gesang habe ich nur deswegen gekannt, weil ich ihn schon so viele Male von dir gehört habe.«

»Aber ich singe immer mit sehr leiser Stimme«, wandte Iramamowe ein. »Wenn du wirklich mein Lied auswendig weißt, warum singst du es dann nicht jetzt noch einmal?«

In der Hoffnung, daß sich der Vorfall mit dem *Epena* damit endgültig erledigen würde, setzte ich an, die Melodie zu summen. Aber zu meiner größten Verzweiflung konnte ich mich nicht mehr an den Text erinnern.

»Siehst du«, rief Iramamowe triumphierend aus. »Meine *Hekura* hat dir den Gesang eingeflüstert. Deshalb bin ich gestern auch nicht böse auf dich geworden, deshalb habe ich dir nichts in die Augen und Ohren geblasen, und deshalb wollte ich dich auch nicht zur Strafe mit einem brennenden Holzscheit schlagen.«

»So muß es wohl gewesen sein«, antwortete ich mit einem gequälten Lächeln. Innerlich allerdings erschauerte ich. Iramamowe war bei allen bekannt für sein aufbrausendes Temperament, sein rachsüchtiges Wesen und seine grausamen Bestrafungen.

Kamosiwe spuckte den Kautabak aus und griff nach einer Banane, die direkt über ihm vom Dach hing. Nachdem er sie geschält hatte, stopfte er sich die ganze Frucht auf einmal in den Mund. »Vor langer Zeit gab es einmal eine Frau, die eine *Shapori* war«, murmelte er beim Kauen. »Ihr Name war Imaawami. Und ihre Haut war so hell wie deine. Sie war groß und sehr kräftig. Wenn sie *Epena* genommen hatte, dann sang sie zu ihren *Hekura*. Sie brachte Schmerzen durch Massagen zum Verschwinden und konnte Krankheiten aus den Körpern saugen. Niemand vermochte besser als sie, die verlorenen Seelen von kleinen Kindern zu suchen oder den bösen Zauber eines feindlichen Schamanen zu vereiteln.«

»Nun sag uns, weißes Mädchen«, meldete sich Arasuwe, »hast du schon einmal einen *Shapori* getroffen, bevor du zu uns gekommen bist? Bist du jemals bei einem in die Lehre gegangen?«

»Ja, Schamanen habe ich schon früher kennengelernt«, antwortete ich ihm. »Aber sie haben mich nie etwas gelehrt.« Dann beschrieb ich ihm in allen Einzelheiten das Forschungsprojekt, an dem ich vor meiner Ankunft auf der Missionsstation gearbeitet hatte. Ich erzähle von Doña Mercedes und daß sie mir gestattet hatte, bei ihren Sitzungen mit den Patienten dabeizusein und meine Beobachtungen zu notieren. »Einmal hat mich Doña Mercedes auch an einer spiritistischen Sitzung teilnehmen lassen. Sie war der Meinung, ich könnte vielleicht ein gutes Medium abgeben. Damals waren Naturheiler aus allen möglichen Gegenden in ihrem Haus zusammengekommen. Wir haben alle im Kreis gesessen und mit unseren Gesängen die Geister gebeten, zu uns zu kommen. Und wir haben sehr lange gesungen.«

»Habt ihr dabei *Epena* genommen?« erkundigte sich Iramamowe.

»Nein. Wir haben große, dicke Zigarren geraucht.« Bei der Erinnerung daran mußte ich beinah kichern. Wir waren zu zehnt in Doña Mercedes' Zimmer gesessen, alle ganz stocksteif, auf hohen Hockern, die mit Ziegenleder bezogen waren. Konzentriert und wie besessen hatten wir an den Zigarren gepafft, und der Raum hatte sich derartig mit Qualm gefüllt, daß wir einander kaum noch erkennen konnten. Davon war mir dann viel zu übel geworden, als daß ich in einen Trancezustand hätte fallen können. »Einer der Schamanen hat mich nachher aufgefordert, den Raum zu verlassen, weil er meinte, die Geister würden nicht kommen, solange ich im Zimmer sei.«

»Und sind die *Hekura* dann gekommen, nachdem du hinausgegangen bist?« fragte Iramamowe.

»Ja«, antwortete ich. »Am nächsten Tag hat mir Doña Mercedes berichtet, wie die Geister in die Köpfe der Schamenen eingedrungen sind.«

»Sonderbar«, murmelte Iramamowe. »Aber du mußt trotzdem vieles gelernt haben, wenn du in ihrem Haus gelebt hast.«

»Ich habe ihre Gebete und Beschwörungsformeln gelernt, und dann die verschiedenen Pflanzen und Wurzeln, mit denen sie ihre Patienten behandelt hat«, erwiderte ich. »Aber sie hat mir nie beigebracht, wie man mit den Geistern in Verbindung tritt oder wie man Menschen tatsächlich heilt.« Ich blickte die Männer der Reihe nach an. Etewa war der einzige, der lächelte. »Sie war immer der Meinung, daß

es nur einen einzigen Weg gäbe, das Heilen zu lernen, nämlich es zu tun.«
»Und hast du einmal damit angefangen?« fragte Kamosiwe.
»Nein. Doña Mercedes hat mir dann vorgeschlagen, eine Reise durch den Urwald zu machen.«
Die vier Männer sahen einander an; dann drehten sie sich langsam zu mir um und fragten beinahe im Chor: »Bist du deswegen hierhergekommen? Um etwas über Schamanen zu lernen?«
»Nein!« rief ich und fügte mit gedämpfter Stimme hinzu: »Ich bin hergekommen, um euch Angelicas Asche zu bringen.«
Ich wählte meine Worte sehr sorgfältig, um ihnen zu verstehen zu geben, daß es mein Beruf war, Menschen zu studieren, darunter auch Schamanen – nicht, weil ich selbst einer werden wollte, sondern weil mir daran gelegen war, die Ähnlichkeiten und Unterschiede zwischen den verschiedenen Schamanentraditionen herauszuarbeiten.
»Bist du außer mit Doña Mercedes auch mit anderen *Shapori* zusammengekommen?« wollte Kamosiwe wissen.
Ich erzählte ihnen von Juan Caridad, einem alten Mann, den ich vor Jahren kennengelernt hatte. Dann stand ich auf und holte meinen Rucksack, den ich in einem Hängekorb unter dem Dach aufbewahrte. Aus einer Seitentasche mit Reißverschluß, die wegen dieses ungewöhnlichen Mechanismus der Neugierde der Frauen bisher entgangen war, holte ich einen kleinen Lederbeutel und leerte den Inhalt in Arasuwes Hände. Mißtrauisch beäugte er ihn: einen Stein, eine Perle und den ungeschliffenen Diamanten, den mir Mr. Barth geschenkt hatte.
»Diesen Stein da«, sagte ich, während ich ihn Arasuwe aus der Hand nahm, »habe ich von Juan Caridad. Er hat ihn vor meinen Augen aus dem Wasser in seine Hand springen

lassen.« Ich strich über den glatten, dunkelgoldenen Stein. Er paßte genau in meine Handfläche. Er hatte eine ovale Form, war auf der einen Seite ganz flach und hatte auf der anderen eine runde Ausbuchtung.

»Bist du bei ihm so lange geblieben wie bei Doña Mercedes?« fragte Arasuwe.

»Nein, nicht allzu lange. Ich hatte Angst vor ihm.«

»Angst? Ich habe gedacht, du hast niemals Angst«, rief der alte Kamosiwe aus.

»Juan Caridad war eben ein furchteinflößender Mann«, sagte ich. »Bei ihm hatte ich immer ganz sonderbare Träume, in denen immer er selbst vorgekommen ist. Und am nächsten Morgen hat er mir jedesmal meinen Traum in allen Einzelheiten beschrieben.«

Die Männer nickten einander wissend zu. »Was für ein mächtiger *Shapori*«, bemerkte Kamosiwe. »Was hat er dich denn träumen lassen?«

Ich erzählte ihnen den Traum, der mir am meisten Angst eingejagt hatte. Es war, bis zu einem gewissen Punkt, die genaue, chronologische Wiederholung eines Vorfalls gewesen, der sich ereignet hatte, als ich fünf Jahre alt war. Damals war ich mit meiner Familie auf der Rückkehr vom Strand gewesen. Mein Vater beschloß, diesmal nicht direkt nach Hause zu fahren, sondern einen kleinen Umweg durch den Urwald zu machen, um dort nach Orchideen zu suchen. Wir hielten an einem seichten Flußlauf an. Meine Brüder verschwanden zusammen mit meinem Vater im Dschungel. Meine Mutter, die sich vor Schlangen und Moskitos fürchtete, blieb im Wagen sitzen. Meine Schwester stieg aus und forderte mich auf, mit ihr durch das flache Wasser am Flußufer entlangzuwaten. Sie war zehn Jahre älter als ich, hochgewachsen und dünn, mit kurzen Locken, die von der Sonne sosehr gebleicht waren, daß sie ganz weiß aussahen.

Ihre Augenfarbe war ein tiefes, samtiges Braun, nicht Blau oder Grün wie bei den meisten blonden Menschen. Nach einer Weile hockte sie sich in der Mitte des Flusses nieder und meinte, ich solle auf das Wasser zwischen ihren Beinen achten; das tat ich, und zu meiner großen Verwirrung färbte es sich rot von Blut. »Hast du dich verletzt?« fragte ich. Sie gab mir keine Antwort und stand wieder auf. Lächelnd winkte sie mir, ihr nachzukommen. Ich blieb jedoch wie versteinert im Wasser stehen und sah ihr zu, wie sie auf der anderen Seite ans Ufer kletterte.

In meinem Traum empfand ich wieder dieselbe Furcht, aber ich redete mir ein, daß ich nun erwachsen sei und gar keinen Grund hätte, mich zu ängstigen. Gerade wollte ich meiner Schwester auf die steile Uferböschung folgen, da hörte ich die Stimme von Juan Caridad, der mich inständig bat, im Wasser zu bleiben. »Sie ruft nach dir aus dem Land der Toten«, sagte er. »Hast du denn vergessen, daß sie gestorben ist?«

Sosehr ich ihn auch um eine Erklärung bat, weigerte sich Juan Caridad doch hartnäckig, mit mir darüber zu sprechen, wie er es fertigbrachte, in meinen Träumen aufzutreten, oder woher er gewußt hatte, daß meine Schwester bei einem Flugzeugunglück ums Leben gekommen war. Ich hatte ihm nie von meiner Familie erzählt. Er wußte über mich nichts weiter, als daß ich aus Los Angeles stammte und etwas über Naturheilmethoden erfahren wollte.

Juan Caridad war auch gar nicht verärgert, als ich ihm meinen Verdacht andeutete, es müsse ihm jemand etwas über mich erzählt haben. Er antwortete darauf lediglich, er könne auf keinen Fall über ein Thema sprechen, über das er zu schweigen geschworen hatte, ganz egal, was ich sagte oder welcher Tricks ich ihn beschuldigte. Außerdem drängte er mich dazu, wieder nach Hause zu fahren.

»Warum hat er dir den Stein geschenkt?« fragte Kamosiwe.
»Siehst du diese dunklen Flecken und die durchsichtigen Äderchen, die sich im Zickzack über die Oberfläche ziehen?« fragte ich und hielt ihm den Stein dicht vor die Augen. »Juan Caridad sagte mir damals, sie stellten die Bäume und die Flüsse des Urwaldes dar. Er glaubte in diesem Stein zu lesen, daß ich später einmal lange Zeit im Urwald verbringen würde. Und er wollte, daß ich ihn als Talisman bei mir trage, damit er mich vor Gefahren schütze.«
Die vier Männer in der Hütte blieben lange stumm. Dann legte mir Arasuwe den ungeschliffenen Diamanten und die Perle in die Hand. »Erzähl uns etwas über diese beiden da.«
Ich berichtete ihnen von dem Diamanten, den mir Mr. Barth auf der Missionsstation geschenkt hatte.
»Und das hier?« Kamosiwe nahm die kleine Perle in die Hand. »So einen kugelrunden Stein habe ich noch nie gesehen.«
»Die habe ich schon seit langer Zeit«, sagte ich.
»Noch länger als den Stein von Juan Caridad?« fragte Ritimi.
»Viel länger«, antwortete ich. »Diese Perle hat mir auch ein alter Mann geschenkt, als ich mit ein paar Schulkameraden eine Reise nach Margarita Island machte. Gleich, nachdem wir an Land gegangen waren, kam ein alter Fischer direkt auf mich zu. Während er mir die Perle in die offene Hand legte, sagte er nur: ›Sie hat schon immer dir gehört, vom ersten Tag an, als du geboren wurdest. Du hast sie verloren, aber ich habe sie für dich auf dem Grunde des Meeres wiedergefunden.‹«
»Und was geschah dann weiter?« fragte Arasuwe ungeduldig.
»Nicht viel«, erwiderte ich. »Bevor sich meine Überra-

schung wieder gelegt hatte, war der alte Mann spurlos verschwunden.«

Kamosiwe hielt die Perle in der Hand und und ließ sie hin und her rollen. In seiner dunklen, schwieligen Handfläche sah sie seltsam schön aus, als gehörte sie dorthin. »Ich möchte gern, daß du sie behältst«, sagte ich zu ihm.

Kamosiwe lächelte mich an. »Sie gefällt mir sehr.« Er hielt die Perle ins Sonnenlicht. »Wie schön sie ist. In der Mitte des Steins treiben Wolken. Hat der alte Mann, der sie dir geschenkt hat, so ausgesehen wie ich?« wollte er noch wissen, während sich die vier Männer schon erhoben und hinausgingen.

»Er war so alt wie du«, rief ich ihm nach. Aber der alte Mann hörte mich nicht. Er hielt die Perle hoch über seinem Kopf und stolzierte so über die Lichtung zu seiner Hütte.

Niemand hatte ein Wort darüber verloren, daß ich *Epena* genommen hatte. An manchen Abenden jedoch, wenn die Männer sich vor ihren Hütten versammelten, um das halluzinogene Pulver einzuatmen, riefen mir ein paar Jugendliche im Spaß zu: »Weißes Mädchen, wir wollen dich tanzen sehen. Wir wollen hören, wie du Iramamowes *Hekura*-Lied singst.« Aber ich nahm das Pulver nie mehr wieder.

15

Ich fand nie heraus, wo Puriwariwe wohnte, der Angelicas Bruder war. Manchmal fragte ich mich, ob er geholt wurde, wenn man seine Dienste brauchte, oder ob es ihm einfach seine Intuition sagte. Ob er für einige Tage oder mehrere Wochen im *Shabono* bleiben würde, wußte niemand im voraus. Seine Gegenwart hatte etwas Beruhigendes, es lag in der Art, wie er abends die *Hekura*-Gesänge anstimmte, um die Geister zu bitten, sein Volk – und vor allem die Kinder, die am leichtesten verwundbar waren – vor dem Zauber eines bösen *Shapori* zu schützen.

Eines Morgens kam der alte Schamane direkt in Etewas Hütte. Er setzte sich in eine der leeren Hängematten und verlangte, ich solle ihm die Schätze zeigen, die ich in meinem Rucksack versteckt hielt.

Ich war versucht, ihm darauf zu antworten, daß ich keinesfalls etwas versteckte, sagte aber nichts, während ich meinen Korb vom Dachsparren losband. Ich wußte genau, daß er einen der Steine von mir haben wollte, und hoffte inständig, es möge nicht der sein, den mir Juan Caridad gegeben hatte. Irgendwie war ich fest davon überzeugt, daß es dieser Stein gewesen war, der mich in den Dschungel geführt hatte. Und wenn Puriwariwe ihn mir abnahm, so fürchtete ich, würde Milagros kommen und mich zur Missionsstation zurückbringen. Oder noch schlimmer, etwas Furchtbares könnte mir dann zustoßen. Ich glaubte bedingungslos an die schützende Kraft dieses Steins.

Angestrengt betrachtete der alte Mann sowohl den Diamanten wie auch den runden Stein. Er hielt den Diamanten gegen das Licht. »Ich will diesen hier«, sagte er lächelnd. »Er birgt die Farben des Himmels in sich.« Dann streckte er sich in der Hängematte aus und legte sich den Diamanten und den anderen Stein auf den Bauch. »Und jetzt mußt du mir alles über den *Shapori* Juan Caridad erzählen. Ich will jeden deiner Träume hören, in dem dieser Mann vorgekommen ist.«

»Aber ich weiß nicht, ob ich mich noch an alle erinnern kann.« Als ich jetzt dieses schmale, faltige Gesicht und den ausgemergelten Körper ansah, hatte ich das vage Gefühl, daß ich ihn schon viel länger kannte, als meine Erinnerung reichte. Und als er nun mich lächelnd betrachtete, brachte ich ihm eine vertraute, zärtliche Empfindung entgegen. Ich machte es mir in der Hängematte bequem und begann, leicht und fließend zu erzählen. Immer, wenn mir ein Wort in der Sprache der Iticoteri nicht einfiel, setzte ich das spanische dafür ein. Puriwariwe störte sich daran anscheinend gar nicht. Ich hatte den Eindruck, er achtete eher auf den Klang und den Rhythmus meiner Worte als auf ihre tatsächliche Bedeutung.

Als ich meine Erzählung beendet hatte, spuckte der alte Mann die Kautabakrolle aus, die Ritimi für ihn zurechtgemacht hatte, bevor sie in den Garten an die Arbeit gegangen war. Mit leiser Stimme sprach er von der Schamanin, die Kamosiwe schon vorher erwähnt hatte. Imaawami galt nicht nur als eine große *Shapori*, erzählte er mir, sondern sie war angeblich auch eine hervorragende Jägerin und Kriegerin gewesen, die zusammen mit den Männern ihres Stammes feindliche Siedlungen überfallen hatte.

»Hat sie ein Gewehr gehabt?« fragte ich ihn, in der Hoffnung, mehr über ihre wahre Identität zu erfahren. Seit ich zum erstenmal von ihr gehört hatte, war es bei mir zur fixen Idee geworden, daß es sich möglicherweise um eine weiße

Frau handelte, die von den Indianerin gefangengenommen worden war. Vielleicht lag das schon weit zurück, in der Zeit, als die Spanier zum erstenmal hierhergekommen waren, um nach Eldorado zu suchen.
»Nein, sie benutzte Pfeil und Bogen«, antwortete der alte Schamane. »Und ihr *Mamucori* war das beste Pfeilgift, das es gab.«
Wie ich auch meine Fragen formulierte, es gelang mir einfach nicht, aus ihm herauszubekommen, ob Imaawami ein Mensch war, der tatsächlich gelebt hatte, oder ob sie zu den mythologischen Geschöpfen aus vergangenen Epochen gehörte. Darauf antwortete der *Shapori* mir nur, daß Imaawami vor sehr sehr langer Zeit gelebt hatte. Ich konnte mir auch einigermaßen sicher sein, daß der alte Mann mir damit nicht bloß ausweichen wollte; bei den Iticoteri war es durchaus üblich, über Ereignisse in der Vergangenheit etwas ungenauere Auskünfte zu geben.

Manchmal, nachdem die Frauen am Abend das letzte Mahl gekocht hatten, setzte sich Puriwariwe in die Mitte der Lichtung neben das Feuer. Dann gesellte sich jung und alt zu ihm, um seinen Geschichten zuzuhören. Ich suchte mir dann immer einen Platz möglichst dicht bei ihm, denn ich wollte mir kein Wort entgehen lassen. Mit leiser, monotoner Näselstimme erzählte er vom Ursprung der Menschen, des Feuers, der Ströme, des Mondes und der Sonne. Einige dieser Legenden kannte ich bereits. Und trotzdem hatte ich jedesmal, wenn ich sie wieder hörte, den Eindruck, als wäre es eine völlig andere Geschichte. Jeder Erzähler verzierte und verbesserte sie je nachdem, was er selbst darin sah.
»Welcher ist denn nun der wahre Mythos der Schöpfung?« fragte ich Puriwariwe eines Abends, als er mit der Geschichte von Waipilishoni zu Ende war, einer Schamanin, die das

Blut erschaffen hatte, indem sie *Onoto* mit Wasser mischte. Diese Substanz hatte sie den baumähnlichen Körpern eines Geschwisterpaars zu trinken gegeben und ihnen so Leben eingehaucht. Am Abend vorher aber hatte uns der *Shapori* noch erzählt, der erste Indianer sei aus dem Bein eines menschenähnlichen Wesens entstanden.

Einen Moment lang blickte mich Puriwariwe verwirrt an. »Nun, sie sind alle wahr«, sagte er schließlich. »Weißt du denn nicht, daß der Mensch im Laufe der Zeitalter viele Male erschaffen worden ist?«

Ich schüttelte verwundert den Kopf. Er berührte mein Gesicht und lachte. »Ohooh, wie unwissend du doch immer noch bist. Hör mir jetzt gut zu. Ich werde dir von all den vielen Malen erzählen, da die Welt durch Feuersbrünste und Flutkatastrophen verwüstet wurde.«

Einige Tage danach gab Puriwariwe bekannt, daß Xorowe, Iramamowes ältester Sohn, als *Shapori* initiiert werden sollte. Xorowe war ungefähr siebzehn oder achtzehn Jahre alt. Er war von schmächtigem, aber sehr geschmeidigem Körperbau und hatte ein schmales, feines Gesicht, in dem die tiefliegenden braunen Augen groß und eindrucksvoll wirkten. Mit nichts als einer Hängematte zog er in die kleine Hütte um, die für ihn auf der Lichtung errichtet worden war. Da die Iticoteri glaubten, daß die *Hekura* vor Frauen flüchteten, durften sich keine weiblichen Personen in der Nähe seiner Behausung aufhalten – nicht einmal seine Mutter und Großmutter oder seine Schwestern.

Ein junger Mann, der noch nie mit einer Frau zusammengewesen war, wurde ausgewählt, um die Pflege des Initianden zu übernehmen. Seine Aufgabe war es, Xorowe das *Epena* in die Nasenlöcher zu blasen, das Feuer ständig zu unterhalten und dafür zu sorgen, daß Xorowe jeden Tag die erlaubte Menge von Wasser und Honig bekam, die einzigen Speisen, die bei der Weihe zum *Shapori*, verzehrt werden durften. Die Frauen ließen immer genügend Feuerholz am Eingang des *Shabono* liegen, so daß der Junge nicht allzu weit gehen mußte. Die Männer waren für die Beschaffung des Honigs zuständig. Täglich drängte sie der *Shapori*, auf der Suche danach noch weiter in den Urwald vorzudringen.

Xorowe verbrachte die meiste Zeit damit, in der Hütte auf seiner Hängematte zu liegen. Manchmal saß er auch auf einem glattgeschliffenen Baumstumpf, den Iramamowe draußen vor der Behausung aufgestellt hatte, denn der Initiand durfte keinesfalls auf dem Erdboden Platz nehmen. Nach einer Woche waren Xorowes Gesichtszüge dunkel und eingefallen vom *Epena*. Die einst leuchtenden Augen waren nun glanzlos, der Blick unkonzentriert. Er war schmutzig und ausgezehrt und bewegte sich mit der Schwerfälligkeit eines Betrunkenen.

Das Leben im *Shabono* nahm weiter seinen gewöhnlichen Lauf, mit der einen Ausnahme, daß jene Familien, die Xorowes Hütte am nächsten wohnten, kein Fleisch auf ihren Feuerstellen zubereiten durften. Nach Auskunft von Puriwariwe verabscheuten die *Hekura* den Duft von gebratenem Fleisch, und falls sie auch nur einen Hauch des anstößigen Geruchs wahrnehmen sollten, würden sie sich unverzüglich in die Berge zurückziehen.

Wie sein Schüler, nahm auch Puriwariwe Tag und Nacht *Epena*. Unermüdlich brachte er die stundenlangen Gesänge dar, mit denen die *Hekura* in Xorowes Hütte gelockt und gebeten werden sollten, die Brust des jungen Mannes zu öffnen. An manchen Abenden wurde der alte Mann bei seinen Gesängen von Arasuwe, Iramamowe und anderen unterstützt.

Im Laufe der zweiten Woche stimmte auch Xorowe in diese Gesänge ein, mit unsicherer, zitternder Stimme. Am Anfang sang er nur die *Hekura*-Gesänge für das Gürteltier, den Tapir, den Jaguar und andere große Tiere, die zu den männlichen Geistern gezählt wurden und, so hieß es, am leichtesten zu beschwören waren. Als nächstes sang er für die *Hekura* von Pflanzen und Steinen. Und dann schließlich sang er die Lieder für die weiblichen Geister – die Schlange, die Spinne, den Kolibri. Diese waren nicht nur am allerschwersten herbeizulocken, sondern wegen ihres heimtückischen und eifersüchtigen Wesens auch am schwersten unter Kontrolle zu halten.

Eines Nachts, als die meisten im *Shabono* schon schliefen, saß ich vor Etewas Hütte und hörte den Männern beim Singen zu. Xorowe war schon so schwach, daß einer ihn stützen mußte, damit er aufrecht stehen blieb, während Puriwariwe um ihn herumtanzte. »Xorowe, sing lauter«, drängte ihn der alte Mann. »Sing so laut wie die Vögel, so laut wie die Jaguare!« Puriwariwe tanzte aus dem *Shabono* hinaus in den Urwald. »Xorowe, sing lauter«, rief er zurück. »Auch die *Hekura,* die in den vier Ecken der Welt wohnen, müssen deinen Gesang noch hören.«

Drei Abende danach waren Xorowes Freudenschreie im ganzen *Shabono* zu hören: »Vater, Vater, die *Hekura* kommen! Ich höre sie schon summen und brummen. Sie tanzen auf mich zu. Sie öffnen mir die Brust und den Kopf. Sie dringen durch die Finger und die Füße in mich ein.« Xorowe rannte aus seiner Hütte. Er hockte sich vor den alten Mann und rief: »Vater, Vater, hilf mir! Jetzt kommen sie auch durch die Augen und die Nase!«

Puriwariwe half Xorowe beim Aufstehen. Beide fingen an, in der Mitte der Lichtung zu tanzen, und die Schatten ihrer dünnen, ausgezehrten Leiber hüpften im Mondschein über die Erde. Stunden später zerriß ein verzweifelter Schrei die Stille des anbrechenden Tages, der Schrei eines Kindes in panischer Angst. »Vater, Vater, von heute an werde ich keine Frau mehr in die Nähe meiner Hütte kommen lassen.«

»Das sagen sie alle«, murmelte Ritimi und stieg aus ihrer Hängematte. Sie legte Brennholz nach und legte dann mehrere Bananen unter die heiße Glut. »Als Etewa damals beschlossen hat, sich zum *Shapori* machen zu lassen, da hatte ich schon eine Weile mit ihm zusammengelebt«, erzählte sie. »Und in der Nacht, als er Puriwariwe bat, keine Frau an ihn heranzulassen, bin ich heimlich zu seiner Hütte gegangen und habe die *Hekura* verscheucht.«

»Warum hast du das denn getan?«

»Etewas Mutter hatte mich darum angefleht«, erwiderte Ritimi. »Sie hat Angst gehabt, daß er sterben würde. Und sie hat auch gewußt, daß Etewa die Frauen zu gern hat; also könnte er niemals ein großer *Shapori* werden.« Ritimi setzte sich zu mir in die Hängematte. »Ich werde dir die ganze Geschichte erzählen.« Sie kuschelte sich an mich und machte es sich gequem, dann begann sie flüsternd zu beichten. »In der Nacht, als die *Hekura* in Etewas Brust eindrangen, da hat er genau so geschrien wie Xorowe vorhin. Es sind die weiblichen *Hekura*, die die Schwierigkeiten machen. Sie wollen keine Frau in der Hütte. Etewa hat in der Nacht dann noch bitterlich geweint und geschluchzt, weil er meinte, eine böse Frau hätte sich ihm genähert. Und ich war eigentlich auch ziemlich traurig, als er dann sagte, die *Hekura* hätten ihn wieder verlassen.«

»Hat Etewa gewußt, daß du es warst, die in seiner Hütte gewesen ist?«

»Nein«, sagte Ritimi, »es hat mich niemand gesehen. Und falls Puriwariwe es gewußt hat, dann hat er jedenfalls nichts gesagt. Ihm ist auch klar gewesen, daß Etewa nie ein guter *Shapori* werden würde.«

»Und warum hat er sich überhaupt um die Initiation bemüht?«

»Es besteht ja immer die Möglichkeit, daß ein Mann zu einem großen *Shapori* wird.« Ritimi legte ihren Kopf auf meinen Arm. »Damals sind die Männer die ganze Nacht aufgeblieben und haben gesungen, damit die *Hekura* wieder zurückkämen. Aber die Geister hatten kein Verlangen danach, wiederzukommen. Sie sind ja nicht nur deswegen fortgegangen, weil Etewa von einer Frau verunreinigt worden war, sondern auch, weil sie Angst hatten, daß er ihnen kein guter Vater sein würde.«

»Wieso wird ein Mann eigentlich unrein, wenn er mit einer Frau zusammen ist?«

»Bei einem *Shapori* ist das so«, erwiderte Ritimi. »Ich weiß auch nicht, warum, denn sowohl die *Shapori* wie auch die übrigen Männer haben Spaß daran. Ich glaube, die weiblichen *Hekura* sind schuld daran; sie werden eifersüchtig und bekommen Angst, wenn ein Mann sich zu oft mit Frauen vergnügt.« Ritimi erklärte mir, daß ein sexuell aktiver Mann kein großes Verlangen danach habe, *Epena* zu nehmen und die Geister zu beschwören mit seinem Gesang. Die männlichen Geister, so meinte sie, seien nicht so besitzergreifend. Ihnen genügte es, wenn man das halluzinogene Pulver vor und nach der Jagd oder einem Überfall inhalierte. »Also, ich habe lieber einen guten Jäger und Krieger zum Mann als einen guten *Shapori*«, gestand sie mir. »Die *Shapori* halten nicht viel von Frauen.«

»Aber wie ist das mit Iramamowe?« wollte ich wissen. »Er gilt doch als großer *Shapori* und trotzdem hat er zwei Frauen.«

»Ohoh, du bist ja so unwissend. Dir muß man auch wirklich

alles erklären«, kicherte Ritimi. »Iramamowe schläft mit seinen zwei Frauen nicht sehr oft. Sein jüngster Bruder, der keine eigene Frau hat, schläft mit der einen.« Ritimi blickte sich um und vergewisserte sich, daß uns niemand belauschte. »Hast du schon bemerkt, daß Iramamowe häufig allein in den Wald geht?«
Ich nickte. »Aber andere Männer machen das doch auch.«
»Und andere Frauen machen das auch«, äffte mich Ritimi nach, indem sie die Wörter genauso falsch aussprach wie ich. Es fiel mir immer noch schwer, den näselnden Tonfall der Iticoteri richtig nachzumachen, wahrscheinlich, weil ich nicht wie sie die meisten Zeit mit einem Stück Kautabak im Mund sprach. »Das meine ich nicht«, fuhr sie fort. »Iramamowe geht in den Wald, um das zu finden, wonach ein großer *Shapori* sucht.«
»Und was ist das?«
»Die Kraft, um ins Haus des Donners zu gelangen. Die Kraft, die man braucht, um ins Herz der Sonne reisen zu können und wieder lebend zurückzukommen.«
»Ich habe aber einmal gesehen, wie Iramamowe im Urwald mit einer Frau geschlafen hat«, gestand ich.
Ritimi lachte leise. »Ich werde dir ein sehr wichtiges Geheimnis sagen«, flüsterte sie. »Wenn Iramamowe mit einer Frau schläft, dann tut er das auf die gleiche Weise wie jeder *Shapori*: Er nimmt der Frau die Kraft, aber er gibt nichts dafür zurück.«
»Hast du schon mit ihm geschlafen?«
Ritimi nickte. Aber sosehr ich auch auf sie einredete und sie um weitere Informationen bat, ging sie auf dieses Thema nicht mehr ein.

Eine Woche später erhoben Xorowes Mutter, Schwestern, Tanten und Cousinen ein großes Klagegeschrei in ihren

Hütten. »Puriwariwe«, rief die Mutter den Schamanen an, »mein Sohn hat keine Kraft mehr. Willst du denn, daß er verhungert? Willst du, daß er stirbt, weil ihm der Schlaf fehlt? Du mußt ihn jetzt langsam in Ruhe lassen.«
Der alte *Shapori* achtete nicht auf ihre Klagen. Am nächsten Abend nahm Iramamowe *Epena* und tanzte vor der Hütte seines Sohnes. Er sprang abwechselnd hoch in die Luft und kroch dann auf allen vieren, wobei er das wütende Fauchen eines Jaguars nachahmte. Plötzlich hielt er inne. Die Augen auf einen Punkt direkt vor seinem Gesicht gerichtet, setzte er sich nieder. »Ihr Frauen, verzweifelt jetzt nicht«, rief er ihnen mit lauter, nasaler Stimme zu. »Nur noch wenige Tage muß Xorowe ohne Essen aushalten. Auch wenn er schwach aussieht und sich schwerfällig bewegt, und auch wenn er im Schlaf stöhnt, er wird nicht sterben.« Mit diesen Worten stand Iramamowe auf und ließ sich von Puriwariwe noch einmal *Epena* in die Nase blasen. Dann setzte er sich an dieselbe Stelle wie vorhin.
»Hör jetzt gut zu«, schärfte mir Ritimi ein. »Iramamowe ist einer der wenigen *Shapori,* die während ihrer Initiation die Reise ins Herz der Sonne gemacht haben. Er hat andere auf ihrer ersten Reise geführt. Er hat zwei Stimmen; die eine, die du gerade gehört hast, ist seine eigene; die andere ist die seiner persönlichen *Hekura.*«
Als Iramamowe nun sprach, kamen die Wort aus dem tiefsten Innern seiner Brust; wie Steine, die im Gebirge abwärts kollern, fielen sie mitten in die Stille; die Indianer hatten sich alle vor ihren Hütten versammelt. Sie hockten dicht aneinander, die Atmosphäre war von ihren Erwartungen und vom Rauch der Feuer erfüllt, und sie schienen kaum zu atmen zu wagen. In ihren Augen glitzerte die Wißbegierde nach dem, was Iramamowes persönliche *Hekura* zu sagen

hatte, und nach dem, was sich in der geheimnisvollen Welt des Initianden ereignen würde.
»Mein Sohn ist bis in die Tiefen der Erde gereist, und er hat im heißen Feuer ihrer stillen Höhlen geschmort«, verkündete Iramamowes polternde *Hekura*-Stimme. »Von den Augen der *Hekura* geleitet, so ist er durch die Spinnweben der Finsternis, durch reißende Ströme und über Berge hinweg geführt worden. Sie haben ihm die Gesänge der Vögel, der Fische, der Schlangen, der Spinnen, der Affen und der Jaguare beigebracht. Seine Augen und seine Wangen mögen eingefallen sein, aber er ist stark. Wer in die stillen feurigen Höhlen der Erde hinabgestiegen ist und wer den Nebel des Urwalds hinter sich gelassen hat, der wird mit seiner persönlichen *Hekura* in der Brust zurückkehren. Dann gehört er zu denen, die ins Herz der Sonne reisen werden, in die hell erleuchteten Hütten meiner Brüder und Schwestern, der *Hekura* des Himmels. Ihr Frauen, ich beschwöre euch, ruft ihn jetzt nicht zurück. Laßt ihn seine Reise unternehmen. Laßt ihn sich lösen von Mutter und Schwestern, damit er zu dieser Lichtwelt gelangen kann, die noch viel schwerer zu erreichen ist als die Welt der Finsternis.«
Wie gebannt lauschte ich Iramamowes Stimme. Niemand sprach, niemand regte sich, niemand sah auf etwas anderes als auf seine unbewegliche Gestalt vor der Hütte seines Sohnes. Nach jeder Pause erhob sich seine Stimme zu neuer Intensität.
»Ihr Frauen, verzweifelt jetzt nicht. Auf seinem Pfad wird er die treffen, die in den langen Nebelnächten ausgehalten haben. Er wird die treffen, die nicht vor Furcht gezittert haben angesichts dessen, was ihnen auf ihrer Reise begegnet ist. Er wird die treffen, deren Körper verbrannt und zerstückelt worden sind, und die, deren Knochen herausge-

nommen wurden und nun in der Sonne trocknen. Er wird die treffen, die auf ihrem Weg ins Herz der Sonne nicht in die Wolken abgestürzt sind. Ihr Frauen, bringt ihn jetzt nicht aus dem Gleichgewicht. Bald wird mein Sohn am Ende seiner Reise sein. Blickt jetzt nicht in sein dunkles Gesicht. Seht nicht in seine eingefallenen Augen, in denen kein Licht ist, denn es ist sein Schicksal, ein einsamer Mann zu sein.«

Iramamowe erhob sich. Zusammen mit Puriwariwe betrat er Xorowes Hütte, wo sie den Rest der Nacht leise zu den *Hekura* sangen.

Einige Tage danach kam der Junge, der Xorowe während der langen Wochen der Initiationsriten gepflegt hatte, wusch ihn mit warmem Wasser ab und trocknete ihn mit wohlriechenden Blättern. Dann bemalte er Xorowes Gesicht mit einer Mischung aus Kohle und *Onoto* – in Schlangenlinien, die sich von der Stirn über die Wangen und bis auf die Schultern hinunterzogen. Der übrige Körper wurde bis zu den Fußknöcheln mit gleichmäßig verteilten runden Tupfen gezeichnet.

Einen Moment lang stand Xorowe in der Mitte der Lichtung. Seine Augen glänzten traurig in ihren tiefen Höhlen; sie spiegelten grenzenlose Melancholie wider, als wäre ihm soeben klargeworden, daß er nicht mehr sein früheres menschliches Ich besaß, sondern nur noch ein Schatten davon war. Und doch strahlte er nun eine Kraft aus, die vorher nicht dagewesen war, so, als wäre die Gewißheit über seine neuerworbenen Kenntnisse und Erfahrungen beständiger als die Erinnerung an die Vergangenheit. Schweigend geleitete ihn Puriwariwe in den Urwald.

16

»Weißes Mädchen!« rief Ritimis sechsjähriger Sohn und kam durch die Maniokstäucher auf mich zugerannt. Völlig außer Atem blieb er vor mir stehen und keuchte aufgeregt: »Weißes Mädchen, dein Bruder ...«

»Mein was?« Ich ließ meinen Grabstock fallen und rannte in den *Shabono.* Am Rande des gerodeten Waldstreifens rund um die hölzerne Palisadenumfriedung blieb ich stehen. Dieser Streifen galt zwar nicht als Garten, doch wuchsen dort Kürbisse, Baumwollsträucher und verschiedene Heilkräuter. Etewa hatte mir einmal erzählt, daß dieser Streifen von Bäumen freigehalten wurde, damit eventuelle Angreifer sich nicht so leicht im Schutz des Unterholzes an die Siedlung anschleichen konnten.

Aus den Hütten waren keine ungewöhnlichen Geräusche zu hören. Ich ging über den Versammlungsplatz auf die Gruppe von Indianern zu, die vor Arasuwes Hütte am Boden hockten, und war nicht weiter überrascht, Milagros unter ihnen zu entdecken.

»Na, blonde Indianerin«, sprach er mich auf spanisch an und bedeutete mir, neben ihm Platz zu nehmen. »Du riechst sogar schon wie eine von uns.«

»Schön, daß du hier bist«, sagte ich. »Der kleine Sisiwe hat gerade gesagt, du wärst mein Bruder.«

»Ich habe mich auf der Missionsstation mit Pater Coriolano unterhalten.« Milagros zeigte auf die Notizblöcke, Bleistifte, Sardinendosen und die Schachteln mit Salzcrackern und süßen Keksen, die die Iticoteri schon herumreichten. »Er will, daß ich dich auf die Station zurückbrin-

ge«, berichtete Milagros und blickte mich dabei nachdenklich an.
Darauf wußte ich nichts zu sagen. Ich hob einen Zweig vom Boden auf und malte damit Strichmuster auf die Erde. »Ich kann jetzt noch nicht fort von hier.«
»Ich weiß.« Milagros lächelte mich an, doch um seinen Mund lag ein Anflug von Traurigkeit. Seine Stimme klang sehr sanft und etwas ironisch. »Ich habe Pater Coriolano gesagt, daß du hier noch eine Menge Arbeit zu erledigen hast, und ich habe ihn überzeugt, wie wichtig es für dich ist, daß du dieses bemerkenswerte Forschungsprojekt zu Ende führst, mit dem du dich gerade beschäftigst.«
Ich konnte mir ein Kichern nicht verkneifen. Er redete genauso wie ein wichtigtuerischer Ethnologe. »Und hat er dir geglaubt?«
Milagros schob mir die Notizblöcke und Bleistifte zu. »Ich habe Pater Coriolano versichert, daß es dir hier gutgeht.« Aus einem kleinen Bündel zog er eine Dose mit drei Stück Feinseife heraus. »Außerdem hat er mir das hier für dich mitgegeben.«
»Was soll ich denn damit anfangen?« fragte ich und roch an der parfümierten Seife.
»Dich waschen!« erklärte mir Milagros nachdrücklich, als glaubte er im Ernst, ich hätte wirklich vergessen, wozu Seife da war.
»Laß mich einmal daran riechen«, meine Ritimi und nahm ein Stück aus der Dose. Sie hielt sich die Seife an die Nase, schloß die Augen und atmete tief ein. »Hm. Was willst du denn damit waschen?«
»Mein Haar!« rief ich aus. Eben war mir der Gedanke gekommen, daß die Seife vielleicht die Läuse abtöten könnte.

»Dann wasche ich meines auch«, sagte Ritimi und rieb sich die Seife in das Haar.
»Seife funktioniert nur zusammen mit Wasser«, erklärte ich ihr. »Wir müssen zum Fluß hinuntergehen.«
»Zum Fluß hinunter!« schrien alle Frauen, die sich um die Gruppe geschart hatten, und sprangen auf.
Lachend rannten wir den Pfad hinunter. Einige Männer, die gerade aus den Gärten kamen, starrten uns fassungslos an, während ihre Frauen sich uns sofort anschlossen und hinter Ritimi herrannten, die das kostbare Stück Seife in der erhobenen Hand schwenkte.
»Erst müßt ihr euer Haar naß machen«, rief ich den Frauen aus dem Wasser zu. Sie waren am Ufer stehengeblieben und beobachteten mich etwas zweifelnd. Grinsend gab mir Ritimi die Seife. Bald trug ich eine dicke Schaumkrone auf dem Kopf. Ich massierte mir die Kopfhaut und genoß es, wie die schmutzig Seifenlauge zwischen meinen Finger herausgequetscht wurde und mir über Hals, Rücken und Brust hinunterlief. Mit Hilfe einer halben Kalebasse spülte ich das Haar mit frischem Wasser aus und wusch mir mit dem Schaum gleich den restlichen Körper. Dann fing ich an, die Melodie einer alten spanischen Radioreklame für diese Seifenmarke zu singen, die ich als Kind schon oft gehört hatte: »Schön und prächtig wie eine Fee ...«
»Wer will die nächste sein?« fragte ich, während ich ans Ufer watete, wo die Frauen mir zusahen. Ich hatte das Gefühl, geradezu zu schimmern vor Sauberkeit.
Die Frauen zogen sich etwas zurück und lächelten mich an, doch keine fühlte sich aufgefordert. »Ja, ich, ich!« rief dann die kleine Texoma und rannte zu mir ins Wasser.
Eine nach der andern kamen die Frauen jetzt näher. Mit vor Staunen weit aufgerissenen Mündern sahen sie gespannt zu, wie die Seifenlauge dem kleinen Mädchen aus dem Kopf zu

wachsen schien. Ich machte einen festen, trockenen Schaum daraus und formte Texomas Haarmasse so, daß sie ihr vom Kopf abstand wie spitze Stacheln. Zaghaft berührte Ritimi das Haar ihrer Tochter. Dann verzog sie die Mundwinkel zu einem schüchternen Lächeln. »Oh, wie schön sie ist!«

»Halt die Augen geschlossen, bis ich alle Seife herausgespült habe«, ermahnte ich Texoma. »Mach sie ganz fest zu. Es tut nämlich weh, wenn dir der Schaum in die Augen gerät.«

»Schön und prächtig wie eine Fee«, jauchzte Texoma, als ihr das seifige Wasser den Rücken hinunterrann. Sie warf mir einen Blick zu. »Sing es noch mal, dieses Lied. Ich will, daß meine Haare die gleiche Farbe wie deine bekommen.«

»Also, die gleiche Farbe wie meine bekommen sie dadurch sicher nicht«, sagte ich. »Aber sie werden gut riechen.«

»Ich will die nächste sein!« riefen die Frauen nun alle durcheinander.

Mit Ausnahme der schwangeren Frauen, die Angst hatten, daß die Zauberseife den ungeborenen Kindern schaden könnte, wusch ich dann sämtliche Köpfe, insgesamt mindestens fünfundzwanzig. Die Schwangeren wollten den anderen dann jedoch nicht nachstehen und beschlossen, ihr Haar wenigstens auf die herkömmliche Weise zu waschen – mit Blättern und Schlamm vom Grunde des Flußbetts. Auch ihnen mußte ich die kindische Seifenwerbung vorsingen. Als endlich alle fertig waren, war ich ganz heiser.

Die Männer hockten immer noch vor Arasuwes Hütte und hörten zu, was Milagros über seinen Besuch in der Außenwelt berichtete. Sie schnüffelten an unseren Haaren, als wir neben ihnen Platz nahmen. Eine alte Frau hockte sich dicht neben einen Jugendlichen und drückte seinen Kopf zwischen ihre Beine. »Riech mal, ich habe mich mit Seife gewaschen.« Sie begann, die Reklamemelodie vor sich hin zu summen.

Alle Männer und Frauen brachen in Gelächter aus. Etewa brachte mit Mühe hervor: »Großmutter, niemand will deine Vagina haben, auch wenn du sie mit Honig anfüllst!«

Die Frau kicherte heiser, machte eine obszöne Geste zu ihm hin und ging dann in ihre Hütte. »Etewa«, rief sie aus ihrer Hängematte zu uns herüber, »dich habe ich schon zwischen den Beinen von noch viel älteren Weibern liegen sehen, als ich es bin.«

Als sich das Lachen gelegt hatte, deutete Milagros auf die vier Macheten, die vor ihm auf der Erde lagen. »Deine Freunde haben sie auf der Missionsstation für dich zurückgelassen, bevor sie sich auf den Weg in die Stadt machten«, sagte er. »Du kannst sie verschenken.«

Ich warf ihm einen hilflosen Blick zu. »Warum so wenige?«

»Weil ich nicht mehr tragen konnte«, grinste Milagros. »Verschenk sie nicht an die Frauen.«

»Ich werde sie dem Häuptling geben«, sagte ich und sah in die erwartungsvollen Gesichter um mich herum. Erleichtert schob ich die vier Macheten Arasuwe zu. »Meine Bekannten haben dir diese Messer geschickt.«

»Weißes Mädchen, du bist schlau«, bemerkte er, während er die Spitze einer der Waffen am Finger prüfte. »Diese hier behalte ich selbst. Eine ist für meinen Bruder Iramamowe, der dich vor den Mocototeri beschützt hat. Eine bekommt Hayamas Sohn, von dessen Garten und Jagdbeute du hauptsächlich lebst.« Dann sah Arasuwe zu Etewa. »Die vierte stünde eigentlich dir zu, aber weil du vor nicht allzu langer Zeit bei einem unserer Festmahle schon eine Machete geschenkt bekommen hast, werde ich diese deinen Frauen Ritimi und Tutemi geben. Sie kümmern sich um das weiße Mädchen, als wäre es ihre eigene Schwester.«

Einen Augenblick lang herrschte absolute Stille; dann stand einer der Männer auf und wandte sich an Ritimi: »Gib mir deine Machete, damit ich damit Bäume fällen kann. Du mußt nicht so schwere Arbeiten verrichten wie wir Männer.«

»Gib sie ihm nicht«, sagte Tutemi. »Es ist viel leichter, in den Gärten zu arbeiten, wenn man eine Machete hat und nicht nur einen Grabstock.«

Ritimi betrachtete die Machete; dann nahm sie sie in die Hand und überreichte sie dem Mann. »Ich werde sie dir schenken. Die allerschlimmste Sünde ist, wenn man etwas nicht weggibt, was ein anderer haben möchte. Ich will nicht in *Shopariwabe* enden.«

»Wo ist denn das?« flüsterte ich Milagros ins Ohr.

»*Shopariwabe* ist ein Ort, zu dem die Missionare ›Hölle‹ sagen würden.«

Ich öffnete eine der Sardinendosen. Nachdem ich mir einen der öligen, silbrigen Fische in den Mund geschoben hatte, hielt ich die Dose Ritimi hin. »Versuch mal eine«, forderte ich sie auf.

Sie sah mich unsicher an. Dann hob sie vorsichtig mit Daumen und Zeigefinger ein Stück Sardine heraus und steckte es in den Mund. »Bah, das schmeckt ja scheußlich«, rief sie und spuckte den Fisch wieder aus.

Milagros nahm mir die Dose aus der Hand. »Heb sie lieber auf. Sie sind für den Rückweg zur Missionsstation.«

»Aber ich gehe noch gar nicht zurück«, protestierte ich. »Wenn wir sie so lange aufheben, werden sie doch nur schlecht.«

»Du solltest vor der Regenzeit zurückkehren«, sagte Milagros mit ernster Stimme. »Wenn es erst einmal zu regnen anfängt, dann ist es unmöglich, Flüsse zu überqueren oder durch den Wald zu marschieren.«

Ich konnte mir mein schlaues Grinsen einfach nicht verkneifen. »Ich muß mindestens noch so lange hier bleiben, bis Tutemis Baby geboren ist«, sagte ich. Dabei war ich mir ganz sicher, daß die Geburt während der Regenzeit stattfinden würde.

»Und was soll ich Pater Coriolano sagen?«

»Was du ihm ohnehin schon erzählt hast«, spottete ich. »Daß ich hier mit bemerkenswerten Forschungen beschäftigt bin.«

»Aber er rechnet fest damit, daß du vor der Regenzeit zurückkommst. Hier regnet es monatelang!«

Lächelnd griff ich nach einer Schachtel Kekse. »Dann essen wir die lieber auf – in der Feuchtigkeit werden sie bestimmt verderben.«

»Mach die anderen Sardinendosen nicht auf«, sagte Milagros auf spanisch zu mir. »Die Iticoteri werden sie nicht mögen. Ich esse sie allein.«

»Hast du denn keine Angst vor *Shopariwabe*?«

Wortlos reichte Milagros die bereits offene Dose herum. Die meisten der Männer rochen nur an dem Inhalt und gaben sie gleich an den nächsten weiter. Wer mutig genug war, eine Sardine zu probieren, spuckte sie wieder aus. Die Frauen wollten nicht einmal an der Dose riechen. Als die Büchse wieder bei ihm anlangte, lächelte Milagros mich an. »Sie mögen eben keine Sardinen. Also komme ich auch nicht in die Hölle, wenn ich sie alle selbst aufesse.«

Auch die Salzkekse waren kein Erfolg, außer bei ein paar Kindern, die die Salzkörner ableckten. Aber die süßen Kekse wurden unter beifälligen Schmatzlauten verspeist, obwohl sie etwas ranzig schmeckten.

Ritimi eignete sich die Notizblöcke und Bleistifte an. Sie wollte unbedingt, daß ich ihr beibrächte, die gleiche Art Muster zu malen, die ich in mein verbranntes Notizheft gekritzelt hatte, und übte auch gehorsam die englischen und spanischen Wörter, die ich sie zu schreiben gelehrt hatte. Aber sie hatte kein echtes Interesse daran, schreiben zu lernen, obwohl sie nach einiger Zeit durchaus in der Lage war, alle Buchstaben des Alphabets aufzumalen, dazu noch eine Reihe von chinesischen Zeichen, die ich früher einmal in einem Schönschreibkurs aufgeschnappt hatte. Für Ritimi blieben diese Symbole immer nur Muster, die sie sich manchmal auf den Körper malte, wobei ihr die Buchstaben S und W am besten gefielen.

Milagros blieb mehrere Wochen lang im *Shabono.* Er ging zusammen mit den Männern auf die Jagd und arbeitete im Garten mit. Die meiste Zeit verbrachte er allerdings damit, in seiner Hängematte zu liegen und nichts zu tun als mit den Kindern zu spielen. Den ganzen Tag lang erklangen Freudenschreie, wenn Milagros die Beine hoch in die Luft streckte und eines der Kleinen balancierte. An den Abenden unterhielt er uns mit Geschichten über die *Nape,* die Weißen, denen er im Laufe der Jahre begegnet war, über die Orte, an denen er gewesen war, und über die wunderlichen Bräuche, die er dort beobachtet hatte.

Der Begriff *Nape* bezog sich auf alle Fremden – das heißt, auf alle Menschen, die nicht zur Stammesgruppe der Yanomama gehörten. Die Iticoteri trafen keine Unterscheidungen zwischen Nationalitäten; für sie waren Venezolaner, Brasilianer, Schweden, Deutsche oder Amerikaner, egal welcher Hautfarbe, alle *Nape.*

Mit Milagros' Augen betrachtet kamen sogar mir diese weißen Männer seltsam vor. Es lang an seinem Sinn für

Humor, an seinem leichten Hang zum Absurden und an seiner dramatischen Erzählweise, die auch das allergewöhnlichste und bedeutungsloseste Ereignis in einen bemerkenswerten Vorfall verwandelte. Wenn es einmal geschah, daß einer seiner Zuhörer den Wahrheitsgehalt seiner Erzählungen in Zweifel zog, dann wandte sich Milagros mit einer äußerst würdevollen Geste immer an mich: »Weißes Mädchen, sag ihnen, ob ich lüge.« Und wie sehr er auch übertrieben haben mochte, ich widersprach ihm kein einziges Mal.

17

Tutemi kam in den Garten und gesellte sich zu Ritimi und mir. »Ich glaube, es ist jetzt soweit«, sagte sie und ließ den Korb voll Brennholz zu Boden fallen. »Meine Arme haben keine Kraft mehr. Mein Atem geht nicht mehr tief. Ich kann mich nicht mehr so leicht bücken.«

»Hast du Schmerzen?« fragte ich, weil ich sah, daß sich Tutemis Gesicht zu einer Grimasse verzog.

Sie nickte. »Und Angst habe ich auch.«

Behutsam tastete Ritimi den Bauch des Mädchens ab, erst seitlich, dann von vorn. »Das Baby strampelt ziemlich heftig. Es wird Zeit, daß es herauskommt.« Ritimi wandte sich an mich: »Geh und hol die alte Hayama. Sag ihr, Tutemi bekommt die Wehen. Sie weiß dann schon, was zu tun ist.«

»Wo werdet ihr hingehen?«

Ritimi zeigte geradeaus. Ich rannte durch den Urwald, sprang über umgestürzte Baumstämme und achtete nicht auf die Dornen, Wurzeln und Steine auf meinem Weg.

»Komm schnell«, keuchte ich ganz erschöpft, als ich vor Hayamas Hütte ankam. »Tutemi bekommt ihr Kind. Sie hat schon die Wehen.«

Ritimis Großmutter griff nach einem Bambusmesser und ging zunächst über die Lichtung zu einem alten Mann hinüber. »Du hast ja wohl gehört, was das weiße Mädchen gerade gesagt hat?« sagte Hayama zu ihm. Als er zustimmend nickte, fügte sie hinzu: »Falls wir dich brauchen, werde ich nach dir schicken.«

Ich ging Hayama voraus und blieb alle fünfzig Schritte ungeduldig stehen, um auf sie zu warten. Auf einen ge-

brochenen Jagdbogen gestützt, den sie als Spazierstock verwendete, schien sie heute noch langsamer als sonst vorwärtszukommen. »Ist der alte Mann ein *Shapori*?« fragte ich.
»Er weiß alles, was man über ein Kind wissen muß, das nicht geboren werden will.«
»Aber Tutemi hat doch nur die Wehen.«
»Wenn es Schmerzen verursacht«, erklärte Hayama bedächtig, »dann bedeutet das, daß das Kind nicht den Mutterleib verlassen will.«
»Ich glaube aber, das bedeutet es ganz und gar nicht.« Es gelang mir nicht, den streitsüchtigen Tonfall in meiner Stimme zu verbergen. »Es ist doch ganz normal, wenn man beim ersten Kind Schwierigkeiten hat«, argumentierte ich, ganz so, als hätte ich eigene Erfahrung damit. »Die weißen Frauen haben fast bei jedem ihrer Kinder Schmerzen.«
»Das ist nicht normal«, stellte Hayama fest. »Vielleicht wollen die weißen Babys die Welt nicht sehen.«
Tutemis gedämpftes Stöhnen war schon durch das Unterholz zu hören. Sie kauerte auf den *Platanillo*-Blättern, die Ritimi auf den Boden gestreut hatte. Dunkle Schatten lagen um ihre fiebrig glänzenden Augen, und winzige Schweißtröpfchen funkelten auf Stirn und Oberlippe.
»Das Wasser ist schon gekommen«, sagte Ritimi. »Aber das Baby will nicht heraus.«
»Gehen wir bitte noch weiter in den Wald hinein«, bat Tutemi. »Ich will nicht, daß jemand im *Shabono* meine Schreie hört.«
Die alte Hayama strich der jungen Frau zärtlich die Haare aus der Stirn und wischte ihr den Schweiß von Gesicht und Hals. »Es wird gleich besser werden«, sagte sie beruhigend, als ob sie mit einem kleinen Kind spräche. Bei jeder Kontraktion drückte Hayama mit aller Kraft auf Tutemis Bauch.

Es verging eine halbe Ewigkeit, jedenfalls kam es mir so vor, dann trug mir Hayama auf, den alten *Shapori* zu holen.
Er war vorbereitet. Er hatte *Epena* genommen, und über seinem Feuer brodelte ein dunkles Gebräu. Mit einem kleinen Stock wischte er sich den Schleim ab, der ihm aus der Nase floß; dann goß er das Gebräu in eine Kürbisflasche.
»Woraus besteht das?«
»Aus Wurzeln und Blättern«, antwortete er, sagte mir jedoch nicht den Namen der Pflanze. Sobald wir bei den drei Frauen angekommen waren, befahl er Tutemi, die Kalebasse bis auf den letzten Tropfen leerzutrinken. Währenddessen tanzte er um sie herum. Mit hoher näselnder Stimme flehte er die *Hekura* des weißen Affen an, doch den Hals des Ungeborenen freizugeben.
Allmählich entspannten sich Tutemis Gesichtszüge, und auch die Angst wich langsam aus ihrem Blick. »Ich glaube, jetzt kommt das Baby«, sagte sie und lächelte den Alten dabei an.
Hayama hielt sie von hinten fest, wobei sie ihr die Arme gerade nach oben streckte. Während ich noch überlegte, ob es nun der Trank oder der Tanz des *Shapori* gewesen war, was eine derartige Entspannung herbeigeführt hatte, verpaßte ich den eigentlichen Moment der Geburt. Ich preßte die Hand vor den Mund, um einen Schrei zu ersticken, als ich sah, daß die Nabelschnur sich um den Hals des Kindes gewickelt hatte, eines kleinen Jungen mit purpurrot angelaufener Haut. Hayama schnitt die Nabelschnur durch und legte dann ein Blatt über den Nabel, das das Blut aufsaugen sollte. Sie tauchte einen Finger in die Nachgeburt und strich dem Neugeborenen damit über die Lippen.
»Was macht sie denn da?« fragte ich Ritimi.
»Sie sorgt dafür, daß der Junge später ordentlich sprechen lernt.«

Als ich in meiner Verzweiflung gerade damit herausplatzen wollte, daß das Kind doch tot sei, erscholl ein derartig gellender Schrei durch den Wald, wie ich es noch nie von einem Menschen gehört hatte. Ritimi nahm den brüllenden Säugling auf den Arm und winkte mir, ihr zum Fluß hinunter zu folgen. Sie nahm den Mund voll Wasser, wartete einen Augenblick, bis es sich ein bißchen erwärmt hatte, und spritzte es dann über das Baby. Indem ich diese Geste nachahmte, half ich, den kleinen Körper von Blut und Schleim zu reinigen.
»Jetzt hat er drei Mütter«, sagte Ritimi und übergab mir den kleinen Jungen. »Wer ein neugeborenes Baby wäscht, ist für es verantwortlich, falls der Mutter irgend etwas zustößt. Tutemi wird sich freuen, wenn sie hört, daß du mir beim Abspülen ihres Kindes geholfen hast.«
Ritimi häufte Schlamm auf eine breites *Platanillo*-Blatt, während ich den Jungen etwas unsicher in meinen Armen wiegte. Es war das erste Mal, daß ich ein Neugeborenes hielt. Ehrfürchtig betrachtete ich das dunkelrote, faltige Gesicht und die winzigen Fäuste, die sich das Baby in den Mund zu stopfen versuchte; dabei fragte ich mich, welchem Wunder es wohl zu verdanken war, daß es noch am Leben war.
Die Nachgeburt wickelte Hayama fest in Blätter ein; dann brachte sie das Bündel zu einem großen Kapokbaum, wo der alte *Shapori* inzwischen ein kleines, windgeschütztes Podest errichtet hatte, und legte es darauf. In ein paar Wochen würde es dann verbrannt werden. Den Schlamm benutzten wir dazu, die Blutspuren am Boden zu bedecken, damit die Hunde und die wilden Tiere nicht daran herumschnüffelten.
Mit ihrem Kind auf den Armen ging uns Tutemi nun auf dem Rückweg zum *Shabono* voran. Bevor sie die Hütte betrat, legte sie es auf den Boden. Alle, die bei der Geburt dabeige-

wesen waren, mußten drei Schritte über das Baby machen. Damit wurde seine Aufnahme in die Siedlungsgemeinschaft symbolisiert.
Etewa in seiner Hängematte blickte nicht auf; er ruhte dort, seitdem er gehört hatte, daß seine jüngste Frau in den Wehen lag. Tutemi kam mit ihrem neugeborenen Sohn in die Hütte und setzte sich ans Feuer. Nachdem sie ihre Brustwarze ein paarmal zusammengepreßt hatte, schob sie sie dem Baby in den Mund. Gierig begann der Kleine zu saugen, wobei er von Zeit zu Zeit die noch glasigen Augen öffnete, als wollte er sich diese Quelle der Nahrung und Geborgenheit genau einprägen.
Weder Mutter noch Vater aßen an diesem Tag etwas. An den folgenden beiden Tagen fing Etewa einen Korb Fische. Er kochte sie und fütterte Tutemi damit. Danach gingen beide allmählich wieder zu ihrer normalen Nahrung über. Schon am Tag nach der Geburt nahm Tutemi wieder an der Arbeit in den Gärten teil, das Baby auf dem Rücken festgebunden. Etewa jedoch blieb noch eine ganze Woche lang in seiner Hängematte. Jede körperliche Anstrengung seinerseits, so meinte man, würde sich nachteilig auf die Gesundheit des Säuglings auswirken.
Am neunten Tag wurde Milagros gebeten, die Ohrläppchen des kleinen Jungen mit den langen Dornen der *Rasha*-Palme zu durchbohren. Die Dornen ließ er gleich in den Löchern stecken. Zuerst kappte Milagros die spitzen Dornen dicht an den Ohrläppchen, dann verschmierte er beide Enden mit Harz, damit das Kind die Dornenstücke nicht herausreißen konnte. Am selben Tag bekam der Säugling auch den Namen Hoaxiwe, nach dem weißen Affen, der ihn im Mutterleib hatte halten wollen. Das war aber nur ein Spitzname; wenn der Junge später laufen konnte, würde er seinen richtigen Namen erhalten.

18

Es war kurz vor Tagesanbruch, als sich Milagros über meine Hängematte beugte. Ich spürte, wie er mit seiner schwieligen Hand über Stirn und Wangen strich. In der Dunkelheit konnte ich kaum seine Gesichtszüge erkennen. Ich wußte, daß er sich gerade auf den Weg machte, und ich wartete darauf, daß er etwas sagte, schlief jedoch gleich wieder ein, ohne herauszufinden, ob er tatsächlich mit mir hatte sprechen wollen.

»Der große Regen wird bald kommen«, verkündete der alte Kamosiwe am Abend dieses Tages. »Ich habe gesehen, wie groß die jungen Schildkröten schon sind. Ich habe gehört, wie die Regenfrösche im Wald quaken.«

Vier Tage danach erhob sich am frühen Nachmittag plötzlich ein heftiger Wind, der mit entsetzlicher Gewalt durch den Urwald und die Hütten des *Shabono* blies. Die leeren Hängematten schaukelten hin und her wie kleine Boote in der aufgewühlten See. Blätter wirbelten in Spiralen über dem Boden, die genauso schnell wieder in sich zusammenfielen, wie sie entstanden waren.

Ich stand in der Mitte des Versammlungsplatzes, und dort schienen die Windböen aus allen Richtungen zu kommen. Kleine Stückchen Baumrinde wurden gegen meine Schienbeine geweht. Ich schüttelte die Beine, um sie wieder loszuwerden, aber sie blieben wie festgeklebt an mir hängen. Riesige schwarze Wolken verdüsterten den Himmel. Das stetige Brausen des noch weit entfernten Regens wurde lauter, als es nun den ganzen Urwald überzog. Hinter den Wolken polterten Donnerschläge, und weiße Blitze durchzuckten die dunkelte Atmosphäre diese Nachmittags. Das Bersten eines umstürzenden Baumes, der vom Blitz getroffen worden war, hallte durch den Urwald und vermischte sich mit dem Wehgeschrei anderer entwurzelter Bäume, die krachend zu Boden fielen.

Unter lautem Kreischen kauerten sich die Frauen und Kinder hinter einem Stapel Bananen unter dem schrägen Dach eng aneinander. Hayama riß ein brennendes Holzscheit aus dem Feuer und rannte zu Iramamowes Hütte hinüber. Verzweifelt fing sie an, mit dem Holz gegen einen der Pfosten zu schlagen. »Wach auf!« schrie sie. »Dein Vater ist nicht da. Wach auf! Schütze uns vor den *Hekura!*« Hayama richtete ihre Bitte an Iramamowes persönliche *Hekura*, denn er selbst war mit einigen anderen Männern auf der Jagd im Wald.

Das Gewitter verzog sich langsam und die Wolken über uns brachen wieder auf. Der Regen fiel in einem so dichten Vorhang zur Erde, daß wir das Ende der Lichtung nicht erkennen konnten. Wenige Minuten später war der Himmel völlig klar. Ich begleitete Kamosiwe hinunter zu dem brausenden Fluß. Von den Ufern stürzten Erdmassen ins Wasser, die der reißende Strom in seiner Wut mit sich riß. Nach jedem dieser kleinen Erdrutsche hörte man das Geräusch der zerrenden Lianen, die schließlich mit dem Klang von zerreißenden Bogensehnen nachgaben.

Eine gewaltige Stille legte sich über den Wald. Kein Vogel, kein Insekt, kein Frosch war zu hören. Dann, ohne jede Vorwarnung, grollte ein Donnerschlag und explodierte genau über unseren Köpfen, als käme er direkt aus der Sonne. »Aber es sind gar keine Wolken am Himmel«, rief ich aus, während ich, wie von einem Faustschlag getroffen, zu Boden fiel.

»Fordere die Geister nicht heraus«, warnte mich Kamosiwe.

Er schnitt drei breite Blätter von einem Baum und winkte mir, darunter Schutz zu suchen. So hockten wir uns nebeneinander hin und sahen zu, wie der Regen in Strömen aus dem wolkenlosen Himmel herabprasselte. Heftige Windstöße beutelten den Urwald, bis sich wieder ein Vorhang aus dunklen Wolken vor die Sonne schob.

»Gewitter werden von den Toten verursacht, deren Knochen unverbrannt geblieben sind und deren Asche nicht von den Verwandten verzehrt worden ist«, erklärte mir Kamosiwe. »Diese unglücklichen Geister sind es, die sich so sehr danach sehnen, eingeäschert zu werden, daß sie Wolken aufheizen, bis der Himmel von Feuern erhellt wird.«

»Von Feuern, die sie letzten Endes verbrennen werden«, vollendete ich seinen Satz.

»Oh, du bist ja gar nicht mehr so unwissend«, sagte Kamosiwe. »Jetzt hat die Regenzeit begonnen. Du wirst noch viele Tage bei uns bleiben – und du wirst noch sehr viel lernen.«

Ich nickte lächelnd. »Glaubst du, daß Milagros die Missionsstation noch erreicht hat?«

Kamosiwe blickte mich von der Seite an und brach dann in ein heiseres, rasselndes Lachen aus, das Lachen eines sehr alten Mannes, das im Prasseln des Regens noch fremdartiger klang. Er besaß noch die meisten seiner Zähne. Gelblich verfärbt, aber kräftig, standen sie in dem zurückweichenden Zahnfleisch wie Stifte aus uraltem Elfenbein. »Milagros ist nicht zur Missionsstation aufgebrochen. Er ist seine Frau und seine Kinder besuchen gegangen.«

»In welcher Siedlung wohnt Milagros denn?«

»In vielen.«

»Und hat er in allen Frauen und Kinder?«

»Milagros ist ein äußerst talentierter Mann«, antwortete Kamosiwe, und in seinem einen schwarzen Auge glitzerte es teuflisch. »Irgendwo hat er auch eine weiße Frau.«

Erwartungsvoll sah ich Kamosiwe an. Endlich würde ich etwas über Milagros erfahren. Aber der alte Mann schwieg. Als er nun seine Hand in die meine legte, war mir klarer, daß er mit seinen Gedanken schon ganz woanders war. Langsam massierte ich ihm die knorrigen Finger.
»Kamosiwe, bist du wirklich der Großvater von Milagros?« fragte ich ihn, weil ich hoffte, damit das Gespräch auf Milagros zurückzubringen.
Urplötzlich blickte mir Kamosiwe ins Gesicht; sein dunkles Auge musterte mich aufmerksam, als wäre ihm gerade etwas Wichtiges eingefallen. Aber er murmelte nur vor sich hin und reichte mir die andere Hand zum Massieren.
Geistesabwesend sah ich zu, wie er das dunkle Auge in seiner Höhle rollen ließ und dabei langsam einnickte. »Ich möchte wissen, wie alt du wirklich bist.«
Sein Auge heftete sich wieder auf mein Gesicht. »Wenn ich die Tage meines Lebens aneinanderfüge, dann reichen sie bis hinauf zum Mond«, murmelte Kamosiwe. »So alt bin ich.«
Wir blieben unter dem Blätterdach sitzen und betrachteten die düsteren Wolken, die sich nun langsam verzogen. Ein leichter Nebel wehte durch die Bäume und dämpfte das Licht zu einem gespenstischen Grau.
»Die Regenzeit hat angefangen«, wiederholte Kamosiwe leise zu sich selbst auf dem Rückweg zum *Shabono.* Die Feuerstellen in den Hütten gaben zwar mehr Rauch als Hitze ab, aber die feuchte Luft erzeugte eine dunstige Wärme. Ich streckte mich in der Hängematte aus und schlief bald ein, begleitet von den fernen, unentwirrbaren Geräuschen des Urwaldgewitters.

Der Morgen war kühl und feucht. Ritimi, Tutemi und ich blieben den den ganzen Tag lang in den Hängematten

liegen, aßen gebackene Bananen und hörten dem Regen zu, der auf die Palmdächer niederging.
»Ach, wenn nur Etewa und die anderen schon gestern abend von der Jagd zurückgekommen wären«, murmelte Ritimi ab und zu vor sich hin; dabei beobachtete sie den Himmel, dessen Farbe sich nur von fahlem Weiß zu Grau veränderte.
Am späten Nachmittag des nächsten Tages kamen die Jäger zurück. Iramamowe und Etewa gingen sofort in die Hütte der alten Hayama; sie brachten ihren jüngsten Sohn Matuwe auf einer Tragbahre aus Baumrinde in die Siedlung. Matuwe war von einem herabbrechenden Ast verletzt worden. Vorsichtig legten ihn die beiden Männer aus der Trage in seine Hängematte. Ein Bein hing schlaff hinaus, und der Schienbeinknochen bohrte sich fast schon durch die dunkelrot verfärbte, dick angeschwollene Haut.
»Es ist gebrochen«, sagte Hayama.
»Es ist gebrochen«, wiederholte ich im Chor mit den übrigen Frauen in der Hütte. Ich hatte inzwischen auch die Gewohnheit übernommen, selbstverständliche Tatsachen auszusprechen. Auf diese Weise ließen sich Anteilnahme, Zuneigung und Sympathie zur gleichen Zeit ausdrücken.
Matuwe stöhnte vor Schmerz, als Hayama sein Bein geradebog. Ritimi hielt es gestreckt, während die Alte zwei Schienen aus zerbrochenen Pfeilschäften zurechtmachte. Geschickt plazierte sie sie auf beiden Seiten des gebrochenen Beins und polsterte die Berührungsstellen zwischen Schienen und Bein mit Baumwollfetzen aus. Rund um die Schienen, die vom Knöchel bis hinauf zum Oberschenkel reichten, band Hayama frisch abgeschälte Streifen einer dünnen, elastischen Rinde.
Tutemi und Xotomi, die junge Frau des Mannes, kicherten beide jedesmal, wenn Matuwe aufstöhnte. Damit machten

sie sich nicht über ihn lustig, sondern wollten ihn aufheitern. »Aber Matuwe, es tut doch gar nicht weh«, versuchte ihn Xotomi zu überzeugen. »Denk doch daran, wie froh du bei unserem letzten Festmahl gewesen bist, als dein Kopf von den Keulenschlägen geblutet hat.«

»Ruhig bleiben!« befahl Hayama ihrem Sohn. Sie warf ein Seil aus Lianen über einen Dachsparren und befestigte das eine Ende an Matuwes Knöchel, das andere band sie um seinen Oberschenkel. »So, jetzt kannst du das Bein nicht mehr bewegen«, sagte sie, während sie befriedigt ihr Werk begutachtete.

Etwa zwei Wochen später entfernte Hayama den Rindenverband und die Schiene aus Bambusrohr. Das einstmals purpurrote, übel zugerichtete Bein hatte sich inzwischen zwar grün und gelb verfärbt, war aber nicht mehr geschwollen. Sie tastete vorsichtig den Knochen ab. »Er wächst zusammen«, stellte sie fest und machte sich daran, das Bein mit warmem Wasser einzureiben. Fast einen ganzen Monat lang wiederholte sie diese Behandlung; sie öffnete die Schiene, massierte das Bein und stellte es dann wieder mit Hilfe des am Dachsparren befestigten Seils ruhig.

»Der Knochen ist geheilt«, verkündete Hayama eines Tages und zerbrach die Schienen in kleine Stücke.

»Aber mein Bein ist nicht gesund!« stieß Matuwe entsetzt hervor. »Ich kann es nicht richtig bewegen!«

Hayama beruhigte ihn mit der Erklärung, das Knie sei lediglich vom langen reglosen Liegen steif geworden. »Ich muß dein Bein noch eine Zeitlang massieren, bis du wieder ebenso gut gehen kannst wie früher.«

Der viele Regen brachte ein Gefühl von Gelassenheit und Zeitlosigkeit mit sich; Tag und Nacht schienen ineinander überzugehen. In den Gärten wurde nur wenig gearbeitet.

Wir lagen oder saßen stundenlang in den Hängematten und führten diese sonderbaren Unterhaltungen, wie sie nur bei Regen stattfinden können: mit langen Pausen und geistesabwesenden Blicken, die ins Leere starrten.
Ritimi hatte es sich in den Kopf gesetzt, eine Korbflechterin aus mir zu machen. Ich fing mit der scheinbar leichtesten Sorte Korb an – dem langen, unten abgerundeten Korb zum Transport von Brennholz. Es bereitete den anderen Frauen diebische Freude, meinen unbeholfenen Bewegungen zuzusehen. Danach verlegte ich mich auf eine Korbart, die mir etwas handlicher vorkam – die flachen, scheibenförmigen Behälter, in denen Obst aufbewahrt oder die Asche und die Knochen eines Verstorbenen voneinander getrennt wurden. Obwohl ich mit dem Ergebnis meiner Bemühungen recht zufrieden war, mußte ich doch Hayama recht geben, als sie bemerkte, der Korb sehe nicht ganz so aus wie die anderen.
Darauf grinste ich nur und erinnerte mich an eine frühere Schulfreundin und ihre fruchtlosen Versuche, mir das Stricken beizubringen. Sie strickte wunderschöne Pullover, Fausthandschuhe und Wollmützen, völlig entspannt und in jeder Situation – beim Fernsehen, während einer Unterhaltung oder im Wartezimmer eines Arztes. Ich dagegen hatte immer verkrampft neben ihr gesessen, mit eingezogenem Hals und steifen Fingern, mit denen ich mir die Strickarbeit dicht vors Gesicht hielt, und hatte jedesmal vor mir hin geflucht, wenn ich eine Masche fallen gelassen hatte.
Aber ich war noch nicht bereit, das Korbflechten aufzugeben. Man soll alles mindestens dreimal versuchen, sagte ich mir, und machte mich an einen der flachen Körbe zum Fischefangen.
»Oh, weißes Mädchen«, kicherte Xotomi los. »Deine Ma-

schen sind nicht fest genug.« Sie streckte die Finger durch die lose verflochtenen Lianenstreifen. »Die Fische werden dir durch diese Löcher einfach hindurchschlüpfen.«
Nach mehreren Versuchen verlegte ich mich dann jedoch auf die weniger komplizierte Aufgabe, die Baumrinde und die Lianen zum Flechten in völlig gleichmäßige Stränge zu zerschneiden, was mir auch von allen meinen Abnehmern großen Zuspruch einbrachte. Dieser Erfolg flößte mir wieder neuen Mut ein, und ich ging daran, eine Hängematte herzustellen. Dazu schnitt ich mir etwa zwei Meter lange Stränge zurecht, die ich an den Enden fest zusammenband und um den Knoten mit verflochtenen Rindenseilen verstärkte. Dann stellte ich zwischen den einzelnen Lianensträngen lose Querverbindungen aus Baumwollgarn her, das ich vorher mit *Onoto* rot eingefärbt hatte. Ritimi war von meinem Produkt dermaßen begeistert, daß sie Etewas alte Hängematte dagegen austauschte.
»Etewa, ich habe eine neue Hängematte für dich gemacht«, überraschte ich ihn, als er von der Gartenarbeit kam.
Er warf mir einen skeptischen Blick zu. »Und du meinst, sie wird mein Gewicht aushalten?«
Ich schnalzte zustimmend mit der Zunge und zeigte ihm, wie gewissenhaft ich die Enden verstärkt hatte.
Zögernd nahm er in der Hängematte Platz. »Sie scheint ja ganz stabil zu sein«, sagte er und streckte sich der Länge nach darin aus. In diesem Moment hörte ich, wie das Halteseil aus Lianen den Pfosten hinunterrutschte, aber bevor ich Etewa noch warnen konnte, lag er mitsamt der Hängematte auf dem Boden.
Ritimi, Tutemi und auch Arasuwe und seine Frauen, die uns von der Nebenhütte aus zugesehen hatten, brachen in schallendes Gelächter aus, was in kürzester Zeit eine große Menschenmenge anlockte. Alle schlugen sich gegenseitig auf

Schenkel und Schultern und bogen sich vor Lachen. Später fragte ich Ritimi, ob sie die Hängematte mit Absicht nur lose befestigt hatte.
»Ja, natürlich«, antwortete sie und sah mich dabei mit liebevoller Schalkhaftigkeit in den Augen an. Sie versicherte mir, Etewa habe sich nicht im geringsten darüber geärgert: »Männer lassen sich nur zu gern von einer Frau überlisten.«
Ich zweifelte zwar im stillen daran, daß Etewa den Vorfall tatsächlich genossen hatte, aber er war mir jedenfalls nicht böse deswegen. Im ganzen *Shabono* verkündete er lautstark, wie gut er sich jetzt in seiner neuen Hängematte ausruhen könne. Wegen dieser Reklame wurde ich mit Anfragen geradezu überhäuft. An manchen Tagen stellte ich bis zu drei Hängematten her. Mehrere Männer übernahmen es, mich mit Baumwolle zu versorgen, die sie mit der Hand aus den Samenkapseln lösten. Mit Hilfe eines Wurzelstocks wurden die Fasern dann zu Fäden gesponnen und schließlich zu einem festen Garn gewickelt, das ich lose mit den Lianensträngen verflocht.
Mit einer fertigen Hängematte über dem Arm betrat ich eines Nachmittags Iramamowes Hütte. »Willst du Pfeile machen?« erkundigte ich mich. Er war einen der Haltepfosten hinaufgeklettert und holte gerade etwas Bambusrohr aus dem Speicherraum unter den Dachsparren.
»Soll die Hängematte für mich sein?« fragte er zurück und reichte mir das Bambusrohr. Er nahm die Hängematte, befestigte sie und setzte sich rittlings darauf. »Eine gute Arbeit.«
»Ich habe sie für deine älteste Frau gemacht«, sagte ich. »Dir werde ich auch eine machen, wenn du mir zeigst, wie man Pfeile herstellt.«
»Es ist nicht die richtige Zeit zum Pfeilemachen. Ich wollte

nur einmal nachsehen, ob das Bambusrohr noch trocken ist.« Er blickte mich spöttisch an und fing an zu lachen. »Das weiße Mädchen will Pfeile machen«, brüllte er so laut, wie er konnte. »Ich werde es ihr beibringen, und dann gehe ich mit ihr auf die Jagd.« In einem neuerlichen Lachanfall bedeutete er mir, mich neben ihn zu setzen. Er breitete die Rohrstücke vor sich auf dem Boden aus und sortierte die Pfeilschäfte nach der Größe. »Die langen sind am besten zum Jagen geeignet, die kurzen zum Fischen und zum Töten der Feinde. Nur ein sehr guter Schütze kann lange Pfeile für alles verwenden, was er schießen will. Sie haben oft kleine Fehler, und ihre Flugbahn ist nicht so genau.«

Iramamowe suchte einen kurzen und einen langen Schaft aus. »In diesen Schlitz hier setzte ich die Pfeilspitze ein«, erklärte er, während er die beiden Rohre an einem Ende tief einkerbte. Mit Baumwollgarn band er den Spalt wieder fest zusammen. Dann schnitt er einige Vogelfedern in der Mitte durch und befestigte sie mit Hilfe von Harz und Baumwollfäden an den hinteren Enden der Pfeile. »Manche Jäger verzieren ihre Pfeilschäfte mit persönlichen Mustern. Ich tue das aber nur, wenn ich zu einem Überfall ausziehe. Meine Feinde sollen wissen, wer sie getötet hat.«

Wie die meisten Männer bei den Iticoteri war Iramamowe ein hervorragender Geschichtenerzähler, der seine Schilderungen mit genau getroffenen Lautmalereien, dramatischen Gesten und wirkungsvollen Pausen lediglich gestaltete. Schritt für Schritt führte er seine Zuhörer auf eine Jagd, von der er berichtete: wie er seine Beute zum erstenmal erblickte; wie er den Pfeil mit dem Pulver aus zerstampften Wurzeln einer seiner magischen Pflanzen bestäubte, bevor er ihn von der Sehne schnellen ließ, denn damit würde sein Opfer in einen Zustand der Starre versetzt und der Pfeil konnte sein Ziel nicht verfehlen; und wie das Tier schließlich zwar getroffen wurde, aber mit aller Kraft gegen den Tod ankämpfte.

Während er den Blick fest auf mich gerichtet hielt, leerte er nun den Inhalt seines Köchers auf dem Boden aus. Er erläuterte mir in allen Einzelheiten die verschiedenen Pfeilspitzen und ihre Verwendungszwecke. »Diese hier ist aus Palmenholz gemacht«, sagte er und gab mir ein scharfes Holzstück. »Man nimmt dazu Splitter vom Stamm. In diese ringförmigen Rillen rund um die Spitze schmiert man *Mamucori*. Solche Pfeilspitzen aus Holz zerbrechen im Körper des Opfers. Sie sind die besten, wenn man Affen jagen will.« Er lächelte und setzte noch hinzu: »Und wenn man seine Feinde töten will.« Als nächstes hielt er eine lange, breite Spitze hoch, die mit Mäanderlinien verziert und an den Rändern messerscharf geschliffen war. »Solche sind gut geeignet für die Jagd auf Jaguare und Tapire.«

Hundegebell, in das sich aufgeregte Schreie mengten, unterbrach Iramamowe bei seinen Erklärungen. Wir sprangen auf, und ich rannte mit ihm den Pfad zum Fluß hinunter. Dort hatte sich ein Ameisenbär von der Größe eines Kalbes vor den bellenden Hunden ins Wasser geflüchtet. Etewa und Arasuwe hatte das Tier bereits an Hals, Bauch und Rücken verwundet. Nun erhob es sich auf die Hinterbeine und schlug mit den kräftigen Vorderklauen verzweifelt in der Luft herum.

»Willst du ihm mit meinem Pfeil den Todesschuß geben?« fragte mich Iramamowe.

Es war mir unmöglich, den Blick von der enormen Zunge des Ameisenbären abzuwenden, und schüttelte nur den Kopf. Ich wußte auch gar nicht genau, ob Iramamowe es ernst gemeint hatte oder nur einen Witz machen wollte. Die lange Zuge hing aus der schmalen, rüsselartigen Schnauze

des Tiers, und eine klebrige Flüssigkeit mit toten Ameisen darin tropfte herunter. Iramamowes Pfeil traf das winzige Ohr des Ameisenbären, woraufhin das Tier sofort zusammenbrach. Die Männer schlangen Seile um den massigen Körper und zogen ihn ans Ufer, wo Arasuwe ihn vierteilte, damit die Männer die schweren Stücke in den *Shabono* tragen konnten.
Die Jäger sengten den Pelz ab und legten die verschiedenen Fleischstücke auf eine hölzerne Plattform über das Feuer. Hayama wickelte die Innereien in *Pishaansi*-Blätter, um sie in der Glut schmoren zu lassen.
»Ein Ameisenbär!« riefen die Kinder. Sie tanzten um das Feuer und klatschten vor Begeisterung in die Hände.
»Wartet, bis es richtig gar ist«, ermahnte die alte Hayama die Kinder, sobald eines von ihnen mit den Fingern in den Blätterbündeln herumstocherte. »Euch wird schlecht, wenn ihr Fleisch eßt, das nicht ordentlich gar ist. Es muß so lange schmoren, bis aus den Blättern kein Saft mehr heraustropft.«
Die Leber war als erstes fertig. Hayama schnitt ein Stück für mich herunter, bevor die Kinder sich darüber hermachten. Das Fleisch war zart, saftig, aber auf unangenehme Weise sauer, als hätte es in einer zu alten Zitronenmarinade gelegen.
Später bracht mir Iramamowe ein Stück gebratene Keule. »Warum wolltest du eigentlich vorhin meinen Pfeil nicht ausprobieren?« wollte er wissen.
»Ich hätte womöglich einen der Hunde getroffen«, wich ich seiner Frage aus und biß in das zähe Fleisch. Es hatte ebenfalls diesen sauren Geschmack. Ich blickte zu Iramamowe auf und fragte mich, ob ihm wohl bewußt war, daß ich unbedingt verhindern wollte, auch nur entfernt mit Imaawami verglichen zu werden, der Schamanin, die zu den

Hekura hatte sprechen können und wie ein Mann auf die Jagd gegangen war.

An Gewittertagen nahmen die Männer nachmittags *Epena* und baten in ihren Gesängen die *Hekura* der Anakonda, sich um die Bäume zu schlingen, damit der Wind die Stämme nicht breche. Während eines ganz besonders heftigen Gewitters rieb der alte Kamosiwe seinen runzligen Körper mit weißer Asche ein; dann rief er mit heiserer, kratziger Stimme die Spinne, seine persönliche *Hekura,* sie möge ihre schützenden silbrigen Netze über die Pflanzen in den Gärten legen.
Plötzlich veränderte sich seine Stimme und wurde ganz hoch, so schrill wie das durchdringende Kreischen eines Wellensittichs. »Einst war ich ein uraltes Kind und kletterte auf den höchsten Wipfel der Bäume. Ich stürzte ab und wurde in eine Spinne verwandelt. Warum störst du meinen friedlichen Schlaf?«
Während Kamosiwe sich aus der Hocke erhob, nahm er wieder seine normale Stimme an. »Spinne, ich will, daß du deinen Stachel gegen jene *Hekura* richtest, die die Pflanzen in unseren Gärten knicken und zerfetzen.« Durch sein *Epena*-Rohr blies er nun in alle Richtungen des *Shabono*; so drohte er den zerstörerischen Geistern mit dem Stachel der Spinne.
Am nächsten Morgen begleitete ich Kamosiwe in die Gärten. Lächelnd zeigte er auf die zierlichen, behaarten Spinnen, die geschäftig ihre Netze neu woben. An den zarten Silberfäden hingen winzige Wassertröpfchen. Im Sonnenlicht glitzerten sie wie Jadeperlen, in denen sich das Grün der Blätter brach. Wir gingen durch den dampfenden Urwald zum Fluß. Dort hockten wir nebeneinander und betrachteten schweigend die abgerissenen Lianen, die Baum-

stämme und die Unmengen von Laub, die in dem schlammigen Wasser an uns vorbeirauschten. Als wir wieder im *Shabono* waren, lud mich Kamosiwe in seine Hütte ein, um seine Spezialität mit ihm zu teilen – in Honig getauchte geröstete Ameisen.

Ein beliebter Zeitvertreib der Frauen an diesen verregneten Abenden war es, sich in Spottliedern über ihre Ehemänner lustig zu machen. Es entstand jedesmal ein heftiger Streit, wenn die Frau darin etwa andeutete, ihr Mann solle lieber einen Korb an Stelle von Pfeil und Bogen tragen. Diese Sticheleien endeten immer in einer allgemeinen Kontroverse, an denen alle anderen aktiv teilnahmen, indem sie ihre eigenen Ansichten dazu äußerten. Noch Stunden nach der Beendigung eines solchen Streits geschah es mitunter, daß jemand plötzlich eine neue Idee zu dem betreffenden Problem hatte und sie über die ganze Lichtung schrie, womit das Gezanke gleich wieder von neuem losging.

Fünfter Teil

19

Wann immer die Sonne durch die Wolkendecke brach, ging ich mit den Männern und Frauen in die Gärten arbeiten. Aus dem feuchten Boden ließ sich das Unkraut zwar wesentlich leichter rupfen, aber ich hatte wenig Kraft. Wie der alte Kamosiwe stand ich oft nur zwischen den hohen Halmen der Maniokpflanzen und sog das Licht und die Wärme der Sonne in mich ein. Ich zählte die Vögel, die über den Himmel zogen; manchmal war tagelang kein einziger zu sehen, und ich sehnte mich nach den heißen, trockenen Tagen zurück. Nach den vielen verregneten Wochen wäre es so schön gewesen, wenn die Sonne nur ein einziges Mal lange genug am Himmel geblieben wäre, um den Nebel aufzulösen.

Eines Morgens war mit so schwindlig, daß ich mich nicht aus der Hängematte erheben konnte. Ich steckte den Kopf zwischen die Knie und wartete, bis der Schwächeanfall vorüber war. Es fehlten mir einfach die Kräfte, um den Kopf zu heben und auf Ritimis angstvolle Fragen zu antworten, die in einem anderen, lauten und beständigen Lärm, der um mich dröhnte, völlig untergingen. Es muß der Fluß sein, dachte ich. Er war zwar nicht allzu weit entfernt, aber auf einmal wurde mir klar, daß das Dröhnen aus einer anderen Richtung kam. Voller Verzweiflung, als hinge meine Leben davon ab, versuchte ich herauszufinden, was die Quelle dieses Geräusches war. Das Dröhnen kam aus meinem Innern.

Tagelang hörte ich nichts anderes als dieses Tosen im Kopf. Ich wollte die Augen öffnen, konnte es aber nicht. Durch die geschlossenen Lider sah ich, wie die Sterne immer heller wurden, anstatt langsam am Himmel zu verblassen. Panik erfaßte mich, in der ich glaubte, es würde nun immer Nacht sein, und ich versänke tiefer und tiefer in eine Welt der Schatten und zusammenhanglosen Träume.

Als schemenhafte Gestalten, die mir von nebligen Flußufern zuwinkten, schwebten Ritimi, Tutemi, Etewa, Arasuwe, Iramamowe, Hayama und Kamosiwe an mir vorüber. Manchmal sprangen sie auch zwischen Wolken hin und her, wobei sie die Nebenschwaden mit Blätterbesen aufwirbelten. Wenn ich sie anrief, zerflossen sie im Nebel. Von Zeit zu Zeit konnte ich das Licht der Sonne erkennen, die rot und gelb durch Äste und Blattwerk hindurchschien. Ich zwang mich dann, die Augen offenzuhalten, und merkte plötzlich, daß es nur der Widerschein des Feuers gewesen war, der auf dem Palmendach tanzte.

»Die Weißen brauchen viel Nahrung, wenn sie krank sind«, hörte ich einmal ganz deutlich Milagros rufen. Ich spürte, wie sich seine Lippen auf die meinen preßten, um mir vorgekautes Fleisch in den Mund zu schieben.

Ein andermal erkannte ich Puriwariwes Stimme. »Die Kleidung macht die Menschen krank.« Dann merkte ich, wie er mir die Decke vom Leib zog. »Ich muß ihr Kühlung verschaffen. Bringt mir weißen Schlamm vom Fluß.« Seine Hände glitten um meinen Körper herum, und er bedeckte mich von Kopf bis Fuß mit Morast. Seine Lippen hinterließen eine eiskalte Spur auf meiner Haut, als er mir die bösen Geister aussaugte.

In den vielen Stunden, in denen ich wachlag oder schlief, erklang immer wieder die Stimme des *Shapori.* Egal, wohin ich in der Dunkelheit starrte, es erschien sein Gesicht vor mir. Ich hörte den Gesang seiner *Hekura.* Ich spürte, wie der scharfe Schnabel des Kolibris meine Brust öffnete. Dann verwandelte sich der Schnabel in Licht; nicht in das Licht der Sonne oder des Mondes, sondern in das gleißende Strahlen der Augen des alten *Shapori.* Er zwang mich, in seine bodenlosen Pupillen zu sehen. Seine Augen waren lidlos; sie zogen sich bis zu den Schläfen hin. Ich sah tanzende Vögel darin. Die Augen eines Wahnsinnigen, dachte ich. Ich sah seine *Hekura,* die in Tautropfen schwebten und in den leuchtenden Augen des Jaguars tanzten, und ich trank die nassen Tränen des *Epena.* Ein unbezwingbarer Brechreiz schnürte mir den Magen zusammen, bis ich mich übergab und Wasser spuckte. Es floß aus der Hütte, aus dem *Shabono* hinaus, den Pfad zum Fluß hinunter, und verschmolz mit der Nacht aus Rauch und Gesang.

Als ich die Augen öffnete und mich in der Hängematte aufsetzte, sah ich ganz deutlich Puriwariwe, der vor der Hütte hin und her rannte. Er streckte die Arme zum Nachthimmel aus, die Finger weit gespreizt, als wolle er die Macht der Sterne zu Hilfe rufen. Er wandte sich um und blickte mich an. »Du wirst weiterleben«, sagte er. »Die bösen Geister haben deinen Körper wieder verlassen.« Dann verschwand er in den Schatten der Nacht.

Nach den wochenlangen heftigen Gewittern ließ der Regen nach und fiel gleichmäßig, beinah zu vorhersagbaren Stunden. Im Morgengrauen war die Atmosphäre dicht und dunstig, aber schon am Vormittag zogen weiße Schäfchenwolken über den Himmel. Einige Stunden später ballten sich dann die Wolken wieder über dem *Shabono* zusammen. Sie zogen so tief dahin, daß sie scheinbar von den Bäumen herabhingen; bedrohlich verdüsterten sie den Nachmittagshimmel. Bald danach ging immer ein starker Wolkenbruch nieder, der später zu einem leichten Nieseln wurde und oft noch bis tief in die Nacht hinein anhielt.

An diesen trockenen Vormittagen arbeitete ich nur selten in den Gärten, sondern wanderte normalerweise mit den Kindern in den Sümpfen herum, die an den Flußufern entstanden waren. Dort fingen wir Frösche und lockten Krebse unter den Steinen hervor.

Die Kinder hockten auf allen vieren und hielten Augen und Ohren weit offen; bei der leisesten Bewegung oder dem geringsten Geräusch sprangen sie mit unheimlich anmutender Gewandtheit auf die nichtsahnenden Frösche los. In dem diffusen Tageslicht wirkten die Augen der kleinen Jungen und Mädchen fast durchscheinend. Sie arbeiteten mit der Präzision bösartiger Gnomen, wenn sie den Fröschen kleine Schlingen um den Hals legten und so lange zogen, bis das letzte Quaken verstummt war.

Lächelnd und mit einer Offenheit, wie sie nur Kinder haben können, denen ihre Grausamkeit nicht bewußt ist, schlitzten sie ihren Opfern die Beine auf, damit das Blut vollkommen ausfließen konnte, von dem man glaubte, daß es giftig sei. Nachdem die Frösche abgehäutet waren, wickelte jedes Kind seinen Fang in *Pishaansi*-Blätter und ließ das Bündel über dem Feuer schmoren. Mit einer Suppe aus Maniokmehl schmeckten die Frösche köstlich.

Meistens aber setzte ich mich einfach auf einen Felsen zwischen die hohen Bambusstauden und beobachtete die glänzenden schwarz-gelben Aaskäfer, die in endlosen Reihen langsam, fast unmerklich, auf den hellgrünen Stielen auf- und abkletterten. Sie kamen mir vor wie Geschöpfe aus einer anderen Welt, die von einer schillernden Rüstung aus Obsidian und Gold geschützt wurden. Bei Windstille war es im Bambusgehölz so ruhig, daß ich hören konnte, wie die Käfer den Saft aus den jungen Trieben saugten.

Eines Morgens wachte ich früh auf und sah Arasuwe am Kopfende meiner Hängematte sitzen. Auf seinem Gesicht lag ein freudiger Glanz, der sich von den hohen Backenknochen bis zur Unterlippe zog, aus der eine Rolle Kautabak heraushing. Die unzähligen kleinen Fältchen um seine Augen wurden noch tiefer, als er nun grinste und sich ein warmer Ausdruck über sein Gesicht legte. Ich starrte auf seine dicken, welligen Fingernägel; er machte seine Hand vor meinen Augen hohl, um eine Kalebasse darin auszugießen und die letzten Honigtropfen aufzufangen. Dann streckte er mir die Hand entgegen, und ich tauchte einen Finger in die zähe Masse. »So guten Honig habe ich schon lange nicht mehr gekostet«, sagte ich und leckte mir dabei genießerisch den Finger ab.
»Wenn du willst, kannst du mit mir im Boot flußabwärts fahren.« Arasuwe erzählte mir, daß er vorhatte, mit zweien seiner Frauen und seinen beiden Schwiegersöhnen, von denen einer Matuwe war, auf dem Fluß zu einem verlassenen Garten zu fahren, wo sie vor einigen Monaten Palmen gefällt hatten, um das sehr schmackhafte Palmenmark zu ernten. »Weißt du noch, wie gut dir die frischen, knackigen Triebe geschmeckt haben?« fragte er mich. »Inzwischen müssen die gefällten Stämme innen ganz verfault und voller fetter Würmer sein.«
Während ich noch überlegte, wie ich ihm am besten klarmachen könnte, daß ich diese Maden weitaus weniger mochte als das Palmenmark, setzte sich Ritimi neben mich. »Ich komme auch mit in den Garten«, verkündete sie. »Ich muß ja auf das weiße Mädchen achtgeben.«
Arasuwe schneuzte sich, wobei er sich den Schleim mit dem Zeigefinger aus dem Gesicht schnippte, und sagte dann: »Aber wir nehmen ein Kanu, mein Töchterchen. Ich dachte

immer, du fürchtest dich vor einer Reise auf dem Wasser des Flusses.«

»Jedenfalls ist es besser als ein weiter Marsch durch den Morast im Wald«, antwortete Ritimi keck.

Ritimi kam an Stelle von Arasuwes jüngster Frau mit. Wir gingen eine Weile am Fluß entlang, bis das Ufer zu einer steilen Böschung abfiel. Dort lag im Dickicht ein langes Kanu verborgen.

»Es sieht genauso aus wie einer von den großen Trögen, in denen wir Suppe kochen«, sagte ich und warf einen mißtrauischen Blick auf das unförmige Fahrzeug.

Stolz erklärte mir Arasuwe, daß in der Tat sowohl die Tröge als auch die Kanus auf dieselbe Weise hergestellt würden: die Rinde eines dicken Baums wurde an einer Stelle durch ständige Keulenschläge lose geklopft und in einem Stück vom Stamm entfernt; diese Rindenfläche wurde dann über dem Feuer erhitzt, damit sie biegsam genug wurde; dann wurde sie in Falten gelegt und zu einer tiefen Hohlform mit stumpfen Spitzen gebogen; schließlich wurden die Enden mit Lianen zusammengebunden. Mit Hilfe eines eingelegten einfachen Rahmens aus Stöcken erhielt das Boot eine gewisse Stabilität.

Die Männer schoben das Kanu ins Wasser. Kichernd kletterte ich mit Arasuwes zweiter Frau und Ritimi hinein. Vor Angst, das badewannenförmige Fahrzeug könnte kentern, kauerte ich mich hin und wagte nicht, mich zu bewegen. Arasuwe manövrierte inzwischen das Kanu mit einer langen Stange in die Mitte des Flusses.

Die beiden jungen Männer saßen mit dem Rücken zu ihrer Schwiegermutter und so weit entfernt von ihr wie möglich. Ich wunderte mich überhaupt darüber, daß Arasuwe die drei gemeinsam mitgenommen hatte. Es galt als Inzest, wenn ein Mann mit der Mutter seiner Frau in näherem

Kontakt stand, und zwar vor allem dann, wenn die Mutter noch sexuell aktiv war. Üblicherweise ging ein Mann seiner Schwiegermutter aus dem Weg, sogar so gründlich, daß er sie nicht einmal von weitem ansah. Und unter gar keinen Umständen sprach er laut ihren Namen aus.

Die Strömung erfaßte uns und trug uns rasch den gurgelnden, schlammig braunen Fluß hinab. Manchmal glitten wir auch an Stellen vorbei, wo das Wasser wieder ganz ruhig war und die Bäume an beiden Ufern sich in glasklarer Schärfe darin spiegelten. Wenn ich dann auf das Spiegelbild der Blätter starrte, bekam ich ein Gefühl, als zerrisse bei unserer Fahrt ein Schleier aus winzigen Spitzenmustern. Im Urwald war kein Geräusch zu hören. Von Zeit zu Zeit glitt ein einsamer Vogel über den Himmel. Da er kein einziges Mal mit den Flügeln schlug, war es, als fliege er im Schlaf. Leider war unsere Fahrt nur allzubald zu Ende. Arasuwe zog das Kanu ans Ufer und ließ es zwischen schwarzen Basaltfelsen auf dem Sand liegen.

»Jetzt müssen wir zu Fuß weiter«, sagte er und blickte in den dunklen Urwald vor uns.

»Und was geschieht mit dem Kanu?« fragte ich. »Sollen wir es nicht umdrehen, damit es heute nachmittag im Regen nicht ganz volläuft?«

Arasuwe kratzte sich am Kopf und brach dann in Gelächter aus. Er hatte schon bei mehreren Gelegenheiten der Ansicht Ausdruck verliehen, daß ich viel zu eigenwillig sei – und seine Einschätzung hatte weniger damit zu tun, daß ich eine Frau war, sondern eher mit meinem Alter. Ältere Menschen wurden bei den Iticoteri geschätzt und beachtet, egal, welchen Geschlechts sie waren. Von ihnen holte man sich Rat, den man dann auch befolgte. Die Jüngeren jedoch wurden davon abgehalten, ihre Meinung immer gleich auszusprechen. »Wir werden das Boot auf dem Rückweg ja gar

nicht brauchen«, erwiderte Arasuwe. »Es ist viel zu anstrengend, flußaufwärts zu staken.«
»Und wer bringt es dann zum *Shabono* zurück?« Ich konnte mir die Frage einfach nicht verkneifen, denn ich fürchtete schon, wir würden es tragen müssen.
»Niemand«, beruhigte er mich. »In diesem Kanu kann man nur flußabwärts fahren.« Grinsend drehte Arasuwe das Boot nun mit dem Kiel nach oben. »Vielleicht kann es jemand anders gebrauchen, der noch weiter fahren will als wir.«
Es war angenehm, nach dem langen Kauern im Boot die Beine wieder zu bewegen. Wir marschierten schweigend durch den nassen, morastigen Urwald. Vor mir ging Matuwe. Er war schlaksig und hatte lange Beine. Der Köcher hing so tief an seinem Rücken, daß er bei jedem Schritt gegen Matuwes Hinterteil stieß. Ich fing an, eine kleine Melodie zu pfeifen. Matuwe drehte sich um. Weil er so ein finsteres Gesicht machte, mußte ich kichern. Plötzlich bekam ich schrecklich große Lust, ihn mit dem Köcher ins Hinterteil zu pieken, konnte mich aber gerade noch beherrschen. »Hast du eigentlich etwas gegen deine Schwiegermutter?« fragte ich ihn statt dessen, weil ich meinen Wunsch, ihn zu ärgern, unmöglich zügeln konnte.
Matuwe grinste schüchtern und wurde rot im Gesicht, weil ich so unverschämt gewesen war, in seiner Gegenwart laut von Arasuwes Frau zu sprechen. »Weißt du denn nicht, daß ein Mann seine Schwiegermutter weder ansehen noch mit ihr sprechen, noch in ihrer Nähe sein darf?«
Der betroffene Klang seiner Stimme löste in mir Schuldgefühle aus wegen meiner Neckerei. »Nein, das wußte ich nicht«, log ich.
Als wir an unserem Ziel ankamen, versicherte mir Ritimi, daß es derselbe verlassene Garten war, zu dem sie und Tutemi mich nach unserem allerersten Zusammentreffen

im Urwald gebracht hatten. Ich erkannte die Stelle aber nicht wieder. Alles war so sehr mit Unkraut überwachsen, daß ich sogar einige Schwierigkeiten hatte, die provisorischen Hütten zu finden, von denen ich doch genau wußte, daß sie rund um die Bananenbäume standen.

Die Männer hackten mit ihren Macheten das Unkraut weg und suchten nach den gefällten Palmenstämmen. Nachdem sie sie freigelegt hatten, holten sie das verfaulte Mark heraus und zerbröckelten es mit den Händen. Ritimi und Arasuwes Frau stießen vor Entzücken laute Schreie aus, als sie die zappelnden Maden sahen, von denen manche so groß wie Pingpongbälle waren. Sie hockten sich neben die Männer und halfen ihnen dabei, den Würmern die Köpfe abzubeißen, wobei sie gleichzeitig auch den Darmtrakt herausrissen. Die kopflosen weißen Maden wurden gesammelt und in *Pishaansi*-Blätter gewickelt. Jedesmal, wenn Ritimi eine Made beschädigte, was relativ oft geschah, dann schluckte sie sie gleich roh und schmatzte zufrieden.

Trotz ihrer spöttischen Bitte, ich möge doch beim Ausweiden der Maden helfen, konnte ich mich einfach nicht überwinden, die sich ringelnden Klumpen auch nur anzurühren, geschweige denn ihnen die Köpfe abzubeißen. Stattdessen lieh ich mir Matuwes Machete und schnitt Bananenblätter von den Bäumen, mit denen wir die Dächer der Behausungen neu decken konnten, da die leichten Konstruktionen unter dem Wetter schon stark gelitten hatten.

Sobald ein paar der Würmer im Feuer brieten, rief mich Arasuwe.

»Iß davon«, forderte er mich auf und schob mir eines der Blätterbündel zu. »Du brauchst das Fett – in letzter Zeit hast du nicht genügend davon bekommen. Deswegen hast du auch Durchfall«, fügte er mit einer Stimme hinzu, die keinen Widerspruch duldete.

Ich grinste einfältig. Mit gespielter Entschlossenheit riß ich das fest verschnürte Päckchen auf. Die zusammengeschrumpften, weißlichen Maden schwammen in ihrem Fett; sie rochen wie angebrannter Speck. Ich tat es den anderen nach, leckte zuerst das *Pishaansi*-Blatt ab und steckte dann vorsichtig eine der Maden in den Mund. Sie schmeckte ausgezeichnet und erinnerte mich an den durchgebratenen Fettrand eines Steaks.

Gegen Abend hatten wir es uns gerade in einer der reparierten Behausungen gemütlich gemacht, als Arasuwe auf einmal mit gewichtiger Stimme verkündete, wir müßten uns nun unverzüglich auf den Rückweg zum *Shabono* machen.

»Du willst nachts durch den Wald gehen?« fragte Matuwe ungläubig. »Und was ist mit den Wurzeln, die wir morgen früh noch ausgraben wollten?«

»Wir können unmöglich hierbleiben«, wiederholte Arasuwe. »Ich spüre es in den Beinen, daß bald irgend etwas im *Shabono* geschehen wird.« Er schloß die Augen und drehte den Kopf hin und her, als könne er durch diese langsame, rhythmische Bewegung eine Antwort auf die Frage erhalten, was nun zu tun sei. »Wir müssen den *Shabono* bei Tagesanbruch erreichen«, stellte er entschieden fest.

Ritimi verteilte die fast zwanzig Kilo Maden, die wir aus den verfaulten Palmenstämmen gesammelt hatten, in unsere Tragkörbe, wobei sie mir am wenigsten von allen einpackte. Arasuwe und seine beiden Schwiegersöhne nahmen die halbverbrannten Holzscheite aus dem Feuer, und dann machten wir uns im Gänsemarsch auf den Rückweg. Damit die behelfsmäßigen Fackeln nicht verloschen, bliesen die Männer hin und wieder darauf, so daß ein Funkenregen in die feuchten Schatten sprühte. Manchmal war zwischen den Blättern auch der Vollmond zu sehen, der ein unheimliches, bläulichgrünes Licht auf den Pfad warf. Die riesigen Baumstämme glichen Rauchsäulen, sie schienen in der feuchten Luft über uns zu zerfließen, als wollten sie der Umklammerung der Schlingpflanzen und Schmarotzergewächse entrinnen. Nur die Wipfel der Bäume hoben sich gestochen scharf von den ziehenden Wolken ab.

Arasuwe blieb häufig abrupt stehen; er spitzte die Ohren bei dem leisesten Geräusch, und seine Blicke schossen in der Dunkelheit hin und her. Er atmete tief und mit geweiteten Nasenflügeln, als könne er außer dem Geruch nach Feuchtigkeit und Fäulnis noch etwas anderes riechen. Wenn er uns Frauen ansah, machte er eine besorgte Miene. Ich fragte mich, ob ihm in diesen Momenten wohl Erinnerungen an Überfälle, Hinterhalte und alle möglichen anderen Gefahren durch den Kopf gingen. Allerdings hatte ich nie Zeit, mich lange mit dem unruhigen Gesichtsausdruck des Häuptlings zu beschäftigen. Ich hatte viel zuviel damit zu tun, mich zu vergewissern, daß die freiliegenden Wurzeln der riesigen Kapokbäume auf dem Weg vor mir keine aufgequollene Anakonda war, die gerade einen Tapir oder ein Warzenschwein verdaute.

Arasuwe watete in einen seichten Bach hinein. Er wölbte die hohle Hand hinter dem Ohr, damit ihm auch nicht das allerleiseste Geräusch entgehe. Ritimi flüsterte mir zu, daß ihr Vater auf die Echos in der Strömung horchte, auf das Gemurmel der Wassergeister, die ihm von den Gefahren auf dem Weg vor uns berichteten. Dann legte Arasuwe die flache Hand auf die Wasseroberfläche und hielt einen Augenblick lang das Spiegelbild des Mondes fest.

Während wir wieder weitergingen, verschwamm der Mond zu einer dunstumhüllten, kaum noch erkennbaren Fratze. Es kam mir vor, als versuchten die einsamen Wolken, die am Himmel entlangzogen, auf ihrer Reise in den Morgen einen

kleinen Vorsprung vor uns zu halten. Nach und nach wurde die Schreie der Affen und das Kreischen der Vögel leiser, die nächtliche Brise flaute ab, und ich spürte, daß der Tag bald anbrechen würde.
Wir erreichten das *Shabono* genau zu jener Tageszeit, in der ein unbestimmbares Grau vorherrscht und man nicht richtig sagen kann, ob es noch Nacht oder schon Tag ist. Viele der Iticoteri schliefen noch. Wer schon aufgewacht war, rief uns einen Gruß zu, und alle wunderten sich, daß wir schon so früh zurückkamen. Ich empfand Erleichterung darüber, daß Arasuwes Befürchtungen sich als grundlos erwiesen hatten, und legte mich sofort in meine Hängematte.

Ich wurde aus dem Schlaf gerissen, als Xotomi sich neben mich in die Hängematte setzte. »Schnell, iß etwas!« Sie drängte mir eine gebackene Banane auf. »Gestern habe ich genau die Sorte Fische gesehen, die wir beide am allerliebsten essen.« Ohne mich überhaupt zu fragen, ob ich nicht zu müde war, um sie zu begleiten, gab sie mir meinen kleinen Bogen und ein paar kurze Pfeile. Der Gedanke an ein Fischgericht statt der gebratenen Würmer vertrieb meine Müdigkeit in Sekundenschnelle.
»Ich will auch mitkommen«, sagte der kleine Sisiwe und folgte uns.
Wir gingen flußaufwärts, wo das Wasser eine Reihe von großen Becken formte. Kein Blatt regte sich, und kein Vogel oder Frosch war zu hören. Wir hockten uns auf einen Felsen und sahen zu, wie die ersten Sonnenstrahlen sich ihren Weg durch den dunstigen Baldachin aus Blättern suchten. Wie durch einen Gazeschleier erhellten die schwachen Strahlen das dunkle Wasser.
»Ich habe etwas gehört«, flüsterte Sisiwe auf einmal und hielt sich an meinem Arm fest. »Ein Zweig hat geknackt.«

»Ich hab's auch gehört«, sagte Xotomi leise.
Ich war mir ganz sicher, daß es kein Tier war, sondern das Geräusch eines Menschen, der vorsichtig seine Schritte wählt und dann stehen bleibt, wenn er Lärm erzeugt hat.
»Da ist er«, rief Sisiwe und zeigte auf die andere Seite des Flusses. »Es ist ein Feind«, setzte er hinzu und rannte dann in Richtung des *Shabono* davon.
In diesem Augenblick packte mich Xotomi am Arm und zog mich beiseite. Ich drehte mich um, sah jedoch nichts als die vom Tau glänzenden Farne auf dem gegenüberliegenden Ufer. Da stieß Xotomi einen gellenden Schrei aus. Ein Pfeil steckte in ihrem Bein. Ich zog sie in den Schutz der Büsche neben dem Pfad und redete auf sie ein, mit mir noch tiefer ins Dickicht zu kriechen, damit uns niemand finden konnte.
»Wir warten hier einfach, bis die Iticoteri kommen, um uns zu retten«, sagte ich, während ich ihr Bein untersuchte.
Xotomi wischte sich mit dem Handrücken die Tränen ab. »Wenn es ein Überfall ist, dann werden die Männer im *Shabono* bleiben, um Frauen und Kinder zu verteidigen.«
»Sie werden schon kommen«, sagte ich mit einer Sicherheit, die ich keineswegs empfand. »Sisiwe wird Hilfe holen.« Die mit Widerhaken versehen Pfeilspitze hatte sich glatt durch den Unterschenkel gebohrt. Ich brach den Pfeil ab, zog die Spitze aus der scheußlichen Wunde, die an beiden Seiten blutete, riß meine Unterhose auseinander und wickelte sie um das Bein. Das Blut sicherte sofort durch die dünne Baumwolle. Da ich plötzlich Angst bekam, der Pfeil könne vergiftet sein, nahm ich den provisorischen Verband wieder ab und untersuchte die Wunde noch einmal, um zu sehen, ob die Ränder sich dunkel verfärbten. Iramamowe hatte mir einmal erklärt, daß eine Wunde von einem vergifteten Pfeil unweigerlich schwarz würde. »Ich glaube nicht, daß die Pfeilspitze mit *Mamucori* bestrichen war«, sagte ich.

»Ja, das habe ich auch schon bemerkt«, erwiderte Xotomi mit schwacher Stimme. Sie legten den Kopf zur Seite und machte mir ein Zeichen, ruhig zu sein.
»Glaubst du, es sind mehrere?« flüsterte ich, als ich wieder einen Zweig knacken hörte.
Xotomi warf mir einen Blick zu. Ihre Angst war deutlich zu erkennen. »Normalerweise kommen sie nicht allein.«
»Wir können nicht hier sitzenbleiben wie die Frösche«, entschied ich und griff nach Pfeil und Bogen. Geräuschlos kroch ich zum Pfad zurück. »Zeig dein Gesicht, du Feigling, du Affe! Du hast auf eine Frau geschossen!« Ich brüllte dies mit einer Stimme, die gar nicht wie meine eigene klang. Um den Eindruck abzurunden, rief ich noch die Drohung, die jeder Krieger bei den Iticoteri auch ausstoßen würde: »Ich werde dich auf der Stelle töten, wenn ich dich sehe!«
Nicht weiter als vier Meter von mir entfernt lugte ein schwarz bemaltes Gesicht zwischen dem Laub hervor. Das Haar des Indianers war naß. Gegen alle Vernunft hätte ich beinahe aufgelacht. Ganz offensichtlich hatte er nämlich nicht freiwillig ein Bad genommen, sondern war beim Überqueren des Flusses ausgerutscht; schließlich war das Wasser höchstens hüfthoch. Ich richtete meinen Pfeil auf ihn. Einen Augenblick lang fiel mir nichts ein, was ich als nächstes sagen könnte. »Laß deine Waffen fallen«, rief ich schließlich. Als Draufgabe setzte ich noch hinzu: »Meine Pfeile sind mit dem besten *Mamucori* vergiftet, das bei den Iticoteri gemacht wird. Laß deine Waffen fallen!« wiederholte ich. »Ich ziele genau auf deinen Bauch, auf die Stelle, wo der Tod wohnt!«
Mit weit aufgerissenen Augen, als hätte er ein Gespenst vor sich, trat der Mann auf den Pfad hinaus. Er war nicht viel größer als ich, aber kräftiger gebaut. Pfeil und Bogen hielt er mit festem Griff in der Hand.

»Wirf deine Waffen zu Boden!« schrie ich noch einmal; dabei stampfte ich zur Bekräftigung mit dem Fuß auf.
Langsam und sehr vorsichtig legte der Mann Pfeil und Bogen vor sich auf den Pfad.
»Warum hast du auf meine Freundin geschossen?« fragte ich; hinter mir kam Xotomi auf allen vieren aus dem Dickicht gekrochen.
»Ich wollte ja gar nicht auf sie schießen«, antwortete er und betrachtete dabei fasziniert den blutigen Fetzenverband, der um Xotomis Bein gewickelt war. »Ich wollte auf dich schießen.«
»Auf mich?!« Meine Wut machte mich völlig hilflos. Ich öffnete mehrmals hintereinander den Mund, ohne auch nur ein einziges Wort herauszubringen. Als ich dann doch endlich die Sprache wiederfand, ließ ich eine Beleidigung nach der anderen los, und zwar in allen Sprachen, die ich kannte, auch auf Iticoteri; in dieser Sprache sind die Beschimpfungen sicherlich die ausführlichsten.
Der Mann war wie versteinert und anscheinend weitaus überraschter über meine unflätigen Ausdrücke als über den Pfeil, mit dem ich immer noch auf ihn zielte. Keiner von uns beiden bemerkte, daß sich Arasuwe und Etewa genähert hatten.
»Ein feiger Mocototeri«, sagte Arasuwe. »Ich sollte ihn auf der Stelle töten.«
»Er wollte mich töten«, stieß ich hervor. Meine Stimme überschlug sich beinahe. Ich spürte, wie mir jetzt aller Mut schwand, und zitterte vor Erregung. »Er hat Xotomi ins Bein geschossen.«
»Nein, ich wollte dich nicht töten«, behauptete der Mocototeri und blickte mich dabei flehentlich an. »Ich wollte dich nur am Bein treffen, um dich am Weglaufen zu hindern.« Er wandte sich an Arasuwe. »Ihr könnt euch vergewissern,

daß ich keinerlei bösen Absichten hatte; meine Pfeile sind nicht vergiftet.« Dann sah er Xotomi an. »Dich habe ich nur aus Versehen getroffen, als du das weiße Mädchen zur Seite gezogen hast«, murmelte er leise, als hätte er sich noch nicht richtig damit abgefunden, daß er sein Ziel verfehlt hatte.
»Wie viele von euch sind noch hier?« fragte Arasuwe und hockte sich neben seine Tochter. Er ließ den Mocototeri keinen Moment aus den Augen, während er mit den Fingern die Wundränder abtastete. »Es ist nicht so schlimm«, entschied er und erhob sich wieder.
»Noch zwei.« Der Mocototeri ahmte einen Vogelschrei nach, und sofort antworteten ihm ähnliche Laute aus dem Urwald. »Wir wollten das weiße Mädchen mit uns nehmen. Unser Volk möchte, daß es in unserem *Shabono* wohnt.«
»Und wie hätte ich denn mit euch gehen sollen, wenn ihr mich am Bein verwunden wolltet?« fragte ich.
»Wir hätten dich in einer Hängematte getragen«, erwiderte der Mann schlagfertig und lächelte mir zu.
Kurze Zeit später kamen die zwei anderen Mocototeri aus dem Dickicht. Sie grinsten mich an und schienen es nicht im geringsten peinlich zu finden, daß man sie erwischt hatte.
»Wie lange seid ihr schon hier?« fragte Arasuwe.
»Wir beobachten das weiße Mädchen schon seit einigen Tagen«, sagte einer der Indianer. »Und wir wissen, daß es gern mit den Kindern zum Fröschefangen geht.« Der Mann setzte ein breites Lächeln auf, als er sich nun an mich wandte: »Rund um unseren *Shabono* gibt es auch viele Frösche.«
»Warum habt ihr so lange gewartet?« fragte Arasuwe weiter. Der Mann erklärte mit entwaffnender Ehrlichkeit, daß bisher immer zu viele Frauen und Kinder in meiner Nähe gewesen wären. Eigentlich hätten sie gehofft, mich im Mor-

gengrauen gefangennehmen zu können, wenn ich mich im Wald erleichterte, denn sie hatten gehört, daß ich immer ganz allein weit weg von der Siedlung ging. »Aber wir haben sie nicht fortgehen gesehen, nicht ein einziges Mal.«
Grinsend blickten mich Arasuwe und Etewa an, als erwarteten sie, daß ich diesen Umstand näher erklärte. Ich starrte einfach nur zurück. Seit dem Beginn der Regenzeit war mir aufgefallen, daß sich wesentlich mehr Schlangen an der Stelle tummelten, wo ich bis dahin mein Geschäft verrichtet hatte, aber ich hatte nicht vor, jetzt darüber zu diskutieren, wo ich nun hinging.
Mit einem Enthusiasmus, als würde er nur eine Geschichte erzählen, fuhr der Mocototeri fort, daß sie ja keineswegs gekommen waren, um jemanden von den Iticoteri zu töten oder eine ihrer Frauen zu entführen. »Wir wollten nichts anderes, als das weiße Mädchen mitnehmen.« Der Mann lachte und fragte dann: »Wäre es nicht eine ziemliche Überraschung für dich und dein Volk gewesen, wenn das weiße Mädchen plötzlich verschwunden wäre, ohne eine Spur zu hinterlassen?«
Arasuwe gestand, daß es in der Tat ein Meisterstück gewesen wäre. »Aber wir hätten ja sofort gewußt, daß sie von den Mocototeri entführt worden ist. Ihr seid so unvorsichtig gewesen, Fußspuren im Schlamm zu hinterlassen. Als ich vorhin die Umgebung des *Shabono* erkundete, bin ich auf genügend Hinweise gestoßen, daß jemand von eurem Stamm hier gewesen ist. Gestern abend habe ich außerdem gespürt, daß irgend etwas in der Luft lag – deswegen sind wir auch so schnell wieder von unserer Reise zu den alten Gärten zurückgekehrt.« Arasuwe machte eine kurze Pause, als wollte er seine Worte richtig wirken lassen, und stellte dann fest: »Wenn ihr das weiße Mädchen entführt hättet, dann wären wir gekommen und hätten eure Siedlung über-

fallen und sie geholt und gleich noch ein paar von euren Frauen dazu.«

Der Mann, der Xotomi ins Bein geschossen hatte, hob seine Waffen vom Boden auf. »Heute war eine gute Gelegenheit, dachte ich. Nur ein Kind und eine Frau waren bei dem weißen Mädchen.« Er warf mir einen ratlosen Blick zu. »Aber ich habe die Falsche getroffen. Ihr müßt mächtige *Hekura* in eurer Siedlung haben, die das weiße Mädchen beschützen.« Er schüttelte den Kopf und wandte sich dann an Arasuwe: »Warum verwendet sie die Waffen eines Mannes? Einmal haben wir sie zusammen mit den Frauen beim Fluß gesehen, und sie hat auf die Fische geschossen wie ein Mann. Und wir wußten nicht, was wir von ihr halten sollten. Deswegen habe ich sie wohl auch nicht getroffen: Ich wußte nicht mehr, was sie ist.«

Arasuwe befahl den drei Indianern, in den *Shabono* zu gehen.

Ich konnte die Absurdheit dieser ganzen Situation einfach nicht fassen. Nur der Gedanke an Xotomis Verletzung hielt mich vom Lachen ab; trotzdem zuckte mir immer wieder ein Grinsen über die Lippen. Ich versuchte, eine gleichgültige Miene aufzusetzen, mußte mich aber sehr beherrschen. Ich trug Xotomi huckepack, was sie derartig zum Lachen reizte, daß ihr Bein von neuem zu bluten anfing.

»Es ist vielleicht leichter, wenn ich selbst gehe und mich nur beim Gehen auf dich stütze«, sagte sie nach einer Weile. »Das Bein tut gar nicht so weh.«

»Sind die Mocototeri jetzt Gefangene?« wollte ich wissen.

Sie blickte mich einen Augenblick lang verständnislos an und sagte schließlich: »Nein. Man nimmt immer nur Frauen als Gefangene.«

»Was also passiert dann mit ihnen, wenn wir im *Shabono* sind?«

»Sie bekommen etwas zu essen«, sagte Xotomi.
»Aber es sind doch Feinde«, wandte ich ein. »Sie haben dich ins Bein geschossen. Sie müßten bestraft werden.«
Xotomi sah mich an und schüttelte dann den Kopf, als wäre ihr klargeworden, daß es ihr nicht gelingen würde, mir das begreiflich zu machen. Sie fragte mich, ob ich den Mocototeri getötet hätte, wenn er seine Waffen nicht fallen lassen hätte.
»Ich hätte auf ihn geschossen«, sagte ich so laut, daß es die Männer vor uns hören konnten. »Mit meinen vergifteten Pfeilen hätte ich ihn getötet.«
Arasuwe und Etewa drehten sich um. Ihre ernsten Mienen entspannten sich zu einem Lächeln. Sie wußten genau, daß meine Pfeile nicht vergiftet waren. »Ja, sie hätte bestimmt auf dich geschossen«, meinte Arasuwe zu dem Mocototeri. »Das weiße Mädchen ist nicht wie unsere Frauen. Die Weißen sind schnell dabei, jemanden zu töten.«
Ich überlegte, ob ich wirklich meinen Pfeil auf den Indianer abgeschossen hätte. Auf jeden Fall hätte ich ihm einen Tritt in den Unterleib oder in den Magen versetzt, wenn er Pfeil und Bogen nicht losgelassen hätte. Es war mir zwar bewußt, daß es völlig aussichtslos war, einen stärkeren Gegner im Kampf zu besiegen, aber das hieß ja noch lange nicht, daß ein Schwächerer sein unvorbereitetes Gegenüber nicht durch einen raschen Tritt oder Schlag aus der Fassung bringen konnte. Damit hätte ich mir ohne weiteres genügend Zeit verschafft, um davonzurennen. Ein Tritt hätte den ahnungslosen Mocototeri wohl sogar noch weit mehr überrascht, als es meine Pfeile getan hätten. Dieser Gedanke beruhigte mich.
Als wir im *Shabono* ankamen, erwarteten uns bereits die Männer der Iticoteri mit schußbereiten Pfeilen. Frauen und Kinder hatten sich in den Hütten versteckt. Ritimi kam auf

mich zugerannt. »Ich wußte ja, daß dir nichts geschehen ist«, rief sie und half mir dann, ihre Halbschwester in Hayamas Hütte zu tragen.
Ritimis Großmutter wusch Xotomis Bein mit warmem Wasser aus und streute *Epena*-Pulver in die Wunde. »Du mußt jetzt in der Hängematte liegen bleiben«, ermahnte sie das Mädchen. »Ich hole ein paar Blätter, mit denen wir das Bein verbinden.«
Völlig erschöpft legte ich mich in meine Hängematte. In der Hoffnung, gleich einschlafen zu können, zog ich die Seitenleinen über meinen Körper. Aber kurz darauf wurde ich von Ritimis Lachen geweckt. Sie beugte sich über mich und bedeckte mein Gesicht mit schmatzenden Küssen. »Ich habe gerade gehört, wie du den Mocototeri erschreckt hast.«
»Warum sind denn nur Arasuwe und Etewa gekommen, um uns zu retten?« frage ich sie. »Es hätten doch genausogut noch viel mehr von den Mocototeri dasein können!«
»Aber mein Vater und mein Mann sind gar nicht gekommen, um euch zu retten«, teilte Ritimi mir treuherzig mit. Sie machte es sich in meiner Hängematte gemütlich und erklärte mir dann, es sei gar niemandem im *Shabono* aufgefallen, als ich mit Xotomi und Sisiwe zum Fischen ging. Es war also reiner Zufall gewesen, daß Arasuwe und Etewa mit uns zusammengetroffen waren. Arasuwe hatte nämlich seine Vorahnungen ernstgenommen und die Umgebung des *Shabono* abgesucht, nachdem wir von unserem nächtlichen Marsch zurückgekehrt waren. Ihr Vater, so meinte Ritimi, hatte ganz einfach nur seine Pflicht als Häuptling erfüllt, indem er das Gelände nach feindlichen Eindringlingen durchsuchte. Diese Aufgabe mußte der Häuptling für gewöhnlich allein erfüllen, denn niemand hatte Lust, ihn bei einer so gefährlichen Mission zu begleiten. Es wurde auch von niemandem erwartet.

Erst vor kurzem war mir klargeworden, daß Milagros mir zwar Arasuwe als den Häuptling der Iticoteri vorgestellt hatte, daß seine Stellung jedoch weit weniger gefestigt war, als es den Anschein hatte. Die Befugnisse eines Häuptlings hatten durchaus Grenzen. Arasuwe trug auch keine besonderen äußeren Zeichen, die ihn von den anderen Männern unterschieden, und an wichtigen Entscheidungen waren ohnehin alle männlichen Erwachsenen beteiligt. Und auch wenn dabei ein gemeinsamer Entschluß zustande kam, konnte jeder der Männer dennoch so verfahren, wie er es für richtig hielt. Arasuwes Bedeutung leitete sich hauptsächlich von der Anhängerschaft seiner zahlreichen Verwandten ab. Seine Brüder und die vielen Söhne und Schwiegersöhne verhalfen ihm durch ihre Unterstützung zur Macht. Solange seine Entscheidungen den Stamm zufriedenstellten, wurde seine Autorität auch kaum angefochten.

»Und wie kam es, daß Etewa bei ihm war?«

»Das war völlig unvorhergesehen«, lachte Ritimi. »Er ist wahrscheinlich gerade von einem heimlichen Rendezvous mit einer der Frauen aus dem *Shabono* zurückgekommen, als er plötzlich mit seinem Schwiegervater zusammentraf.«

»Du meinst also, es wäre uns sonst niemand zu Hilfe gekommen?« fragte ich ungläubig.

»Wenn die Männer erst einmal genau wissen, daß der Feind in der Nähe ist, verlassen sie nie absichtlich die Siedlung. Die Gefahr eines Hinterhalts ist viel zu groß.«

»Aber sie hätten uns vielleicht getötet.«

»Frauen werden fast nie getötet«, sagte Ritimi mit felsenfester Überzeugung. »Sie hätten dich nur gefangengenommen. Aber dann hätten unsere Männer das Dorf der Mocototeri überfallen und dich zurückgeholt«, argumentierte sie mit erstaunlicher Naivität, als handle es sich um die natürlichste Sache der Welt.

»Aber sie haben Xotomi ins Bein geschossen!« Ich war den Tränen nahe. »Sie hatten vor, mich zu verstümmeln!«
»Ja, aber nur deshalb, weil sie nicht gewußt haben, wie sie dich sonst einfangen sollten«, sagte Ritimi und legte mir den Arm um den Hals. »Sie wissen nur, wie man mit Indianerinnen fertig wird. Uns kann man leicht entführen. Bei dir müssen die Mocototeri wirklich schon am Ende ihrer Weisheit gewesen sein. Du solltest froh sein. Du bist so mutig wie ein Krieger. Iramamowe ist ganz sicher, daß du besondere *Hekura* hat, die dich beschützen und die so mächtig sind, daß sie sogar den Pfeil ablenkten, der auf dich gezielt war, und ihn statt dessen in Xotomis Bein fahren ließen.«
»Und was geschieht nun mit den Mocototeri?« fragte ich und spähte hinüber in Arasuwes Hütte. Die drei Männer saßen in Hängematten und verspeisten gebackene Bananen, als wären sie Gäste im *Shabono.* »Es ist schon merkwürdig, wie ihr eure Feinde behandelt.«
»Merkwürdig?« Ritimi sah mich verblüfft an. »Wir behandeln sie doch genau richtig. Haben sie uns denn nicht ihren Plan verraten? Und Arasuwe ist froh, daß er nicht aufgegangen ist.«
Ritimi meinte, daß die drei Männer wahrscheinlich noch eine Zeitlang bei den Iticoteri bleiben würden – vor allem dann, wenn sie den Verdacht hegten, daß ein Überfall der Iticoteri auf ihr Dorf bevorstehen könnte. Die beiden *Shabonos* überfielen einander schon seit Jahren gegenseitig; Ritimis Erinnerung daran reichte weit zurück, bis in die Zeiten ihres Großvaters und ihres Urgroßvaters und sogar noch länger. Ritimi zog meinen Kopf zu sich heran und flüsterte: »Etewa wünscht sich schon lang, Rache an den Mocototeri zu nehmen.«
»Etewa?! Aber er hat sich doch damals sosehr darauf gefreut, zu ihrem Festmahl zu gehen«, sagte ich verwirrt. »Ich dachte

immer, er mag sie. Ich weiß zwar, daß Arasuwe der Meinung ist, sie wären ein Haufen von Lügnern – und Iramamowe auch. Aber Etewa! Er kann doch nicht nur Theater gespielt haben, als er bei ihrem Fest gesungen und getanzt hat?«

»Ich habe dir schon einmal gesagt, daß man nicht zum Tanzen und zum Singen zu einem Festmahl geht, sondern um herauszufinden, was die anderen im Schilde führen«, flüsterte Ritimi. Sie sah mich besorgt an und sagte dann: »Etewa wollte, daß seine Feinde denken, er hätte keinerlei Absichten mehr, den Tod seines Vaters zu rächen.«

»Haben die Mocototeri seinen Vater getötet?«

Ritimi legte mir die Hand auf die Lippen. »Sprechen wir nicht darüber. Es bringt Unglück, wenn man einen Menschen erwähnt, der bei einem Überfall umgekommen ist.«

»Wird es wieder einen Überfall geben?« konnte ich gerade noch fragen, bevor mir Ritimi eine gebackene Banane in den Mund schob.

Sie lächelte mir nur zu, gab jedoch keine Antwort. Der Gedanke an einen Überfall löste ein ziemlich unangenehmes Gefühl bei mir aus. Es fiel mir schwer, die Banane zu schlucken. Bisher hatte ich die Überfälle immer der Vergangenheit zugerechnet. Ein paarmal hatte ich Milagros darüber ausgefragt, aber er hatte immer nur sehr vage Antworten gegeben. Erst jetzt fiel mir auf, daß durchaus Bedauern in Milagros' Stimme gelegen hatte, als er damals meinte, die Missionare wären recht erfolgreich in ihren Bemühungen gewesen, die Fehden zwischen den einzelnen Stämmen zu beenden.

»Wird es einen Überfall geben?« fragte ich Etewa, als er die Hütte betrat.

Er blickte mich an und verzog grimmig das Gesicht. »Das ist eine Frage, die eine Frau nicht zu stellen hat.«

20

Es dämmert schon, als Puriwariwe in den *Shabono* kam. Seit meiner Krankheit hatte ich ihn nicht mehr gesehen, seit der Nacht, als er in der Mitte des Versammlungsplatzes mit ausgestreckten Händen dagestanden hatte, als flehte er die Dunkelheit an. Von Milagros erfuhr ich später, daß der alte *Shapori* sechs Tage und Nächte ununterbrochen *Epena* genommen hatte. Er wäre beinahe unter der Gewalt der Geister zusammengebrochen, die er in seine Brust gerufen hatte. Trotzdem hatte er die *Hekura* beharrlich und inständig gebeten, mich von dem Anfall des Tropenfiebers zu heilen.

Ritimi hatte mich außerdem darauf aufmerksam gemacht, daß die Heilung in meinem Fall ein ganz besonders harter Kampf gewesen war, da die *Hekura* sich in der Regenzeit nämlich nur sehr ungern rufen ließen. »Es war der *Hekura* des Kolibris, der dich gerettet hat«, hatte sie mir erläutert. »Trotz seiner geringen Größe ist der Kolibri doch ein mächtiger Geist. Ein großer *Shapori* ruft ihn immer dann zu Hilfe, wenn alles andere nichts mehr nützt.«

Es war mir nicht gerade ein großer Trost gewesen, als Ritimi den Arm um meinen Hals gelegt und mir versichert hatte, daß meine Seele nicht ziellos durch den Urwald hätte irren müssen, falls ich gestorben wäre, sondern in vollkommenem Frieden zum Haus des Donners aufgestiegen wäre, denn ihr Volk hätte meinen Körper verbrannt, und sie und ihre Verwandten hätten meine zerstampften Knochen in der Nahrung zu sich genommen.

Ich ging zu Puriwariwe hinaus auf die Lichtung. »Jetzt bin

ich wieder ganz gesund«, grüßte ich ihn und hockte mich auf den Boden.
Er blickte mich mit verschleierten, beinah träumerischen Augen an und fuhr mir dann mit der Hand über den Kopf. Seine Hand war klein und dunkel; sie war rasch, fühlte sich aber trotzdem schwer und bedächtig an. Eine unbestimmte Zärtlichkeit legte sich weich über Puriwariwes Gesichtszüge, doch er sprach kein Wort mit mir. Ich fragte mich, ob er wohl wußte, daß ich im Fieber gespürt hatte, wie sich der Schnabel eines Kolibris in meine Brust bohrte. Ich hatte es niemandem erzählt.
Nun versammelte sich eine Gruppe von Männern mit schwarzer Körperbemalung um Puriwariwe. Sie bliesen sich gegenseitig *Epena* in die Nasenlöcher und hörten seinen Gesängen zu, mit denen er die *Hekura* bat, ihre Verstecke in den Bergen zu verlassen und zu ihm zu kommen. Die schwarzen Gestalten der Männer, die kaum von den Hüttenfeuern beleuchtet wurden, waren wie Schatten. Leise wiederholten sie die Gesänge des Schamanen. Ein kalter Schauer lief mir über den Rücken, als sich das Tempo ihrer unverständlichen Anrufungen nun steigerte und immer eindringlicher und bedrohlicher wurde.
Als ich unsere Hütte wieder betrat, fragte ich Ritimi, was das für ein Ritual sei.
»Die Männer schicken die *Hekura* in die Siedlung der Mocototeri, wo sie die Feinde töten sollen.«
»Und werden die Feinde wirklich sterben?«
Sie zog die Beine an den Körper und blickte nachdenklich in den pechschwarzen Nachthimmel, von dem der Mond und alle Sterne verschwunden waren. »Sie werden sterben«, erwiderte sie leise.
Ich war nun überzeugt, daß in Wirklichkeit gar kein Überfall stattfinden würde, und döste immer wieder ein in der Hän-

gematte, hörte jedoch ständig das Singen draußen auf der Lichtung. Es war weniger eine direkte Wahrnehmung der Stimmen, sondern eher eine Reihe von Bildern, die die Geräuschfetzen in mir erzeugten; die Gesänge schwollen an und verebbten wieder, als würden sie vom Rauch der Feuerstellen davongetragen.

Einige Stunden später stand ich auf und setzte mich vor die Hütte. Die meisten der Männer hatten sich inzwischen in ihre Hängematten zurückgezogen. Nur noch zehn waren auf der Lichtung geblieben, darunter auch Etewa. Mit geschlossenen Augen wiederholten sie Puriwariwes Gesänge. Diesmal drangen seine Worte durch die feuchte Luft ganz deutlich an mein Ohr:

Folgt mir, folgt meiner Vision.
Folgt mir über die hohen Wipfel hinaus.
Seht auf die Vögel und Schmetterlinge – solche Farben
werdet ihr niemals dort unten am Boden entdecken.
Ich steige zum Himmel auf, der Sonne entgegen.

Plötzlich wurde der *Shapori* mitten im Singen von einem der Männer unterbrochen. »Die Sonne hat mich getroffen – meine Augen verbrennen!« schrie er und sprang auf. Er sah sich hilflos in der Finsternis um. Dann gaben seine Beine nach, und er schlug dumpf auf dem Boden auf. Von den andern nahm keiner Notiz davon.

Puriwariwes Stimme wurde nun dringlicher, als wolle er die Männer alle gemeinsam zu seiner Vision emporheben. Immer wieder von neuem begann er den Gesang für diejenigen, die immer noch im Kreis um ihn hockten. Er warnte die Männer davor, sich nicht vom glänzenden Tau ihrer Traumbilder ablenken zu lassen, indem er ihnen die speerförmigen Bambusblätter, die hinter Bäumen lauernden

Giftschlangen und die Wurzeln auf dem unwegsamen Pfad ins Herz der Sonne schilderte. Vor allem ermahnte er sie, auf keinen Fall in den menschlichen Schlaf zu verfallen, sondern den Schritt von der schwarzen Dunkelheit der Nacht in die weiße Dunkelheit der Sonne zu vollziehen. Er versprach ihnen, daß ihre Leiber in der Glut der *Hekura* gebadet würden und daß das kostbare Licht der Sonne in ihren Augen glänzen würde.

Ich blieb vor der Hütte sitzen, bis das Morgengrauen die Schatten am Erdboden verscheucht hatte. In der Hoffnung auf ein sichtbares Merkmal ihrer Reise ins Herz der Sonne ging ich von einem der Männer zum andren und musterte aufmerksam ihre Gesichter.

Puriwariwe sah mir neugierig dabei zu. Sein hageres Gesicht verzog sich zu einem spöttischen Grinsen. »Es wird dir nicht gelingen, ein äußerliches Anzeichen ihres Flugs zu finden«, sagte er, als hätte er in meinen Gedanken gelesen. »Ihre Augen sind rot und glanzlos von der schlaflosen Nacht«, setzte er hinzu, indem er auf die Männer zeigte, die allesamt teilnahmslos ins Leere starrten und meine Gegenwart anscheinend überhaupt nicht wahrnahmen. »Du hast gedacht, du könntest dieses kostbare Licht, von dem ich gesprochen habe, in ihren Pupillen gespiegelt sehen, aber es leuchtet nur in ihrem Innern. Nur sie können es sehen.«

Bevor ich eine Gelegenheit hatte, ihn über seine eigene Reise ins Herz der Sonne zu befragen, war er schon aufgestanden und aus dem *Shabono* in den Urwald verschwunden.

In den folgenden Tagen ergriff eine düstere, bedrückende Stimmung die Siedlung. Anfangs bestand sie nur in einem vagen Gefühl, doch wurde ich immer stärker von dem Gedanken besessen, daß man mich absichtlich über irgendein bevorstehendes Ereignis im ungewissen ließ. Ich wurde mürrisch und leicht reizbar und zog mich zurück. Ich kämpfte gegen diese Empfindung des Ausgeschlossenseins an. Zwar versuchte ich, meine unbestimmte Unruhe vor den anderen zu verbergen, aber ich fühlte mich bedroht von unbekannten Mächten, die mir die Kraft raubten. Wenn ich Ritimi oder eine der andern Frauen fragte, ob irgendeine Veränderung sich anbahnte, nahmen sie meist nicht einmal meine Frage zur Kenntnis. Statt dessen machten sie eine Bemerkung über einen belanglosen Vorfall und versuchten, mich damit zum Lachen zu bringen.

»Werden wir überfallen werden?« verlangte ich eines Tages schließlich von Arasuwe zu wissen.

Er wandte mir sein verdutztes Gesicht zu, als versuchte er, den Sinn meiner Worte zu erfassen.

Ich war ganz durcheinander, nervös, den Tränen nahe. Ich sagte ihm, ich sei ja nicht dumm und hätte sehr wohl bemerkt, daß die Männer ständig auf der Hut seien und die Frauen sich fürchteten, allein in die Gärten oder zum Fischen an den Fluß zu gehen. »Warum erzählt mir denn niemand, was hiervorgeht?« schrie ich ihn an.

»Es geht gar nichts vor«, sagte Arasuwe ganz ruhig. Er kreuzte die Arme hinter dem Kopf und streckte sich wohlig in der Hängematte aus. Dann fing er an, über etwas zu reden, das in keinerlei Zusammenhang mit meiner Frage stand; dabei kicherte er immer wieder über seine eigenen Witze. Aber ich war dadurch nicht beruhigt. Ich konnte nicht über seine Scherze lachen, ich hörte ihm nicht einmal richtig zu. Er war auch anscheinend völlig verwirrt, als ich plötzlich wütend aus der Hütte stapfte.

Die nächsten Tage fühlte ich mich erbärmlich; abwechselnd empfand ich Ärger über mich und Selbstmitleid. Ich schlief nicht sehr gut. Immer wieder hielt ich mir vor, daß ich, die

ich mich so ganz unvoreingenommen in dieses neue Leben hier eingefügt hatte, nun auf einmal wie eine Fremde behandelt wurde. Ich war wütend und fühlte mich verraten. Ich konnte nicht damit fertigwerden, daß mich Arasuwe nicht ins Vertrauen gezogen hatte. Nicht einmal Ritimi war bereit gewesen, mich zu beruhigen. Ich wünschte mir inständig, daß Milagros hier wäre. Er hätte meine Befürchtungen bestimmt zerstreut. Er hätte mir alles erzählt.
Eines Nachts, als ich in einem halbwachen Zustand dahindämmerte, schoß mir plötzlich eine Erkenntnis durch den Kopf. Sie kam nicht in Worten, sondern in Form eines Sturms aus Gedanken und Erinnerungen, die blitzschnell vor meinem inneren Auge abliefen und die Dinge für mich wieder ins richtige Verhältnis rückten.
Ich empfand ein Hochgefühl. Erst lachte ich vor Erleichterung und bald einfach aus reiner Freude. Ich hörte, wie mein Gelächter durch die Hütten widerhallte. Als ich mich in der Hängematte aufsetzte, sah ich, daß fast alle Iticoteri in mein Lachen eingefallen waren.
Arasuwe kam und hockte sich neben meine Hängematte. »Haben dich die Geister des Waldes wahnsinnig gemacht?« erkundigte er sich und nahm meinen Kopf in seine Hände.
»Ja, ziemlich wahnsinnig«, lachte ich ihn an. Ich sah in seine Augen; sie leuchteten im Dunkeln. Ich blickte auf Ritimi, Tutemi und Etewa, die neben Arasuwe standen. Ihre neugierigen, schläfrigen Gesichter strahlten vor Heiterkeit. Die Worte sprudelten in einer endlosen Folge aus mir hervor und reihten sich mit verblüffender Geschwindigkeit zu Sätzen aneinander. Ich sprach spanisch – nicht, weil ich etwas verbergen wollte, sondern weil meine Erklärungen in ihrer Sprache keinen Sinn ergeben hätten. Arasuwe und die übrigen hörten mir zu, als verstünden sie mich, als spürten

sie mein Bedürfnis, alles herauszulassen, was sich in mir aufgestaut hatte.
Mir war klargeworden, daß ich letzten Endes doch eine Außenstehende war und daß mein Verlangen, über Dinge in Kenntnis gesetzt zu werden, die nicht einmal die Iticoteri untereinander zur Sprache brachten, sich nur aus einer gewissen Selbstüberschätzung erklären ließ. Was mich so unausstehlich gemacht hatte, war meine Einbildung gewesen, daß man mich ausgeschlossen hatte – mich nicht eingeweiht in etwas, auf das ich ein Recht zu haben glaubte. Allerdings hatte ich mich nicht gefragt, warum ich denn glaubte, ich hätte ein Recht darauf, es zu erfahren. Davon hatte ich dieses jämmerliche Gefühl bekommen, in dem ich dann blind gegenüber all den fröhlichen Erlebnissen war, die ich vorher sosehr geschätzt hatte. Die düstere und gedrückte Stimmung, die ich verspürt hatte, war nicht wirklich vorhanden gewesen, sondern kam aus meinem Innern und hatte sich dann dem *Shabono* und seinen Bewohnern mitgeteilt.
Ich fühlte Arasuwes schwielige Hand auf meiner Tonsur. Ich schämte mich nicht meiner Empfindungen, war jetzt jedoch froh, als mir bewußt wurde, daß es lediglich an mir lag, meine Verzauberung und das Staunen über diese andere Welt wiederzuerwecken.
»Blas mir *Epena* in die Nase«, sagte Arasuwe zu Etewa. »Ich will ganz sichergehen, daß die bösen Geister sich von dem weißen Mädchen fernhalten.«
Ich hörte Gemurmel, Stimmengewirr, leises Lachen und schließlich Arasuwes monotonen Gesang. Dann fiel ich in einen friedlichen Schlaf, den erholsamsten seit vielen Tagen. Die kleine Texoma, die schon lange nicht mehr zu mir in die Hängematte gekommen war, weckte mich bei Tagesanbruch. »Ich habe dich gestern abend lachen gehört«,

sagte sie und kuschelte sich an mich. »Vorher hast du so viele Tage lang nicht gelacht; ich hatte schon Angst, daß du niemals wieder lachen würdest.«

Ich starrte in ihre funkelnden Augen, als könnte ich dort die Antwort finden, mit der ich in Zukunft immer alle Ängste und die aufgewühlten Gedanken aus mir herauslachen wollte.

Eine ungewöhnliche Stille legte sich wie ein Tuch über den *Shabono*, als die Schatten der Nacht uns langsam einkreisten. Das sanfte Kitzeln von Tutemis Fingern, die mir den Kopf nach Läusen absuchte, machte mich ganz schläfrig. Das Schwatzen der Frauen wurde zu einem Flüstern, als sich nun alle mit der Zubereitung des Abendessens und der Versorgung ihrer Babys beschäftigten. Als gehorchten sie einem unausgesprochenen Befehl, ließen auch die älteren Kinder von ihren lärmenden Spielen ab und versammelten sich in Arasuwes Hütte, um dem alten Kamosiwe beim Geschichtenerzählen zuzuhören. Der ließ sich dabei völlig von seinen eigenen Schilderungen gefangennehmen und vollführte beim Sprechen dramatische Gesten. Trotzdem war sein gesundes Auge die ganze Zeit fest auf die länglichen Knollen der Süßkartoffeln gerichtet, die aus der Glut hervorschauten. Ich empfand großen Respekt, als der alte Mann nach einer Weile die Kartoffeln mit den bloßen Händen aus dem Feuer holte. Er wartete nicht einmal, bis sie ein wenig ausgekühlt waren, sondern stopfte sie sich gleich in den Mund.

Von meinem Platz aus sah ich den abnehmenden Mond über den Bäumen aufgehen; hin und wieder wurde er von den ziehenden Wolken verdeckt, die sich leuchtendweiß von dem dunklen Himmel abzeichneten. Dann unterbrach ein unheimliches Geräusch die nächtliche Stille – eine Mi-

schung aus einem Schrei und einem Knurren. Im nächsten Augenblick löste sich Etewa aus den Schatten, im Gesicht und am ganzen Körper schwarz bemalt. Er stellte sich vor den Feuern auf, die auf der Lichtung angezündet worden waren, und schlug Pfeil und Bogen mit einem Knall hoch über dem Kopf zusammen. Ich bemerkte zwar nicht, woher die übrigen kamen, aber jetzt erschienen noch elf weitere Männer, ebenso schwarz bemalt wie Etewa, und nahmen in der Mitte des Versammlungsplatzes Aufstellung.
Arasuwe schob jeden einzelnen hin und her, bis sie alle in einer völlig geraden Linie standen; nachdem er dem letzten seinen Platz zugewiesen hatte, stellte er sich dazu. Nun begann der Häuptling, mit tiefer, näselnder Stimme zu singen. Die übrigen wiederholten jeweils die letzte Zeile des Refrains. Ich konnte jede einzelne Singstimme genau von den andern unterscheiden in dem harmonischen Gemurmel, auch wenn ich kein Wort des Texts verstand. Je länger der Gesang andauerte, desto wütender schienen die Männer zu werden. Am Ende jedes Lieds stießen sie grimmige Schreie aus. Sonderbarerweise hatte ich den Eindruck, daß ihr Zorn um so rascher verrauchte, je lauter sie brüllten, als wäre er nicht mehr ein Teil ihrer schwarz bemalten Körper.
Abrupt verstummten sie. Der schummrige Schein der Feuer hob den wutentbrannten Ausdruck der starren, maskenhaften Gesichter und den Fieberglanz in ihren Augen noch hervor. Ich konnte zwar nicht sehen, ob Arasuwe den Befehl dazu gegeben hatte, aber sie riefen plötzlich im Chor: »Wie gut es mir tun wird, zu sehen, wenn mein Pfeil den Feind trifft! Wie gut es mir tun wird, sein Blut zu sehen, wenn es auf die Erde verströmt!«
Mit erhobenen Waffen lösten die Krieger nun die Reihe auf und bildeten einen engen Kreis. Wieder begannen sie zu schreien, erst ganz leise, dann aber mit so gellenden Stim-

men, daß es mir kalt über den Rücken lief. Sie verstummten von neuem, und Ritimi flüsterte mir zu, daß die Männer auf das Echo ihrer Schreie lauschten, um festzustellen, aus welcher Richtung es erklang. In den Echos, so erklärte sie mir, wurden die Geister der Feinde mitgetragen.

Unter lautem Stöhnen und dem Geklapper der Waffen fingen die Männer nun an, auf der Lichtung auf und ab zu stolzieren. Arasuwe stellte wieder Ruhe her. Noch zweimal traten die Krieger zu einem engen Kreis zusammen und stießen mit aller Kraft Schreie aus. Anstatt in den Urwald davonzugehen, wie ich es erwartet und gleichzeitig befürchtet hatte, liefen die Männer danach zu den Hütten in der Nähe des Eingangs des *Shabono.* Dort legten sie sich in Hängematten und steckten sich den Finger in den Hals, um sich zu übergeben.

»Warum tun sie das?« fragte ich Ritimi.

»Während des Gesangs haben sie ihre Feinde verschlungen«, erwiderte sie. »Und jetzt müssen sie das verfaulte Fleisch wieder loswerden.«

Ich seufzte erleichtert, empfand jedoch eine sonderbare Enttäuschung darüber, daß der Überfall nur symbolisch ausgeführt worden war. Kurz vor Tagesanbruch wurde ich von den Klagelauten einiger Frauen wach. Ich rieb mir die Augen, weil ich glaubte, ich träumte noch. Die Männer hatten sich wieder in genau derselben geraden Linie aufgestellt wie vorher am Abend. Ihre Schreie hatten an Wut verloren, als hätte das Klagen der Frauen ihren Zorn gedämpft. Nun warfen sie sich die Bananenbündel, die am Eingang des *Shabono* aufgeschichtet lagen, über die Schultern und marschierten dann auf dramatische Weise los, den Pfad zum Fluß hinunter.

Der alte Kamosiwe und ich folgten den Männern in einiger Entfernung. Ich dachte, es würde regnen, aber es war nur der Morgentau, der von Blatt zu Blatt tropfte. Einen Augenblick lang blieben die Männer reglos stehen; ihre Schatten zeichneten sich gestochen scharf gegen den weißen Sand des Flußufers ab. Der Halbmond hatte seine Bahn über den Himmel gezogen und schimmerte nur schwach in der dunstigen Luft. Als hätte der Sand ihre Schatten verschluckt, verschwanden die Krieger plötzlich vor meinen Augen. Ich hörte nur noch das Geräusch von raschelnden Blättern und knackenden Zweigen, das sich langsam durch den Urwald entfernte. Der Nebel umfing uns wie eine undurchdringliche Mauer, als wäre das alles gar nicht wirklich geschehen, als hätte ich alles nur im Traum gesehen.

Kamosiwe, der neben mir auf dem Felsen saß, berührte mich sanft am Arm. »Ich kann das Echo ihrer Schritte nicht mehr hören«, sagte er. Dann ging er langsam ins Wasser. Ich folgte ihm. Ich zitterte vor Kälte. Ich spürte, wie die kleinen Fische, die sich unter den Wasserwurzeln versteckten, gegen meine Beine streiften, konnte sie jedoch nicht erkennen.

Kamosiwe kicherte, als ich ihn danach mit Blättern trockenrieb. »Sieh mal, da gibt es *Sikomasika*«, rief er hingerissen und zeigte dabei auf einige weiße Pilze, die auf einem verrottenden Baumstumpf wuchsen.

Ich holte sie für ihn und wickelte sie in Blätter ein. Über dem Feuer geröstet, wurden sie als Delikatesse geschätzt, insbesondere von alten Leuten.

Kamosiwe hielt mir das Ende seines zerbrochenen Bogens hin; ich packte das Ende und zog den alten Mann daran den rutschigen, steilen Pfad zum *Shabono* hinauf. Der Nebel verzog sich den ganzen Tag lang nicht, als fürchtete sich die Sonne davor, die Männer durch den Urwald begleiten zu müssen.

21

Ich saß mit der kleinen Texoma auf einem Baumstumpf inmitten der Bambusstauden. »Fängst du denn heute gar keine Frösche?« fragte ich sie.

Sie sah mich bekümmert an. Ihre sonst so strahlenden Augen hatten allen Glanz verloren. Jetzt füllten sie sich langsam mit Tränen.

»Warum bist du so traurig?« Ich nahm sie in die Arme. Man ließ Kinder niemals allein, wenn sie weinten, weil man fürchtete, ihre Seele könnte dabei durch den Mund entweichen. Ich setzte sie mir auf den Rücken und machte mich auf den Rückweg zum *Shabono.* »Du bist ja so schwer wie ein Korb voller reifer Bananen«, sagte ich, um sie zum Lachen zu bringen.

Aber die Kleine verzog nicht einmal den Mund zu einem Lächeln. Sie preßte das Gesicht an meinen Hals; ihre Tränen kullerten auf meine Brüste herab. Vorsichtig legte ich sie in die Hängematte. Sie wollte mich aber nicht loslassen, so daß ich nicht anders konnte, als mich neben sie zu legen. Bald war sie eingeschlafen. Es war jedoch ein sehr unruhiger Schlaf. Immer wieder liefen Schauer über den kleinen Körper, als kämpfte Texoma mit einem schrecklichen Alptraum.

Mit Tutemis Baby auf dem Rücken betrat Ritimi die Hütte. Als sie einen Blick auf das schlafende Kind neben mir geworfen hatte, fing sie an zu weinen. »Bestimmt hat einer der bösen *Shapori* der Mocototeri ihre Seele angelockt und entführt«, stieß Ritimi unter herzzerreißendem Schluchzen hervor. Ich ließ Texoma in ihrer Hängematte allein und setzte mich zu meiner Freundin. Mir fiel nichts ein, womit ich sie hätte trösten können. Ritimi weinte wohl auch nicht nur um ihre Tochter, sondern ebenso um Etewa, von dem sie nun schon eine ganze Woche lang nichts gehört hatte, seitdem er mit den anderen Männern zu dem Überfall auf den feindlichen Stamm aufgebrochen war. Seit ihr Mann weg war, hatte sie sich verändert. Sie hatte weder in den Gärten gearbeitet noch die übrigen Frauen begleitet, wenn sie in den Urwald gingen, um Beeren oder Holz zu sammeln. Trübsinnig und niedergeschlagen ließ sie den Kopf hängen. Meistens lag sie in ihrer Hängematte und beschäftigte sich mit Tutemis Baby. Was ich auch tat, um sie aufzuheitern, es gelang mir nicht, ihre gedrückte Stimmung zu heben. Mit dem kläglichen Lächeln, mit dem Ritimi auf all meine Bemühungen reagierte, sah sie nur noch hilfloser aus.

Ich legte die Arme um ihren Hals und bedeckte ihre Wangen mit schmatzenden Küssen. Dabei versicherte ich ihr die ganze Zeit, daß Texoma ganz einfach nur eine Erkältung habe. Aber Ritimi war nicht zu trösten. Auch das Weinen half nichts; es verschaffte ihr weder Erleichterung noch erlösenden Schlaf, sondern vergrößerte ihre Verzweiflung.

»Vielleicht ist Etewa etwas zugestoßen«, sagte sie. »Vielleicht hat ihn ein Mocototeri getötet.«

»Gar nichts ist Etewa zugestoßen«, beruhigte ich sie. »Das spüre ich in meinen Beinen.«

Ritimi lächelte zaghaft, als könne sie meinen Worten nicht so recht Glauben schenken. »Aber warum ist mein kleines Töchterlein dann krank?« fragte sie hartnäckig.

»Texoma ist krank, weil sie sich beim Spielen in den Sümpfen und beim Fröschefangen erkältet hat«, stellte ich trocken fest. »Kinder werden leicht einmal krank, aber sie erholen sich ebenso schnell wieder davon.«

»Bist du sicher, daß es daran liegt?«

»Ja, ganz sicher«, sagte ich.

Ritimi blickte mich zweifelnd an und meinte dann: »Aber von den anderen Kindern ist keines krank geworden. Texoma ist ganz bestimmt verhext worden.«

Da mir jetzt keine Antwort mehr einfiel, schlug ich vor, Ritimis Onkel zu Hilfe zu rufen. Kurz darauf kehrte ich mit Iramamowe in die Hütte zurück. Während der Abwesenheit seines Bruders Arasuwe hatte Iramamowe die Pflichten des Häuptlings übernommen. Wegen seiner Tapferkeit war er der geeignetste Mann, den *Shabono* gegen eventuelle Angreifer zu verteidigen, und sein Ruf als mächtiger Schamane garantierte dem Dorf Schutz vor den bösen *Hekura* eines feindlichen Zauberers.

Iramamowe musterte das kranke Kind und bat mich dann, ihm sein *Epena*-Blasrohr und den Behälter mit dem halluzinogenen Pulver zu holen. Er ließ sich die Droge von einem jungen Mann in die Nase blasen und begann einen Gesang auf die *Hekura*, wobei er draußen vor der Hütte auf und ab schritt. Von Zeit zu Zeit sprang er hoch in die Luft und brüllte zu den bösen Geistern – die sich seiner Meinung nach im Körper des kleinen Mädchens niedergelassen hatten –, sie sollten Texoma in Ruhe lassen.

Behutsam massierte Iramamowe nun das Kind; er begann mit dem Kopf und führte die Hände langsam über den Brustkorb, den Bauch, bis er bei den Füßen angelangt war. Mehrmals schüttelte er die Hände in der Luft, um sich der bösen *Hekura* zu entledigen, die er aus Texoma herausgezogen hatte. Dann nahmen noch ein paar andere Männer *Epena* und sangen die ganze Nacht hindurch mit Iramamowe in der Hütte. Er behandelte die kleine Patientin, indem er sie abwechselnd massierte und dann wieder die bösen Geister aus ihrem Körper saugte.

Trotzdem ging es ihr am nächsten Morgen nicht besser. Sie lag reglos in der Hängematte, und ihre Augen waren rot und entzündet. Sie verweigerte jegliche Nahrung, sogar Wasser und den Honig, den ich ihr anbot.
Iramamowe stellte die Diagnose, ihre Seele sei aus dem Körper gewandert, und baute eine Plattform aus Stäben und Lianen in der Mitte der Lichtung. Er befestigte einige Blätter der *Assai*-Palme in seinem Haar; mit einer Mischung aus *Onoto* und Kohle malte er sich Ringe um Augen und Mund. Dann stolzierte er um die Plattform herum und ahmte den Schrei der Harpyie nach. Mit dem Zweig eines Busches, der vor dem *Shabono* wuchs, suchte er gründlich den Boden ab, um so die verschwundene Seele des Kindes wiederzufinden. Da seine Suche jedoch keinen Erfolg hatte, rief er mehrere Spielgefährten Texomas zu sich. Er schmückte sie mit Blättern und Bemalungen, wie er es vorher an sich selbst getan hatte, und hob sie auf die Plattform hinauf. »Sucht die Erde von dort oben ab«, befahl er den Kindern. »Sucht die Seele eurer Schwester.«
Die Kinder ahmten ebenfalls die Schreie des Harpyienadlers nach und sprangen auf dem wackligen Gerüst herum. Sie schwenkten Zweige durch die Luft, die ihnen die Frauen gegeben hatten; aber auch ihnen gelang es nicht, die verlorene Seele einzufangen.
Ich nahm den Zweig, den Ritimi mir reichte, und half den andern bei der Suche. Wir durchstöberten die Pfade zum Fluß, die Gärten und die Sümpfe, wo Texoma immer Frösche gefangen hatte. Iramamowe tauschte seinen Zweig gegen meinen aus. »Du hast sie in den *Shabono* getragen«, sagte er. »Vielleicht kannst du ihre Seele wiederfinden.«
Ohne an die Nutzlosigkeit dieser Anstrengungen zu denken, fegte ich den Boden mit derselben Inbrunst wie die übrigen. »Woran kann man denn erkennen, daß die gesuch-

te Seele in der Nähe ist?« fragte ich Iramamowe, als wir uns langsam wieder auf den *Shabono* zubewegten.
»Man weiß es ganz einfach«, antwortete er.
Wir durchsuchten jede Hütte, fegten den Boden unter Hängematten, um alle Feuerstellen herum und hinter den aufgestapelten Bananen. Wir stellten Körbe um. Wir trugen Pfeile und Bogen von einer Stelle zur andern und suchten unter den schrägen Dächern der Hütten. Wir scheuchten Spinnen und Skorpione aus ihren Schlupfwinkeln in den Palmendächern. Ich gab die Suche auf, als ich eine Schlange hinter einem der Dachsparren hervorhuschen sah.
Lachend hackte die alte Hayama dem Reptil mit einem raschen Hieb von Iramamowes Machete den Kopf ab. Sie wickelte die zappelnde, geköpfte Schlange in *Pishaansi*-Blätter und legte sie aufs Feuer. Auch die heruntergefallenen Spinnen sammelte Hayama ein. Sie wurden ebenfalls in Blätter gewickelt und gebraten. Besonders den alten Leuten schmeckte das weiche Fleisch der Spinnenkörper. Die Beine hob Hayama auf, um sie später zu einem Pulver zu mahlen, das eine heilsame Wirkung bei Schnittverletzungen, Insektenstichen und Kratzern haben sollte.
Am Abend hatte sich der Zustand der kleinen Texoma immer noch nicht gebessert. Sie lag entkräftet in der Hängematte und starrte teilnahmslos nach oben. Ein unbeschreibliches Gefühl der Hilflosigkeit ergriff mich, als Iramamowe sich jetzt von neuem über das Kind beugte, um es zu massieren und die bösen Geister herauszusaugen.
»Laß mich versuchen, sie zu heilen«, verlangte ich.
Iramamowe verzog den Mund zu einem feinen Lächeln und sah abwechselnd Texoma und mich an. »Und woher willst du wissen, daß du meine Großnichte gesundmachen kannst?« fragte er bedächtig. In seiner Stimme lag keinerlei Spott – nur eine gewisse Neugierde. »Wir haben ihre Seele

nicht gefunden. Ein mächtiger *Shapori* unserer Gegner hat sie aus ihrem Körper gelockt. Glaubst du denn, du kannst etwas gegen den Fluch eines bösen Zauberers ausrichten?«
»Nein«, beeilte ich mich, ihm zu versichern, »so etwas kannst nur du tun.«
»Also, was willst du sonst unternehmen?« fragte er. »Du hast einmal gesagt, daß du noch nie jemanden geheilt hast. Warum meinst du jetzt auf einmal, daß du es doch kannst?«
»Ich werde Texoma mit heißem Wasser helfen«, erklärte ich. »Und du heilst sie gleichzeitig mit deinen *Hekura*-Gesängen.«
Iramamowe überlegte eine Weile; nach und nach entspannte sich seine nachdenkliche Miene. Er hielt sich die Hand vor den Mund, wie um ein zwanghaftes Kichern zu verbergen. »Hast du viel von den *Shapori* gelernt, mit denen du zusammenwarst?«
»Ich kann mich noch an ein paar Dinge erinnern«, antwortete ich, verschwieg ihm jedoch, daß die Behandlung, mit der ich Texoma kurieren wollte, nichts als das Hausmittel meiner Großmutter gegen hartnäckiges hohes Fieber war. »Du hast doch gesagt, du hast in meinen Augen *Hekura* tanzen gesehen. Wenn du einen Gesang auf sie anstimmst, dann helfen sie mir vielleicht.«
Ein sanftes Lächeln spielte um Iramamowes Mundwinkel. Anscheinend war er fast überzeugt von meinen Argumenten. Trotzdem schüttelte er den Kopf, als hätte er noch große Zweifel. »So heilt man aber keinen Menschen. Wie soll ich die *Hekura* bitten, dir dabei zu helfen? Wirst du dazu auch *Epena* nehmen wollen?«
»Nein, das Pulver brauche ich nicht«, beruhigte ich ihn und meinte dann, daß ein mächtiger fremder *Shapori* zwar den *Hekura* befehlen könne, die Seele eines Kindes zu stehlen, er als großer Zauberer jedoch ganz bestimmt auch in der

Lage wäre, seine eigenen Geister, die mich seiner Ansicht nach ja bereits kannten, zur Hilfe zu rufen.

»Ich werde die *Hekura* bitten, dir beizustehen«, entschloß sich Iramamowe schließlich. »Ich werde für dich *Epena* nehmen.«

Während er sich von einem Helfer die halluzinogene Substanz in die Nasenlöcher blasen ließ, brachten mir Ritimi, Tutemi und Arasuwes Frauen mehrere Kalebassen mit heißem Wasser, das Hayama in den großen Aluminiumtöpfen zum Kochen gebracht hatte. Ich hatte meine Reisedecke in Streifen geschnitten und tauchte sie nun in das heiße Wasser ein, um sie dann einzeln auszuwringen, bis sich kein Tropfen Feuchtigkeit mehr herauspressen ließ; dabei benutzte ich die Beine meiner Jeans als Schutzhandschuhe gegen das brühendheiße Wasser. Behutsam wickelte ich die Stoffbahnen um Texomas Körper, und als letztes deckte ich sie mit den ebenfalls erwärmten Palmwedeln ab, die einige der älteren Jungen aus dem Wald geholt hatten.

Inmitten der Menschenmenge, die sich in der Hütte versammelt hatte, konnte ich mich kaum noch rühren. Schweigend verfolgten sie jede meiner Bewegungen und wagten vor Spannung kaum zu atmen, um nichts zu versäumen. Iramamowe hockte neben mir und sang unermüdlich seine Beschwörungen in die Nacht hinaus. Während die Stunden langsam vergingen, zogen sich meine Zuschauer wieder in ihre Hängematten zurück. Ich achtete nicht weiter auf diese offenkundige Mißfallensäußerung, sondern fuhrt fort damit, die heißen Kompressen ständig zu erneuern, sobald sie ausgekühlt waren. Ritimi saß stumm in ihrer Hängematte; die ineinanderverschränkten Finger, die matt in ihrem Schoß lagen, drückten schreckliche Hoffnungslosigkeit aus. Jedesmal, wenn sie zu mir aufblickte, brach sie in Tränen aus.

Texoma schien von meinen Bemühungen überhaupt nichts zu bemerken. Und was wäre, wenn sie keine Erkältung, sondern etwas ganz anderes hatte?, dachte ich. Was wäre, wenn ihr Zustand sich verschlimmerte? Meine Selbstsicherheit verließ mich wieder. Ich sprach ein Gebet für die Kleine, leise gemurmelt zwar, aber mit einer Inbrunst, wie ich es seit meiner Kindheit nicht mehr getan hatte. Als ich aufblickte, sah ich, daß Iramamowe mich anstarrte. Er schien beunruhigt zu sein, als hätte er den Widerstreit der Gefühle – Zauberkraft, Religion und Angst – in mir genau erkannt. Wild entschlossen nahm er dann wieder seinen Gesang auf.

Auch der alte Kamosiwe kam uns zu Hilfe. Er hockte sich dicht neben die Feuerstelle. Leise begann er zu singen. Die gemurmelte Melodie spendete mir ein wenig Trost; in ihr schienen sich die Stimmen vergangener Generationen fortzupflanzen. Der Regen prasselte heftig auf das Palmendach herab; nach einer Weile ließ er nach und wurde zu einem dünnen Sprühen, dessen monotones Getrommel mich in einen Zustand der Benommenheit versetzte.

Es war schon fast hell, als Texoma plötzlich anfing, sich in der Hängematte hin und her zu werfen. Unruhig zerrte sie an den nassen Wickelbinden und an den Palmwedeln. Sie riß die Augen vor Überraschung weit auf und erhob sich ein Stück. Dann lächelte sie Kamosiwe, Iramamowe und mich an. »Ich habe Durst«, verkündete sie und stürzte die Mischung aus Wasser und Honig, die ich ihr gab, auch sofort gierig hinunter.

»Wird sie wieder gesund werden?« fragte Ritimi zögernd.

»Iramamowe hat ihre Seele wieder herbeigelockt«, sagte ich. »Und das heiße Wasser hat das Fieber verscheucht. Jetzt muß sie es immer schön warm haben und braucht viel Schlaf.«

Ich trat auf die Lichtung hinaus und schüttelte die verspannten Beinmuskeln aus. Der alte Kamosiwe lehnte sich gegen einen Pfosten und machte den Eindruck eines kleinen Kindes auf mich, wie er so die Arme eng um den Oberkörper schlang, um sich warm zu halten. Auf dem Weg in seine Hütte blieb Iramamowe kurz neben mir stehen. Wir wechselten kein Wort, trotzdem spürte ich genau, daß in diesem Augenblick ein grenzenloses Einverständnis zwischen uns herrschte.

22

Als Tutemi die ich nähernden Schritte hörte, bedeutete sie mir, mich hinter dem feuchten Blattwerk der Kürbisranken zu verstecken. »Die Männer sind von ihrem Überfall zurück«, flüsterte sie. »Wir Frauen dürfen nicht sehen, aus welcher Richtung die Krieger kommen.«

Da ich meine Neugier einfach nicht im Zaum halten konnte, stand ich langsam wieder auf. Zusammen mit den Männern kamen drei Frauen; eine von ihnen war schwanger.

»Sieh nicht hin!« bat mich Tutemi und zog mich zu sich hinunter. »Wenn dein Blick auf den Weg fällt, auf dem die Krieger heimkehren, dann wird dich der Feind verschleppen.«

»Wie schön die Männer aussehen – die bunten Federn flattern von ihren Armbändern, und an ihren Körpern glänzen die *Onoto*-Bemalungen«, sagte ich. »Aber Etewa ist nicht dabei! Ob er vielleicht getötet worden ist?« fragte ich voll Angst.

Tutemi warf mir einen entsetzten Blick zu. Ohne jede Nervosität teilte sie vorsichtig die breiten Kürbisblätter, um einen kurzen Blick auf die Gestalten zu werfen, die sich schon wieder entfernten. Gleich darauf hellte sich ihre besorgte Miene auf. »Da hinten geht doch Etewa.« Sie zog mein Gesicht eng an das ihre heran, damit ich sehen konnte, wohin ihr Finger deutete. »Er ist ein *Unucai.*«

Etewa ging langsam in einem kleinen Abstand hinter den andern, die Schultern leicht gekrümmt, als machte ihm eine schwere Last auf dem Rücken zu schaffen. Er war nicht geschmückt, weder mit Federn noch mit *Onoto.* Lediglich in

seinen Ohrläppchen steckten kurze Stückchen von Pfeilschäften, und an jedem Handgelenk war ein Bambuspfeil befestigt wie eine Armspange.
»Ist er krank?«
»Nein! Er ist ein *Unucai*«, erwiderte sie mit Bewunderung in der Stimme. »Er hat einen Mocototeri getötet.«
Da es mir nicht gelang, dies ebenso aufregend zu finden wie Tutemi, starrte ich sie nur ungläubig an. Dann spürte ich, wie mir die Tränen kamen, und ich wandte mich von ihr ab. Wir warteten, bis Etewa außer Sicht war, bevor wir uns langsam auf den Rückweg zum *Shabono* machten.
Als wir die Willkommensrufe der Indianer aus den Hütten hörten, beschleunigte Tutemi allerdings ihre Schritte. Umringt von den jubelnden Iticoteri standen die Krieger stolzerfüllt auf dem Versammlungsplatz. Plötzlich wandte Arasuwes jüngste Frau den Blick von ihrem Mann ab und näherte sich den drei gefangenen Frauen, die in die freudige Begrüßung nicht mit eingeschlossen worden waren. Sie standen etwas abseits und blieben stumm; beunruhigt beobachteten sie die Iticoteri-Frau, die jetzt auf sie zukam.
»Mit *Onoto* bemalt – wie abscheulich!« schrie Arasuwes Frau sie an. »Aber was sollte man von einer Mocototeri-Frau anderes erwarten? Glaubt ihr denn, ihr seid hier zu einem Festmahl eingeladen?« Sie funkelte die drei Frauen böse an und hob einen Stock vom Boden auf. »Ich werde euch alle verprügeln. Wenn man mich gefangengenommen hätte, dann wäre ich sofort geflohen«, brüllte sie.
Die drei Gefangenen preßten sich noch dichter aneinander.
»Zumindest hätte ich bei der Ankunft herzzerreißend geweint«, zischte Arasuwes Frau und zog dabei eine der Frauen fest an den Haaren.
Arasuwe trat dazwischen. »Laß sie in Ruhe. Sie haben schon

so viel geweint, daß der Pfad ganz naß ist von ihren Tränen. Wir haben es ihnen verboten, weil wir ihre Klageschreie nicht mehr hören konnten.« Arasuwe entwand seiner Frau den Stock. »Und wir haben auch von ihnen verlangt, daß sie sich Gesicht und Körper mit *Onoto* bemalen. Diese Frauen werden es hier gut haben. Sie werden von uns ordentlich behandelt werden!« Er drehte sich zu den anderen Frauen der Iticoteri um, die sich um seine Frau geschart hatten. »Gebt ihnen etwas zu essen. Sie sind ebenso hungrig wie wir. Seit zwei Tagen haben wir nichts mehr gegessen.«

Arasuwes Frau ließ jedoch nicht so schnell locker. »Sind eure Männer getötet worden?« fragte sie die drei Mocototeri-Frauen. »Habt ihr sie verbrannt? Habt ihr die Asche gegessen?« Dann sprach sie die Schwangere an. »Ist dein Mann auch tot? Erwartest du etwa, daß ein Mann von unserem Stamm der Vater deines Kindes werden soll?«

Nun schob Arasuwe seine Frau ziemlich grob beiseite und erklärte: »Es wurde nur ein Mann getötet. Etewas Pfeil hat ihn getroffen. Es war derjenige, der Etewas Vater getötet hat, als uns die Mocototeri so heimtückisch überfielen.« Arasuwe blickte die schwangere Frau an. Weder in seiner Miene noch in seinem Blick war Sympathie zu erkennen, als er zu ihr sagte: »Dich haben die Mocototeri vor einiger Zeit selbst gefangengenommen. Du hast unter ihnen keine Brüder, die dich retten werden. Jetzt bist du eine Frau der Iticoteri. Du brauchst nicht mehr zu weinen.« Dann erklärte Arasuwe den drei Frauen, daß es ihnen bei seinem Volk besser als vorher gehen würde. Er betonte, daß die Iticoteri während der gesamten Regenzeit fast jeden Tag Fleisch zu essen hätten, ganz abgesehen von den Wurzeln und Bananen. Niemand habe hungern müssen.

Eine der Gefangenen war ein ganz junges Mädchen, unge-

fähr elf oder zwölf Jahre alt. »Was geschieht mit ihr?« fragte ich Tutemi.
»Dasselbe wie mit den andern, sie wird die Ehefrau eines der Männer«, meinte Tutemi. »Ich war selbst etwa so alt wie sie, als mich die Iticoteri verschleppt haben.« Ein versonnenes Lächeln spielte um ihre Lippen. »Ich habe Glück gehabt, daß Ritimis Schwiegermutter mich als zweite Frau für Etewa ausgesucht hat. Er hat mich niemals geschlagen. Und Ritimi behandelt mich wie eine Schwester. Sie streitet nie mit mir, und zuviel arbeiten läßt sie mich auch nicht ...« Tutemi unterbrach sich mitten im Satz, weil Arasuwes Frau jetzt schon wieder anfing, mit den Mocototeri-Frauen zu keifen.
»Es ist ekelhaft, daß ihr hier über und über bemalt ankommt. Jetzt braucht ihr euch nur noch Blumen ins Ohr zu stecken und anfangen zu tanzen.« Sie folgte den Frauen in die Hütte ihres Mannes. »Haben euch die Männer im Wald vergewaltigt? Seid ihr deshalb so lange fortgeblieben? Ihr habt es bestimmt genossen.« Sie versetzte der schwangeren Frau einen Stoß und fügte hinzu: »Mit dir haben sie wohl auch geschlafen?«
»Sei jetzt still!« schrie Arasuwe sie an. »Wenn du nicht aufhörst, schlage ich dich blutig!« Arasuwe dreht sich zu den anderen Frauen seines Stammes um. »Ihr solltet glücklich sein, daß eure Männer unverletzt zurückgekommen sind. Ihr solltet zufrieden sein, daß Etewa einen Mann getötet hat, und daß wir drei Gefangene gemacht haben. Geht nun in eure Hütten und gebt euren Männern zu essen.«
Murrend zogen sich die Frauen zu ihren Feuerstellen zurück.
»Worüber ärgert sich Arasuwes Frau eigentlich so sehr?« wollte ich von Tutemi wissen.
»Weißt du das nicht?« Sie lächelte schadenfroh. »Sie be-

fürchtet, daß er eine der Gefangenen zu seiner vierten Frau macht.«
»Warum will er denn so viele haben?«
»Er hat viel Kraft«, stellte Tutemi kategorisch fest. »Er hat eine Menge Schwiegersöhne, die ihm viel Fleisch bringen und bei der Arbeit in den Gärten helfen. Arasuwe kann viele Frauen ernähren.«
»Sind die Gefangenen wirklich vergewaltigt worden?« fragte ich noch.
»Die eine schon.« Einen Augenblick war sie etwas verwirrt wegen meines schockierten Gesichtsausdrucks, dann erklärte sie mir jedoch, daß eine gefangengenommene Frau üblicherweise von allen Männern vergewaltigt wird, die an einem Überfall teilgenommen haben. »Das ist so Sitte.«
»Haben sie das junge Mädchen auch vergewaltigt?«
»Nein«, erwiderte Tutemi leichthin. »Sie ist ja noch keine Frau. Die Schwangere haben sie auch nicht vergewaltigt – wenn eine Frau ein Kind bekommt, rührt sie niemand an.«
Ritimi hatte während der ganzen Aufregung ihre Hängematte gar nicht verlassen. Wie sie mir erklärte, hatte sie keinerlei Grund, sich wegen der Mocototeri-Frauen zu ereifern, weil sie sicher war, daß Etewa keine dritte Frau haben wollte. Ich stellte mit Freude fest, daß die Traurigkeit und Verzweiflung, die sie in den letzten Tagen gezeigt hatte, nun völlig verflogen war.
»Wo ist den Etewa?« erkundigte ich mich. »Kommt er nicht in den *Shabono*?«
Ritimis Augen glänzten vor Aufregung, als sie mich darüber aufklärte, daß ihr Mann, weil er einen Feind getötet hatte, nun einen Baum in der Nähe des *Shabono* suchen mußte, an dem er seine alte Hängematte und seinen Köcher aufhängen konnte. Zuvor mußte er allerdings die Rinde

vom Stamm des Baums und allen seinen Ästen schälen.

Bei diesen Worten sah mich Ritimi mit tiefer Sorge an. Sie warnte mich davor, einem solchen Baum zu nahe zu kommen. Ich würde ihn sicherlich nicht mit denen verwechseln, deren Rinde zur Herstellung von Trögen und Kanus abgeschält war. Solche Bäume, so erklärte sie, sahen immer noch wie Bäume aus, während einer, dessen Rinde von einem Mann entfernt worden war, der getötet hatte, wie ein gespenstischer Schatten wirkte; ganz weiß stand er inmitten des grünen Urwalds, mit Hängematte und Köcher, Pfeil und Bogen, die von den kahlen Zweigen herunterbaumelten. Geister – und vor allem böse Geister – versteckten sich gern in der Umgebung solcher Stellen. Ich mußte Ritimi mein Wort geben, daß sich so schnell wie möglich davonrennen würde, wenn ich jemals in die Nähe eines solchen Baums käme.

So leise, daß ich zuerst dachte, sie spräche nur mit sich selbst, vertraute mir Ritimi ihre größte Sorge an. Sie hoffte, Etewa würde nicht unter der Last des Mannes zusammenbrechen, den er getötet hatte. Die *Hekura* eines erschlagenen Mannes setzten sich in der Brust dessen, der ihn getötet hat, fest und bleiben so lange, bis die Verwandten des Toten die Leiche verbrannt und die zu Pulver zerstampften Knochen verzehrt haben. Daher würden die Mocototeri die Einäscherung so weit wie möglich hinausschieben, weil sie hofften, Etewa könne vor Schwäche selbst sterben.

»Werden die Männer von ihrem Überfall sprechen?« fragte ich.

»Ja, sobald sie gegessen haben«, antwortete Ritimi.

Mit Pfeil und Bogen in der Hand kam Etewa nun in den *Shabono* und ging über die Lichtung zu der Hütte, in der

Iramamowes Sohn die Zeit vor seiner Initiation verbracht hatte. Seine Begleiter bei dem Überfall deckten die Behausung an den Seiten mit Palmwedeln ab. Nur vorn wurde ein schmaler Eingang offengelassen. Dann stellten sie eine Kalebasse mit Wasser hinein und zündeten ein Feuer in der Hütte an.

Etewa sollte dort so lange ausharren, bis Puriwariwe verkündete, daß der tote Mocototeri verbrannt worden sei. Tag und Nacht würde Etewa von nun an auf der Hut sein müssen, weil der Geist des Toten seine Hütte in Gestalt eines Jaguars umschleichen konnte. Falls er während der Wartezeit mit jemandem redete, eine Frau berührte oder etwas aß, würde er sterben.

Die alte Hayama betrat in Begleitung ihrer Schwiegertochter unsere Hütte. »Ich will gleich einmal nachsehen, was sich bei Arasuwe abspielt«, sagte sie, während sie neben mir Platz nahm. Xotomi setzte sich auf den Boden und lehnte den Kopf an meine Beine, die von der Hängematte herabbaumelten. Eine dunkelrote Narbe – die Erinnerung an den Pfeil – entstellte die sanfte Rundung ihrer Wade. Das machte Xotomi aber nichts aus; sie war froh gewesen, daß sich die Wunde nicht entzündet hatte.

»Matuwe hat eine der Frauen selbst gefangen«, sagte Hayama stolz. »Für ihn wäre es gut, wenn er sich jetzt eine zweite Frau nähme. Aber die Auswahl der richtigen übernehme wohl besser ich. Er würde bestimmt die falsche aussuchen, wenn die Entscheidung nur bei ihm liegt.«

»Aber er hat doch schon eine Frau«, stotterte ich und warf Xotomi einen Blick zu.

»Das schon«, stimmte mir die Alte zu. »Aber wenn er noch eine zweite Frau bekommen soll, dann ist jetzt der beste Zeitpunkt dafür. Xotomi ist noch jung. Es wäre jetzt noch leicht für sie, sich mit einer anderen Frau anzufreunden.

Matuwe sollte die jüngste der drei Gefangenen zur Frau nehmen.« Hayama fuhr Xotomi mit der Hand über die kahle Stelle am Hinterkopf. »Das Mädchen ist jünger als du. Sie wird dir gehorchen. Und wenn du deine Periode hast, kann sie für uns kochen. Sie kann dir bei der Gartenarbeit und beim Holzsammeln helfen. Ich werde nämlich langsam zu alt für diese Arbeiten.«

Xotomi begutachtete die drei Mocototeri-Frauen in Arasuwes Hütte. »Wenn Matuwe sich eine zweite Frau nimmt, dann wünsche ich mir, daß er das junge Mädchen auswählt. Ich werde sie gern haben. Sie kann seine Hängematte wärmen, wenn ich schwanger bin.«

»Bist du denn schwanger?« fragte ich.

»Ich bin mir nicht ganz sicher«, antwortete sie mit einem selbstgefälligen Lächeln.

Hayama hatte mir einmal erzählt, daß eine Frau normalerweise drei bis vier Monate und manchmal sogar noch länger wartete, bevor sie ihrem Mann sagte, daß sie schwanger sei. Dabei war ihr der Mann immer ein stillschweigender Komplize, weil er sich ebenso ungern wie sie den einengenden Tabuvorschriften in bezug auf Nahrung und Verhalten unterwarf. Wenn eine Frau eine Fehlgeburt hatte oder ein mißgebildetes Kind zur Welt brachte, so wurde die Schuld daran niemals bei ihr gesucht. So etwas war grundsätzlich dem Ehemann anzulasten. Das ging sogar so weit, daß eine Frau, die mehrere Male ein kränkliches Baby zur Welt brachte, dazu ermutigt wurde, von einem fremden Mann ein Kind zu empfangen. In diesem Fall mußte ihr eigener Mann jedoch trotzdem die Vorschriften befolgen und den Säugling genauso aufziehen, als hätte er ihn selbst gezeugt.

Hayama ging zu Arasuwes Hütte hinüber. »Ich nehme das Mocototeri-Mädchen mit zu mir. Sie wird eine gute Frau für

meinen Sohn abgeben«, sagte sie und nahm das Mädchen an der Hand. »Von nun an wohnt sie in meiner Hütte.«
»Aber ich habe eine Frau erbeutet«, wandte Matuwe ein. »So ein Kind wie dieses da will ich nicht. Sie ist zu dünn. Ich will eine kräftige Frau, die mir gesunde Söhne schenkt.«
»Sie wird noch wachsen und kräftig werden«, hielt ihm Hayama gelassen entgegen. »Jetzt ist sie zwar noch ein Kind, aber bald wird sie eine reife Frau sein. Sieh dir nur ihre Brüste an. Sie sind schon sehr groß. Außerdem hat Xotomi nichts dagegen, wenn du sie zu dir nimmst.« Nun sprach Hayama zu allen Männern, die sich in Arasuwes Hütte und davor versammelt hatten. »Niemand von euch darf sie berühren. Ich werde mich um sie kümmern, bis sie meinen Sohn geheiratet hat. Von heute an gilt sie als meine Schwiegertochter.«
Keiner der Männer widersprach, und Hayama brachte das Mädchen zu uns in die Hütte. Es war sehr schüchtern und setzte sich neben das Feuer auf den Boden. »Ich werde dich nicht schlagen«, sagte Xotomi und ergriff die Hand des Mädchens. »Aber du mußt immer tun, was ich dir sage.«
Von der anderen Seite der Hütte grinste uns Matuwe einfältig an. Ich überlegte, ob er nun stolz war, weil er eine zweite Frau bekommen hatte, oder ob es ihm peinlich war, daß man ihm ein Kind unterschoben hatte, obwohl ihm eigentlich die erwachsene Frau zustand, die er gefangengenommen hatte.
»Was geschieht denn mit den anderen beiden Gefangenen?« wollte ich wissen.
»Arasuwe wird sich die schwangere Frau nehmen«, prophezeite Hayama.

»Woher weißt du das?« Ohne auf eine Antwort zu warten, fragte ich nach dem Schicksal der dritten Mocototeri-Frau.
»Irgend jemand wird sie zur Frau nehmen, nachdem jeder Mann im *Shabono*, der dazu Lust hat, mit ihr geschlafen hat.«
»Aber sie ist doch schon von den Kriegern vergewaltigt worden«, sagte ich entrüstet.
Die alte Hayama brach in Gelächter aus. »Ja, aber noch nicht von all den anderen Männern, die bei dem Überfall nicht dabei waren.« Sie tätschelte mir den Kopf. »Laß doch diesen leidenden Blick. Das ist eben so Sitte. Ich bin auch einmal gefangengenommen worden, und viele Männer haben mich vergewaltigt. Glücklicherweise habe ich damals eine Gelegenheit zur Flucht gefunden. Nein, laß mich weiterreden, weißes Mädchen«, sagte Hayama und legte mir die Hand auf den Mund. »Ich bin nicht wegen der Vergewaltigungen davongelaufen. Die habe ich ziemlich schnell wieder vergessen. Ich bin geflohen, weil ich dort zuviel arbeiten mußte und nicht genug zu essen bekam.«
Wie es die Alte vorausgesehen hatte, nahm Arasuwe die schwangere Frau zu sich in die Hütte.
»Du hast schon drei Frauen!« schrie die jüngste, die vor Wut ein ganz rotes Gesicht bekam. »Wozu brauchst du denn jetzt noch eine?«
Arasuwes andere beiden Ehefrauen sahen unter nervösem Gekicher von ihren Hängematten aus zu, wie die jüngere der Schwangeren einen Stoß gab, daß sie in die glühenden Kohlen der Feuerstelle stürzte. Daraufhin sprang Arasuwe aus der Hängematte, nahm ein brennendes Holzscheit aus dem Feuer und gab es der am Boden liegenden Mocototeri-Frau. »Verbrenn damit meine Frau am Arm«, drängte er sie, während er ihre Peinigerin von hinten festhielt. Die schwangere Frau jedoch schluchzte nur und bedeckte ihre schmerzende Schulter mit der Hand.

»Verbrenn mich nur!« forderte Arasuwes Frau sie heraus, während sie sich dem festen Griff ihres Mannes entwand. »Wenn du das tust, dann verbrenne ich dich bei lebendigem Leibe – und niemand wird deine Knochen verzehren. Ich werde sich im Wald verstreuen, damit wir darauf pissen können ...« Auf einmal unterbrach sie sich und bekam vor Erstaunen ganz große Augen, als sie entdeckte, wie schwer die Schulterverletzung ihrer Rivalin war. »Du bist ja wirklich verbrannt! Tut es dir sehr weh?«

Die Mocototeri-Frau sah zu ihr auf und wischte sich die Tränen aus dem Gesicht. »Ich habe große Schmerzen.«

»Oh, du Ärmste.« Vorsichtig half Arasuwes Frau der Schwangeren beim Aufstehen und führte sie zu ihrer eigenen Hängematte. Dann nahm sie ein paar Blätter aus einer Kalebasse und legte sie behutsam auf die verletzte Schulter. »Es wird bald verheilt sein. Dafür sorge ich schon.«

»Du brauchst jetzt nicht mehr zu weinen«, sagte Arasuwes älteste Ehefrau und setzte sich zu ihr. Sie streichelte liebevoll das Bein der Fremden. »Arasuwe ist ein guter Mann. Er wird dich anständig behandeln. Und ich passe auf, daß niemand aus unserem *Shabono* grob zu dir ist.«

»Was geschieht mit ihrem Baby, wenn es geboren ist?« fragte ich Hayama.

»Das ist schwer zu sagen«, gestand die alte Frau. Sie schwieg eine Weile, als überlegte sie scharf. »Vielleicht tötet sie es. Wenn es ein Junge ist, dann kann es allerdings auch sein, daß Arasuwe seine älteste Frau bittet, es aufzuziehen wie seinen eigenen Sohn.«

Stunden später begann Arasuwe mit seinem Bericht über die Ereignisse während des Überfalls. Er sprach langsam und mit näselnder Stimme. »Am ersten Tag kamen wir nur langsam voran und machten viele Pausen. Von den schweren Körben voll Bananen hatten wir Rückenschmerzen. In der ersten Nacht haben wir kaum geschlafen, weil wir nicht genug Brennholz hatten, um uns zu wärmen. Der Regen fiel so heftig, daß es uns vorkam, als zerfließe der Nachthimmel in der Dunkelheit ringsum. Am nächsten Tag gingen wir etwas schneller und kamen bis in die Nähe der Siedlung der Mocototeri. Wir waren zwar noch so weit entfernt, daß uns in dieser Nacht die feindlichen Jäger nicht entdecken konnten, aber doch so nahe, daß wir es nicht wagten, ein Feuer in unserem Lager zu machen.«

Ich konnte Arasuwes Gesicht nur im Profil sehen. Fasziniert beobachtete ich, wie die roten und schwarzen Muster auf seinen Wangen sich lebhaft im Rhythmus seiner Erzählung auf und ab bewegten, als führten sie ein Eigenleben. Die Federn in den Ohrläppchen verliehen dem ernsten, erschöpften Gesicht ein weicheres Aussehen, beinah so etwas wie Verspieltheit, die der Geschichte etwas von ihrem Schrecken nahm.

»In den folgenden Tagen beobachteten wir von unseren Verstecken aus genau die Gewohnheiten unserer Feinde. Unser Ziel war es, einen der Mocototeri zu töten, ohne den ganzen *Shabono* dabei auf unsere Gegenwart aufmerksam zu machen. Eines Morgens sahen wir den Mann, der Etewas Vater getötet hat, einer Frau ins Dickicht nachgehen. Mit einem vergifteten Pfeil traf ihn Etewa in den Bauch. Der Mann war wie betäubt, so daß er nicht einmal einen Schrei ausstieß. Als seine Überraschung verflogen war, hatte Etewa schon zwei weitere Pfeile auf ihn abgeschossen: noch einen in den Bauch, den andern in den Hals, genau hinter das Ohr. So fiel er tot zu Boden. Wie betäubt machte sich Etewa dann auf den Heimweg. Mein Neffe ging mit ihm. In der Zwischenzeit hatte Matuwe eine Frau entdeckt, die im Dickicht versteckt war. Er drohte ihr, sie zu töten, wenn sie den Mund auch nur zum Husten aufmachte. Dann trat auch Matuwe, zusammen mit der Gefangenen und meinem jüngsten Schwiegersohn, den Rückweg zu unserem *Shabono* an. Wir alle wollten uns später an einer bestimmten Stelle wieder treffen. Als wir übrigen gerade beratschlagten, ob wir uns in noch kleinere Gruppen aufteilen sollten, sahen wir eine Mutter mit ihrem kleinen Sohn, eine schwangere Frau und ein junges Mädchen in den Wald kommen. Dieser Versuchung konnten wir einfach nicht widerstehen. Also verfolgten wir sie heimlich.« Arasuwe lehnte sich in der Hängematte zurück, verschränkte die Hände hinter dem Kopf und betrachtete sein Publikum, das von der Erzählung völlig gefesselt war.

Ein anderer Teilnehmer an dem Überfall nutzte die kurze Sprechpause des Häuptlings aus und erhob sich. Er bedeutete den Umsitzenden, ihm ein wenig Platz zu machen, und eröffnete dann seinen Bericht mit genau denselben Worten wie Arasuwe: »Am ersten Tag kamen wir nur langsam voran.«

Doch dieser Satz blieb das einzige, was seine Erzählung und die des Häuptlings gemeinsam hatten. Mit weit ausladenden Gesten und vielen Übertreibungen ahmte der Mann die Stimmungen und Mienen verschiedener Teilnehmer der Gruppe nach und bereicherte so Arasuwes trockenen Tatsachenbericht um ein humoristisches, leicht melodramatisches Element. Angefeuert vom Gelächter und dem Beifall seiner Zuhörer, berichtete der Mann in allen Einzelheiten über das Verhalten der beiden jüngsten Krieger, die bei dem Überfall mitgemacht hatten. Sie waren erst sechzehn oder siebzehn Jahre alt. Abgesehen davon, daß die sich ständig über ihre wunden Füße, die Kälte und andere kleine Wehwehchen beklagt hatten, waren sie überdies in der zweiten Nacht, als die Männer aus Furcht vor Entdeckung ohne ein

Feuer geschlafen hatten, schrecklich ängstlich gewesen und hatten in jedem Schatten einen beutegierigen Jaguar oder einen Geist gesehen. Außerdem ließ der Erzähler in seine Schilderung genaue Beschreibungen der verschiedenen Jagdtiere und der wilden Früchte einfließen – ihre Farbe, Größe und Form –, die ihm während des Marsches aufgefallen waren.

Arasuwe nahm seinen Bericht wieder auf, sobald der Mann eine Pause machte. »Als die drei Frauen und das Mädchen weit genug von ihrem *Shabono* entfernt waren«, fuhr der Häuptling fort, »drohten wir ihnen, sie zu erschießen, falls sie einen Fluchtversuch machen oder schreien sollten. Dem kleinen Jungen war es gelungen, ins Gebüsch zu entkommen. Wir verfolgten ihn nicht, sondern zogen uns so rasch wie möglich zurück, wobei wir sehr darauf achteten, keine Fußspuren zu hinterlassen, denn wir wußten, daß uns die Mocototeri sofort verfolgen würden, sobald sie den Toten entdeckt hätten. Kurz vor Anbruch der Nacht stieß die Mutter des kleinen Jungen, der ausgerissen war, einen Schmerzensschrei aus. Sie saß auf dem Boden und hielt sich den Fuß mit beiden Händen. Sie heulte herzzerreißend und sagte, eine Giftschlange habe sie gebissen. Ihr Klagegeschrei machte uns alle so traurig, daß wir nicht einmal genau nachforschten, ob wirklich eine Schlange da war. ›Was hat es denn genützt‹, schluchzte sie, ›daß mein kleiner Junge flüchten konnte, wenn er nun keine Mutter mehr hat, die sich um ihn kümmert?‹ Dann schrie sie, daß sie die Schmerzen nicht mehr ertragen könne, und humpelte ins Dickicht davon. Im ersten Moment war uns gar nicht klar, daß sie uns einen Streich gespielt hatte. Wir haben den Wald danach zwar gründlich abgesucht, doch wir konnten nicht mehr herausfinden, in welche Richtung sie geflohen war.«

Kamosiwe ließ ein herzliches Lachen hören. »Es ist gar nicht so schlecht, daß sie euch überlistet hat. Es lohnt sich ja doch nie, eine Frau zu entführen, die ein Kind zurückläßt. Solche Frauen weinen immer so viel, daß sie krank davon werden, und außerdem suchen sie fast immer eine Gelegenheit zur Flucht, was noch schlimmer ist.«

Die Männer unterhielten sich, bis sich der feuchte Morgennebel über den *Shabono* legte. In der Mitte der Lichtung stand die stille Hütte, in der Etewa sein einsames Leben führte. Dort war es ganz ruhig – er war so nahe bei uns und doch so abseits und fern von unseren Stimmen und dem Gelächter.

Nach einer Woche kam Puriwariwe, um nach Etewa zu sehen. Nachdem der alte Mann eine gebackene Banane und etwas Honig gegessen hatte, ließ er sich von Iramamowe *Epena* in die Nase blasen. Dann tanzte er singend um Etewas Hütte herum. »Der Tote ist noch nicht verbrannt worden«, berichtete er. »Sein Körper liegt in einem große Trog und verfault in den höchsten Ästen eines Baums. Brich dein Schweigen noch nicht, Etewa. Die *Hekura* des Toten haben deine Brust noch nicht verlassen. Mach dir einen neuen Bogen und neue Pfeile. Bald werden die Mocototeri das stinkende Fleisch verbrennen, denn aus dem Kadaver kriechen schon die Würmer.« Der alte *Shapori* umkreiste Etewas Hütte noch ein letztes Mal und tanzte dann über die Lichtung in den Dschungel davon.

Drei Tage später gab Puriwariwe bekannt, daß die Mocototeri die Leiche nun endlich verbrannt hätten. »Nimm die Stöckchen aus deinen Ohrläppchen und binde die Pfeilschäfte von deinen Handgelenken los«, sagte er, während er Etewa auf die Beine half. »In ein paar Tagen mußt du dann deinen alten Bogen und die Pfeile zu dem abgeschäl-

ten Baum bringen, wo schon deine Hängematte und dein Kocher hängen.«
Puriwariwe führte Etewa in den Urwald. Zusammen mit mehreren anderen Männern, die bei dem Überfall dabeigewesen waren, ging Arasuwe ihnen nach.
Am späten Nachmittag kehrten sie zurück. Etewas Haar war kurz geschnitten, die Tonsur frisch geschoren. Sein Körper war gewaschen und sauber und mit *Onoto* bemalt. In seinen Ohrläppchen steckten kleine Bambusröhrchen, die mit Arafedern verziert waren. Außerdem trug er den dicken, baumwollenen Hüftgürtel und die neuen, ebenfalls federgeschmückten Armbänder aus Fell, die Ritimi für ihn gemacht hatte. Arasuwe bot ihm einen Korb voller winziger Fische an, die er in *Pishaansi*-Blättern gekocht hatte.
Drei Tage darauf wagte sich Etewa zum erstenmal wieder allein in den Urwald. »Ich habe einen Affen erlegt«, verkündete er, als er einige Stunden später wieder auf die Lichtung zurückkam. Sobald sich eine Gruppe Männer um ihn versammelt hatte, beschrieb er ihnen so genau wie möglich den Ort, wo das Tier zu finden war.
Um sich die Hilfe und den Schutz der *Hekura* bei seinen zukünftigen Jagdausflügen zu sichern, ging Etewa noch zwei weitere Male allein in den Urwald und kehrte beide Male ohne die Beute in die Siedlung zurück; jedesmal gab er den andern bekannt, wo sie zu finden war. Etewa nahm auch nichts von dem Affen oder den beiden Warzenschweinen zu sich, die er erlegt hatte.
Eines Nachmittags kam er jedoch mit einem Hokko als Beute zurück. Er rupfte den Vogel, ließ aber das Stück Haut mit den gekräuselten schwarzen Federn ganz. Daraus konnte man ein Armband herstellen. Die Schwanzfedern hob er für seine Pfeilschäfte auf. Dann kochte er den mehr als einen halben Meter langen Vogel auf einer Holzplattform,

die er über dem Feuer errichtet hatte. Er probierte einen Bissen, um zu sehen, ob der Papagei schon gar war, und teilte das Fleisch dann unter seinen Kindern und seinen beiden Frauen auf.
»Ist das weiße Mädchen nun dein Kind oder deine Frau?« scherzte die alte Hayama in ihrer Hütte, weil Etewa auch mir eine Portion des dunklen Brustfleisches zugedacht hatte.
»Nein, meine Mutter«, rief Etewa zurück und fiel in das Gelächter der anderen Iticoteri mit ein.

Einige Tage später ließ Arasuwe einen Bananenbrei kochen. Etewa leerte den Inhalt einer kleinen Kürbisflasche in den Trog. Ritimi erzählte mir, daß es der letzte Rest der zerstampften Knochen von Etewas Vater war. Tränen liefen den Frauen und Männern über die Wangen, während sie die klebrige Suppe hinunterschluckten. Auch ich nahm den Kürbislöffel, den mir Etewa hinhielt, und weinte mit ihm um seinen toten Vater.
Sobald der Trog geleert war, rief Arasuwe so laut er konnte: »Was für einen großen *Waiteri* wir unter uns haben! Er hat seinen Feind getötet. Er hat die *Hekura* des Toten in seiner Brust getragen, ohne während der Wartezeit dem Hunger oder der Einsamkeit nachzugeben.«
Etewa schritt auf der Lichtung auf und ab. »Ja, ich bin *Waiteri*«, sang er dabei. »Die *Hekura* eines toten Mannes können den allerstärksten Krieger besiegen. Sie sind eine schwere Bürde, die man so viele Tage lang aushalten muß. Man kann vor Trauer an ihnen sterben.« Nun begann Etewa einen Tanz. »Ich denke jetzt nicht mehr an den Mann, den ich getötet habe. Ich tanze mit den Schatten der Nacht und nicht mehr mit den Schatten des Todes.« Je länger er tanzte, desto leichter und schneller wurden seine Schritte,

als könne er durch diese Bewegung endlich die große Last loswerden, die er in seiner Brust getragen hatte.
Noch an vielen Abenden wurde die Geschichte des Überfalls von neuem erzählt. Sogar der alte Kamosiwe hatte eine eigene Version davon. Das einzige, was die verschiedenen Schilderungen mit dem ursprünglichen Bericht Arasuwes gemeinsam hatten, war, daß Etewa einen Mann getötet hatte und drei Frauen erbeutet worden waren. Mit der Zeit blieb nur noch eine vage Erinnerung an das konkrete Ereignis zurück, und es wurde zu einer Legende aus der Vergangenheit wie die vielen anderen Geschichten, die die Iticoteri einander so gern erzählten.

Sechster Teil

23

Der Druck winziger Füße auf meinem Bauch weckte mich aus meinen Tagträumen. Als wäre nur ein kurzer Augenblick vergangen, waren mir die Erinnerungen der vergangenen Tage, Wochen und Monate in lebhaften Einzelheiten durch den Kopf geschossen. Ich schluckte meine Protestrufe hinunter, als Tutemi mir ihren Sohn Hoaxiwe auf den Bauch legte.

Ich wiegte den Säugling in den Armen, damit er die kleine Texoma nicht aufweckte, die in meiner Hängematte eingeschlafen war, obwohl sie mich eigentlich hatte wecken wollen. Ich griff nach Hoaxiwes Lieblingsspielzeug, einer Kette aus Froschschädeln, die auf eine Lianenschnur gefädelt waren, und klapperte damit vor seinem Gesicht. Der Kleine gluckste vor Freude und versuchte, nach der Kette zu greifen.

»Bist du schon wach?« murmelte Texoma und berührte sanft meine Wange. »Ich dachte schon, du willst den ganzen Tage lang schlafen.«

»Ich habe gerade darüber nachgedacht, was ich schon alles gesehen und gelernt habe, seitdem ich hierhergekommen bin.« Ich nahm ihre Hand in meine. Die schmale Handfläche und die langen, zarten Finger wirkten auf sonderbare Weise erwachsen bei diesem fünfjährigen Kind; sie bildeten einen scharfen Gegensatz zu den vielen Grübchen in Texomas Gesicht. »Ich habe gar nicht gemerkt, daß die Sonne schon aufgegangen ist.«

»Du hast auch nicht gemerkt, daß mein Bruder und meine Cousinen aus deiner Hängematte verschwunden sind, so-

bald die Bananen fertig waren«, sagte Texoma. »Hast du sehr viel nachgedacht?«
»Nein«, lachte ich. »Eigentlich habe ich eher geträumt. Es kommt mir vor, als wäre überhaupt keine Zeit vergangen seit dem Tag, an dem ich in euren *Shabono* gekommen bin.«
»Mir kommt es vor wie eine sehr lange Zeit«, sagte Texoma mit ernster Stimme, während sie ihrem Halbbruder sanft über das weiche Haar strich. »Als du zu uns gekommen bist, da hat dieses kleine Baby hier noch in Tutemis Bauch geschlafen. Ich kann mich noch gut an den Tag erinnern, als meine Mütter dich gefunden haben.« Kichernd schmiegte das Mädchen ihr Gesicht an meinen Hals. »Ich weiß auch, warum du damals geweint hast: Du hast dich vor meinem Großonkel Iramamowe gefürchtet – weil er so häßlich aussieht.«
»Damals«, flüsterte ich ihr verschwörerisch ins Ohr, »habe ich mich vor allen Iticoteri gefürchtet.« Da ich in diesem Moment etwas Warmes, Nasses auf meinen Bauch spürte, hielt ich Hoaxiwe ein Stück von mir ab. Etewa, der rittlings auf seiner Hängematte saß, grinste belustigt, als er sah, wie der Urin seines Sohnes in hohem Bogen über das Feuer spritzte.
»Vor uns allen?« fragte Texoma. »Auch vor meinem Vater und vor meinem Großvater? Sogar vor meinen Müttern und vor der alten Hayama?« Sie beugte sich über mein Gesicht und starrte mich ungläubig, beinahe ein wenig besorgt an, als wollte sie etwas aus meinem Blick herauslesen. »Hast du dich denn auch vor mir gefürchtet?«
»Nein, vor dir habe ich mich nicht gefürchtet«, beruhigte ich sie, während ich den lachenden Hoaxiwe auf meinen Beinen schaukeln ließ.
»Ich habe mich auch nicht vor dir gefürchtet.« Nach einem Seufzer der Erleichterung legte sich Texoma der Länge

nach in die Hängematte. »Ich habe mich nicht versteckt wie die meisten anderen Kinder, als du zum erstenmal unsere Hütte betreten hast. Wir hatten einmal gehört, daß Weiße groß und voller Haare sind, wie die Affen. Aber du warst so klein, und da habe ich gleich gewußt, daß du keine richtige Weiße bist.«
Als Tutemi sich den Tragkorb fest auf den Rücken geschnallt hatte, nahm sie mir ihren kleinen Sohn vom Schoß. Geschickt setzte sie ihn in die breite Schlinge aus weicher Baumrinde, die sich über ihre Brust spannte. »Fertig«, sage sie lächelnd; sie warf Etewa und Ritimi einen fragenden Blick zu.
Mit einem Grinsen griff Etewa nach seiner Machete und hängte sich Pfeil und Bogen um.
»Kommst du später nach?« fragte mich Ritimi, während sie das lange, schmale Stöckchen zurechtschob, das in ihrer Nasenscheidewand steckte. Ihre Mundwinkel, heute ohne die üblichen Zierhölzer, zogen sich in einem Lächeln nach oben, wodurch auf ihren Wangen kleine Grübchen entstanden. Als spürte sie meine Unschlüssigkeit, wartete Ritimi meine Antwort gar nicht ab, sondern folgte ihrem Mann und Tutemi auf dem Weg zu den Gärten.
»Da kommt Hayama«, flüsterte Texoma. »Sie will bestimmt wissen, warum du noch nicht bei ihr warst und ihre gebackenen Bananen gegessen hast.« Das kleine Mädchen glitt aus der Hängematte und rannte zu einer Gruppe von Kindern, die vor der Hütte spielten.
Leise vor sich hinmurmelnd kam Hayama in Tutemis Hütte. Die schlaffe Haut hing ihr in langen senkrechten Falten von Bauch und Schenkeln herab. Ihre Miene war streng, als sie mir nun eine halbe Kalebasse mit Bananenbrei hinhielt. Mit einem Seufzer ließ sie sich in Ritimis Hängematte fallen; ihre Hand schleifte über den Boden, während sie hin und

her schaukelte und von dem rhythmischen Quietschen des Lianenknotens am Haltepfosten scheinbar in eine Art Trance versetzt wurde.

»Zu schade, daß es mir nicht gelungen ist, dich ein bißchen dicker zu machen«, sagte die alte Frau nach einer sehr langen Pause.

Ich versicherte ihr, daß ihre Bananen ja schon Wunder gewirkt hätten – und daß ich mit der Zeit vielleicht sogar richtig fett werden würde.

»Es bleibt aber nicht mehr viel Zeit«, sagte Hayama leise. »Du wirst bald auf die Missionsstation zurückkehren.«

»Was?« rief ich; die Gewißheit in ihrer Stimme hatte mir einen richtigen Schock versetzt. »Wer sagt das?«

»Bevor Milagros wegging, nahm er Arasuwe das Versprechen ab, daß wir dich nicht mitnehmen würden, wenn wir unser Dorf in die Nähe eines der alten Gärten tiefer im Wald verlegen.« Der versonnene, fast schon träumerische Ausdruck in ihren Augen machte Hayamas Gesicht viel weicher, als sie mir nun die verschiedenen Familien ins Gedächtnis rief, die schon vor mehreren Wochen zu den alten Gärten aufgebrochen waren. Da ich der Meinung gewesen war, sie würden bald wieder zurückkehren, hatte ich mir bei ihrem Fortgehen damals nichts Besonderes gedacht. Hayama erklärte mir, daß Arasuwes Familie und die seiner Brüder, Neffen, Söhne und Töchter einfach nur deswegen noch nicht ebenfalls aufgebrochen waren, weil der Häuptling auf eine Nachricht von Milagros wartete.

»Wird der *Shabono* denn einfach aufgegeben?« fragte ich. »Was geschieht mit den Gärten hier? Ihr habt sie doch erst vor kurzer Zeit vergrößert. Was wird aus den vielen jungen Bananenschößlingen?« Ich war richtig aufgeregt.

»Sie werden wachsen.« In Hayamas Gesicht entstanden lauter Lachfältchen. »Die alten Leute und viele der Kinder

bleiben ja hier. Wir werden uns ein paar behelfsmäßige Hütten in der Nähe der Gärten bauen, denn niemand wohnt gern in einem halb entvölkerten *Shabono.* Wir werden die Gärten so lange pflegen, bis die andern wieder zurückkommen. Inzwischen werden dann die Bananen und die *Rasha*-Früchte reifen, und es wird wieder die Zeit für ein Festmahl kommen.«
»Aber warum ziehen so viele der Iticoteri von hier fort?« wollte ich wissen. »Gibt es denn hier nicht genug zu essen?«
Zwar ging Hayama nicht direkt auf meine Frage ein, unterstrich jedoch die Tatsache, daß ein lange Zeit verlassener Garten immer zum Futterplatz für alle möglichen Affen, Vögel, Aguti, Warzenschweine und Tapire wurde. Wie sie sagte, könnten die Männer dort leicht auf die Jagd gehen, und die Frauen fänden genügend Obst und Wurzeln, um noch längere Zeit dortzubleiben, auch wenn es nicht mehr so viel Wild in der Umgebung gäbe. »Und außerdem«, fuhr Hayama fort, »ist es immer gut, die Siedlung für eine Weile zu verlegen, vor allem kurz nach einem Überfall. Wenn ich nicht schon zu alt wäre, würde ich ja selbst mitgehen.«
»So ähnlich wie ein Urlaub«, sagte ich.
»Ja, wie ein Urlaub«, lachte Hayama, nachdem ich ihr die Bedeutung des Wortes erklärt hatte. »Oh, ich würde gern mitkommen und mich im Schatten ausruhen und mir den Bauch mit *Kafu*-Früchten vollschlagen.«
Der *Kafu*-Baum wurde hauptsächlich wegen seiner Bastfasern und seiner Rinde geschätzt. Die ungefähr zwanzig Zentimeter großen Früchte wachsen in großen Büscheln an kurzen Stielen. Das geleeartige Fruchtfleisch ist von winzigen Samenkörnchen durchsetzt und schmeckt wie überreife, frische Feigen.
»Wenn ich nicht mit Arasuwe und seinen Verwandten zu den alten Gärten mitkommen kann«, sagte ich und hockte

mich ans Kopfende der Hängematte, »dann bleibe ich eben hier bei dir. Ich habe überhaupt keinen Grund, zur Missionsstation zurückzugehen. Wir warten hier zusammen auf die Rückkehr der andern.«
Hayamas Augen leuchteten viel heller als sonst, als sie mich jetzt lange ansah. Dann machte sie mir langsam und mit bedächtiger Stimme klar, daß es zwar nicht üblich war, einen Überfall auf einen leeren *Shabono* zu verüben oder alte Menschen und Kinder zu töten, daß die Mocototeri jedoch ohne jeden Zweifel Ärger machen würden, falls sie erführen – und erfahren würden sie es auf jeden Fall, so versicherte mir die alte Frau –, daß man mich in der halbleeren Siedlung ohne jeden Schutz zurückgelassen hatte.
Mir lief es kalt über den Rücken; ich erinnerte mich daran, wie einige Wochen vorher eine Gruppe von Mocototeri mit Keulen bewaffnet in den *Shabono* gekommen war und die Herausgabe ihrer Frauen verlangt hatte. Nachdem die Angehörigen beider Stämme Drohungen und Beleidigungen ausgetauscht hatten, erzählte Arasuwe den Mocototeri, daß er nach dem Überfall eine der geraubten Frauen mit Absicht freigelassen hatte. Er hob dabei die Tatsache hervor, daß er nicht einen einzigen Augenblick lang auf die Geschichte der Frau hereingefallen war, sie sei von einer Schlange gebissen worden. Nach einigem weiteren Gezänk auf beiden Seiten hatte der Häuptling widerstrebend eingewilligt, das Mädchen wieder herauszugeben, das Hayama schon als zweite Frau für ihren jüngsten Sohn ausgesucht hatte. Mit der Drohung, sich zu einem späteren Zeitpunkt zu rächen, waren die Mocototeri wieder abgezogen.
Etewa hatte mir danach erklärt, daß die Mocototeri zwar offensichtlich nicht mit der Absicht gekommen waren, einen richtigen Krieg zu beginnen – sie hatten Pfeil und Bogen irgendwo im Urwald versteckt –, daß der Häuptling

jedoch trotzdem sehr weise gehandelt hätte, als er ihnen das Mädchen so schnell überließ. Die Iticoteri waren nämlich zahlenmäßig unterlegen gewesen, weil einige der Männer sich schon auf den Weg zu den verlassenen Gärten gemacht hätten.

»Wann wird denn Arasuwe mit seiner Familie aufbrechen?« fragte ich Hayama.

»Recht bald«, erwiderte sie. »Arasuwe hat mehrere Männer ausgeschickt, um Milagros zu suchen. Leider haben sie ihn bis jetzt noch nicht gefunden.«

Ich grinste verstohlen. »Egal, was Arasuwe ihm versprochen hat – am Ende werde ich vielleicht doch noch mit Ritimi und Etewa mitgehen«, freute ich mich.

»Das wirst du bestimmt nicht«, gab mir Hayama zu verstehen; dabei lachte sie schelmisch. »Wir müssen dich nämlich nicht nur vor den Mocototeri beschützen. Es könnte auch sein, daß dich ein *Shapori* auf dem Weg zu den Gärten entführt, um dich als seine Frau in einer Hütte irgendwo in der Einsamkeit zu behalten.«

»Das bezweifle ich aber«, kicherte ich. »Du hast doch selbst einmal gesagt, daß mich kein Mann nehmen würde, solange ich so dünn bin.« Ich erzählte der Alten von dem Vorfall mit Etewa in den Bergen.

Hayama hielt sich die Hängebrüste mit beiden Händen und lachte so schallend, daß ihr die Tränen über die faltigen Wangen liefen. »Etewa nimmt sich ja jede Frau, die er zu fassen bekommt«, meinte sie. »Obwohl er Angst vor dir hat.« Hayama lehnte sich zu mir herüber und flüsterte: »Ein *Shapori* ist kein gewöhnlicher Mann. Er würde dich nicht zu seinem Vergnügen haben wollen. Ein *Shapori* braucht das Weibliche in seinem Körper.« Sie lehnte sich in der Hängematte zurück. »Und weißt du, wo dieses Weibliche ist?«

»Nein.«

Die Alte warf mir einen Blick zu, als fände sie, ich sei ein bißchen schwer von Begriff. »In der Vagina«, sagte sie schließlich, wobei sie vor Lachen fast erstickte.

»Glaubst du denn wirklich, daß mich Puriwariwe entführen würde?« fragte ich spöttisch. »Er ist doch viel zu alt, um sich noch viel mit Frauen abzugeben.«

Ihre Augen weiteten sich in ungespieltem Erstaunen. »Ja, hast du das noch nicht gemerkt? Hat dir denn niemand gesagt, daß dieser alte *Shapori* mehr Kraft hat als jeder andere Mann im *Shabono*? In manchen Nächten geht der Alte von Hütte zu Hütte und steckt seinen Schwanz in jede Frau, die er finden kann. Und er wird nicht müde. Wenn er im Morgengrauen wieder in den Wald verschwindet, ist er ebenso frisch wie am Abend.« Hayama meinte allerdings, Puriwariwe würde mich ganz bestimmt nicht entführen, weil er es nicht mehr nötig habe. Sie warnte mich jedoch davor, daß es noch andere Schamanen gäbe, weniger mächtig als der alte Puriwariwe, die es sehr wohl tun könnten.

Dann schloß sie die Augen und stieß einen lauten Seufzer aus. Zuerst dachte ich, sie sei eingeschlafen, aber als ich mich gerade aufrichten wollte, wandte sich die alte Frau plötzlich wieder mir zu, als hätte sie meine Bewegung im voraus geahnt. Sie legte mir beide Hände auf die Schultern und fragte mich mit vor Anteilnahme bebender Stimme: »Ist dir eigentlich klar, warum du so gern bei uns bist?«

Ich sah sie verständnislos an, und als ich gerade den Mund öffnen wollte, um ihr zu antworten, sprach Hayama weiter: »Du bist hier glücklich, weil du keine Verantwortung hast. Du lebst wie wir. Du hast unsere Sprache einigermaßen gut gelernt und kennst viele unsere Sitten und Gebräuche. Für uns bist du weder Kind noch erwachsen, weder Mann noch Frau. Wir stellen keine Ansprüche an dich. Wenn wir es täten, dann würdest du uns das übelnehmen.« Hayamas

Augen, die meinem Blick standhielten, waren so dunkel, daß ich mich schon ein wenig unbehaglich fühlte. Sie wirkten zu groß in dem verrunzelten Gesicht und leuchteten so stark, als lodere das Feuer einer unerschöpflichen inneren Energie darin. Nach einer langen Pause setzte sie herausfordern hinzu: »Wenn du eine Schamanin, ein weiblicher *Shapori* werden willst, dann wirst du sehr unglücklich werden.«

Ich fühlte mich in die Enge getrieben. Aber während ich noch zusammenhangloses Zeug zu meiner Verteidigung stammelte, wurde mir klar, daß sie damit ganz recht hatte; daraufhin packte mich ein unwiderstehliches Verlangen zu lachen.

Mit einer sanften Gebärde legte mir die alte Frau die Finger auf den Mund. »Es gibt mächtige *Shapori*, die in weit abgelegenen Gegenden zusammen mit den *Hekura* der Pflanzen und Tiere leben«, sagte Hayama. »Im Dunkel der Nacht veranstalten diese Männer Spiele mit wunderschönen weiblichen Geistern.«

»Ich bin froh, daß ich kein wunderschöner Geist bin«, meinte ich.

»Nein, wunderschön bist du nicht.« Hayamas einschmeichelndes Lachen machte es mir unmöglich, wegen dieser ziemlich unhöflichen Bemerkung beleidigt zu sein. »Und doch kommst du vielen von uns eigenartig vor.« Ihre Stimme war voll Zärtlichkeit, als sie mir nun begreiflich zu machen versuchte, warum die Mocototeri mich unbedingt in ihrem *Shabono* haben wollten. Ihr Interesse an mir hatte nichts mit den üblichen Gründen zu tun, aus denen sich Indianer mit Weißen einließen – um von ihnen Macheten, Kochtöpfe und Kleidung zu bekommen –, sondern erklärte sich daraus, daß die Mocototeri davon überzeugt waren, ich besäße gewisse Kräfte. Sie hatten gehört, wie ich die kleine

Texoma geheilt hatte, daß ich einmal *Epena* genommen hatte, und daß Iramamowe damals den Widerschein der *Hekura* in meinen Augen gesehen hatte. Sie waren sogar Augenzeugen gewesen, als ich mit Pfeil und Bogen geschossen hatte.
Vergeblich versuchte ich der Alten zu erklären, daß es keine besonderen magischen Kräfte erforderte, sondern nichts als gesunden Menschenverstand, um ein Kind von einer Erkältung zu heilen. Ich benutzte sogar das Argument, genausogut könne man ja auch ihr heilende Kräfte zuschreiben – schließlich renkte sie gebrochene Knochen wieder ein und behandelte Bißwunden, Abschürfungen und Schnittverletzungen mit ihren geheimen Mixturen aus tierischen Organen, Wurzeln und Blättern. Aber meine gesamte Beweisführung nützte nichts. Für Hayama bedeutete es einen gewaltigen Unterschied, ob man einen Knochen wieder einrichtete oder ob man die verlorene Seele eines Kindes in dessen Körper zurücklocken konnte. Letzteres, davon ließ sie sich nicht abbringen, konnte nur ein *Shapori* vollbringen.
»Aber ihre Seele hat doch Iramamowe zurückgeholt«, widersprach ich. »Ich habe nur etwas gegen die Erkältung getan.«
»Er war es nicht«, sagte Hayama hartnäckig. »Er hat deinen Gesang genau gehört.«
»Aber das war doch nur ein Gebet.« Natürlich war das eine sehr lahme Ausrede, denn worin unterschied sich schon mein Gebet von Iramamowes *Hekura*-Gesängen?
»Ich weiß schon, die Weißen sind nicht wie wir«, unterbrach mich Hayama; sie war fest entschlossen, mich nicht weiter argumentieren zu lassen. »Ich rede von etwas ganz anderem. Auch wenn du als Iticoteri geboren worden wärst, wärst du nicht so wie Ritimi, Tutemi oder ich.« Hayama berührte mein Gesicht; sie strich mir mit ihren langen, knochigen

Fingern über Stirn und Wangen. »Meine Schwester Angelica hätte dich niemals gebeten, mit ihr in den Wald zu gehen – und Milagros hätte dich auf keinen Fall hergebracht, damit du bei uns lebst, wenn du ebenso wärst wie die anderen Weißen, dich sie kennen.« Sie blickte mich nachdenklich an, und als wäre ihr noch nachträglich etwas dazu eingefallen, fügte sie hinzu: »Ich möchte nur wissen, ob sich irgendwelche anderen Weißen bei uns genauso glücklich gefühlt hätten wie du.«

»Da bin ich ganz sicher«, erwiderte ich leise. »Nicht viele Weiße bekommen die Gelegenheit, hier leben zu dürfen.«

Hayama zuckte die Achseln. »Erinnerst du dich noch an die Geschichte von Imawaami, der Schamanin?« fragte sie.

»Das ist doch ein Mythos!« Weil ich befürchtete, die alte Frau könnte versuchen, einen Zusammenhang zwischen Imawaami und mir herzustellen, sprach ich hastig weiter: »Es ist das gleiche wie die Geschichte von dem Vogel, der das erste Feuer aus dem Rachen des Alligators gestohlen hat.«

»Kann sein«, sagte Hayama versonnen. »In letzter Zeit habe ich viel an die Geschichten gedacht, die mein Vater, mein Großvater und sogar mein Urgroßvater früher erzählt haben; Geschichten von den weißen Männern, die sie auf den großen Flüssen vorbeifahren sahen. Und es muß auch schon lange vor Lebzeiten meines Urgroßvaters Weiße gegeben haben, die durch den Urwald gestreift sind. Vielleicht war Imawaami eine von ihnen.« Hayama war jetzt ganz lebhaft; sie kam dicht an mich heran und fuhr im Flüsterton fort: »Sie muß von einem *Shapori* geraubt worden sein, der geglaubt hat, die weiße Frau sei einer der wunderschönen weiblichen Geister. Aber sie besaß mehr Macht als der *Shapori.* Sie hat ihm seine *Hekura* gestohlen und ist selbst eine Zauberin geworden.« Hayama warf mir einen provozierenden Blick zu, als wolle sie meinen Widerspruch herausfordern.

Ich war von ihren Ausführungen nicht weiter überrascht. Bei den Iticoteri war es ja durchaus üblich, die Legenden durch neuere Einzelheiten aufzufrischen oder auch tatsächliche Ereignisse in die Mythen einfließen zu lassen. »Hat es denn schon Indianerinnen gegeben, die *Shapori* geworden sind?« wollte ich wissen.

»Ja«, bestätigte Hayama ohne Zögern. »Weibliche *Shapori* sind sonderbare Geschöpfe. Wie Männer jagen sie mit Pfeil und Bogen. Sie bemalen ihre Körper mit den Flecken und Ringen des Jaguars. Sie nehmen *Epena* und locken mit ihren Gesängen die *Hekura* in ihre Brust. Solche Schamaninnen haben Ehemänner, die sie bedienen. Wenn sie aber Kinder bekommen, dann werden sie wieder zu gewöhnlichen Frauen.«

»Angelica war eine *Shapori*, oder?« Zuerst merkte ich gar nicht, daß ich meine Gedanken laut ausgesprochen hatte. Diese Einsicht kam mir mit der Gewißheit einer Offenbarung. Ich erinnerte mich daran, wie mich Angelica auf der Missionsstation aus einem Alptraum geweckt hatte, wie beruhigend ihr unverständliches Lied auf mich gewirkt hatte. Jetzt, im nachhinein, fiel mir auf, daß es mit den leichten Melodien, wie sie die Frauen bei den Iticoteri mitunter trällerten, wenig Ähnlichkeit gehabt hatte, sondern vielmehr den eintönigen Gesängen der Schamanen glich. Wie die *Shaporis* schien auch Angelica zwei Stimmen zu besitzen – die eine kam von irgendwoher tief aus ihrem Innern, die andere aus der Kehle. Ich erinnerte mich an den tagelangen Marsch mit Milagros und Angelica durch den Dschungel und an Angelicas Bemerkung über die Geister des Waldes, die im Dunkeln lauerten – daß ich immer mit ihnen tanzen sollte, aber niemals zulassen dürfte, daß sie zu

einer Belastung für mich würden. Diese Aussage hatte mich damals fasziniert. Ich hatte auch wieder genau vor Augen, wie Angelica an jenem Morgen getanzt hatte – die Arme hoch über den Kopf erhoben, bewegte sie die Füße mit den gleichen abgehackten, kurzen Schritten wie die Iticoteri-Männer in einer durch *Epena* ausgelösten Trance. Bis jetzt war es mir auch noch nicht im geringsten merkwürdig vorgekommen, daß Angelica im Gegensatz zu allen anderen Frauen auf der Missionsstation es als ganz natürlich empfunden hatte, daß ich als Frau in den Urwald gekommen war, um an einer Jagd teilzunehmen.
Hayama riß mich wieder aus meinen Gedankengängen. »Hat meine Schwester dir gesagt, daß sie eine *Shapori* war?« Tiefe Trauer war in Hayamas Blick zu lesen; in ihren Augenwinkeln sammelten sich Tränen. Aber die Tropfen rollten nicht auf ihre Wangen hinab, sondern verloren sich in den vielen kleinen Fältchen.
»Nein, gesagt hat sie es mir nie«, murmelte ich und legte mich in meine Hängematte. Mit einem Bein stieß ich mich vom Boden ab und schaukelte hin und her, wobei ich meinen Rhythmus dem von Hayamas Hängematte anglich, damit die Lianenknoten im Gleichklang quietschten.
»Es stimmt, meine Schwester war eine *Shapori*«, sagte Hayama nach einer langen Pause. »Ich weiß nicht, was sie erlebt hat, nachdem sie von unserem *Shabono* fortgegangen ist. Solange sie bei uns war, wurde sie als eine große *Shapori* geachtet, aber sie hat ihre Kräfte verloren, als sie Milagros geboren hat.« Hayama setzte sich ruckartig auf. »Sein Vater war ein Weißer.«
Ich hatte solche Angst, die Neugierde könne mir im Gesicht geschrieben stehen, daß ich die Augen fest schloß. Ich wagte nicht einmal zu atmen, denn das leiseste Geräusch konnte

die alte Frau aus ihrer Versunkenheit reißen. Es war mir unmöglich, zu erfahren, aus welchem Land Milagros' Vater gekommen war; ungeachtet seiner Nationalität wurde jeder Weiße unterschiedslos als *Nape* bezeichnet.

»Milagros' Vater war ein Weißer«, wiederholte Hayama. »Vor langer Zeit, als wir noch näher am großen Fluß lebten, ist ein *Nape* in unsere Siedlung gekommen. Angelica glaubte, sie könne ihm seine Kraft nehmen. Aber statt dessen ist sie schwanger geworden.«

»Warum hat sie das Kind nicht abgetrieben?«

Ein breites Lächeln legte sich über Hayamas zerfurchtes Gesicht. »Vielleicht hatte Angelica zuviel Selbstvertrauen«, murmelt sie. »Vielleicht hat sie geglaubt, sie könne immer noch eine *Shapori* sein, obwohl sie ein Kind von dem weißen Mann hatte.« Sie öffnete den Mund zu einem herzlichen Lachen; dabei entblößte sie die gelben Zähne. »Es gibt aber absolut nichts Weißes an Milagros«, meinte sie ausgelassen. »Obwohl meine Schwester ihn von hier fortgenommen hat. Trotz allem, was er vom weißen Mann gelernt hat, wird Milagros doch immer ein Iticoteri bleiben.« Hayama blickte mich mit leuchtenden Augen unentwegt an; in ihrer Miene spiegelte sich ein undeutliches, offenbar lange aufgestautes Triumphgefühl.

Der Gedanke an meine bevorstehende Rückkehr zur Missionsstation erfüllte mich mit Unruhe. Seit meiner Krankheit hatte ich schon mehrmals versucht, mir vorzustellen, wie es wohl wäre, wieder in Caracas oder Los Angeles zu leben. Wie würde ich reagieren, wenn ich meine Freunde und Verwandten wiedersah? In diesen Augenblicken war mir klar gewesen, daß ich den *Shabono* der Iticoteri aus eigenem Antrieb bestimmt nicht verlassen würde.

»Was glaubst du, wann bringt mich Milagros zurück zur Missionsstation?« fragte ich.

»Ich glaube nicht, daß Arasuwe noch länger auf Milagros warten wird. Der Häuptling kann seinen Aufbruch nicht mehr lange hinausschieben«, meinte Hayama. »Iramamowe wird dich begleiten.«

»Iramamowe?!« rief ich überrascht aus. »Warum nicht Etewa?«

Geduldig klärte mich Hayama darüber auf, daß Iramamowe schon mehrere Male in der Nähe der Missionsstation gewesen sei; er kannte den Weg dorthin besser als jeder andere Iticoteri. Außerdem bestand die Möglichkeit, daß die Jäger der Mocototeri Etewa entdeckten; Hayama meinte, sie würden ihn dann töten und mich zu ihrem *Shabono* entführen. »Iramamowe dagegen«, so versicherte sie mir, »kann sich im Wald unsichtbar machen.«

»Aber ich doch nicht!« protestierte ich.

»Du stehst unter dem Schutz von Iramamowes *Hekura*«, entkräftete Hayama meinen Einwand mit felsenfester Überzeugung. Nun erhob sich die alte Frau schwerfällig, blieb einen Augenblick lang stehen, die Hände auf den Schenkeln, ergriff dann meinen Arm und ging langsam mit mir zu ihrer eigenen Hütte hinüber. »Iramamowe hat dich ja schon einmal beschützt«, erinnerte sie mich, während sie sich langsam in ihrer Hängematte niederließ.

»Ja, das stimmt«, pflichtete ich ihr bei. »Aber ich kann nicht ohne Milagros zurückgehen. Ich brauche die Sardinen und Salzkekse, die er mitbringt.«

»Von diesem Zeug würde dir bloß übel werden«, sagte sie verächtlich. Dann beruhigte sie mich. Ich würde bestimmt keinen Hunger leiden müssen auf dem Weg, denn Iramamowe würde mit seinen Pfeilen genügend Wild erlegen. Außerdem würde sie mir einen ganzen Korb voll Bananen als Wegzehrung mitgeben.

»Ich bin zu schwach, um so viel zu tragen«, wandte ich ein,

denn ich wußte genau, daß Iramamowe sich außer Pfeil und Bogen keine Last auf den Rücken laden würde.
Hayama betrachtete mich ein wenig spöttisch. Sie streckte sich in der Hängematte aus, öffnete den Mund zu einem scheinbar endlosen Gähnen und schlief gleich darauf ein.
Ich trat auf die Lichtung hinaus. Einige Kinder, die meisten davon kleine Mädchen, spielten mit einem jungen Hund. Jedes Mädchen versuchte das Tier dazu zu bringen, an seinen flachen Brustwarzen zu saugen.
Bis auf einige wenige Alte, die sich in Hängematten ausruhten, und ein paar menstruierende Frauen, die dicht vor ihren Feuerstellen kauerten, waren die meisten Hütten verlassen. Ich ging von einer zur andern und fragte mich, ob die Indianer wohl alle wußten, daß ich bald von ihnen fortgehen würde. Ein alter Mann bot mir seine Rolle Kautabak an. Ich lehnte jedoch mit einem Lächeln ab. »Wie kann man nur so etwas Gutes ablehnen?« schienen seine Augen zu sagen, als er sich den braunen Klumpen wieder zwischen Unterlippe und Zahnfleisch schob.
Am späten Nachmittag trat ich in Iramamowes Hütte. Seine älteste Frau hatte gerade Wasser vom Fluß geholt und war damit beschäftigt, zwei volle Kalebassen an den Dachsparren aufzuhängen. Seit der Weihe ihres Sohnes Xorowe zum *Shapori* waren wir gute Freundinnen geworden und verbrachten so manchen Nachmittag damit, über ihn zu sprechen. Gelegentlich kam Xorowe für eine Weile in den *Shabono* zurück, um einen Stammesangehörigen zu heilen, der an Erkältung, Fieber oder Durchfall litt. Er besang die *Hekura* mit demselben Eifer und Durchhaltevermögen wie die erfahrenen Schamanen. Nach Puriwariwes Ansicht würde es jedoch noch eine ganze Zeit dauern, bis Xorowe in der Lage war, seine persönlichen Geister in ein feindliches Dorf zu schicken, um dort Schaden anzurichten. Erst dann konn-

te er tatsächlich als ausgelernter Zauberer betrachtet werden.

Iramamowes Frau goß ein wenig Wasser in eine kleine Kürbisflasche und versetzte es mit Honig. Mit gierigen Augen verfolgte ich die Tropfen der zähen Masse, in der Bienen in allen möglichen Stadien der Metamorphose klebten. Nachdem die Frau die Flüssigkeit mit dem Finger gründlich umgerührt hatte, hielt sie mir das Trinkgefäß entgegen. Unter ständigem Schmatzen trank ich die Kalebasse leer und leckte auch noch den Boden aus. »Wirklich eine Delikatesse!« rief ich aus. »Der Honig ist bestimmt von den *Amoshi*-Bienen.« Das war die nichtstechende Sorte, die wegen ihres dunklen, aromatischen Honigs außerordentlich geschätzt wurde.

Die Frau nickte lächelnd und bot mir dann einen Platz in ihrer Hängematte an. Sie ging daran, meinen Rücken nach Flohbissen und Moskitostichen zu untersuchen. Als sie zwei frische Stiche entdeckte, saugte sie das Gift heraus. Das Licht in der Hütte wurde langsam schwächer. Es kam mir vor, als sei schon eine unendlich lange Zeit seit meinem Gespräch mit Hayama am Vormittag vergangen. Ich schloß die Augen und fiel in Halbschlaf.

Ich hatte einen Traum, in dem ich mit den Kindern am Fluß war. Tausende von Schmetterlingen flatterten aus den Bäumen auf und wirbelten durch die Luft wie Blätter im Herbst. Sie ließen sich auf unserem Haar, auf Gesichtern und Körpern nieder und überzogen uns mit dem zartgoldenen Schimmer der Abenddämmerung. Ich wurde sehr niedergeschlagen, als ich auf die Flügel und auf die feinen Fühler starrte, die mir wie zum Abschied winkten. »Aber wie kannst du traurig sein?« fragten mich die Kinder. Ich blickte in ihre Gesichter und küßte das Lachen auf ihren Lippen.

24

Statt des Bambusmessers, das Ritimi sonst immer verwendete, nahm sie diesmal einen scharfen Grashalm, um mir die Haare zu schneiden. Sie legte die Stirn in Falten vor Konzentration, weil sie mein Haar an allen Seiten genau gleich kurz stutzen wollte.

»Nicht die Tonsur!« Ich bedeckte den Hinterkopf mit beiden Händen. »Das tut mir weh.«

»Sei kein Feigling«, lachte Ritimi. »Du willst doch nicht wie ein Halbwilder aussehen, wenn du auf der Missionsstation ankommst.«

Ich konnte ihr einfach nicht begreiflich machen, daß ich unter Weißen eine sonderbare Erscheinung abgeben würde, wenn ich eine kahle Stelle am Hinterkopf hätte. Ritimi bestand jedoch darauf, sie müsse mich dort rasieren, und zwar nicht nur aus ästhetischen Erwägungen, sondern auch aus ganz praktischen Gründen.

»Läuse halten sich am allerliebsten an dieser Stelle auf«, belehrte sie mich. »Und ich bin mir ganz sicher, daß dich Iramamowe an den Abenden nicht entlausen wird.«

»Vielleicht solltest du mir das Haar dann gleich ganz abrasieren«, schlug ich vor. »Auf diese Weise wird man die Biester ja wohl am besten los.«

Entsetzt starrte Ritimi mich an. »Aber nur den Todkranken schert man den Kopf. Du würdest furchbar häßlich aussehen.«

Schließlich nickte ich zustimmend und überließ mich ergeben der Prozedur. Als Ritimi fertigt war, rieb sie den kahlen Fleck mit *Onoto* ein. Dann bemalte sie mir das Gesicht äußerst sorgfältig mit der roten Paste. Sie zog einen dicken, geraden Strich dicht unter meinen Stirnfransen, und die Wangen verzierte sie mir mit Wellenlinien und kleinen Punkten. »Wie schade, daß ich dir nicht gleich Löcher in die Nase und die Mundwinkel gemacht habe, als du zu uns gekommen bist«, sagte sie enttäuscht. Sie zog sich das schmale, blank polierte Stöckchen aus der Nasenscheidewand und hielt es mir zur Probe unter die Nase. »Ach, und du hättest damit so schön ausgesehen«, seufzte sie mit einer Resignation, die schon ein wenig komisch wirkte. Dann ging sie daran, meinen Rücken mit großflächigen *Onoto*-Mustern zu bemalen, die zum Hinterteil hin runder wurden. Vorn fing sie unterhalb meiner Brüste an und malte geschwungene Linien, die sich bis auf meine Oberschenkel zogen. Zuletzt legte sie mir breite rote Bänder um die Fußgelenke. Wenn ich an mir heruntersah, kam es mir vor, als hätte ich rote Socken an.

Tutemi befestigte einen neuen Baumwollgürtel um meine Hüfte, dessen Fransen die Schamhaare verdeckten. Zum Zeichen ihrer Zufriedenheit mit meiner Erscheinung klatschte sie in die Hände und sprang aufgeregt umher. »Ach, die Ohren noch«, rief sie und bedeutete Ritimi, ihr ein paar weiße Federbüschel zu reichen, die von einer dünnen Schnur zusammengehalten wurden. Sie band sie an meinen Ohrringen fest. Um Oberarme und Unterschenkel legte sie schließlich noch geflochtene Bänder aus rot gefärbter Baumwolle.

Den Arm um meine Hüfte gelegt, führte mich Ritimi von einer Hütte zur nächsten, damit mich die Iticoteri bewundern konnten. Ein letztes Mal sah ich mein Spiegelbild in den leuchtenden Augen der Frauen und freute mich über das belustigte Lächeln der Männer. Mit einem Gähnen streckte der alte Kamosiwe die spindeldürren Arme so weit von sich, daß sie beinahe aus den Gelenken zu springen schienen. Er öffnet das eine Auge und musterte mich, als versuchte er, sich meine Gesichtszüge für immer einzuprägen. Bedächtig band er den kleinen Lederbeutel los, den er um den Hals trug, und nahm die Perle heraus, die ich ihm geschenkt hatte. »Jedesmal, wenn ich diesen Stein hier auf meiner Handfläche im Kreis rollen lasse, werde ich an dich denken.«

Ich konnte einfach nicht fassen, daß ich niemals wieder in diesem *Shabono* stehen und niemals wieder vom Gelächter der kleinen Kinder geweckt werden würde, die frühmorgens zu mir in die Hängematte kletterten; ich fing zu weinen an.

Es gab keine Abschiedsgrüße. Ich folgte einfach Iramamowe und Etewa in den Dschungel. Ritimi, Tutemi gingen hinter mir, als wären wir nur auf der Suche nach Feuerholz. Schweigend marschierten wir den ganzen Tag den Pfad entlang und machten nur kurze Pausen, um hin und wieder ein wenig zu essen.

Die Sonne sank schon hinter dem Horizont aus Baumwipfeln, als wir im dunklen Schatten dreier riesiger Kapokbäume haltmachten. Trotz ihrer Größe wuchsen sie so dicht nebeneinander, daß sie wie ein einziger Baum wirkten. Ritimi schnallte mir den Korb auf den Rücken, den sie bis dahin für mich getragen hatte. Es waren Bananen darin, gebratenes Affenfleisch, eine Kalebasse mit Honig, mehrere leere Kürbisflaschen, meine Hängematte und mein Rucksack mit den Jeans und einem zerrissenem Hemd.

»Du wirst nicht traurig werden, wenn du deinen Körper immer wieder mit *Onoto* bemalst, nachdem du ein Bad im Fluß genommen hast«, sagte Ritimi, während sie mir eine kleine Kalebasse an die Hüfte band, die mit rauhen Blättern glatt poliert worden war. Der weißglänzende Behälter hing von meinem Baumwollgürtel herab wie eine riesige Träne.

Der Urwald und die drei lächelnden Gesichter verschwammen vor meinen feuchten Augen. Ohne ein weiteres Wort schlug Ritimi den Pfad ins Dickicht ein. Nur Etewa drehte sich noch einmal um, bevor er mit den Schatten verschmolz. Ein Grinsen erhellte sein Gesicht, als er mir zuwinkte, so wie er es Milagros so oft beim Abschiednehmen hatte tun sehen.

Ich ließ meiner unendlichen Traurigkeit freien Lauf. Ich fühlte mich dann allerdings nicht besser, sondern mein Mut sank noch mehr. Aber obwohl ich mich so schrecklich elend fühlte, verspürte ich doch eine sonderbare Verbundenheit mit den drei Kapokbäumen, die vor mir emporragten. Wie in einem Traum erkannte ich die Bäume wieder. Genau an dieser Stelle war ich schon einmal gewesen. Vor mir hatte Milagros gehockt. Mit unbewegtem Gesicht hatte er zugesehen, wie der Regen mir Angelicas Asche vom Körper wusch. Heute war es Iramamowe, der genau an dieser Stelle hockte.

»An dieser Stelle hier habe ich Ritimi, Tutemi und Etewa zum erstenmal gesehen«, sagte ich. Auf einmal wurde mir klar, daß Ritimi mich mit Absicht bis hierher begleitet hatte. Nun begriff ich plötzlich alles, was sie nicht ausgesprochen hatte, und wieviel sie für mich empfunden hatte. Sie hatte mir einen Tragekorb und eine Kalebasse zurückgegeben, die gleichen Dinge, die ich auch an jenem lange zurückliegenden Tag bei mir gehabt hatte. Nur war die Kalebasse diesmal nicht mit Asche gefüllt, sondern mit *Onoto*, dem Symbol für Leben und Glück. Behutsam trocknete ich mir die Tränen, um die *Onoto*-Malereien nicht zu verwischen.

»Vielleicht wird dich Ritimi eines Tages an dieser Stelle wiedertreffen«, meinte Iramamowe, auf dessen sonst so grimmigem Gesicht sich nun ein flüchtiges Lächeln zeigte. »Gehen wir noch ein Stück weiter, bevor wir unser Nachtlager aufschlagen.« Er nahm das schwere Bananenbüschel aus meinem Tragekorb und warf es sich über die Schulter. Er hatte einen Senkrücken, und sein Bauch stand vor.
Iramamowe schien denselben Zwang zum Marschieren zu verspüren wie ich. Meine Füße bewegten sich wie von selbst. Ich verlor Iramamowes Pfeilköcher keinen Moment aus den Augen; unter der Last der Bananen schwang er nicht mehr hin und her wie zuvor. Auf diesem Marsch durch die Finsternis hatte ich den bestimmten Eindruck, daß nicht ich mich aus dem Urwald, sondern der Urwald sich aus mir entfernte.
»Hier werden wir schlafen«, sagte Iramamowe und inspizierte ein vom Wetter arg mitgenommenes Regendach, das sich ein kleines Stück abseits des Pfades befand. Er zündete ein Feuer darunter an und hängte unsere beiden Hängematten nebeneinander auf.
Ich lag noch eine Weile wach und betrachtete die Sterne und den fahlen Mond durch die Öffnung der Hütte. Nebel verdichtete die Dunkelheit, bis überhaupt kein Licht mehr zu sehen war. Die Bäume und der Himmel wurden zu einer formlosen Masse. In meiner Phantasie sah ich lange Jagdbogen, die wie ein schwerer Regen aus den Wolken herabfielen, und *Hekura*, die aus unsichtbaren Erdspalten zum Himmel aufstiegen; im Flug tanzten sie zu den Gesängen eines Schamanen.
Die Sonne stand hoch über den Bäumen, als mich Iramamowe weckte. Nach einem Frühstück, bestehend aus einer gebackenen Banane und einem Stück Affenfleisch, bot ich ihm meine Kalebasse mit Honig an.

»Den wirst du in den nächsten Tagen für den langen Marsch wohl selbst brauchen«, sagte er. Er milderte die Ablehnung jedoch mit einem freundlichen Blick. »Aber wir finden bestimmt noch mehr davon auf unserem Weg«, versprach er und griff dabei nach Machete, Pfeil und Bogen.

Wir behielten ein stetiges Tempo bei und marschierten wesentlich schneller, als ich jemals in meinem Leben längere Zeit hindurch marschiert war. Wir überquerten Flüsse und kletterten über Hügel, die für mich keine vertrauten Orientierungspunkte aufwiesen. Tagemärsche und Nachtschlaf jagten einander mit vorhersagbarer Geschwindigkeit. In meinen Gedanken ging ich nie über den jeweiligen Tag hinaus. Zwischen Tag und Nacht waren nichts als kurzlebige Morgen- und Abenddämmerung, in denen wir aßen.

»Diese Stelle kenne ich!« unterbrach ich eines Nachmittags das tagelange Schweigen. Ich zeigte auf die dunklen Felsen, die aus der Erde ragten. Sie bildeten eine senkrechte Wand am Ufer des Flusses. Aber je länger ich mir den Fluß und die Bäume ansah – beide waren schon in purpurrotes Zwielicht getaucht –, desto weniger sicher war ich mir, daß ich tatsächlich schon vorher hier gewesen war. Ich kletterte über einen umgestürzten Baumstamm. Den ganzen Tag lang hatte eine tödliche Stille geherrscht, jetzt jedoch erhob sich leises Blätterrauschen, das sich flüsternd über das Wasser hin fortsetzte. Verschlungene Äste und Lianen durchbrachen die Wasseroberfläche und senkten sich in die schwarze Flüssigkeit, in der keine Fische waren und die selbst die Moskitos abschreckte. »Sind wir schon in der Nähe der Missionsstation?« wollte ich von Iramamowe wissen.

Er gab mir keine Antwort. Als wäre er verärgert über die

Stille, die er doch selbst auch nicht stören wollte, wandte er sich nach kurzer Zeit ab und winkte mir, ihm zu folgen.

Ich war todmüde – jeder Schritt wurde zur Anstrengung –, trotzdem hatte ich nicht das Gefühl, an jenem Tag besonders weit gekommen zu sein. Als ich über mir einen Vogel kreischen hörte, blickte ich auf. Ein gelbes Blatt flatterte von einem Ast herab wie ein riesengroßer Schmetterling. So, als wolle es nicht zu Boden sinken und dort verfaulen, blieb es an meinem Oberschenkel kleben. In diesem Moment machte mir Iramamowe mit der Hand ein verstohlenes Zeichen, ruhig stehenzubleiben. Vorsichtig schlich er sich am Flußufer entlang. »Wir bekommen heute abend Fleisch zu essen«, raunte er mir zu und verschwand dann in dem trüben Licht; seine Gestalt war nur noch ein schmaler Strich vor der schimmernden Wasserfläche.

Ich legte mich auf den Rücken in den dunklen Sand und sah den Himmel in Flammen aufgehen, als die Erde die Sonne verschlang. Ich trank den letzten Rest des Honigs, den Iramamowe am Morgen gefunden hatte, und fiel dann mit dem süßen Geschmack auf den Lippen in einen tiefen Schlaf. Als ich vom Knistern eines Feuers aufgeweckt wurde, rollte ich mich auf den Bauch. Auf einer kleinen Plattform über dem Feuer briet Iramamowe ein mehr als fünfzig Zentimeter langes Aguti.

»Es ist nicht gut, in der Nacht ohne den Schutz eines Feuers zu schlafen«, belehrte er mich. »Die Geister des Waldes könnten dich verhexen.«

»Ich bin so müde«, gähnte ich und rutschte näher an das Feuer heran. »Ich könnte tagelang nur schlafen.«

»Heute nacht wird es regnen«, verkündete Iramamowe, während er drei Pfosten in den Boden rammte, über die er dann ein Wetterdach legte. Ich half ihm, unsere provisorische Behausung oben und an den Seiten mit den Palmblät-

tern zu decken, die er geschnitten hatte, während ich schlief. Iramamowe befestigte die Hängematten dicht neben dem Feuer, damit wir die Holzscheite in die Glut nachschieben konnten, ohne aufstehen zu müssen.
Das Aguti schmeckte wie Schweinebraten, sehr zart und saftig. Was wir nicht gleich aufessen konnte, hängte Iramamowe an einem langen Stock über das Feuer. »Den Rest essen wir morgen früh.« Er grinste, sehr zufrieden mit sich, und streckte sich in der Hängematte aus. »Es wird uns Kraft für den Marsch über die Berge geben.«
»Welche Berge?« fragte ich. »Ich bin nur über ein paar Hügel gestiegen, als ich mit Angelica und Milagros hergekommen bin.« Ich beugte mich zu Iramamowe hinüber. »Ich bin nur ein einziges Mal über einen richtigen Berg geklettert, und das war, als ich mit Ritimi und Etewa auf einem Umweg vom Festmahl bei den Mocototeri zurückgekommen bin. Aber dieser Berg war ganz in der Nähe unseres *Shabono.*« Ich berührte sein Gesicht. »Bist du ganz sicher, daß du den Weg zur Missionsstation kennst?«
»Was für eine Frage«, antwortete er, schloß die Augen und kreuzte die Arme über der Brust. Die buschigen Augenbrauen fielen zu den Schläfen hin schräg ab. Auf der Oberlippe wuchsen ihm einige wenige Härchen. Die Haut über den hervorspringenden Backenknochen spannte sich, und von der *Onoto*-Bemalung waren nur noch ganz schwache Spuren zu sehen. Als wäre ihm mein forschender Blick lästig, öffnete er die Augen wieder; der Schein des Feuers spiegelte sich darin, aber sie verrieten nichts von seinen Gedanken.
Auch ich legte mich nieder. Ich strich mir mit den Fingern über Stirn und Wangen und fragte mich, ob die roten Linien und Punkte auch aus meinem Gesicht verschwunden waren. Morgen werde ich im Fluß baden, dachte ich. Und mein Unbehagen, das sicher lediglich Erschöpfung war, würde

sofort wie weggeblasen sein, wenn ich mich von neuem mit *Onoto* bemalte. Aber sosehr ich mich auch zu beruhigen versuchte, es gelang mir einfach nicht, das wachsende Mißtrauen zu überwinden. Ich verkrampfte mich in einer unbestimmten, bösen Vorahnung, die ich nicht in Worte fassen konnte. Es wurde nun ziemlich kalt. Ich beugte mich aus der Hängematte und schob ein Holzscheit in die Flammen.

»In den Bergen wird es noch kälter werden«, murmelte Iramamowe. »Ich mache uns morgen einen Trank aus Pflanzen, der uns warmhalten wird.«

Seine Worte beruhigten mich wieder, und ich begann, übertrieben tiefe Atemzüge zu machen, wobei ich alle Gedanken aus meinem Kopf zu verbannen versuchte, bis in meinem Bewußtsein nichts mehr war als das prasselnde Geräusch des Regens, die schwache Wärme der Rauchschwaden und der Geruch der feuchten Erde. Dann fiel ich in einen ruhigen, ungestörten Schlaf, aus dem ich kein einziges Mal erwachte.

Am Morgen nahmen wir ein Bad im Fluß und bemalten uns danach gegenseitig mit *Onoto*. Iramamowe hatte sehr bestimmte Vorstellungen von den Mustern, die er haben wollte: eine Schlangelinie auf der Stirn, die sich zu den Kiefern und um den Mund herum fortsetzte; einen kleinen Kreis zwischen den Augenbrauen, je einen an den äußeren Augenwinkeln und je zwei an beiden Wangen. Auf dem Brustkorb wollte er Wellenlinien haben, die sich bis zum Nabel hinunterzogen, während die Linien am Rücken gerade sein mußten. Ein mildes, spöttisches Lächeln lag auf seinem Gesicht, als er mich von Kopf bis Fuß mit einem gleichförmigen Muster aus Kreisen bemalte.

»Was bedeuten die Kreise?« fragte ich neugierig. Ritimi hatte mich niemals auf diese Weise geschmückt.

»Gar nichts«, antwortete er lachend. »Aber so siehst du nicht so ausgemergelt aus.«

Anfangs war der Aufstieg über den schmalen Gebirgspfad noch leicht. Das Unterholz war hier frei von scharfen Gräsern und dornigem Gestrüpp. Der Urwald lag in einem warmen Nebel, und in dem durchscheinenden Dunstvorhang schienen die Wipfel der riesigen Palmen vom Himmel herabzuhängen. Das Donnern von Wasserfällen hallte unheimlich durch die feuchte Luft, und sobald ich im Vorbeigehen an einen Ast oder an ein Blatt stieß, sprühten winzige Wassertröpfchen über mich. Ein Regenguß am Nachmittag verwandelte unseren Pfad jedoch in eine ziemlich gefährliche Schlammpiste. Ich stieß mir immer wieder die Zehen an Wurzeln und Steinen.

Am frühen Abend schlugen wir auf halbem Wege zum Gipfel unser Lager auf. Erschöpft sank ich zu Boden und sah Iramamowe zu, wie er drei dicke Pfähle in die Erde rammte. Mir fehlten einfach die Kräfte, ihm beim Abdecken der dreieckigen Konstruktion mit Palmwedeln und großen Blättern zu helfen.

»Willst du auf dem Rückweg in den *Shabono* auch wieder hier vorbeikommen?« fragte ich ihn, weil er die Hütte heute viel gewissenhafter baute als sonst. Als Obdach für nur eine Nacht wirkte sie zu aufwendig.

Iramamowe warf mir einen Blick von der Seite zu, sagte jedoch nichts.

»Oder rechnest du etwa für heute nacht mit einem Gewitter?« fragte ich weiter, nun schon etwas gereizt.

Er lächelte spontan, und in seiner Miene lag ein sonderbar kindischer Ausdruck, als er sich nun neben mich hockte. Auch seine Augen funkelten schelmisch, fast so, als führe er irgendeinen Streich im Schilde. »Heute nacht wirst du gut schlafen«, sagte er schließlich und machte sich daran, in der gemütlichen Hütte eine Feuer zu entfachen. Er befestigte meine Hängematte im hinteren Teil der Behausung; seine eigene hängte er dicht neben dem schmalen Eingang auf. »Heute wird uns die kalte Luft nichts ausmachen«, meinte er, während er eine Kürbisflasche betrachtete, in der kleingeschnittene Blätter und blaßgelbe Blüten eingeweicht waren; er hatte die Pflanze am Vortag gefunden, auf einem Felsen an einer sonnenbeschienenen Stelle des Flußufers. Er öffnete die Kalebasse, fügte noch ein wenig Wasser hinzu und befestigte das Gefäß dann über dem Feuer. Leise begann er zu singen, wobei der den Blick fest auf die dunkle, brodelnde Flüssigkeit gerichtet hielt.

Während ich mich noch bemühte, den Text seines Gesangs zu verstehen, schlief ich ein. Kurz darauf weckte er mich auf. »Trink das hier«, drängte er mich und hielt mir die Kürbisflasche an die Lippen. »Es ist schon kühl vom Tau der Berge.«

Ich nahm einen Schluck. Es schmeckte wie ein Kräutertee, ein bißchen bitter, aber nicht unangenehm. Nach einigen Schlucken schob ich ihm das Gefäß hin.

»Trink alles«, wollte mich Iramamowe überreden. »Davon wird dir warm werden, und du kannst tagelang schlafen.«

»Tagelang?« Ich leerte die Kalebasse und lächelte über seine Bemerkung wie über einen guten Witz. Da entdeckte ich einen ganz leichten Anflug von Boshaftigkeit in seiner Miene. In diesem Moment ging mir plötzlich ein Licht auf, und ich wußte, daß er keineswegs nur Spaß gemacht hatte; gleichzeitig wallte ein angenehmes Gefühl durch meinen Körper, meine Angst verwandelte sich in eine schwere Trägheit, und mein Kopf fühlte sich an wie ein Bleiklumpen. Ich glaubte ganz sicher, er müsse wegen seines Gewichts vom Hals abbrechen. Die Vorstellung, wie mein Kopf auf dem

Boden herumrollte, eine große Kugel mit zwei Glasaugen, löste einen Lachkrampf bei mir aus.
Iramamowe hockte neben dem Feuer und beobachtete mich mit wachsendem Interesse. Langsam stand ich auf. Ich habe meine Körperlichkeit verloren, dachte ich. Mir fehlte jede Kontrolle über meine Beine, als ich nun versuchte, das eine vor das andere zu setzen. Mutlos sank ich neben Iramamowe zu Boden. »Warum lachst du nicht?« fragte ich ihn und wunderte mich im selben Moment über meine eigenen Worte. Eigentlich hatte ich von ihm wissen wollen, ob das Geräusch der prasselnden Tropfen auf dem Palmendach Regen war. Dann fragte ich mich, ob ich überhaupt etwas gesagt hatte; meine Worte klangen nämlich in meinem Kopf immer noch nach wie ein fernes Echo. Weil ich fürchtete, seine Antwort nicht zu verstehen, rutschte ich noch dichter an ihn heran.
Seine Gesichtshaut spannte sich plötzlich, als der Schrei eines Nachtaffen durch die Stille drang. Seine Nasenflügel weiteten sich, die vollen Lippen zogen sich zu einem schmalen Strich zusammen. Die Augen, mit denen er mich anstarrte, wurden immer größer; in ihnen leuchtete tiefe Einsamkeit, eine Sanftmut, die in merkwürdigem Widerspruch stand zu seinen strengen, maskenhaften Zügen.
Als würde ich von einem in Zeitlupe laufenden Uhrwerk vorwärtsgetrieben, kroch ich langsam zum Eingang der Hütte, jede meiner Bewegungen wurde zur gewaltigen Anstrengung. Es kam mir so vor, als wären meine Sehnen alle durch Gummibänder ersetzt worden. Ich genoß das Gefühl, mich in jede beliebige Richtung strecken und die absurdesten Haltungen einnehmen zu können.
Aus dem Lederbeutel, den er um den Hals trug, streute sich Iramamowe nun *Epena* auf die Hand. Er zog das halluzinogene Pulver mit einem tiefen Atemzug in die Nasenlöcher;

dann stimmte er einen Gesang an. Ich spürte das Lied in meinem Innern nachklingen; es hüllte mich völlig ein und trieb mich an ihn heran. Ohne Zögern nahm ich einen Schluck aus der Kalebasse, die er mir von neuem an die Lippen hielt. Das dunkle Gebräu schmeckte jetzt auch nicht mehr bitter.

Mein Sinn für Zeit und Entfernung verzerrte sich. Iramamowe und das Feuer waren so weit weg, daß ich fürchtete, beide in dem riesigen, weiten Raum unserer Hütte verloren zu haben. Doch im nächsten Moment waren seine Augen so nahe an meinem Gesicht, daß ich mein Spiegelbild in den dunklen Pupillen erkennen konnte. Das Gewicht seines Körpers drückte sich auf mich, und meine Arme waren unter seinem Brustkorb eingeklemmt. Er flüsterte mir Worte ins Ohr, die ich nicht hören konnte. Ein Windstoß blies die Blätter auseinander, und dahinter kam die dunkle Schattennacht zum Vorschein, in der die Baumwipfel an den Sternen vorbeistrichen – an den unzähligen Sternen, die sich über uns sammelten, als bereiteten sie sich auf den Absturz vor. Ich streckte die Hand aus und bekam Blätter zu fassen, deren Spitzen mit diamantenen Tropfen verziert waren. Einen Augenblick lang klebten sie an meinen Fingern, dann zerflossen sie wie der Tau.

Iramamowes schwerer Körper lag über mir und hielt mich fest; seine Augen säten leuchtende Samenkörner in mir; mit sanfter Stimme forderte er mich auf, ihm durch seine Träume von Tagen und Nächten, von Regenwasser und bitteren Blättern zu folgen. Er, der mich so gefangenhielt, hatte nichts Gewalttätiges an sich. Wellen der Lust vermengten sich mit Visionen von Bergen und Flüssen, von entlegenen Orten, wo die *Hekura* wohnen. Ich tanzte mit den Geistern von Tieren und Bäumen, schwebte mit ihnen durch den Nebel, durch Wurzeln und Stämme, durch Äste und Blattwerk. Ich sang mit den Stimmen der Vögel und der Spinnen, der Jaguare und der Schlangen. Ich teilte meine Träume mit all denen, die *Epena* und bittere Blätter und Blüten zu sich nahmen.

Ob ich wach lag oder träumte, wußte ich schließlich gar nicht mehr. Manchmal fiel mir für einen kurzen Moment ein, was Hayama über Schamanen gesagt hatte, die das Weibliche in ihrem Körper brauchen. Aber diese Erinnerungen waren weder besonders deutlich noch hielten sie lange an; sie blieben trübe, angedeutet. Iramamowe wußte immer schon im voraus, wann ich beinah in wirklichen Schlaf verfallen wäre, wann meine Zunge bereit zu einer Frage war, und wann ein Tränenausbruch drohte.

»Wenn du nicht träumen kannst, dann werde ich dich dazu bringen«, sagte er, nahm mich in die Arme, rieb mir die Tränen mit seiner Wange ab. Und sofort verschwand mein Wunsch, den Schluck aus der Kalebasse abzulehnen, die wie ein Waldgeist neben dem Feuer stand. Gierig trank ich von der dunklen Flüssigkeit, die mir die Visionen brachte, bis ich von neuem in einer Zeitlosigkeit schwebte – einer Zeitlosigkeit, die keinen Unterschied kannte zwischen Tag und Nacht. Ich war eins mit dem Rhythmus von Iramamowes Atem, mit seinem Herzschlag, und ich ging auf in der Helligkeit und der Dunkelkeit, die er in sich trug.

Dann kamen Augenblicke, in denen ich das Gefühl hatte, mich durch Blätter, Bäume und reglose Schlingpflanzen fortzubewegen. Ich wußte, daß ich nicht auf eigenen Füßen ging; und doch stieg ich aus dem kalten Bergwald hinunter, der ewig in Dunst gehüllt war. Meine Füße waren zusammengebunden und mein Kopf hing dicht über dem Boden; er wurde geschüttelt, als sollte er ausgeleert werden. Visionen flossen mir aus Ohren, Nase und Mund und hinterließen auf dem steilen Pfad eine kaum erkennbare Spur. Ein letztes Mal sah ich für einen kurzen Augenblick *Shabonos,* in denen männliche und weibliche Schamanen aus einer anderen Zeit wohnten.

Als ich erwachte, kauerte Iramamowe neben dem Feuer; sein Gesicht wurde von den Flammen und von einem dünnen Mondstrahl erhellt, der sich seinen Weg in die Hütte gebahnt hatte. Ich überlegte, wie viele Tage wohl seit der Nacht vergangen waren, in der er mir zum erstenmal den bitteren Trank gegeben hatte. Jetzt stand die Kalebasse nicht mehr am Feuer. Ich hatte das deutliche Gefühl, daß wir auch nicht mehr in den Bergen waren. Die Nacht war klar. Eine leichte Brise rauschte in den Baumwipfeln; meine Gedanken ordneten sich, und begleitet von Iramamowes *Hekura*-Gesängen sank ich langsam in einen traumlosen Schlaf.

Das hartnäckige Knurren meines Magens weckte mich. Mir wurde schwindlig, als ich mich unsicher erhob. Die Hütte war leer. Mein Körper war mit Wellenlinien bemalt. Was für ein sonderbares Erlebnis das doch gewesen war, dachte ich. Ich bereute jedoch nichts; ich spürte weder Haß noch Ekel. Ich hatte auch nicht das Gefühl, daß meine Empfindungen irgendwie abgetötet worden waren. Vielmehr war ich in derselben unbeschreiblichen Stimmung wie auch sonst manchmal, wenn ich aus einem Traum aufwachte, den ich mir nicht richtig erklären kann.

Neben dem Feuer lag ein kleines Bündel mit gebratenen Fröschen. Ich setzte mich auf den Boden und kaute das Fleisch bis auf die winzigen Knochen ab. Iramamowes Machete lehnte an einem der Pfosten, was mir die Gewißheit gab, daß er irgendwo in der Nähe war.

Ich richtete mich nach dem Brausen des Flusses und wanderte durch das Pflanzengewirr. Plötzlich erblickte ich Iramamowe, der ganz dicht vor mir gerade ein kleines Kanu ans Ufer zog, und ich versteckte mich schnell hinter einem Busch. Bei näherem Hinsehen bemerkte ich, daß das Boot von der Art war, die die Maquiritare-Indianer verwendeten. Solche Kanus aus ausgehöhlten Baumstämmen hatte ich auf der Missionsstation gesehen. Bei dem Gedanken, daß wir dicht bei einer ihrer Siedlungen oder vielleicht sogar in der Nähe der Missionsstation waren, schlug mein Herz schneller. Iramamowe ließ durch nichts erkennen, daß er mich gehört oder gesehen hatte. Auf leisen Sohlen ging ich zur Hütte zurück und überlegte, wie er wohl in den Besitz eines Kanus gekommen war.

Nur wenige Minuten später betrat Iramamowe die Hütte; über der Schulter trug er einen Strick aus Lianen und ein großes Bündel. »Fische«, sagte er und ließ Strick und Bündel zu Boden gleiten.

Ich wurde rot, und weil mir das peinlich war, lachte ich. Ohne Hast verteilte Iramamowe die eingewickelten Fische zwischen den Holzscheiten, wobei er darauf achtete, daß die *Platanillo*-Blätter genügend Hitze abbekamen, aber nicht direkt den Flammen ausgesetzt waren. Dann blieb er beim Feuer hocken, völlig versunken in das knisternde Geräusch der bratenden Fische. Sobald der Saft verdampft war, nahm er die Bündel einzeln mit Hilfe eines Gabelstocks aus dem Feuer und wickelte sie aus. »Es ist sehr gut«, sagte er, schaufelte sich eine Handvoll des weißen, faserigen Fleisches in den Mund und schob das Bündel an mich weiter.

»Was hast du in den Bergen mit mir gemacht?« wollte ich von ihm wissen.

Mein aggressiver Ton verblüffte ihn offenbar, und er starrte mich mit offenem Mund an. Ein Stückchen unzerkauter

Fisch fiel heraus und landete in der Asche. Ganz automatisch und ohne auf den Dreck zu achten, der daran klebte, schob Iramamowe sich den Bissen wieder in den Mund; dann griff er nach dem Lianenstrick, der vor ihm auf dem Boden lag.

Eine irrationale Angst packte mich. Ich war fest davon überzeugt, daß mich Iramamowe fesseln und tief in den Urwald hineinschleppen wollte. Ich hatte auch völlig vergessen, daß ich erst kurz zuvor noch sicher gewesen war, mich in der Nähe eines Dorfs der Maquiritare oder sogar der Missionsstation zu befinden. Das einzige, woran ich jetzt denken konnte, war Hayamas Geschichte über Schamanen, die in einsamen Gegenden des Dschungels Frauen als Gefangene versteckt hielten. Ich war mir ganz sicher, daß Iramamowe mich nie mehr zur Missionsstation zurückbringen würde. Daß er mich wohl gar nicht von den Bergen herunter hierhergebracht hätte, wenn er mich wirklich im Urwald festhalten wollte, dieser Gedanke kam mir dabei nicht in den Sinn.

Ich traute seinem Lächeln nicht, und dem sanften Funkeln seiner Augen ebensowenig. Also nahm ich die Kürbisflasche mit Wasser, die beim Feuer stand, und hielt sie ihm hin. Er grinste und ließ den Strick fallen. Ich kam auf ihn zu, als wollte ich ihm die Kalebasse selbst an die Lippen setzen. Statt dessen aber schlug ich sie ihm mit aller Kraft gegen die Stirn, genau zwischen die Augen. Völlig überrascht fiel er rückwärts zu Boden, wobei er mich ungläubig anstarrte, während das Blut ihm zu beiden Seiten der Nase herunterlief.

Ohne auf Dornen, Wurzeln und die scharfen Grashalme zu achten, rannte ich durch das Dickicht zu der Stelle, wo ich das Kanu gesehen hatte. Aber ich verschätzte mich in der Richtung und kam nicht dort an, wo Iramamowe es verankert hatte; als ich nämlich den Fluß erreichte, sah ich am Ufer nichts als vereinzelte Felsen. Das Boot lag weiter flußabwärts. Mit einer Geschwindigkeit, die ich mir selber nie zugetraut hätte, sprang ich von Stein zu Stein. Außer Atem kam ich neben dem Kanu zum Stillstand; es lag zur Hälfte auf dem sandigen Ufer. Ein Schrei entrang sich meiner Kehle, als ich auf einmal Iramamowe vor mir stehen sah.

Er hockte sich nieder, riß den Mund auf und fing an zu lachen. Sein Gelächter kam stoßweise; er lachte so heftig, daß der Boden unter mir erzitterte. Die Tränen rannen ihm über die Wangen und vermischten sich mit dem Blut, das aus der Platzwunde zwischen seinen Augenbrauen geflossen war. »Du hast etwas vergessen«, sagte er und hielt mir meinen Rucksack hin. Dann öffnete er ihn und reichte mir meine Jeans und das Hemd. »Du wirst heute noch in der Missionsstation ankommen.«

»Ist das hier denn der Fluß, an dem sie liegt?« fragte ich, während ich immer noch in das blutverschmierte Gesicht vor mir starrte. »Ich erkenne die Stelle gar nicht wieder.«

»Du bist aber schon hier gewesen, mit Angelica und Milagros«, versicherte er mir. »Der Regen verändert die Flüsse und den Wald, genauso wie die Wolken den Himmel verändern.«

Ich zog die Jeans an; sie waren mir zu weit und hingen so lose herab, daß sie mir über die Hüften zu rutschen drohten. Der Geruch des klammen, muffigen Hemds brachte mich zum Niesen. Ich fühlte mich sehr unbeholfen in diesen Kleidern und warf Iramamowe einen unsicheren Blick zu. »Wie sehe ich aus?«

Er ging um mich herum, wobei er mich von jeder Seite genauestens musterte. Dann überlegte er eine Zeitlang,

hockte sich auf den Boden und sagte lachend: »Du siehst besser aus, wenn du mit *Onoto* bemalt bist.«
Ich hockte mich neben ihn. Der Wind hatte sich gelegt; auch auf dem Wasser war keine Bewegung. Die Schatten der hohen Bäume reichten weit in den Fluß und färbten den Sand zu unseren Füßen dunkler. Ich wollte mich gern dafür entschuldigen, daß ich ihm die Kalebasse ins Gesicht geschlagen hatte, wollte ihm meinen Verdacht erklären. Ich wollte, daß er mir etwas über die Zeit in den Bergen erzählte, aber ich konnte mich nicht überwinden, das Schweigen zu brechen.
Als wüßte er von meinem Dilemma und fände es im Grunde sehr lustig, senkte Iramamowe das Gesicht auf die Knie und lachte leise vor sich hin; dabei schien seine Heiterkeit zusammen mit den Blutstropfen zu verströmen, die immer noch zwischen seine gespreizten Zehen fielen. »Ich wollte mir die *Hekura* nehmen, die ich damals in deinen Augen gesehen habe«, murmelte er. Dann erzählte er mir, daß er die *Hekura* in meinem Innern nicht als einziger gesehen hatte; Puriwariwe, dem alten *Shapori*, waren sie ebenfalls aufgefallen. »Jedesmal, wenn ich mit dir geschlafen habe und von den Energien überwältigt worden bin, die in dir tobten, habe ich gehofft, ich könnte diese Geister in meine eigene Brust locken«, gestand mir Iramamowe. »Aber sie wollten dich einfach nicht verlassen.« Er warf mir einen Blick zu, in dem beträchtliche Verletztheit zu erkennen war. »Die *Hekura* haben meinen Rufen nicht gehorcht; sie haben auf meine Gesänge gar nicht geachtet. Und dann habe ich Angst bekommen, daß du selbst versuchen könntest, meine *Hekura* von mir fortzulocken.«
Ärger und auch eine unbeschreibliche Traurigkeit machten mich einen Augenblick lang sprachlos. Schließlich aber gewann meine Neugier wieder die Oberhand. »Sind wir

denn länger als einen Tag und eine Nacht in den Bergen gewesen?«

Iramamowe nickte, erzählte mir jedoch nicht, wie lange wir in der Hütte geblieben waren. »Als ich sicher war, daß ich deinen Körper nicht verändern konnte, und merkte, daß die *Hekura* dich nicht verlassen würden, da habe ich dich in einer Tragschlinge hierhergebracht.«

»Wenn es dir gelungen wäre, meinen Körper zu verändern, hättest du mich dann bei dir im Wald behalten?«

Iramamowe sah mich ein wenig dümmlich an. Ein erleichtertes Lächeln erschien auf seinem Gesicht, obwohl seine Augen ein wenig verschleiert waren und ein gewisses Bedauern ausdrückten. »Du hast die Seele und den Schatten einer Iticoteri-Frau«, sagte er leise. »Du hast die Asche unserer Toten gegessen. Aber dein Körper und dein Kopf sind die einer *Nape.*« Diesen letzten Satz unterstrich er durch eine Pause, bevor er noch hinzufügte: »In manchen Nächten wird der Wind deine Stimme an mein Ohr tragen, zusammen mit dem Kreischen der Affen und dem Brüllen des Jaguars. Dann werde ich im Mondlicht deinen Schatten über den Boden tanzen sehen. In diesen Nächten werde ich an dich denken.« Er erhob sich und stieß das Kanu ins Wasser. »Bleib in der Nähe des Ufers, sonst reißt dich die Strömung zu schnell fort«, sagte er und forderte mich dabei mit einer Geste zum Einsteigen auf.

»Kommst du denn nicht mit?« fragte ich erschrocken.

»Es ist ein gutes Kanu.« Er reichte mir ein kleines Paddel. Es hatte einen schön geschnitzten Griff, einen runden Schaft, und das ovale Ruderblatt besaß die Form eines konkaven Schildes, der nach unten hin spitz zulief. »Es wird dich sicher zur Missionsstation bringen.«

»Warte noch!« rief ich, als er das Boot gerade loslassen wollte. Mit zitternden Händen zerrte ich am Reißverschluß meines Rucksacks. Ich nahm den kleinen Lederbeutel heraus und gab ihn Iramamowe. »Erinnerst du dich noch an den Stein, den mir Juan Caridad geschenkt hat? Jetzt gehört er dir.«

Er war betroffen und überrascht und einen Moment lang sogar wie gelähmt. Langsam schlossen sich seine Finger um den Beutel, dann entspannte sich seine Miene und er lächelte. Wortlos gab er dem Kanu einen Stoß. Dann verschränkte er die Arme vor der Brust und sah zu, wie es langsam flußabwärts trieb. Ich drehte mich noch oft um, bis er außer Sicht war. Einen Moment lang dachte ich, ich könnte seine Gestalt immer noch sehen, aber es war nur der Wind, der mit den Schatten spielte.

25

Der Fluß lag im Schatten der hohen Bäume und der Wolken, die über den Himmel zogen. In der Hoffnung, die Zeitspanne zwischen dem Abstand von der Welt, dich ich hinter mir gelassen hatte, und der Ankunft in jener anderen, die mich nur erwartete, so kurz wie möglich zu halten, paddelte ich so schnell, wie ich nur konnte. Bald wurde ich jedoch müde und benutzte das kleine Paddel nur noch, um das Kanu in die Strömung zurückzustoßen, wenn es zu dicht ans Ufer geriet.

Meistens war die Wasseroberfläche völlig ruhig, so daß sich das üppige Grün der Vegetation gestochen scharf darin spiegelte. Die Dunkelheit des Urwalds und die vollkommene Stille rund um mich strahlten Frieden aus. Die Bäume schienen mir zum Abschied zuzunicken, als sie sich in der sanften Brise des Nachmittags vor mir verneigten; oder vielleicht beklagten sie auch nur das bevorstehende Ende des Tags, das sich in den letzten, langsam verblassenden Sonnenstrahlen am Himmel ankündigte. Kurz vor Anbruch der Dämmerung manövrierte ich das Kanu ans andere Ufer hinüber, wo ich zwischen den dunklen Felsen einen Sandstrand gesehen hatte.

Sobald der Kiel auf Grund lief, sprang ich hinaus und zog das Boot ans Ufer, bis dicht an den Rand des Urwalds, wo die herabhängenden Zweige und Lianen eine sichere, dunkle Nische bildeten. Ich wandte mich um und starrte auf die Berge in der Ferne, die jetzt in der Dämmerung violett schimmerten; ich hätte zu gern gewußt, ob ich länger als eine Woche dort oben gewesen war, bevor mich Iramamowe zu der Hütte gebracht hatte, in der ich am Morgen zu mir gekommen war. Dann kletterte ich auf den höchsten Felsen in der Umgebung und suchte das Flußufer nach den Lichtern der Missionsstation ab. Sie war doch wohl weiter weg, als Iramamowe gedacht hatte. Vom Fluß wehte nur die Dunkelheit zu mir herauf; sie tastete sich langsam über die Felsen, während die allerletzten Reste des Sonnenlichts vom Himmel verschwanden. Ich hatte großen Hunger, wagte es jedoch nicht, in dem sandigen Strand nach Schildkröteneiern zu graben.

Zuerst konnte ich mich nicht entscheiden, ob ich mir meinen Rucksack als Kissen unter den Kopf legen oder ihn um meine kalten Füße wickeln sollte. Als ich so im Kanu lag, sah ich durch das Gewirr von Ästen hindurch den klaren Himmel mit seinen unzähligen winzigen Sternen, die über mir leuchteten wie goldener Staub. Schließlich schlief ich ein, die Füße in den Rucksack gestreckt; ich wünschte mir, daß meine Gedanken wie Sternenlicht zu den Menschen hinübergetragen würden, die ich dort im Urwald geliebt hatte.

Bald darauf wachte ich wieder auf. Überall rings um mich zirpten Grillen und quakten Frösche. Ich setzte mich auf und starrte in die Dunkelheit, als könnte ich sie auf diese Weise durchdringen. Der Mond schickte einzelne Strahlen durch die Äste und malte groteske Schatten auf den Sand, die vom Raunen des Windes scheinbar belebt wurden. Selbst wenn ich die Augen geschlossen hielt, behielt ich das unangenehme Bewußtsein der Gegenwart von Schatten, die an meinem Kanu vorbeistrichen. Und jedesmal, wenn eine Grille plötzlich eine Pause in ihrem unaufhörlichen Gezirpe machte, riß ich die Augen auf und wartete darauf, daß sie ihren Ruf wieder aufnahm. Das Morgengrauen brachte dann endlich den schreienden, murmelnden und pfeifenden Dschungel zum Verstummen. Im Dunst sahen die Blätter aus, als hätte sie jemand mit feinem Silberstaub bestreut. Die Sonne stieg über den Baumwipfeln auf und färbte die Wolken mit goldenen, roten und rosa Schattierungen. Ich nahm ein Bad, wusch meine Sachen mit dem feinen Sand des Flusses, breitete sie zum Trocknen über das Kanu aus und fing dann an, mich mit *Onoto* zu bemalen.

Nun war ich froh darüber, daß ich nicht schon am Vortag in der Missionsstation angekommen war, wie ich eigentlich gehofft hatte, sondern daß mir noch Zeit blieb, den Wolken zuzusehen, wie sie den Himmel verwandelten. Im Osten ballten sich schwere Kumulustürme, die den Himmel verfinsterten. Blitze zuckten in der Ferne, nach langen Pausen von Donnerschlägen gefolgt; grellweiße Regenströme zogen am nördlichen Himmel entlang, kamen jedoch nicht auf mich zu. Ich machte mich auf den Weg, etwas nervös wegen der Alligatoren, die sich vielleicht zwischen dem ans Ufer geschwemmten Treibholz sonnten. Ich hatte mein Boot erst eine kurze Weile flußabwärts treiben lassen, da wurde der Fluß plötzlich wesentlich breiter. Die Strömung wurde so reißend, daß ich Mühe hatte, das kleine Kanu aus den Wirbeln herauszuhalten, die sich im flachen Wasser in Ufernähe zwischen den spitzen Felsen bildeten.

Im ersten Moment glaubte ich an eine Halluzination, als ich am gegenüberliegenden Ufer auf einmal einen langen Einbaum erblickte, der sich gegen die Strömung langsam flußaufwärts kämpfte. Ich stand auf und winkte wie wild mit meinem Hemd. Als der Einbaum drehte und über die weite Wasserfläche Kurs zu mir herüber nahm, stieß ich einen Freudenschrei aus. Mit absoluter Präzision gesteuert, landete das beinah zehn Meter lange Kanu nur wenige Schritte von mir entfernt am Ufer.

Zwölf Indianer kletterten grinsend aus dem Boot – vier

Frauen, vier Männer und vier Kinder. Sie machten einen sehr merkwürdigen Eindruck auf mich in ihrer westlichen Kleidung und mit den rot bemalten Gesichtern. Das Haar trugen sie ebenso kurz geschnitten wie ich, nur hatten sie keine Tonsur am Hinterkopf.

»Maquiritare?« fragte ich.

Die Frauen nickten und bissen sich auf die Lippen, als müßten sie sich ein Kichern verkneifen. Es dauerte nicht lange, bis sie schließlich doch in haltloses Gelächter ausbrachen, in das die Männer ebenfalls einstimmten. Hastig zog ich mir Jeans und Hemd über. Die älteste Frau kam auf mich zu. Sie war klein und kräftig gebaut; ihr weites, ärmelloses Kleid ließ die kurzen, rundlichen Arme und die gedehnten Brüste sehen, die ihr bis zur Taille herabhingen. »Du bist die, die mit der alten Iticoteri-Frau in den Wald gegangen ist«, sagte sie, als wäre es die natürlichste Sache der Welt, mich nun plötzlich auf dem Fluß zu treffen, in einem Kanu, das ihr Volk hergestellt hatte. »Wir haben vom Pater auf der Missionsstation von dir gehört.« Nachdem sie mir sehr förmlich die Hand geschüttelt hatte, stellte sie mir ihren Mann, ihre drei Töchter, deren Männer sowie die Kinder vor.

»Sind wir in der Nähe der Missionsstation?« wollte ich wissen.

»Wir sind ziemlich früh heute morgen losgefahren«, sagte der Ehemann der Alten. »Wir haben unsere Verwandten besucht, die dort in der Gegend wohnen.«

»Sie ist ja eine richtige Wilde geworden«, rief die jüngste der drei Töchter und zeigte dabei derartig empört auf meine zerkratzen Füße, daß ich mich sehr beherrschen mußte, um nicht loszukichern. Sie durchsuchte mein Kanu und schüttelte den leeren Rucksack. »Sie hat nicht einmal Schuhe«, stellte sie ungläubig fest. »Sie ist eine richtige Wilde!«

Ich sah auf ihre Füße, die ebenfalls nackt waren.

»Unsere Schuhe sind im Kanu«, verteidigte sie sich und brachte auch tatsächlich zum Beweis ein ganzes Sortiment Sandalen vom Boot herüber. »Siehst du? Wir besitzen jeder ein Paar Schuhe.«

»Habt ihr irgend etwas zu essen?« fragte ich.

»Natürlich«, sagte die alte Frau freundlich. Sie bat ihre Tochter, die Schuhe zurück ins Boot zu tragen und eine der Kisten aus Baumrinde mitzubringen.

Die Kiste war innen mit *Platanillo*-Blättern ausgekleidet und mit Kassavebrot gefüllt. Ich machte mich über die Kiste her, tauchte ein Stück Brot nach dem anderen zuerst in eine Kalebasse mit Wasser und ließ es dann im Mund verschwinden. »Nun ist mein Bauch voll und zufrieden«, verkündete ich, nachdem ich die Hälfte des Kisteninhalts verspeist hatte.

Die Maquiritare drückten ihr Bedauern darüber aus, daß sie kein Fleisch, sondern nur etwas Zuckerrohr bei sich hatten. Der alte Mann schnitt ein dreißig Zentimeter langes Stück ab und schälte die harte, bambusartige Rinde mit seiner Machete ab, bevor er es mir reichte. »Das wird dir Kraft geben«, sagte er.

Ich kaute auf den harten Fasern herum uns saugte sie so lange aus, bis das Stück Zuckerrohr trocken und völlig geschmacklos war. Die Maquiritare hatten schon von Milagros gehört. Einer der Schwiegersöhne der alten Frau kannte ihn sogar persönlich, aber niemand wußte, wo er sich im Moment aufhielt.

»Wir bringen dich jetzt zur Missionsstation«, sagte der Alte. Ich machte zwar einen schwachen Versuch, ihn davon zu überzeugen, daß das nicht notwendig sei und daß sie schließlich in die entgegengesetzte Richtung fahren wollten, kam aber nicht allzu weit damit. Im Grunde war ich ganz froh über sein Angebot, also bestieg ich den Einbaum und

nahm unter den Frauen und Kindern Platz. Um die volle Kraft der Strömung auszunützen, steuerte der Mann das Kanu genau in die Mitte des Flusses. Die Indianer paddelten, ohne ein Wort miteinander zu sprechen, und doch war jeder so hervorragend auf den Schlagrhythmus der anderen eingestimmt, daß er die erforderlichen geringfügigen Richtungsänderungen jedesmal schon im voraus wußte. Mir fiel ein, daß Milagros mir einmal erzählt hatte, die Maquiritare seien nicht nur die besten Bootsbauer im gesamten Orinoco-Gebiet, sondern auch diejenigen, die diese Kanus am allerbesten steuern konnten.
Vor Erschöpfung fielen mir langsam die Augen zu. Das rhythmische Klatschen der Paddel machte mich so schläfrig, daß mir der Kopf ständig nach vorn und zur Seite sank. Die vergangenen Tage und Nächte erschienen mir wie Bruchstücke eines Traums aus einer anderen Zeit. Alles wirkte so verschwommen, so weit entfernt, als wäre es nur eine Illusion gewesen.

Es war schon Mittag, als Pater Coriolano ins Zimmer kam und mich mit einer großen Tasse Kaffee weckte. »Achtzehn Stunden Schlaf sind ja nicht übel für den Anfang«, meinte er. In seinem Lächeln lag dieselbe beruhigende Wärme, mit der er mich schon am Tag zuvor begrüßt hatte, als ich aus dem Kanu der Maquiritare geklettert war.
Meine Lider waren immer noch ziemlich schwer, als ich mich nun auf dem Feldbett aufsetzte. Weil ich diese Schlafstellung nicht mehr gewohnt war, hatte sich mein Rücken ganz verkrampft. Vorsichtig trank ich das heiße schwarze Gebräu in kleinen Schlucken, aber der Kaffee war so stark und mit so viel Zucker versetzt, daß mir übel wurde.
»Ich habe auch heiße Schokolade«, sagte Pater Coriolano.
Ich strich das Unterhemd aus ungebleichter Baumwolle

glatt, das er mir zum Schlafen gegeben hatte, und folgte ihm in die Küche. Mit dem Gebaren eines Küchenchefs, der ein großartiges Menü zusammenstellt, setzte er einen Topf Wasser zum Sieden auf einen Petroleumkocher und verrührte darin zwei Eßlöffel Trockenmilchpulver, vier Eßlöffel Kakaopulver, vier Löffel Zucker und eine Prise Salz.

Er trank meinen Kaffee aus, während ich die köstliche heiße Schokolade in mich hineinlöffelte. »Ich kann Ihre Bekannten in Caracas über Funk erreichen, und die würden sie jederzeit mit dem Flugzeug von hier abholen«, schlug er vor.

»Ach, jetzt noch nicht«, sagte ich mit schwacher Stimme.

Die Tage vergingen langsam. Morgens durchstreifte ich oft die Gärten am Flußufer, und mittags saß ich unter dem riesigen Mangobaum vor der Kapelle, der keine Früchte mehr trug. Pater Coriolano fragte mich nicht über meine Pläne aus und wollte auch nicht wissen, wie lange ich noch auf der Missionsstation zu bleiben gedachte. Er schien meine Gegenwart als etwas Unvermeidliches akzeptiert zu haben.

Die Abende verbrachte ich mit stundenlangen Gesprächen bei Pater Coriolano und Mr. Barth, der häufig zu Besuch kam. Wir unterhielten uns über die Ernte, die Schule und die Krankenstation – immer nur über unpersönliche Dinge. Ich war ihnen dankbar, daß mich niemand fragte, wo ich das letzte Jahr über gewesen war, was ich getan und gesehen hatte. Ich hätte auf solche Fragen keine Antwort geben können – nicht, weil ich ein Geheimnis daraus machte, sondern weil es darüber nichts zu erzählen gab. Wenn uns der Gesprächsstoff einmal ausging, dann las uns Mr. Barth Artikel aus Zeitungen und Zeitschriften vor, von denen manche über zwanzig Jahre alt waren. Dabei war es ihm ziemlich egal, ob wir überhaupt zuhörten; er plapperte vor sich hin

und unterbrach sich von Zeit zu Zeit mit brüllendem Gelächter über einen Satz.
Aber trotz ihres Humors und ihrer leutseligen Art legten sich bisweilen die Schatten der Einsamkeit über ihre Gesichter, wenn wir des Abends schweigend dasaßen und dem Prasseln des Regens auf dem Wellblechdach oder dem einsamen Schrei eines Brüllaffens lauschten, der sich auf seinem Schlafplatz niederließ. In diesen Augenblicken fragte ich mich, ob wohl auch sie die Geheimnisse des Dschungels kennengelernt hatten – die Rätsel der dunstigen Höhlen, das Geräusch des Lebenssafts, der durch Äste und Baumstämme strömt, das Huschen der Spinnen beim Weben der silbrigen Netze. Vielleicht war es das gewesen, wovor mich Pater Coriolano damals hatte warnen wollen, als er mit mir über die Gefahren des Urwalds gesprochen hatte. Und ich überlegte, ob es wohl diese Dinge waren, die sie daran hinderten, in jene Welt zurückzukehren, die sie einst hinter sich gelassen hatten.
Nachts, wenn ich von den vier Wänden meines Zimmers eingeschlossen war, spürte ich eine unermeßliche Leere. Mir fehlte das dichte Nebeneinander der Hütten, der Geruch nach Menschen und nach dem Rauch der Feuerstellen. Das Rauschen des Flusses draußen vor meinem Fenster trug mich davon, und ich träumte, ich sei bei den Iticoteri. Ich hörte Ritimis Lachen, blickte in die lächelnden Gesichter der Kinder, und immer war da auch Iramamowe, der vor seiner Hütte hockte und nach den *Hekura* rief, die sich nicht von ihm hatten einfangen lassen.
Eines Nachmittags wanderte ich am Ufer des Flusses entlang, und plötzlich wurde ich unsäglich traurig. Das Wasser rauschte viel lauter als sonst und übertönte die Stimmen der Indianer, die dicht neben mir schwatzten. Am Mittag hatte es geregnet, und die Sonne kam nur für kurze Augenblicke

hinter den Wolken hervor, ohne jedoch richtig zu scheinen. Ziellos ging ich das sandige Ufer entlang. Dann sah ich in der Ferne die Gestalt eines einzelnen Mannes, der näherkam. Er trug eine Khakihose und ein rotkariertes Hemd und war von den verwestlichten Indianern, die im Umkreis der Missionsstation lebten, absolut nicht zu unterscheiden. Und doch lag etwas Vertrautes in dem beschwingten Gang dieses Mannes.

»Milagros!« rief ich und wartete, bis er direkt vor mir stand. Sein Gesicht wirkte ein wenig fremd unter dem zerfetzten Strohhut. Das Haar lugte durch die Löcher, es sah aus wie schwarz eingefärbte Palmfasern. »Ich bin so froh, daß du noch gekommen bist.«

Mit einem Lächeln bedeutete er mir, mich neben ihn zu hocken. Er strich mir mit der Hand über den Hinterkopf. »Deine Haare sind ja schon wieder nachgewachsen«, sagte er. »Aber ich habe gewußt, daß du nicht abreisen würdest, bevor du mich nicht noch einmal gesehen hast.«

»Ich fliege zurück nach Los Angeles.« Ich hatte ihm eigentlich noch so viele Fragen stellen wollen, aber jetzt, als er so dicht neben mir war, sah ich keine Notwendigkeit mehr, mir irgend etwas erklären zu lassen. Gemeinsam sahen wir zu, wie sich das Zwielicht über Fluß und Urwald ausbreitete. In der hereinbrechenden Dunkelheit begann das Konzert der Frösche und der Grillen. Der Vollmond stieg am Himmel empor. Je höher er kam, desto kleiner wurde er. Sein Licht überzog das Wasser mit silbernen Kräuselwellen. »Wie ein Traum«, sagte ich leise.

»Ein Traum«, wiederholte Milagros. »Ein Traum, den du nun immer träumen wirst. Ein Traum vom Wandern durch den Wald, von Gelächter, von Traurigkeit.« Er machte eine lange Pause, bevor er weitersprach. »Auch wenn dein Körper unseren Geruch verloren hat, wird ein Teil von dir immer ein Stück von unserer Welt in sich behalten«, sagte er und deutete dabei in die Ferne. »Du wirst niemals mehr frei davon sein.«

»Ich habe mich nicht einmal bei ihnen bedankt«, meinte ich. »Es gibt kein Wort für ›danke‹ in eurer Sprache.«

»Es gibt auch keins für ›leb wohl‹«, setzte er hinzu.

Etwas Kühles, etwas wie in Tropfen Regen oder Tau, berührte mich an der Stirn. Als ich mich zu Milagros umdrehen wollte, war er nicht mehr neben mir. Von der anderen Seite des Flusses her, aus der fernen Dunkelheit, trug der Wind das Lachen des Iricoteri zu mir herüber. »Lebt wohl sagt man mit den Augen.« Seine Stimme hallte zwischen den uralten Bäumen; dann verlor sie sich, wie das silbrige Kräuseln auf dem Wasser.

Glossar

Ashukamaki — Schlingpflanze zum Eindicken der Mischung für das Curare-Pfeilgift.

Ayori-Toto — Schlingpflanze zum Betäuben von Fischen.

Epena — Halluzinogene Droge zum Schnupfen durch die Nase; wird entweder aus der Rinde des *Epena*-Baums oder aus den Samenkörnern des *Hisioma*-Baums hergestellt. Beide Substanzen werden auf die gleiche Art zubereitet und eingenommen.

Hekura — Winzige, menschenähnliche Geisterwesen, die in Felsen und Gebirgen wohnen. Die Schamanen stellen den Kontakt zu den *Hekura* her, indem sie das halluzinogene *Epena*-Pulver schnupfen. Mit Hilfe von rituellen Gesängen locken die Schamanen diese Geister in ihre Brust. Erfahrene Schamanen haben soviel Macht über die *Hekura*, daß diese ihren Willen ausführen.

Mamucori — Dickstämmige Schlingpflanze, aus der das Curare-Pfeilgift hergestellt wird.

Momo — Nußähnlicher, eßbarer Samen des *Momo*-Baums.

Nabrushi — Anderthalb Meter lange Keule, die als Waffe verwendet wird.

Nape — Bezeichnung für einen Fremden, d. h. jeder Mensch, der nicht Indianer vom Stamm der Yanomama ist, unabhängig von seiner Hautfarbe, Rasse oder Staatszugehörigkeit.

Oko-Shiki — Zauberkräftige Pflanze, die für schadenbringende Zwecke eingesetzt wird.

Onoto — Roter Pflanzenfarbstoff aus den zerquetschten und gekochten Samenkörnern von *Bixa orellana*. Der Farbstoff wird zum Bemalen von Gesicht und Körper sowie zur Verzierung von Körben, Pfeilspitzen und für Ornamente verwendet.

Pishaansi — Breitflächiges Blatt, das zum Einwickeln von Fleisch,

	als Kochgefäß sowie allgemein als Behälter benützt wird.
Platanillo	Großflächiges, breites und zähfaseriges Blatt, das zum Einwickeln und als Unterlage auf dem Boden verwendet wird.
Pohoro	Wildwachsende Kakaopflanze.
Rasha	In Gärten angebaute Obstpalme mit stacheligem Stamm, sehr geschätzt wegen der Früchte, die der Baum oft fünfzig Jahre und länger trägt. Nach der Bananenstaude ist dies wohl die wichtigste Speisepflanze in den Gärten. Jede Palme gehört der Person, die sie gepflanzt hat.
Shabono	Ständige Siedlung der Yanomama, die aus einem zusammenhängenden Ring von Hütten um eine offene Lichtung besteht.
Shapori	Schamane, Hexer, Zauberer.
Sikomasik	Weißlicher, eßbarer Pilz, der auf vermoderten Baumstämmen wächst.
Unucai	Krieger, der einen Feind getötet hat.
Waiteri	Tapferer, mutiger Krieger.
Wayamou	Förmliche, zeremonielle Sprechweise, die von den Männern während des Tauschhandels benutzt wird.